高等职业教育金融类经典系列教材

金融基础
（第2版）

主　编　王惠凌　廖飙霏
副主编　王　莉　宋文成
参　编　贺晓雨　温淑贤　罗　辑　邓巧玲
　　　　孙丽俊　眭莉婷　穆小华　黄　振

北京理工大学出版社
BEIJING INSTITUTE OF TECHNOLOGY PRESS

版权专有　侵权必究

图书在版编目（CIP）数据

金融基础/王惠凌，廖飘霏主编．—2版．—北京：北京理工大学出版社，2020.11（2021.12重印）

ISBN 978－7－5682－8837－8

Ⅰ．①金…　Ⅱ．①王…②廖…　Ⅲ．①金融学－高等学校－教材　Ⅳ．①F830

中国版本图书馆 CIP 数据核字（2020）第 142688 号

出版发行 / 北京理工大学出版社有限责任公司
社　　址 / 北京市海淀区中关村南大街 5 号
邮　　编 / 100081
电　　话 / (010) 68914775（总编室）
　　　　　(010) 82562903（教材售后服务热线）
　　　　　(010) 68944723（其他图书服务热线）
网　　址 / http：//www.bitpress.com.cn
经　　销 / 全国各地新华书店
印　　刷 / 唐山富达印务有限公司
开　　本 / 787 毫米 × 1092 毫米　1/16
印　　张 / 16　　　　　　　　　　　　　　　　责任编辑 / 王晓莉
字　　数 / 418 千字　　　　　　　　　　　　　　文案编辑 / 王晓莉
版　　次 / 2020 年 11 月第 2 版　2021 年 12 月第 3 次印刷　　责任校对 / 周瑞红
定　　价 / 48.00 元　　　　　　　　　　　　　　责任印制 / 施胜娟

图书出现印装质量问题，请拨打售后服务热线，本社负责调换

前 言

"金融基础"是财经类专业的专业基础课程,教材根据学习者学习的逻辑顺序,以介绍金融基础理论和实务知识为主线,以货币资金运动、信用活动并与之密切联系的金融机构和金融市场为载体,以货币政策与金融调控为主要手段,反映国内外金融发展趋势。本教材充分吸收金融类专业课程改革的成果,将金融行业职业岗位要求纳入教学内容,坚持"知行合一、工学结合"。本书的编写突出以下特色:

第一,以现代金融理论和金融业务为主要线索,以市场经济运行为背景,在理论阐述上突出基础性,构建了一个完整的知识架构,清晰阐述了有关金融领域的基本概念、原理和运行机制、业务流程和金融监管等。对基本概念的释义和基本原理的阐述,力求准确、规范。

第二,将行业最新元素融入教材。编写团队在调研了大量传统金融机构和非传统金融机构的基础上,与行业专家一起讨论,确定了教学案例、学习视频、拓展阅读等教学资源。内容更注重时代性和新趋势、新变化,修订教材以中国金融改革和实践为背景,增加了互联网金融、科技金融等内容,提高了教材的实践性。

第三,根据高等职业教育技术应用型人才的发展方向,结合银行专业人员职业资格、证券从业资格、基金从业资格、经济师等职业资格认证要求修订,将专业基础教育与行业职业要求有机结合,增强教材的实用性,体现书证结合的特点,符合"1+X 证书"教学需要。

本教材采用学习情境模式,文前明确学习情境和学习目标,设有知识目标、技能目标、思政目标和任务引例;文中配以延伸阅读、课堂实践、知识拓展、案例解析等模块,强化学生对知识的理解和把握,增强学生对实际问题的处理能力。文后有知识树概括总结,体现知识、技能和素质培养与学习并重的理念,方便学生课后消化所学内容。

第四,结合课程特色及优势,提炼教材内容中蕴含的人文基因,将"课程思政"渗透到教材内容的各个项目任务和知识点,树立学生的社会主义核心价值观,培养学生的职业认同感和正确的金钱观、价值观。

第五,体现数字化教学特色。为了满足数字化教学的需求,体现互联网时代的教学改革特色,在教材中增加了拓展阅读、知识链接、学习视频、图片和动画等二维码学习内容;突出表现形式上的直观性和多样性,内容简单易学,案例生动形象。学生可以通过扫描二维码进行碎片化学习,提高知识的可获得性,提升学习效率。

第六,校企合作共同编写教材。教材引入行业从业人员,由高职教师和行业从业人员共同研究、制订教材建设计划,参与编写教材、引入案例等,教材内容与行业紧密联系,提高了教材的针对性和实用性。主编王惠凌、廖飙霏具有丰富的课堂教学经验、多年的企业从业经验；参编温淑贤有丰富的银行从业经验，对教材的编写有着独到的见解；来自金融机构的穆小华、黄振具有多年金融行业的从业经历，参与制订了教材建设计划，并提出了编写建议。

本教材可供职业院校经济管理类专业的学生使用，也可供金融业的从业人员初学使用，还可为非经济类专业的学生普及金融知识做参考。为方便授课教师的教学，本书配有教学课件、课程网站等。

本书由重庆城市管理职业学院的王惠凌和廖飘霏担任主编；重庆城市管理职业学院的王莉、重庆工贸职业技术学院的宋文成担任副主编，重庆城市管理职业学院的温淑贤、罗辑，重庆机电职业技术大学的贺晓雨，重庆财经职业学院的邓巧玲，江苏财会职业学院的孙丽俊和贵州农业职业学院的眭莉婷参与编写工作。中国建设银行重庆市分行的穆小华、重庆农村商业银行的黄振参与制订了教材建设计划，提出了编写建议并提供了部分行业案例。本教材共分为十一个项目，具体编写任务如下：贺晓雨编写项目一；温淑贤编写项目二、项目三、项目四；王莉编写项目五的任务一；罗辑编写项目五的任务二；宋文成编写项目五的任务三；邓巧玲编写项目六的任务一、二以及任务三中的资本市场、股票市场和债券市场；王惠凌编写项目六任务三中的证券投资基金市场和任务四，项目七中的任务二和项目九；孙丽俊编写项目七中的任务一；眭莉婷编写项目七中的任务三；廖飘霏编写项目八、项目十和项目十一。全书由王惠凌、廖飘霏拟定教材大纲、进行总纂定稿及统稿，王莉、宋文成协助开展了一定的改稿工作。

本书在编写过程中，参考借鉴了国内外大量文献，吸收了最新的研究成果，同时也查阅了各个政府部门和金融机构网站的相关数据，在此表示衷心的感谢。

虽然编者对教材进行了多次探讨和修改，但由于金融行业的迅速发展以及编者水平有限，教材中仍存在一些不足，敬请批评指正，以便再版时修订完善。

编　者

2020 年 5 月

目 录

学习情境一　敲开金融殿堂的大门——认识资金融通 ……………………… (1)
　项目一　认识资金融通的对象——货币与货币制度 …………………………… (3)
　　任务一　货币的前世今生 ……………………………………………………… (3)
　　任务二　货币制度的演进 ……………………………………………………… (9)
　项目二　认识资金融通的逻辑起点——信用 …………………………………… (18)
　　任务一　演化中的信用 ………………………………………………………… (18)
　　任务二　现代经济是信用经济 ………………………………………………… (21)
　项目三　认识资金融通的成本——利息与利率 ………………………………… (30)
　　任务一　钱"生"钱的学问——利息 ………………………………………… (30)
　　任务二　钱的价值衡量——利率 ……………………………………………… (33)

学习情境二　金银在手，运筹帷幄——资金融通的实施 ……………………… (41)
　项目四　实施资金融通的工具——金融工具 …………………………………… (43)
　　任务一　什么是金融工具？ …………………………………………………… (43)
　　任务二　认识原生的金融工具 ………………………………………………… (45)
　　任务三　认识衍生的金融工具 ………………………………………………… (50)
　项目五　实施资金融通的主体——金融机构 …………………………………… (55)
　　任务一　认识金融机构体系 …………………………………………………… (56)
　　任务二　探知商业银行 ………………………………………………………… (68)
　　任务三　揭秘中央银行 ………………………………………………………… (84)
　项目六　实施资金融通的场所——金融市场 …………………………………… (99)
　　任务一　金融市场是什么样子的？ …………………………………………… (100)
　　任务二　稳定收益哪里来——货币市场 ……………………………………… (104)
　　任务三　没有硝烟的战场——资本市场 ……………………………………… (111)
　　任务四　金融市场不可或缺的其他成员——其他金融市场 ………………… (119)

学习情境三　治大国若烹小鲜——资金融通的宏观调控 ……………………… (135)
　项目七　资金融通为什么需要宏观调控？ ……………………………………… (137)

任务一　我想开动印钞机——货币供求与均衡 ………………………………… (138)
　　任务二　家财万贯却买不起面包——通货膨胀 …………………………………… (157)
　　任务三　价格下降也能带来经济萧条——通货紧缩 ……………………………… (170)
项目八　打好货币政策"组合拳" …………………………………………………………… (182)
　　任务一　你知道货币政策的目标吗? …………………………………………………… (182)
　　任务二　用好货币政策工具 ……………………………………………………………… (187)
项目九　金融风险与金融监管 ……………………………………………………………… (198)
　　任务一　危机的源头——金融风险 …………………………………………………… (198)
　　任务二　金融监管可以防范金融风险吗? ……………………………………………… (203)
　　任务三　我国的金融监管体系 …………………………………………………………… (207)

学习情境四　开放的金融运行 ……………………………………………………… (221)

项目十　你了解什么是开放经济吗? ……………………………………………………… (223)
　　任务一　了解国际收支 …………………………………………………………………… (223)
　　任务二　认识国际金融市场 ……………………………………………………………… (230)
项目十一　国外的商品多少钱? …………………………………………………………… (237)
　　任务一　认识外汇与汇率 ………………………………………………………………… (237)
　　任务二　了解国际货币体系 ……………………………………………………………… (243)

参考文献 ……………………………………………………………………………………… (249)

学习情境一

敲开金融殿堂的大门——认识资金融通

在现实经济生活中，我们处处都会遇到"钱"。家庭和个人取得货币收入维持衣食住行；公司和企业的投资、生产、流通和运转都伴随着货币的收付；国家职能和社会公共职能的履行依靠的财政收支以货币收付来实现；国际经济、文化、政治等交流也都通过货币收付实现。货币在各个领域发挥作用，解决经济生活中的各种难题，靠的是信用和利息利率，它们把商品流通和货币循环连接起来，构成了金融殿堂的基石。当今社会，以货币、信用、利息利率为基础的金融已成为现代经济的核心，家庭、企业、政府都离不开金融。金融是生活化的，又是神秘的。让我们从这里出发，步入金融的殿堂，走进金融这个丰富多彩的世界。

项目一　认识资金融通的对象——货币与货币制度
项目二　认识资金融通的逻辑起点——信用
项目三　认识资金融通的成本——利息与利率

认识资金融通的对象——货币与货币制度

在人类历史上，货币已有五千多年的历史。作为商品经济发展的必然产物，无论是在人们的日常生活中，还是在企业运营以及政府机构的收支运作中，它都扮演着非常重要的角色。因此，了解货币及其相关制度，对现代经济金融活动至关重要。

知识目标

- 了解货币的起源和货币形态的变化
- 掌握货币的本质和职能
- 了解货币制度的基本内容和类型
- 掌握我国货币制度的构成

技能目标

- 能分析货币的本质
- 能识别货币的各项职能在经济中的具体表现
- 能解释电子货币，并能分析电子货币对经济的影响

思政目标

- 正确认识"一国两制"
- 树立正确的货币职能观、价值观
- 提升对我国货币制度的认同感和自豪感
- 强化人民币国际化的信心

任务一 货币的前世今生

任务引例

丰富多样的货币

许多东西都充当过货币的材料，从贝壳等实物到金银等贵金属，再到纸币，以至目前已经萌动的电子货币，都被当作普遍接受的交换媒介。"在古代，据说曾以牲畜作为商业上的通用媒介。牲畜无疑是极不便的媒介，但我们发现，古代往往以牲畜头数作为交换的评价标准，亦即用牲畜交换各种物品。荷马曾说：迪奥米德的铠甲，仅值牛九头，而格罗卡斯的铠甲，却值牛一百头。据说，阿比西尼亚以盐为商业交换的媒介；印度沿海某些地方，以某种

贝壳为媒介；弗吉尼亚用烟草；纽芬兰用干鱼丁；其他若干国家则用兽皮或鞣皮。直到今日，苏格兰还有个乡村，用铁钉做媒介，购买麦酒和面包。"（亚当·斯密，《论货币的起源及其效用》）从这段描述可以看出，牲畜、贝壳、烟草和铁钉等实物都曾充当过货币。

17世纪，在印度的许多地方，贝壳与"巴达姆"（badam，一种不能吃的波斯硬果）被民众广泛使用，与铜币争夺地盘。在印度和中国的许多地方，由于开采铜和铸造铜币的成本比开采白银和铸造银币，甚至比开采黄金和铸造金币的成本还要昂贵，因此当铜短缺时或铸币成本太高时，在最偏远的市场上，贝壳就取代了铜币。直至18世纪，贝壳作为货币在非洲的奴隶贸易中仍有很大的需求。同时，枪支、巴西烟草、亚麻布、法国白兰地和火药也被用于黑人奴隶交易。当时，购买一个奴隶的价格分别是100磅贝壳、12支枪、5包巴西烟草、25匹亚麻布、1桶（约40升①）法国白兰地或15磅火药。与贝币同时使用的还有盐币。在中国明代，楚雄府就曾用人工加工好的盐块做货币，一个盐块重2两②。1936年，云南大学历史系教授方国瑜在倮黑山还见到以盐币交易的情况。

现在，在南太平洋的雅普岛上人们仍然把石头作为货币，"二战"中的集中营和战后的德国及20世纪80年代的俄罗斯都曾把万宝路香烟作为货币。

（资料来源：百度文库，https://wenku.baidu.com/view/8eb8862f7375a417866f8f95.html）

思考：

有人说，黄金不是货币，而是货币的材料。你同意这种观点吗，为什么？那么，货币又是什么？货币在当今经济生活中又起着怎样的作用？

一、货币的含义

货币到底是什么？是金钱，是债券？是黄金，是钻石？是财富，是国家意志？是梦想，还是其他？

在日常生活中，"财富""钱"往往成为货币的代名词，但对于经济学家来说，货币只具有一种特定的含义。现代经济学家把货币定义为在商品或劳务的支付中或债务的偿还中被普遍接受的任何东西。它不等同于现金、财富、收入等。

课堂实践

货币与现金、财富和收入的区别

在正确理解货币的含义的基础上，请查阅资料后，思考讨论以下三组概念的联系与区别。

(1) 货币与现金。

(2) 货币与财富。

(3) 货币与收入。

二、货币的产生

人类已有百余万年的历史，而货币的出现不过是几千年以前才开始的事情。自古以来，对于货币是怎样产生的、货币与商品是什么关系等问题，一直众说纷纭。马克思从辩证唯物主义和历史唯物主义的观点出发，采用历史和逻辑相统一的方法观察问题，科学地揭示了货币的起源与本质，破解了货币之谜。

马克思认为，货币的出现是和交换联系在一起的，商品交换的出现和发展为货币的产生和发展奠定了基础。在货币出现以前，商品交换采用的是直接的以物易物。在简单的以物易物交换中，要求交易者A所交换的物品恰好被交易者B所需，交易者B所交换的物品也恰好被交易者A所需，而要出现这种相互所需的情景十分困难，以物易物交换的形式就给商品交换带来了极大的不便。为了避免"需求双重巧合的困境"，货币就产生了。因此，货币是商

---

① 1升＝1立方分米。

② 1两＝50克。

品交换的结晶,只有在商品交换出现以后,才逐渐从商品世界分离出一种商品,固定地作为商品交换的媒介。

商品交换有两个原则:一是用来交换的两种商品使用价值不同,二是用来交换的两种商品价值相同。价值不能自我表现,只有在两种商品相交换中,通过另一种商品表现出来。这样,商品交换中价值必然要求价值表现,商品价值的表现形式,称为价值形式。在商品交换的不同发展阶段,商品的价值是通过不同的形式表现出来的,它经历了四个阶段,有四种价值形式。

(一)简单的或偶然的价值形式

简单的价值形式就是一种商品的价值偶然地由另一种商品来表现,与人类社会最初的商品交换相对应,当时由于生产力低下,只有少数剩余产品用于交换,所以交换带有"偶然"性质,是价值形式发展过程中的原始阶段。例如:1头羊=2把斧头。

(二)总和的或扩大的价值形式

扩大的价值形式就是一种商品价值由多种商品来表现。随着社会分工的发展和生产力的提高,商品交换的形式也得到了发展,一种商品已经不是偶然地和另一种商品相交换,而是与许多种商品经常交换。例如:

$$一头羊 = \begin{cases} 1\text{ 担稻谷} \\ 3\text{ 只陶罐} \\ 5\text{ 只野兔} \\ 10\text{ 捆柴} \\ 30\text{ 斤}^{①}\text{玉米} \\ \cdots\cdots \end{cases}$$

(三)一般价值形式

一般价值形式是在频繁的商品交换中,为克服扩大的价值形式的局限性给商品交换带来的困难,逐渐从商品世界中自发地分离出一种经常参加交换的商品。这时,一切商品共同表现在某一种从商品世界中分离出来充当一般等价物的某种特定商品上。例如:

$$\begin{cases} 2\text{ 把斧头} \\ 2\text{ 张毛皮} \\ 3\text{ 匹布帛} \\ 10\text{ 只山鸡} \\ 20\text{ 斤小麦} \\ \cdots\cdots \end{cases} = 一头羊 \begin{cases} 3\text{ 只陶罐} \\ 5\text{ 只野兔} \\ 10\text{ 捆柴} \\ 15\text{ 斤稻谷} \\ 20\text{ 斤玉米} \end{cases}$$

一般价值形式与扩大的价值形式不同,一般价值形式是各种商品的价值可以由同一种商品表现;而扩大的价值形式是一种商品的价值由一系列商品表现。一般价值形式表现为商品交换是通过一般等价物作为媒介的间接交换,而扩大的价值形式表现为商品交换是商品与商品直接交换。

(四)货币价值形式

货币价值形式,即一切商品的价值固定地由一种特殊商品来表现。货币价值形式与一般价值形式没有本质区别,是价值形式发展的完成阶段,也是价值形式的最高阶段。

三、货币形态的演变

自货币出现以来,货币的形态随着商品经济交换和商品经济的发展也在不断地演变和发展。不同国家、不同民族,在不同时期由于经济和文化的差异,充当货币的材料也有所不同,因此,货币的形态表现也不完全相同。总的说来,货币的形态在由低级向高级不断演变的过程中,大致经历了实物货币、金属货币、代用货币、信用货币和电子货币五个阶段。

---

① 1斤=0.5千克。

(一) 实物货币

实物货币是指具有实物形态、作为货币用途的价值与作为商品用途的价值相等的货币，是人类历史上最古老的一种货币形态。在生产力尚不发达、商品交换仅仅满足必要的生活和生产要求的简单商品交换时代，货币主要由具有实物形态的自然物来充当，如布帛、毛皮、贝壳等，这些商品货币兼具货币与商品双重身份。它们一般具有如下特征：①都是具有价值和使用价值的劳动产品；②是社会共同需求的对象；③容易让渡并且普遍被人接受。在人类历史上，贝壳、烟草、布匹、牛、羊、大米等许多商品都充当过货币。随着商品生产和商品交换的发展，实物货币由于携带不便、不易贮藏、内在价值小、不可分割等缺点而逐步退出了商品流通领域，被一些金属材料的货币代替。

(二) 金属货币

金属货币是指以金属为材料，并铸成一定形状的货币。与实物货币相比，金属货币具有价值稳定、易于分割、便于贮藏等优点，更能有效地发挥货币职能。严格来讲，金属货币也是实物货币的一种，不同的是，金属货币脱离了金属的原始形态。早期的金属货币是块状的，使用时需要先用试金石测试其成色，同时还要称量重量。随着人类文明的发展，逐渐建立了更为复杂而先进的货币制度。古代希腊、罗马和波斯的人们铸造重量、成色统一的硬币。这样，在使用货币的时候，既不需要称量重量，也不需要测试成色，无疑方便得多。这些硬币上面带有国王或皇帝的头像、复杂的纹章和印玺图案，以免伪造。中国最早的金属货币是商朝的铜贝。商代在我国历史上也称青铜器时代，当时相当发达的青铜冶炼业促进了生产的发展和交易活动的增加。于是，在当时最广泛流通的贝币由于来源的不稳定而使交易发生不便，人们便寻找更适宜的货币材料，自然而然集中到青铜上，青铜币应运而生。但这种用青铜制作的金属货币在制作上很粗糙，设计简单，形状不固定，没有使用单位，在市场上也未达到广泛使用的程度。由于其外形很像作为货币的贝币，因此人们大都将其称为铜贝。据考古材料分析，铜贝产生以后，是与贝币同时流通的，铜贝发展到春秋中期，又出现了新的货币形式，即包金铜贝，它是在普通铜币的外表包一层薄金，既华贵又耐磨。铜贝不仅是我国最早的金属货币，而且是世界上最早的金属货币。

尽管世界各国的金属货币发展史不尽相同，但大部分国家金属货币的演变基本呈现由贱金属到贵金属的发展规律，铜、铁、锡、银、金也都充当过金属货币的材料。

(三) 代用货币

由于金属货币在流通中会不断地被磨损，贵金属的数量有限，特别是在大宗商品交易中，由于交易金额非常大，金属货币的数量不能满足日益增长的商品交易对货币的需求，运输携带也不方便，所以它也有其难以克服的缺陷。因此，随着经济的进一步发展，金属货币渐渐被代用货币取代。

代用货币最早出现在英国。在中世纪之后，英国的金匠为顾客保管金银货币，他们所开出的本票形式的收据，可以在流通领域进行流通；在顾客需要时，这些收据随时可以得到兑换。这是原始的代用货币。

代用货币又称表征货币，是货币面值与币材价值不等，但可以兑换的货币，并可代表实质货币在市场上流通。一般来说，代用货币主要是指政府或银行发行的、代替金属货币执行流通手段和支付手段职能的纸质货币。这种纸币之所以能在市场上流通，从形式上发挥交换媒介的作用是因为它有十足的贵金属准备，而且也可以自由地向发行单位兑换金属或金属货币。

代用货币较实物货币的优越性主要有：①印刷纸币的成本较之铸造金属要低；②避免了金属货币在流通中的磨损，甚至有意的磨削，可以节约贵金属货币；③克服了运送货币的成本与风险。当然，代用货币也有一些缺点，比如易损坏、易伪造等。

（四）信用货币

信用货币是以银行或者国家的信用作为担保，通过信用程序发行和创造的货币，是货币发展的现代形态。它通常由一国政府或金融管理当局发行，其发行量要求控制在经济发展的需要之内。广义的信用货币包括银行券、汇票、期票、支票等可以充当支付手段和流通手段的信用凭证；狭义的信用货币仅仅指银行信用货币，即流通中的现金和银行存款。

信用货币在发展过程中，经历了可兑现的信用货币和不可兑现的信用货币两个阶段。由于政府滥发而多次发生通货膨胀，在破坏兑现性的同时也促进了信用货币制度的发展与完善。到了20世纪30年代，世界各国纷纷放弃金属货币制度，不兑现的信用货币制度遂独占了货币历史舞台。

进入20世纪50年代以后，信用货币主要采取了非实体化的存款货币的形式，人们的货币只有一小部分以现金（钞票和铸币）的形式持有，大部分以记账符号的形式存在于银行的账面上，当收到货币时，由银行将付款人账户上的存款划转到收款人的账户上；当需要支付货币时，付款人可以签发由银行发给的支票，通知银行将其存款账户中的一定金额转于收款人的账户。随着社会的进步和科学技术的飞速发展，这种存款货币的支票划转方式越来越多地被"电子货币转移系统"代替。

（五）电子货币

电子货币是指在当代科学技术迅猛发展过程中产生的电子化和信息化的支付工具，它是信用货币与计算机、现代通信技术相结合的一种最新的货币形态，它通过计算机运用电磁信号对信用货币进行储存、转账、购买和支付，其流通不借助任何有形实体，具有安全保密、运用广泛、使用方便快捷等特点。电子货币作为现代经济高速发展和金融业技术创新的结果，是货币支付手段职能不断演化的表现，从而在某种程度上代表了货币发展的未来。

知识拓展

数字货币的概念

数字货币是一种不受管制的、数字化的货币，通常由开发者发行和管理，被特定虚拟社区的成员接受和使用。它可作为支付手段，也可以电子形式转移、存储或交易。究竟什么是数字货币呢？让我们一起来做个简单了解吧。

延伸阅读

数字货币推进展望——金融IT系列之十

2020年4月3日，据央行网站，人民银行2020年全国货币金银和安全保卫工作电视电话会议在北京召开，强调坚定推进数字货币相关工作。

央行数字货币自2014年开始筹备，2019年推进明显加速，全国范围试点有望加速。

早在2014年央行就成立法定数字货币专门研究小组，进行初期技术储备、知识积累。经历三年储备期后，2017年受币圈事件影响有所放缓。"DCEP"概念由时任央行行长的周小川2018年3月9日在十三届全国人大一次会议"金融改革与发展"主题记者会上首次提出：央行研发的法定数字货币的名字是"DC/EP"（DC，Digital Currency，数字货币；EP，Electronic Payment，电子支付）。

2019年8月2日，央行召开2019年下半年工作电视会议，指出下半年要加快推进法定数字货币（DC/EP）研发步伐，推进进度开始明显加快。2019年12月9日，《财经》杂志报道，DCEP有望在深圳、苏州等地展开试点。2020年1月10日，央行发文称，央行基本完成法定数字货币顶层设计、标准制定、功能研发、联调测试等工作。2020年3月，发改委专家研判数字经济重要价值，疫后央行数字货币成为定向刺激选项，或加速推出。2020年4月，央行货币金银会议强调坚定推进数字货币相关工作。随着顶层设计、技术研发等工作的完善，以及大国竞争愈发激烈，预计2020年有望推出全国范围试点计划。

大国竞争之下，提升至国家级战略高度。在区块链这场技术浪潮中，无论是中国还是美国都想要获得先发的优势，而数字货币作为区块链发挥去中心作用、进行价值传输的工具，世界大国都想争夺这一法币之外的货币的话语权。而2019年6月18日，Facebook（脸书）已经发布白皮书，由此引发了世界各国央行的关注与讨论。全球央行开始密集释放研发数字货币的信号。因此，央行数字货币具有国家战略高度。

银行IT、支付场景以及加密系统预计为核心受益产业链。双层架构和市场化决定了商业银行IT端投入将明显加大。为满足央行数字货币发行要求，以及双层架构和市场化理念带来落地场景的商业化机会，商业银行有望进行大量IT端投入。便捷匿名的"双离线支付"带来线下支付终端的大量升级改造需求。由于央行数字货币满足"双离线支付"功能，即：支付双方手机均安装了DCEP数字钱包，即便没有网络，手机一碰就可以完成数字货币交易，对现有支付终端的升级改造需求较大。而加密体系需要国内核心厂商的方案支撑。

（资料来源：新浪财经，http://finance.sina.com.cn/stock/stockzmt/2020-04-07/doc-iimxxsth4088415.shtml，2020年4月7日）

四、货币的本质

货币的本质是货币理论的一个重要组成部分，从前面的分析可以看到，货币是从商品中分离出来的固定充当一般等价物的特殊商品，同时也体现了一定的社会生产关系。

1. 货币是一般等价物的特殊商品

货币之所以能够充当一般等价物，首先是因为货币也是商品，是价值和使用价值的统一体，这是货币与其他商品相交换的基础。其次就是货币是一种特殊的商品，这种特殊性体现在它可以表现其他一切商品的价值，并且能够与一切商品直接交换。

2. 货币体现着一定的社会生产关系

货币作为一般等价物，无论以何种形式出现，都只是表面现象。从实质上看，货币体现的是一种社会关系，也就是商品生产者之间的生产交换关系，即不同生产者所生产、占有的产品，通过等价交换实现人与人之间的社会联系。

五、货币的职能

所谓货币的职能是指它在社会经济生活中所起的作用。在市场经济条件下，货币具有价值尺度、交换媒介、贮藏手段、支付手段、世界货币五大职能。其中价值尺度和交换媒介是货币的基本职能，贮藏手段、支付手段和世界货币是由基本职能衍生而来的附加职能。

1. 价值尺度

货币的第一个基本职能是充当商品的价值尺度。作为测定价值标准的货币，其单价是衡量所有可交换物品价值的尺度，货币作为价值的尺度可以使所有具有价值的物品转化成货币单位进行运算。正如衡量长度的尺子本身有长度，称东西的砝码本身有重量一样，衡量商品价值的货币本身也是商品，具有价值；没有价值的东西，不能充当价值尺度。货币在执行价值尺度职能时，并不需要现实的货币，只需要用观念上的货币把商品价值表现出来即可，价格就是商品价值的货币表现形式。因此，价值是价格的基础，价格是价值的货币表现形式。

2. 交换媒介

交换媒介也是货币的基本职能之一，也叫作货币的流通手段。与价值尺度不同，充当交换媒介的货币不能是观念上的货币，必须是现实的货币。货币充当商品交换媒介的职能，是以物易物的交换行为，分成了两种交易行为：第一步是将物品换成货币，第二步再以货币换成物品。以货币为交换媒介的交易大大降低了交易成本，促进了市场和分工的发展。

3. 贮藏手段

贮藏手段是指货币由于各种原因暂时不在社会中流通，而是作为独立的价值形态和社会财富被保存起来。货币作为贮藏手段，是随着商品生产和商品流通的发展而不断发展的。在商品流通的初期，有些人把多余的产品换成货币保存起来，这种贮藏金银的行为被看成是富裕的表现，是一种朴素的货币贮藏形式。随着商品流通的扩展，货币的功能日益强大，一切物品都可以用货币来买卖，货币交换扩展到一切领域。在现代信用货币制度下，人们持有货币作为贮藏手段会受到通货膨胀风险的影响。相对而言，贵金属货币在保持购买力方面具有更大的优势。

货币在执行贮藏手段职能时，具有以下两个显著特点：

（1）必须是现实的、足值的货币。

（2）作为贮藏手段的货币，它必须退出流通领域，处于静止状态。

货币作为贮藏手段，可以自发地调节货币流通量，起着蓄水池的作用。当市场上商品流通缩小，流通中货币过多时，一部分货币就会退出流通界而被贮藏起来；当市场上商品流通扩大，对货币的需求量增加时，有一部分处于贮藏状态的货币，又会重新进入流通。

4. 支付手段

货币作为交换价值的独立存在形态进行单方面转移时发挥支付手段的职能。所谓单方面转移是指经济行为的发生和货币支付在时间上有差距。

货币作为支付手段最初起源于商品交易中的信用买卖。商品赊销和货款预付是信用交易的两种形式。前者是商品销售在先，货款回笼在后。后者是货款支付在先，商品销售在后。但无论哪一种形式，都是商品的让渡与货币的支付在时间上分离。当商品经济发展到一定程度后，货币的支付手段职能就扩展到商品流通领域之外，用来支付税金、租金、工资、劳务等。

5. 世界货币

世界货币是指货币在世界市场上执行一般等价物的职能。由于国际贸易的发生和发展，货币流通超出一国的范围，在世界市场上发挥作用，于是货币有了世界货币的职能。世界货币曾长期由金银充当，20世纪70年代中期以来，由于世界各国采用了不兑现的信用货币制度，一些综合国力强的国家的货币，被大多数国家认可，这些国家的货币就在国际市场上起着世界货币的作用，如欧元、美元、英镑等。目前世界货币的主要职能是作为国际支付手段，用于平衡国际收支的差额。

课堂实践

区分货币的职能

针对货币的交换媒介和支付手段进行如下活动。

（1）分小组讨论此两种职能的区别。

（2）举例进行说明。

任务二　货币制度的演进

任务引例

关于货币制度的选择

南斯拉夫曾经是经济改革的先行者，但是进入20世纪80年代以来，经济持续滞胀，危机日益深刻尖锐。尤其突出地表现在通货膨胀犹如脱缰野马，达到了难以控制的地步，有"欧洲的玻利维亚"之称。1987年，南斯拉夫通货膨胀率首次突破三位数，1988年达到251%，1989年12月11日通货膨胀率达1 255.5%，如与1988年12月相比，则通货膨胀率高达2 665%。20世纪80年代，南斯拉夫货币第纳尔的最高面值曾为1 000第纳尔，而到1989年则达500万第纳尔，1989年12月30日，1美元就等于54 324第纳尔，真可以算得上是超级通货膨胀了。与此同时，工农业生产下降，外债负担沉重。马尔科维奇总理1989年3月16日就职后，采取了稳定宏观经济的一揽子改革方案：(1) 改革币制，废除旧币，发行新币。政府决定自1990年1月1日起，每1万旧第纳尔折合1新第纳尔，并与坚挺的西德马克挂钩，二者的比率为7:1，半年不变。币制改革后，任何人都可以按官方牌价在南斯拉夫的银行自由兑换马克，旧币换新币也没有限制。南斯拉夫还准备一旦时机成熟，就使第纳尔成为完全可兑换货币。(2) 改革银行体制，禁止用发钞票的办法弥补赤字，管住货币超量发行。1990年1月开始把国家的金融职能与市场的金融职能分开，中央银行发行货币，但独立于政府，向议会负责。(3) 降低关税，放开进口，大部分商品价格由市场供求决定。自此，奇迹居然出现了。四位数的通货膨胀率从1990年1月以来被遏制到两位数、一位数、零甚至为负数。1990年通货膨胀率1月份为17.3%，2月份为8.4%，3月份为2.6%，4月份已降到零，6月份则为 -0.3%，平均月率保持在1%左右。这是自20世纪80年代以来的10年中，南斯拉夫经济第一次出现的转折。更不寻常的是，第纳尔竟然与坚挺的马克挂钩，汇率保持不变，并由国际货币基金组织依据其章程中第八条款规定，承认第纳尔为可兑换货币。价格放开后，国内市场物价下跌，市场供应丰富。10年来高居200亿美元左右不下的外债，到1990年3月份下降到160亿美元，6月份已降到76亿美元。出口增长幅度较大，1989年出口增长8.3%，全年国际收支顺差达23亿美元。外汇储备也明显增加，1990年前6个月南斯拉夫外汇储备增加30亿美元，到7月底，外汇储备总计有90亿美元，到年底预计可达100亿美元。南斯拉夫一揽子配套综合措施方案的主要目标是：遏制通货膨胀和保证南斯拉夫的货币成为可兑换货币，这两个目的在一年后都达到了。

(资料来源：高等教育资讯网，http：//read.cucdc.com/cw/71633/158162.html)

思考：

货币制度是什么？一项完整的货币制度应该包含哪些内容？它对经济生活有什么影响？从南斯拉夫货币体制改革中你能得到哪些启示？

一、货币制度的含义

在现代经济社会，各国货币通常都是纸币、铸币和存款货币三者同时流通，前两者总称为通货。由各种货币依据等价关系所构成的体系和秩序，成为一国的货币制度。完善的货币制度能够保证货币和货币流通的稳定，保障货币正常发挥各项职能。

所谓货币制度，是指国家对货币的有关要素、货币流通的组织和管理等进行的一系列规定。国家制定货币制度的目的是保证货币和货币流通的稳定，为经济的正常运行提供一个稳定的货币环境。

二、货币制度的内容

货币制度包括以下四方面的内容。

(一) 货币材料

货币材料是法律规定以何种材料充当货币(本位币)材料。货币材料是整个货币制度的基础。在金属货币制度下，用不同的金属作货币材料，就构成不同的货币本位。例如，确定以白银作币材，就是银本位制；确定以黄金作币材，就是金本位制；确定以黄金和白银同时作币材，就是金银复本位制。值得一提的是，在现行不兑现的信用货币制度下，各国法律都没有规定货币的材料。

(二) 货币单位

规定货币单位即规定货币单位的名称和货币单位的值。货币单位的名称就是对货币单位的定名，例如，英国的货币单位定名为"镑"；美国的货币单位定名为"元"。货币单位的值是指货币单位所包含的货币金属的重量和成色，在金属货币制度下，确定货币单位的值，重要的是确定货币单位的含金量。当黄金非货币化后，则主要表现为确定或维持本国货币与他国货币的比价，即汇率。

（三）本位币与辅币的规定、铸造偿付能力

本位币，即主币，是一个国家流通中的基本通货。国家以法律形式确定该国本位币价值，赋予其在市场上强制流通的能力，并将其作为商品、劳务交换、债务债权清偿及会计核算的计量单位。在金属货币制度下，本位币为足值货币，即其名义价值（面额）与实际价值（金属价值）相一致。本位币不仅由国家按货币单位铸造，还可以由公民自由铸造，每个公民都有权把货币金属送到国家造币厂请求铸成本位币，其数量不受限制。本位币具有无限法偿力，即有无限的法定支付能力，无论支付额大小，任何人不得拒绝接收。同时，本位货币也是一切交易行为的最后支付工具，市场上的交易，以本位货币作为最后支付的工具，任何人均不得要求改以其他货币支付。

辅币，即辅助货币，是主币以下的小额通货，一般用较贱金属铸造，为不足值货币。辅币的名义价值（面额）高于其实际价值（金属价值），铸造辅币会获得一部分铸币收入，因此，辅币采用的是有限铸造制度，即只能由国家铸造，不允许公民自由铸造。发行此种货币是为了流通和支付的方便，基于此目的，辅币在世界各国多为有限法偿，在一次交易中，若超过法律规定的数量，销售者或者债权人可拒绝接受。

（四）货币发行准备制度

货币发行准备制度是指在货币发行时，需以某种金属或者某几种形式的资产作为发行货币的准备。在金属货币制度下，货币发行以法律规定的贵金属作为发行准备。当今世界各国均实行不兑现的信用货币流通制度，在不兑现的信用货币流通制度下，各国的发行准备制度已经与贵金属脱钩，多数国家都采用外汇资产作为准备，也有国家以物资作为准备，还有些国家的发行采取与某个国家的货币直接挂钩的方式，如挂钩美元、英镑等。各国在准备比例和准备资产上也有差别，目前各国货币发行准备的构成一般包括现金准备和证券准备两大类。现金准备包括黄金、外汇等具有流动性的资产；证券准备包括短期商业票据、短期国库券、政府公债等。

三、货币制度的类型和演变

在货币制度发展史上有四种不同的货币制度，根据时间顺序依次为银本位制、金银复本位制、金本位制和不兑现信用货币制度。

（一）银本位制

以白银为本位货币的货币制度，是历史上最早出现的，也是实施时间最长的一种货币制度，有银两本位和银币本位两种类型。银两本位是以白银重量"两"为价格标准实行银块流通。银币本位是国家规定白银为货币金属，并要求铸成一定形状、重量和成色的银币；银币可以自由铸造和自由熔化。

（二）金银复本位制

金银复本位制，是指国家法律规定的金、银两种铸币同时作为本位币的货币制度。随着商品货币经济的发展，在商品中对金银这两种贵金属的需求都增加了，白银主要用于小额交易，黄金则用于大宗买卖，形成了白银和黄金都作为主币流通的局面，此时，均可自由铸造、自由输出、输入，同为无限法偿的货币制度。复本位制又分为三种形式。

（1）"平行本位制"，即金、银两种货币各自按其实际价值流通的制度。

（2）"双本位制"，即金、银两种货币各自按国家规定的比价进行流通的制度。

知识拓展

劣币驱逐良币

劣币驱逐良币（Bad Money Drives Out Good）为16世纪英国伊丽莎白造铸局长提出，也称

"格雷欣法则"（Gresham's Law），他观察到：消费者保留储存成色高的货币（Undebased Money）（贵金属含量高），使用成色低的货币（Debased Money）进行市场交易、流通。格雷欣法则是指当一个国家同时流通两种实际价值不同而法定比价不变的货币时，实际价值高的货币（良币）必然要被熔化、收藏或输出而退出流通领域，而实际价值低的货币（劣币）反而充斥市场。

"劣币驱逐良币"是经济学中一个古老的原理，它说的是铸币流通时代，在银和金同为本位货币的情况下，一国要为金币和银币之间规定价值比率，并按照这一比率无限制地自由买卖金银，金币和银币可以同时流通。由于金和银本身的价值是变动的，这种金属货币本身价值的变动与两者兑换比率相对保持不变，产生了"劣币驱逐良币"的现象，使复本位制无法实现。比如说当金和银的兑换比率是1:15，当银由于开采成本降低而最后价值降低时，人们就按上述比率用银兑换金，将其贮藏，最后使银充斥于货币流通，排斥了金。如果相反，即银的价值上升而金的价值降低，人们就会用金按上述比例兑换银，将银贮藏，流通中就只会是金币。这就是说，实际价值较高的"良币"渐渐为人们所贮藏离开流通市场，使得实际价值较低的"劣币"充斥市场。这一现象最早被英国的财政大臣格雷欣发现，故称为"格雷欣法则"。

（资料来源：百度百科，http://baike.baidu.com/view/4240.htm）

（3）"跛行本位制"，即金银复本位制向金币本位制过渡的一种货币制度。

金银复本位制是一种不稳定的货币制度。首先，货币作为一般等价物，具有排他性和独占性，因为衡量价值的尺度只能是一个，金银同时为价值尺度与货币的本性是相矛盾的；其次，在复本位制度下，一种商品会出现两种价格，而且这种价格又必然会随着金银市场比价的变化而变化，从而引起价格紊乱。为了克服这种混乱局面，政府以法律形式规定金银比价，但当国家法律制度的规定与价值规律的引发作用发生矛盾时，就有了"劣币驱逐良币"的现象，也就是"格雷欣法则"。这样，流通中只有一种铸币在起货币作用。所以，金银复本位制是一种不稳定的货币制度。

延伸阅读

跛行本位制

跛行本位制不完全具备复本位制的特征，虽然规定金币和银币都为本位币，但同时规定，金币可自由铸造，而银币不能自由铸造。严格地讲，跛行本位制已经不是复本位制，而是由复本位制向金本位制过渡的一种形式。

为了克服双本位制下"劣币驱逐良币"的现象，许多国家实行了跛行本位制。在这种货币制度下，金币和银币同为本位币，按法定比价流通和兑换，都具有无限法偿能力，但是只有金币可以自由铸造，银币则不能自由铸造。由于限制银币自由铸造，这样银币的价值不是取决于金属银而是取决于金属金，银币本位币的地位大打折扣，银币成为金币的附属货币，起辅助作用。在这种货币制度下，两种货币的地位不平等，所以，称为跛行本位制。

（三）金本位制

20世纪初，世界各国广泛实行金本位制。金本位是本位货币与黄金保持一定比价关系的本位制度，又可细分为金币本位制、金块本位制、金汇兑本位制三种基本形态。

1. 金币本位制

金币本位制是典型的金本位制，其主要特点是：自由铸造、自由兑换及黄金自由输出输入。在该制度下，银行券的发行制度日趋完善，银行券的发行准备和自由兑现一度得到保证。但随着资本主义经济的发展，特别是西方列强矛盾加剧，金币流通的基础不断被削弱。第一次世界大战期间，各国停止了金币流通、自由兑换和黄金的自由输入输出，战后也未能恢复金币流通，只能改为金块本位制和金汇兑本位制。

2. 金块本位制

金块本位制亦称生金本位制，是一种以金块办理国际结算的变相金本位制，其主要特点是：

金币在名义上仍为本位币，并规定含金量；政府造币厂并不铸造金币，也不允许公民以金块申请自由铸造金币；国内并不流通金币，流通的是银行券。在金块本位制下，金币的铸造和流通以及黄金的自由输出、输入已被禁止，黄金已不可能发挥自动调节货币供求和稳定汇率的作用，从而使金块本位制失去了稳定的基础。因此，金块本位制实际上是一种残缺不全的金本位制度。

3．金汇兑本位制

金汇兑本位制也称虚金本位制，其主要特点是：国家无须规定货币的含金量，市场上不再流通金币，只流通银行券；银行券不能兑换黄金，只能兑换实行金币或金块本位制国家的货币，这些外汇在国外才能兑换成黄金；实行金汇兑本位制的国家使其货币与另一实行金币或金块本位制国家的货币保持固定汇率，通过无限制地买卖外汇来维持本国货币币值的稳定。实行金汇兑本位制的国家，要使其货币与另一实行金块或金币本位制国家的货币保持固定比率，通过无限制地买卖外汇来维持本国货币币值的稳定。所以，金汇兑本位制实际上是一种附庸性质的货币制度。

（四）不兑现信用货币制度

不兑现信用货币制度是以纸币为本位币，且纸币不能兑换黄金的货币制度。这是当今世界各国普遍实行的一种货币制度，其特点主要有三个。

（1）流通中的货币都是信用货币，主要由现金和银行存款构成，它们都体现某种信用关系。

（2）现实中的货币都通过金融机构的业务投入流通中去，与金属货币通过自由铸造进入流通已有本质区别。

（3）国家对信用货币的管理调控成为经济正常发展的必要条件，这种调控主要由中央银行运用货币政策来实现。

信用货币制度为政府参与经济管理提供了条件，金融当局可以通过货币总量和利率变化，调控宏观经济总量、结构，稳定物价，提高经济效益和社会效益。

四、我国的人民币制度

我国现行的货币制度是人民币制度。中国人民银行成立于1948年12月1日，并发行人民币，标志着中华人民共和国货币制度的建立。中国人民银行的建立和人民币的发行为统一货币、稳定币值起了重要作用。人民币发行后，迅速收兑了法币、金圆券、银圆券，并在合理制定人民币与解放区地方性货币比价的情况下，积极开展对解放区地方性货币的收兑工作。至1951年，除了台湾、香港、澳门、西藏外，人民币成了全国统一的、独立自主的、稳定的货币。1955年，我国进行人民币改革，于1955年3月1日发行新的人民币，以1∶10000的比率无限制、无差别收兑旧人民币，同时建立辅币制度。

（一）人民币的发行和流通

人民币由中国人民银行统一印制、发行，任何单位和个人不得印制、发售代币票券以代替人民币在市场上流通。中华人民共和国的法定货币是人民币。以人民币支付中华人民共和国境内的一切公共的和私人的债务，任何单位和个人不得拒收人民币。

人民币发行与流通的具体程序为：中国人民银行设立人民币发行库，在其分支机构设立分支库，负责保管人民币发行基金。人民币发行基金是指由制钞厂解缴、中国人民银行保管的未进入流通领域的人民币。发行基金的调拨应按规定办理。人民银行的货币发行主要通过普通银行的现金收付业务活动实现。商业银行在人民银行开立存款户后，方可办理存取款业务。商业银行向人民银行存取现金，以开户商业银行为单位办理业务；人民银行在营业时间内，对商业银行办理现金存取业务。开户商业银行下属基层处（所）的现金，由开户商业银行调剂后统一向人民银行存取。现金不足时，应填写现金支票，到当地人民银行，在其账户余额内提现，这时，人民币就从发行库转移到商行的业务库了，这就意味着这部分人民币进入流通领域。当商业银行现金超过库存限额时，商业银行应将超过的部分填制现金交款单，还给人民银行。该部分人民币进入发行库，意味着退出流通领域。

延伸阅读

第五套人民币新版大揭秘

2019年8月30日，中国人民银行发行了第五套人民币。新版人民币包含50元、20元、10元、1元纸币，1元、5角、1角硬币。那么，新版的第五套人民币和旧版相比，防伪特征如何？让我们一起来了解吧。

（二）人民币的价值含量

人民币没有含金量的规定，它属于不兑现的信用货币。人民币的发行保证是国家拥有的商品物资。黄金外汇储备主要作为国际收支的准备金。

（三）人民币的本位币和辅币

人民币主币的单位为"元"，辅币的单位为"角"和"分"；它们之间的兑换比例是：1元=10角，1角=10分。人民币的国际标准化组织代码为CNY，缩写符号为RMB。

（四）人民币制度

人民币实行有管理的货币制度，是在国家宏观调控下的货币制度。中国人民银行可根据国民经济动态变化情况和客观需要，调控人民币的发行和流通，以保障经济持续健康发展。

（五）"一国两制"条件下的地区性货币制度

1997年和1999年，伴随着香港和澳门的相继回归，我国实现了具有中国特色的"一国两制"。实现"一国两制"后，我国出现了人民币、港币、澳元"一国三币"的特有历史现象。港币、澳元分别是香港特别行政区和澳门特别行政区的法定货币。中国人民银行不在两地设立派出机构，而是由香港特别行政区和澳门特别行政区政府及其有关机构制定和执行货币政策。"一国三币"是与"一国两制"联系的特定历史条件下的货币现象，它不是三种货币在同一个市场上流通，而是人民币、港币和澳元，在一个国家的不同社会经济制度区域内流通，它们所属的货币管理当局各按自己的货币管理方法发行和管理货币，所以也不会导致出现"劣币驱逐良币"的现象。

延伸阅读

"一国两制"下的货币制度——香港货币制度

香港货币制度可以追溯到19世纪中叶。1842年英国发动第一次鸦片战争。次年，英国政府与清朝政府签订不平等的《南京条约》，割让香港给英国作为殖民地。由于英国的殖民统治和中国历史传统的共同影响，香港的货币制度具有独特之处。在香港没有垄断货币发行权的中央银行，港币的发行与货币供应量的控制由两家商业银行和香港政府共同承担。自19世纪中叶至今，香港的货币制度经历了银本位制、英镑汇兑本位制、外汇汇兑本位制和联系汇率制度四个时期。其中，货币制度变化中的两个时期（即由英镑汇兑本位制到外汇汇兑本位制、由外汇汇兑本位制到联系汇率制）主要是在20世纪的六七十年代完成的。

英镑汇兑本位制在香港延续的时间最长。从1935年12月6日到1972年7月6日，除1941年12月25日到1945年9月23日之外，香港一直实行这种货币制度。一段时间内，英镑作为主要的国际支付手段和储存货币相当坚挺。这一货币本位制在香港实施得较好。"二战"后随着世界经济形势的变化，世界货币制度进入以美元为中心的固定汇率制度时期。英镑和港币的固定联系遭受冲击。1949年和1967年，英镑先后出现两次大幅度的贬值。英镑汇率波动影响港币的稳定。香港经济也因此受到严重的损失。1972年6月，英国又一次爆发国际支付危机。英国政府在6月23日宣布英镑区成员只限于英国和爱尔兰。海外英镑区成员成为历史名词。随后，1972年7月6日，港英政府宣布港币与英镑脱钩，与美元挂钩，当时港币的汇率是1美元=5.65港元，允许外汇市场汇率在这一汇率上下2.25%的幅度内波动。

由于美元的不断贬值,港英当局于1974年11月取消港元与美元的固定联系,同时取消外汇管制,首次宣布港元自由浮动。在这一货币制度之下,作为纸币发行准备金的外汇基金不再只是由单一的英镑金融资产构成,还包括美元等多种外汇资产。这一时期的香港货币制度也可称为外汇本位制。这一货币制度直到1983年才被联系汇率制取代。

随着香港三家发钞银行地位的确立与新会计制度的运行,1983年10月17日,港英政府宣布港元与美元直接挂钩,联系汇率制(联汇制)正式生成。但直到1987年,联汇制的内容才逐步完善。联汇制最重要的特点是:联系汇率与市场汇率、固定汇率与浮动汇率并存。一方面,外汇基金通过对发钞银行的汇率控制,维持官方预定的1:7:8的汇率水平。在联汇制下,港元发行须由发钞行按照规定的7.8港元兑1美元的汇价,以百分之百的美元向外汇基金换取发钞负债证明书,挂牌银行向发钞行取得现钞也要以百分之百的美元进行兑换;回笼货币时,同样要分别以负债证明书和港元换回美元,这样便形成了一个固定汇率的银行同业港元买卖市场。另一方面,在外汇公开市场上,港元却是自由浮动的,无论是银行同业之间还是银行与公众之间的交易,汇率都是由市场供求决定的,没有任何人为的干预。

(资料来源:百度百科,https://baike.baidu.com/item/%E9%A6%99%E6%B8%AF%E8%B4%A7%E5%B8%81%E5%88%B6%E5%BA%A6/12749971?fr=aladdin)

延伸阅读

欧元

欧元(Euro)作为欧盟中19个国家的货币。你了解欧元吗?

案例解析

央行数字货币雄安试点名单出炉 数字货币进程加快

2020年4月22日下午,雄安新区召开了法定数字人民币(DCEP)试点推介会。推介会由雄安新区管理委员会改革发展局组织。数字货币的研发机构、试点商户都受邀参加。值得注意的是,此前数字货币传出在苏州用于交通补贴,但在雄安的试点推介名单中,以餐饮、零售业企业为主。具体名单如下:中海SPV、金丰餐饮、健坤餐饮、凯骊酒店、奥斯卡影城、麦当劳、星巴克、赛百味、金百禾、菜鸟驿站、银联无人超市、京东无人超市、维菜可烘焙、昆仑好客便利店、庆丰包子铺、中体倍力、中信书店、桃李阁、新时期无人车,共19家单位。其中除了中海SPV,其余均是餐饮、娱乐、零售的店铺型单位。数字人民币通俗地讲,就是人民币的电子版,在地位上和纸币是完全一样的。数字人民币是有国家信用背书的,具有法偿性,央行的数字货币币值稳定。中国银行法学研究会理事肖飒在接受采访时表示,央行数字货币的出现与普及使用,或将改变储户与银行之间的法律关系,从而重构金融机构实务。她表示,央行数字货币拥有强大的信用背书,符合当下特定行业需求,只要有策略地推广,应该有机会可以迅速普及。普及之后的数字货币,一定程度上将深刻影响我国金融行业法律体系。近期,法定数字货币研发的进展引起社会普遍关注。央行数字货币研究所相关负责人表示,数字人民币研发工作正在稳妥推进,数字人民币体系在坚持双层运营、M0替代、可控匿名的前提下,基本完成顶层设计、标准制定、功能研发等工作,当前阶段先行在深圳、苏州、雄安、成都,以及未来的冬奥场景进行内部封闭试点测试,以不断优化和完善功能。

思考:什么是数字货币?央行推出数字货币,将给我们生活带来什么变化?

解析:数字人民币通俗地讲,就是人民币的电子版,其在地位上和纸币是完全一样的。数字人民币是有国家信用背书的,具有法偿性,央行的数字货币币值稳定。分析数字货币对生活的影响时,言之有理即可。

证书衔接

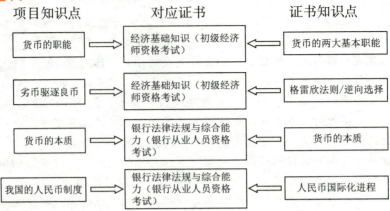

知识树

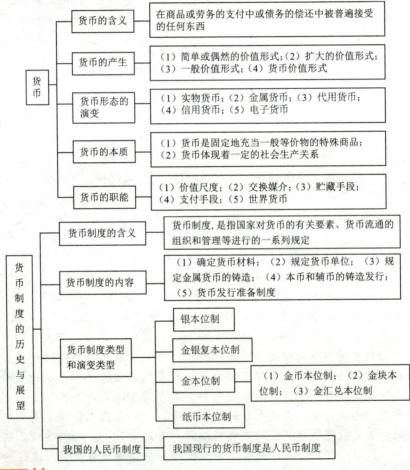

思考与练习

一、单项选择题

1. 货币的本质特征是充当(　　)。
   A. 特殊等价物　　　B. 一般等价物　　　C. 普通商品　　　D. 特殊商品
2. 历史上最早出现的货币形态是(　　)。

A. 实物货币　　　　B. 信用货币　　　　C. 表征货币　　　　D. 电子货币
3. 格雷欣法则是反映（　　）下出现的现象。
A. 金本位制　　　　B. 银本位制　　　　C. 金银复本位制　　D. 信用货币制
4. 纸币的发行是建立在货币（　　）职能基础上的。
A. 价值尺度　　　　B. 交换媒介　　　　C. 支付手段　　　　D. 贮藏手段
5. 历史上最早的货币制度是（　　）。
A. 金本位制　　　　B. 银本位制　　　　C. 金银复本位制　　D. 金块本位制
6. 与货币的出现紧密相联的是（　　）。
A. 金银的稀缺性　　B. 交换产生与发展　C. 国家的强制力　　D. 先哲的智慧
7. 商品价值形式最终演变的结果是（　　）。
A. 简单价值形式　　B. 扩大价值形式　　C. 一般价值形式　　D. 货币价值形式
8. 中国最早的铸币金属是（　　）。
A. 铜　　　　　　　B. 银　　　　　　　C. 铁　　　　　　　D. 贝

二、多项选择题

1. 一般而言，要求作为货币的商品具有如下特征（　　）。
A. 价值比较高　　　B. 金属的一种　　　C. 易于分割　　　　D. 易于保存
E. 便于携带
2. 信用货币包括（　　）。
A. 银行券　　　　　B. 支票　　　　　　C. 活期存款
D. 商业票据　　　　E. 定期存款
3. 对本位币的理解正确的是（　　）。
A. 本位币是一国的基本通货　　　　　B. 本位币具有有限法偿
C. 本位币具有无限法偿　　　　　　　D. 本位币的最小规格是一个货币单位
E. 本位币具有排他性
4. 货币的两个基本职能是（　　）。
A. 流通手段　　　　B. 支付手段　　　　C. 贮藏手段　　　　D. 世界货币
E. 价值尺度
5. 货币发挥支付手段的职能表现在（　　）。
A. 税款缴纳　　　　B. 贷款发放　　　　C. 工资发放　　　　D. 商品赊销
E. 交水电费
6. 中国最古老的铜铸币的三种形制是（　　）。
A. 五铢　　　B. 布　　　C. 刀　　　D. 元宝　　　E. 铜贝

三、判断题

1. 最早的货币形式是金属铸币。（　　）
2. 劣币驱逐良币律产生于信用货币制度的不可兑换性。（　　）
3. 纸币之所以能成为流通手段是因为它本身具有价值。（　　）
4. 人民币制度是不兑现的信用货币制度。（　　）

四、简答题

1. 如何理解货币的支付手段？
2. 什么是货币制度？其主要构成要素有哪些？
3. 如何理解货币的两个最基本的职能？
4. 货币各职能之间的逻辑关系是什么？

五、案例分析题

有人说，黄金不是货币，而是货币的材料。你同意这种观点吗，为什么？那么，货币又是什么？

认识资金融通的逻辑起点——信用

自从人类有了货币后，商品交易得到了大力的发展，借助货币的延期支付手段职能，经济生活中出现了以还本付息为条件的借贷行为，于是信用产生了。信用关系是举足轻重的经济学关系，已经渗透到了经济范畴内的各个方面。

知识目标

- 理解信用的概念、构成要素
- 掌握信用主要特征和主要形式
- 掌握信用工具的定义、特征、分类
- 认识主要的信用工具

技能目标

- 能分析信用的产生与发展
- 能解释信用在经济中的作用
- 能判断各种信用形式在经济生活中的表现

思政目标

- 树立正确的信用意识，培养良好的信用习惯
- 强化从事金融职业岗位应有的诚信意识
- 建立对市场和职业规则的敬畏之心
- 强化对我国金融行业健全发展的信心

任务一 演化中的信用

任务引例

个人征信系统不良记录

虞先生想要贷款买房时，却发现自己已被中国人民银行列入了黑名单。具体情况是这样的。

虞先生曾在大学期间，通过学校统一办理了一张信用卡。6年前虞先生最后一次使用信用卡透支了6毛钱。毕业后，虞先生前往外地工作，由于更换了手机号码，他一直未收到银行的催还通知。

多年后，虞先生想要贷款买房时，却发现自己已被中国人民银行列入了黑名单。经查询

才得知，当初这张信用卡欠费6毛，大约6年时间，逾期产生利息1 561.72元、滞纳金7 547.94元、超限费7.03元、年费150元、消费透支0.6元，合计9 267.2元。

虞先生认为，当初信用卡是在学校统一办理的，相关手续都不是他本人签名，而且银行也没有及时履行通知义务，于是起诉至法院，要求依法判决银行停止侵害，撤销其在中国人民银行征信系统的不良记录，消除影响并且赔礼道歉。

银行方面表示，滞纳金等费用的收取，都是有合同依据的。

凡持卡人逾期还款，会从消费次日起按每天万分之五计息，逾期会计复利，因此逾期时间越长，每日利息就会越高。虽然虞某仅仅透支了6毛钱，6年后造成了近万元的欠款，看起来比较夸张，但是银行方面都是根据章程办事，计算上也没有任何问题。

该案经常州市天宁区人民法院多次调解，最终双方同意，虞先生向银行缴纳各项费用共计500元，银行协助虞先生撤销其在中国人民银行征信系统的不良记录。

办案法官表示，这起纠纷也为广大信用卡使用者敲响了警钟，在享受信用卡带来的便捷的同时，也应正确、谨慎使用。法官提醒广大市民，要通过正规途径办理信用卡，对信用卡条约做到心中有数。按时归还信用卡透支额度，一旦逾期，所产生的利息、罚息等往往数额巨大，甚至数倍高于本金；切莫恶意透支使用信用卡，否则将触犯刑法，构成犯罪；信用卡一旦停止使用，应及时办理注销手续，否则年费等将持续产生，进而导致个人征信系统不良记录的产生。

（资料来源：中国信用财富网，http://www.creding.com/portal.php?mod=view&aid=276952）

思考：

上述的引例让我们认识到了信用的重要性。那么，什么是信用呢？信用有哪些形式呢？信用有哪些经济功能呢？

在日常生活中，信用无处不在。

例如：我们常常会说："我是个讲信用的人。"

例如：我们会看到"构建'互联网+信用'模式助推小微企业发展"这样的新闻标题。

那么，到底什么是信用呢？

一、信用的含义和本质

信用在英文中翻译为"Credit"（这一词语来源于拉丁文"Credo"），意思是信任、赊账、信贷等。

从社会道德方面来看，信用是指能够履行诺言而取得的信任，也就是日常生活中所说的诚实守信、说话算数、一诺千金。从社会角度出发的信用属于广义的社会信用概念。

从经济意义方面来看，信用是一种体现着特定经济关系的借贷行为，指商品或货币的所有者暂时把一定数量的商品赊销或将货币贷放给需求者使用，借者在将来按约定的时间偿付购货款或归还本金，并且支付一定利息的行为。这种信用关系是一种以偿还和付息为条件的债权债务关系。具体而言，信用具有以下三层含义。

(1) 信用是建立在信任基础上的债权债务关系。

信用作为一种交易行为，需要以交易双方之间的相互信任为前提。没有交易双方的互相信任，商品或货币交换就不可能发生。

信用关系一旦确定，商品或货币的所有者因为让渡商品或货币的使用权而成为债权人，商品或货币的需求者就成为债务人。

(2) 信用是把商品或货币作为独立的价值形态单方面转移。

在传统的商品交易中，价值运动是通过商品的直接买卖完成的，一手交钱，一手交货，当交易结束后，买卖双方就不存在任何的经济关系。

在信用活动的交易中，债权人只是将商品或货币的使用权进行了让渡，没有改变所有权的所属。信用关系在债务方按规定时间还本付息后才能结束。因此，信用是价值的单方面的转移。

（3）信用是以还本付息为条件的兑现能力和履约能力。

信用的借贷不是无偿的，信用交易双方均有着自身的经济利益。债务人因为得到了实物或货币的使用权，从而可以从中获利。而债权人在转移实物或货币的使用权时，不会无偿地转移，而是要求在归还本金的基础上增加一定的利息。

二、信用的构成要素

信用具备五个基本的构成要素。

1. 信用主体

信用主体包括信用行为双方当事人，其中转移资产、服务的一方为授信人（即债权人），而接受的一方则为受信人（即债务人）。授信人通过授信取得在一定时间内向受信人收回一定量货币和其他资产与服务的权利，而受信人则有偿还的义务。

2. 信用客体

信用作为一种经济交易行为，必定有被交易的对象，即信用客体。这种被交易的对象就是债权人的资产，它可以是有形的（如以商品或货币形式存在），也可以是无形的（如以服务形式存在）。没有这种信用客体，就不会产生经济交易，因而不会有信用行为的发生。

3. 信用工具

早期的信用大多使用口头约定来确定债权债务关系，这样的方式便捷、灵活，但是口说无凭，容易引起很多争端，如债务人赖账等，难以维护债权人应有的权利。后来信用关系就以正式的书面凭证来记载双方的债权债务关系，白纸黑字，一目了然。这种用来记载债权债务关系并具有法律效力的书面凭证就是信用工具。此外，现代经济市场下信用工具还可以在市场上流通转让，扩大了信用规模，促进了现代经济的发展。

4. 时间间隔

这是信用关系与买卖关系最根本的区别。买卖关系是一手交钱，一手交货，价值在同一时间相反运动，钱货两清，交易结束。而信用则存在着时间间隔，也就是借贷时间，债权人将拥有的实物或货币的使用权暂时让渡给债务人，双方会约定一个信用时间，债务人在约定的时间内归还本金和利息，信用是价值在不同时间的相反运动。

5. 利率

债务人在信用关系到期时应还本付息，利息是债权人将实物或货币的使用权让渡出去所获得的回报。利息是怎么计算出来的呢？利息的计算需要利率。在信用关系确定的同时，还需要确定利息与本金之间的比率，即利率。利率的高低决定着利息的高低，也影响着实物或货币需求者的决策，因此，利率是信用关系非常重要的构成要素。

三、信用的产生与发展

（一）信用的产生

信用在我们的生活中随处可见，比如银行贷款、租赁服务，这些都依靠信用而存在。信用是如何产生的？信用产生的基本条件如下。

1. 信用是商品货币经济有了一定发展的基础上产生的

信用是商品货币经济发展到一定阶段的产物。当商品交换出现延期支付，货币执行支付手段职能时，信用就产生了。在生产商将商品出售时，购买者因自己的商品未卖出去而无法购买，为了能使社会再生产能继续进行，就有了赊销，即延期支付。在这种情况下，就产生了信用关系。

2. 信用是在货币发挥支付手段职能的条件下才会产生

由于货币拥有支付手段的职能，所以能够在商品交易之后保证商品价值的实现。商品的价值通过货币表现实现了价值的单向转移。它是商品生产和交换过程的不一致而出现的一种简单的信用关系。

（二）信用的发展

1. 高利贷信用

高利贷信用简称"高利贷"，是最古老的生息资本运动形式之一，是以贷放货币或实物榨取高额利息的剥削活动。高利贷信用产生于原始社会末期，盛行于奴隶社会和封建社会，是前资本主义社会的基本信用形式。

私有制出现后，资本家占有大量的财富，穷人为了生存，不得已向资本家借钱，到期还本付息，但是代价非常大，高利贷的年利率至少在30%以上，多的可达百分之几百。造成此局面的主要原因在于当时的穷人大量存在，并且不借钱就无法生存，所以给高利贷的生存和发展创造了空间。

高利贷信用的历史作用具有两重性：在前资本主义社会中，一方面，高利贷促进商品货币关系的发展和自然经济的解体；另一方面，高利贷破坏社会生产力，使生产力萎缩，从而延缓社会历史的发展进程。

2. 资本主义信用

资本主义信用是借贷资本的运动。所谓借贷资本，是货币资本家为了获取剩余价值而暂时贷给职能资本家使用的货币资本，它是生息资本的一种形式。贷者把闲置的货币作为资本贷放出去，借者借入货币则用于扩大资本规模，生产更多的剩余价值，贷者和借者共同瓜分剩余价值。

资本主义信用与高利贷信用相比较，最主要的区别在于货币的需求方是将借来的钱用于生产出更多的剩余价值，而绝不是为了生存。对于货币的供给方，他们把手头的闲散资金借出去是为了赚取一定的利息。资本主义生产关系确立以后，为了发展资本主义经济，以资本主义再生产为基础的资本主义信用便取代了高利贷信用，取得了垄断的地位。

3. 社会主义信用

社会主义信用是指社会主义经济中借贷资金的运动形式。社会主义信用体现着社会主义的生产关系，摒弃了资本剥削和寄生的性质。但就信用的基本特征来说，社会主义信用仍然是一种借贷关系，是以偿还为条件的价值运动形式。因此，其运动形式与借贷资本的运动形式是完全相同的。

社会主义信用把社会上暂时闲置的资金聚集起来，通过再分配和信贷的方式对整个社会的资金余缺进行调剂，让急需资金的部门和企业获得了信贷支持，促进了商品经济的发展，满足了人们日益丰富的需求，也促进了国民经济的发展。中央银行运用利率、准备金、再贷款、汇率等金融手段进行宏观调控，有效控制信贷规模，促进国民经济的总量平衡和结构调整，有力地防止通货膨胀，促进整个国民经济的稳定发展。

延伸阅读

建立信用体系，城市信用分可抵真金白银。

（资料来源：央视网，http://tv.cctv.com/2019/11/02/VIDEjKtqixxLIVx-OwBzjjmMa191102.shtml）

任务二　现代经济是信用经济

任务引例

芝麻信用聚焦商业信用服务

对蚂蚁金服将在2019年年末对"借呗"合作金融机构下线芝麻信用，并将其替换为新产品一事，蚂蚁金服方面表示，芝麻信用很早即宣布和金融机构不再进行任何形式的合作，因此和金融机构解约也在分批进行中。到2019年年底，与最后一批合作金融机构解约后，芝麻信用将不再和其他金融机构合作，会更聚焦在商业信用服务领域。

蚂蚁金服于 2015 年推出芝麻信用业务。由于没有获得个人征信牌照，自 2017 年、2018 年起，芝麻信用已逐步退出个人金融方面的业务，并对业务布局进行调整。

2019 年 10 月底，蚂蚁金服芝麻信用与花呗事业群总经理文澜在接受媒体采访时说，目前芝麻信用业务主要涵盖三块：一是支付和商业场景；二是人与人之间信用关系的变化；三是企业信用领域。

据悉，截至目前，芝麻信用已在租车、租房、购物、出国签证等近 40 个商业行业提供了上千种信用服务。

（资料来源：百家号，https://baijiahao.baidu.com/s?id=1654074492733436084&wfr=spider&for=pc，2019 年 12 月 27 日）

思考：

芝麻信用聚焦商业信用服务后，为什么芝麻信用分高可以在大部分酒店免押金入住？信用对个人有什么作用？信用对社会有什么作用？

一、信用的主要形式

信用已经渗透到现代经济社会中的各个方面，因此现代信用的形式日趋多样化和复杂化，按照不同的划分标准可以对信用形式进行不同的分类。

按照信用的期限，划分为短期信用、中期信用、长期信用。

按照信用的地域，划分为国内信用、国际信用。

按照信用中介是否参与，划分为直接信用、间接信用。

按照信用的参与主体，划分为商业信用、银行信用、消费信用、国家信用、国际信用。本书主要介绍按照信用的参与主体为分类标准而划分的信用形式。

（一）商业信用

1. 商业信用的含义

商业信用是指企业之间在进行商品交易时相互提供的信用活动。一般表现为赊购赊销、延期付款、分期付款、预付货款等。因此，与商品流通紧紧联系在一起的信用活动就是商业信用。

2. 商业信用的特点

（1）商业信用的主体是企业。

商业信用的债权人和债务人都是从事商品生产或流通活动的企业，这是商业信用与其他信用形式最根本的区别。只有发生在企业之间的赊销赊购等行为才能称为商业信用。

（2）商业信用的客体是商品。

商业信用是与商品交易紧紧联系在一起的企业之间相互提供的信用活动，没有商品的买卖就没有双方之间的借贷关系，也就没有商业信用的存在。因此，商业信用的客体不是货币，而是商品。

（3）商业信用是一种直接信用。

商业信用是企业之间以商品形态提供的信用，其借贷双方都是商品的生产者或经营者，他们之间的借贷是双方直接达成交易，没有信用中介的参与。

（4）商业信用规模受市场经济发展情况影响。

在经济繁荣时期，商品需求量较大，商品生产与流通速度会加快，商业信用发生的机会较多，商业信用的规模就会较大；在经济萧条时期，商品需求量较低，商品生产与流通速度会降低，商业信用发生的机会较少，商业信用的规模就会较小。

商业信用的发展使得企业资金得到了融通，加速了资本的循环和商品的周转，对社会经济起到了积极的作用，但是商业信用是以商品交易为基础的，是在企业之间进行的，在信用规模、信用方向、信用范围、信用期限等方面均有一定的局限性。

(二) 银行信用

1. 银行信用的含义

银行信用是以银行为代表的各类金融机构以货币形式向其他经济体（如个人、企业、事业单位等）提供的信用形式。银行信用属于间接信用，银行充当了信用媒介，主要表现为银行吸收存款和发放贷款。在这个信用关系中，银行既是债务人，也是债权人。

2. 银行信用的特点

(1) 银行信用的主体众多。

银行信用不是企业之间相互提供的信用，而是以银行或其他金融机构作为信用中介，它们从分散的、暂时拥有小额的闲置货币资金的所有者那里以存款等方式吸收资金，积少成多，形成巨额的信贷资金，然后对资金有需求的且符合银行要求的企业、家庭、政府以及其他机构发放资金，不受时间、空间、资金流向以及使用范围的限制。银行信用的参与主体众多，涉及社会的各个经济部门。

(2) 银行信用的客体是货币。

银行信用一般以货币形式提供，货币的使用在时间、空间和投放方向不受到限制，具有很强的灵活性。银行吸收资金渠道众多，来源广泛，无论是社会的哪个经济部门，只要有闲置资金，都可以存入银行。银行可以向任何符合条件的生产部门提供信用，克服了商业信用在规模和流向上的局限性。

(3) 银行信用是间接信用。

银行信用不是资金提供者与资金需求者直接交易形成信用关系，而是由以银行为代表的金融机构作为中介来提供信用。在存款业务中，银行是债务人，储户作为资金提供者是债权人。在贷款业务中，银行是债权人，借款方作为资金的需求者是债务人。在银行信用关系中，资金提供者和资金需求者自始至终都没有直接发生信用关系，而是通过信用中介——银行来完成。

(4) 银行信用具有广泛接受度。

银行以及其他金融机构，特别是银行，作为专门的信用中介机构，专业能力强，信用等级高，信息资源广，资金规模大，信用产品多，风险成本低，对商品经济的发展起到了巨大的推动作用，因而社会声誉很高，具有很高的社会信任度和广泛的接受度。

(5) 银行信用具有货币创造功能。

货币创造是在银行作为支付中介和信用中介的基础上产生的。银行利用其所吸收的存款发放贷款时，不以现金或不全部以现金形式支付给客户，而是将贷款直接转到客户的存款账户上，也就是说在没有支付任何实物货币做背后支撑的情况下，银行存款账户余额增加，银行又可以将这笔新增加的存款继续进行放贷，以此类推直到最后，整个银行体系形成数倍于原始存款的派生货币。

银行信用是在商业信用的基础上发展而来的。因为银行信用是把银行为代表的各类金融机构作为中介，无论是资金所有者还是资金需求者均范围较广，又以货币形式提供信用，克服了商业信用在信用规模上、信用方向上、信用范围上、信用期限上的种种局限，银行信用规模巨大，信用范围广泛，信用能力强大，所以，银行信用已经成为现代经济最基本的、最主要的信用形式。

(三) 消费信用

1. 消费信用的含义

消费信用，又称消费者信用，是企业、银行或其他金融机构向消费者提供的用于满足其消费需要的信用。

消费信用最显著的特点是先消费、后付款，可以解决居民个人支付能力暂时不足的困难，也可以使消费者实现提前消费的目的，发挥刺激消费、促进经济发展的作用。

2. 消费信用的基本形式

（1）商品赊销。

商品赊销适用于日常零星购买，是零售商对消费者提供的一种短期消费信用，表现为延期支付。这是一种古老而经典的消费信用，比如某村民王某向村里小卖部赊账买了一袋大米。

（2）消费贷款。

消费贷款是商业银行或其他金融机构对消费者提供的消费信用，适用于耐用消费品的购买。比如，李先生有意在某4S店购买轿车，并向银行申请了汽车消费贷款。

（3）信用卡。

信用卡是发卡银行给予持卡人一定的信用额度，持卡人可以在该信用额度内先消费后还款进行透支消费的银行卡。比如，王小姐持招商银行信用卡在商场刷卡消费购买了一件毛呢大衣。

（4）分期付款。

分期付款主要适用于购买耐用消费品，是商业企业与消费者签订分期偿还欠款的一种消费信用形式。分期付款一般是按照合同协定首次支付一定的现款，其余欠款按合同规定的分期还本付息。比如，赵女士在购买住房时先缴纳了首付款，其余住房贷款分15年按每月分期付款进行还清。

课堂实践

查询你的芝麻信用分

1. 请打开支付宝软件，你的芝麻信用分是多少呢？
2. 芝麻信用分高，对你的日常生活有哪些帮助？
3. 哪些方法可以提高你的芝麻信用分？
4. 芝麻信用主要体现了哪种信用形式？

（四）国家信用

1. 国家信用的含义

国家信用是指国家以债务人身份向社会筹集资金的信用形式，具有以下特点。

（1）国家信用的主体是国家，国家作为债务人向国内或国外的居民、企事业单位、金融机构等借入货币资金的信用形式，因此国家信用又分为国内信用和国外信用。

（2）国家信用的目的是为弥补财政收支不平衡和为重点建设项目资金不足而筹集资金，主要通过发行国债、公债，向银行借款或透支等方式筹集资金。

（3）国家信用是调节国家经济和进行宏观调控的重要手段。国家作为债务人向社会筹集资金时，能够广泛调动社会资金，引导社会资金的流向，因此政府可以利用该手段调节国家经济，进行宏观调控，促进经济平稳、快速发展。

（4）国家信用的信用等级较高。因为国家信用的债务人是国家，其偿债能力之强显而易见，而且以一个国家的信誉和法律作为后盾，所以其安全性较高。

2. 国家信用的基本形式

（1）国库券。

国库券是国家财政当局为弥补财政收支不平衡而发行的一种政府债券。国库券是政府的直接债务，几乎不存在违约风险，安全性很高。

（2）公债。

公债是政府为筹措财政资金，凭其信誉按照一定程序向投资者出具的，承诺在一定时期支付利息和到期偿还本金的一种格式化的债权债务凭证。公债是各级政府借债的统称，由国债和地方债构成。

（3）专项债券。

专项债券是政府为了某专项具体建设或工程筹集资金而发行的债券。专项债券一般是以项目建成后取得的收入作为保证。

（4）财政透支。

财政透支是财政向银行借款来补充财政资金不足的一种国家信用形式。财政透支一般会引起信用膨胀和通货膨胀，因此财政透支应谨慎和慎重，一般都需要国务院批准。

（五）国际信用

1. 国际信用的含义

国际信用是指国家之间相互提供的信用，具体而言，是指一个国家的政府、金融机构、企业以及自然人对另外一个国家的政府、金融机构、企业以及自然人提供的信用。国际信用是国家货币资金的借贷行为，促进了国际贸易和国际经济的发展。

2. 国际信用的主要形式

在这个全球化的时代，国际贸易呈现出蓬勃发展之势，国际信用已日益成为国家结算的重要工具，主要表现为以下几种形式。

（1）出口信贷。

出口信贷是指出口国银行向本国出口商提供信贷担保，或直接向外国进口商或其银行提供的贷款。出口信贷一般与出口贸易相结合，是出口国政府为了加强本国的出口竞争力，支持本国的出口贸易，以信贷担保和政府补贴的方式施行。

（2）政府贷款。

政府贷款是指一国政府运用财政资金向另一国政府提供的贷款，一般表现为发达国家对发展中国家提供的长期优惠贷款，具有友好援助性质，利率较低，期限较长，通常与出口信贷搭配使用。

（3）国际商业银行信贷。

国际商业银行信贷是以国际商业银行为主体提供的国际信用形式，授信主体可以是一家商业银行，也可以是由一家或几家大银行牵头，联合多家银行组成的银团，针对外国借款人提供的贷款。

（4）国际金融机构贷款。

这是一种由国际金融机构为授信主体，向其会员国提供贷款的国际信用形式。这种贷款期限较长，而且条件优惠，但是贷款项目和用途一般由国际金融机构事先确定，贷款申请条件也比较严格。世界上的国际金融机构主要包括国际货币基金组织、世界银行及其附属机构（国际金融公司和国际开发协会），以及亚洲开发银行、非洲开发银行等。

（5）国际商业信用。

国际商业信用是指不同国家的企业之间相互提供的信用。通常发生在国家之间的商业活动中，凭借信用来进口或者出口商品，主要有国际租赁、补偿贸易、延期付款等方式。

（六）民间信用

民间信用也称民间借贷，是个人或法人相互之间提供货币或实物的借贷。民间信用历史悠久，它主要帮助人们解决所遇到的生产或生活问题，现在已经扩大到社会经济、生活的各个方面，并将继续存在。民间信用是一种古老的信用形式，主要是适应个人之间为解决生活或生产的临时需要而产生的。在中国，这种信用形式一直存在。

1. 民间信用的特点

（1）民间信用的主体主要是独立从事生产经营的个体组织或个人。

（2）民间信用的单个规模相对有限，受借贷双方实力制约较大。

（3）民间信用实行浮动利率，利率高低由双方商定。利率一般高于市场正常利率水平很多。

（4）民间信用风险大，借贷双方因某些原因都有违约可能性。

（5）民间信用手续简单、方便、快捷，但往往因为手续不完善，易出现各种纠纷。

（6）民间信用未经国家相关部门同意，属于非法信用，不受国家法律保护。

2. 民间信用的作用

（1）民间信用扩大了融资渠道，满足了小额借贷需求，起到了拾遗补缺的作用，因此，有利于各种经济成分充分发展，是对正规金融的补充和完善。在我国，随着各种经济成分的发展，民间信用、私人金融得到了较大发展。

（2）民间信用具有分散性、自发性和盲目性，国家很难对其进行有效管理和控制，在一定条件下会影响国家金融政策的贯彻、执行，影响国家金融秩序和金融稳定，因此需要对其加强管理和指导，以保证其发挥积极作用。

二、信用的经济作用

信用具有流通的职能、中介的职能、分配的职能和调节的职能，在经济生活中发挥着越来越重要的功能，具体表现在以下几方面。

（一）筹措发展资金，加速资本集中

这是信用最重要的功能。通过各种信用形式，将社会上的闲散资金集中到了一起。资金所有者只是暂时将资金使用权让渡出来，就可以让分散的、小额的闲置资金聚少成多，形成信贷资金服务于社会再生产，加速了资本集中，也促进了社会发展。

（二）加速资金周转，节约流通成本

信用工具的广泛运用成就了信用的这一经济功能。在现代经济运行中，大量信用活动不涉及现金，而是以在信用活动中创造出来的各种信用结算工具的形式发放和使用，大大节约了货币流通的成本。信用本身就加速了商品储存、保管和销售的速度，再加上非现金结算的交易方式，又缩短了资金的流通时间，加速了资金周转。

（三）优化资金配置，提高资金效率

信用的主要功能是将社会上的闲置资金通过金融机构或金融市场转移给资金需求者，换言之，这就是社会资金的重新配置。在市场经济规律的作用下，通过竞争机制，那些具有潜力和发展前景较好的产业总是更容易获得信用资金，使得资金从利润率较低的部门向利润率较高的部门转移，社会资金得到优化配置，整个国民资金效率也会大幅提高。

（四）有效宏观调控，经济平稳发展

信用规模是一个非常重要的经济总量，国家可以通过制定各项金融政策来控制信用规模，从而达到控制货币总供应量（信用）的目的。在经济增长速度过快时，可以控制信用规模，通过减少信贷货币投放而紧缩货币供应量，使得经济降温；在经济增长速度过慢时，可以扩张信用规模，通过释放信贷货币投放而扩大货币供应量，使得经济加速。

延伸阅读

人民日报：新版个人信用报告上线 你的"经济身份证"升级了

自 2020 年 1 月 19 日起，央行征信中心面向社会公众和金融机构提供二代个人信用报告查询服务。新版信用报告主要是丰富了基本信息和信贷信息内容，改进了信息展示形式，提升了信息更新效率。

案例解析

中国工商银行助力中小企业

近年来，中国工商银行针对小企业融资过程中的"担保难"问题，创新改变传统的抵押担保方式，积极发展订单融资、发票融资、保理和商品融资等小企业贸易融资业务，在破解"担保难"、促进实体经济健康发展方面发挥了显著的作用。

● 企业描述：重庆某机电生产小企业，产品口碑良好，正是企业发展的腾飞期。

● 融资需求：由于受货币紧缩政策影响，该企业上游钢材供货需现金支付，而下游货款仍采取延期支付方式，使其流动资金短缺，生产周转遇到困难，企业没有符合条件的固定资产作抵押，融资无门。

● 转机：经业内人士介绍，该企业负责人得知工商银行重庆市分行有专门针对中小企业的融资产品，与工行进行了接触。在其经营举步维艰的情况下，工商银行小企业贸易融资贷款解决了企业的燃眉之急。

● 工行的解决方案：由于该企业下游客户是工商银行贸易融资核心客户，工商银行为该企业量身设计了融资方案，以其下游客户的应收账款为还款保障，办理国内保理融资，使其在没有抵押物的情况下获得了银行贷款资金。

思考：这属于什么信用形式？这一信用形式在我国的发展状况如何？

解析：根据我国银行贷款的实际情况进行分析，可参考我国统计年鉴里金融板块的数据。

证书衔接

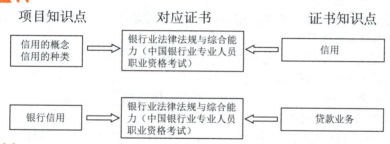

知识树

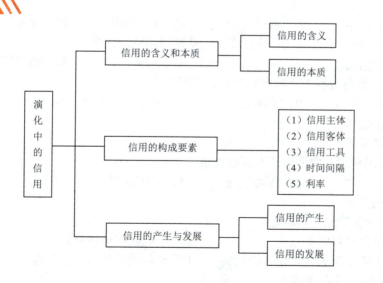

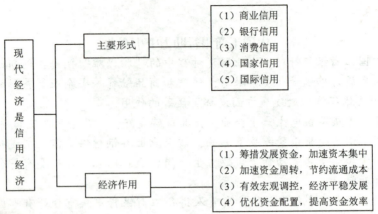

思考与练习

一、单项选择题

1. 信用的基本特征是（　　）。
   A. 无条件将价值单方面让渡　　B. 以偿还为条件的价值单方面转移
   C. 无偿的赠与或援助　　D. 平等的价值交换
2. 工商企业之间以赊销方式提供的信用是（　　）。
   A. 商业信用　　B. 银行信用　　C. 消费信用　　D. 国家信用
3. 个人获得住房贷款属于（　　）。
   A. 商业信用　　B. 消费信用　　C. 国家信用　　D. 补偿贸易
4. 国家信用的主要工具是（　　）。
   A. 政府债券　　B. 银行贷款　　C. 银行透支　　D. 发行银行券
5. 借贷资本家贷出货币资本时，让渡的权利是（　　）。
   A. 资本的所有权　　B. 资本的使用权
   C. 资本的所有权和使用权　　D. 既无所有权，也无使用权
6. （　　）是以银行为代表的各类金融机构以货币形式向其他经济体（如个人、企业、事业单位等）提供的信用形式。
   A. 国家信用　　B. 银行信用　　C. 个人信用　　D. 商业信用
7. 下列信用形式属于间接融资方式，也就是间接信用的是（　　）。
   A. 商业信用　　B. 银行信用　　C. 国家信用　　D. 消费信用
8. （　　）是前资本主义社会的基本信用形式。
   A. 高利贷信用　　B. 资本主义信用　　C. 社会主义信用　　D. 现代信用
   E. 国家信用

二、多项选择题

1. 现代信用形式中两种最基本的形式是（　　）。
   A. 商业信用　　B. 国家信用　　C. 消费信用　　D. 银行信用
   E. 民间信用
2. 下列属于消费信用范畴的有（　　）。
   A. 企业将商品赊卖给个人　　B. 个人获得住房贷款
   C. 个人持信用卡到指定商店购物　　D. 个人借款从事经营活动
   E. 企业将商品赊卖给另一家企业
3. 商业信用是现代信用的基本形式，它是指（　　）。
   A. 工商企业之间存在的信用　　B. 银行与企业之间提供的信用

  C. 以商品形式提供的信用 D. 是买卖行为与借贷行为同时发生的信用
4. 消费信用的形式有（ ）。
  A. 企业以赊销方式对顾客提供信用
  B. 银行和其他金融机构贷款给个人购买消费品
  C. 银行和其他金融机构贷款给生产消费品的企业
  D. 银行和其他金融机构对个人提供信用卡
  E. 银行对个人办理支票业务
5. 银行信用的特点是（ ）。
  A. 银行信用可以达到巨大规模
  B. 银行信用是以货币形态提供的信用
  C. 银行信用有一定的方向性
  D. 银行是作为债务人的身份出现的
  E. 银行信用具有相对灵活性，可以满足不同贷款人的需求
6. 国际信用的主要形式包括（ ）。
  A. 出口信贷   B. 政府贷款
  C. 国际商业银行信贷   D. 国际金融机构贷款
  E. 国际商业信用

三、判断题

1. 银行信用是当代各国采用的最主要的信用形式。（ ）
2. 高利贷以极高的利率为特征，是一种信用剥削，在资本主义社会中它是占主导地位的信用形式。（ ）
3. 随着生产力水平的提高，货币借贷逐渐取代实物借贷成为主要的借贷形式。因此，在现代经济中，只存在货币借贷这一种借贷形式。（ ）
4. 发行国库券是一种银行信用。（ ）

四、思考题

1. 简述信用的经济功能。
2. 简述信用的主要形式。
3. 论述商业信用特点和局限性。
4. 简述民间信用的特点。

项目三

认识资金融通的成本——利息与利率

有借贷就有利息,利息是借贷关系成立的前提和依据。利息、利率问题与信用如影随形,利率的波动影响着信用市场的价格,影响着企业的决策行为,也影响着居民的个人消费和投资行为。

知识目标

- 掌握利息与利率的定义
- 掌握利息与利率的种类
- 掌握决定和影响利率水平的因素

技能目标

- 分析利率的作用
- 能计算利息
- 解释利率在企业经营与居民消费投资中的影响和作用

思政目标

- 树立正确的金融意识,培养良好的理财习惯
- 强化从事金融职业岗位应有的诚信意识
- 建立对市场和职业规则的敬畏之心
- 强化对我国金融行业健全发展的信心

任务一 钱"生"钱的学问——利息

任务引例

房贷计息方式到底要不要换?

这几天,很多有房贷的市民都在讨论一个问题——"房贷计息方式要换吗?"

这源于央行发布的一则公告:自3月1日起对存量浮动利率贷款的定价基准实施转换,原则上整个工作将于8月31日前完成。这意味着基准利率将告别历史舞台,个人房贷将从传统的基准利率调整为"LPR(贷款基准利率)+基点"的计息方式。

而计息方式的改变,关系到很多市民的经济和生活状况。

目前拥有央行基准利率的旧房贷,且尚未还清贷款的贷款人,既可以依旧选择固定利率进行计息,也可以选择转换为"LPR+基点"的方式进行计息。

LPR 越低，贷款人的贷款利率越是下降，或许会比采用固定利率进行计息省下一笔钱；LPR 越高，贷款人的贷款利率也会随之升高，不排除存在远高于原固定利率的可能。

2 月 20 日，央行公布的 5 年期 LPR 为 4.75%，相比前期下降了 5 个基点。业内人士认为，结合近 6 个月的 LPR 走势来看，其正处于下行通道。同时，从近几年经济政策和整体走势来看，降息将成为未来几年的大趋势，未来几年内 LPR 整体呈下行趋势。

结合这一预判，那么，如果你计划在未来 5 年内还清贷款，选择"LPR+基点"的方式，大概率能省钱。但问题是，普通市民的房贷往往会选择 20 年甚至更久的还款期限，而远期的经济走势难以预测，LPR 同样估不准。在这种情况下更改计息方式，将存在多种可能。如果以后 LPR 上涨，贷款人有可能要支付更高的贷款利息。

所以，如果贷款人觉得当前的房贷还款压力不大，又担心未来 LPR 上涨，那么保持固定利率，其实也是不错的选择。这或许会让你错过 LPR 下行的部分优惠，但也帮你消除了未来不确定的风险。

（资料来源：百家号，https://baijiahao.baidu.com/s?id=1660286990012701252&wfr=spider&for=pc，2020 年 3 月 5 日）

思考：

从上述案例中，我们可以了解到房贷利息的计算方式。那么，利息是什么？利息怎么计算的呢？

利息与信用是如影随形的一对经济学概念。简而言之，信用是以还本付息为条件的借贷活动，利息是债务人支付给债权人的报酬。

一、利息的定义和本质

（一）利息的定义

英国经济学家威廉·配第认为利息是暂时放弃货币的使用权所应该获得的报酬。

英国政治学家约翰洛克认为利息是承担风险的报酬。收取利息是对承担风险的一种补偿。从债权人角度出发，这是债权人因贷出货币，暂时转让资金使用权而向债务人索取的报酬；从债务人角度出发，这是债务人为取得货币资金的使用权所需要付出的成本。因此，利息是债权人多收回的高于本金的那部分，也是债务人多付出的高于本金的那部分。

由此可见，利息实际上是货币资金使用权的价格，是借贷资本的价格。

（二）利息的本质

马克思主义认为，利息实质是利润的一部分，是剩余价值的转化形式。

资本所有权与资本使用权的分离是利息产生的内在条件。再生产过程的特点，导致资金盈余和资金短缺者的共同存在，是利息产生的外在条件。当货币被资本家占有，用来充当剥削雇佣工人的剩余价值的手段时，它就成为资本。货币本身并不能创造货币，不会自行增值，只有当职能资本家用货币购买到生产资料和劳动力时，才能在生产过程中通过雇佣工人的劳动，创造出剩余价值。而货币资本家凭借对资本的所有权，将资本借贷出去就会产生利息。

因此，利息在本质上与利润一样，是剩余价值的转化形式，反映了借贷资本家和职能资本家共同剥削工人的关系。

二、利息的计算

单利和复利是两种不同的计息方式。

（一）单利计算法

单利是指以本金为基数计算利息，所生利息不再加入本金计算下期利息，其特点是对利息不再付息。按照单利计算的方法，只有本金在贷款期限中获得利息，不管时间多长，所生利息均不加入本金重复计算利息，只对本金计算利息，各期利息相等，比如银行活期存款利息、应付债券的票面利息。其计算公式是：

$$S = P + I = P(1 + rn)$$

其中：I 表示利息额；P 表示本金；r 表示利率；n 表示时间；S 表示本金和利息之和。

例：张亮把10 000元钱存入银行，年单利为2%，存10年，存款到期后，张亮可以获得多少利息？

利息 = 10 000 × 2% × 10 = 2 000（元）。

(二) 复利计算法

复利指一笔资金除本金产生利息外，在下一个计息周期内，以前各计息周期内产生的利息也计算利息的计息方法。复利俗称"利滚利"，是指不止本金计算利息，而且利息也要计算利息，各期利息不同，比如银行贷款利息、应付债券的实际利息等。

计算公式是：

$$S = P(1 + r)^n$$
$$I = S - P$$

其中：I 表示利息额；P 表示本金；r 表示利率；n 表示时间；S 表示本金和利息之和。

例：李亮将10 000元存入银行，年利率2%，用复利进行计算，求10年后的利息。已知 $(F/P, 2\%, 10) = 1.219\ 0$。

本息和 = 10 000 × 1.2190 = 12 190（元）。

利息 = 12 190 − 10 000 = 2 190（元）。

从上面的例子可以看出，采用复利计息的方式会比单利计息获得更高的利息。而且随着时间不断向后推移，复利带来的增值速度会越来越快，远远超过单利，达到一个惊人的级别。

延伸阅读

扫描二维码：秒懂单利和复利。

知识拓展

复利的力量

复利，是人类在管理财富过程中发明的最伟大的计算方式，使用得当能让财富呈现指数增长。

股神巴菲特曾说："全世界最厉害的力量叫作想象力，但最恐怖的力量叫作复利，复利可以让你的钱越变越大，大到你无法想象的地步。"

为了说明复利的威力，来看个例子，现在投入1 000元本金，看一下在不同回报率和不同期限所产生的收益到底有多大的区别（为了方便，数字都取了整数）（见表3−1）。

表3−1 本金1 000元时的收益

项目	各年收益/元				
回报率	1年	5年	10年	20年	40年
5%	1 050	1 275	1 600	2 650	7 000
10%	1 100	1 600	2 600	6 700	45 000
15%	1 150	2 000	4 050	16 400	268 000
20%	1 200	2 500	6 200	38 300	1 500 000
25%	1 250	3 050	9 300	86 700	7 500 000

从表中可以看出，影响复利收益的因素有两个，分别是回报率和时间。

给定某个回报率，总额会随着时间呈几何级数增长。以保守点的10%回报率来算，1 000元的本金，在10年后变成了2 600元，差不多增长了2倍；而40年后，总额变成了45 000元，是本金的45倍。

给定某个期限，总额会按回报率增长呈几何级数增长。以10年的周期来算，1 000元的本金，若按5%回报率，为1 600元，差不多增长了1倍；若按15%回报率，为4 050元，增长了3倍；若按25%回报率，为9 300元，增长了8倍还多。

这就是复利的力量，随着时间的推移，收益越涨越快，累积的速度越来越迅猛。

任务二　钱的价值衡量——利率

任务引例

贷款利率下行　实体经济受益

中共中央政治局会议要求"保持流动性合理充裕，引导贷款市场利率下行"。利率是资金的价格，直接关系到企业的融资成本。目前贷款利率走向如何？背后是怎样的传导机制？未来如何进一步有效引导贷款利率？

贷款利率下行，中小微企业得到了更低成本的资金。

"年利率4.55%，非常优惠，解了燃眉之急！"贷款到账，福建省周宁县北山堂养殖专业合作社社员徐应龙喜上眉梢。徐应龙拿到的这笔贷款，是当地农信社设立的"战疫同心贷"，重点支持春耕备耕、县域小微企业复工复产等领域。

市场利率有所下行，不仅是很多企业的感受，普通投资者也有同感。近期货币市场基金的年化收益率逐渐走低，市场关注的余额宝7日年化收益率已降到2%以下。

看数据，市场利率尤其是贷款利率，有着较为明显的下行态势。

整体上看，2020年3月，一般贷款平均利率为5.48%，比贷款市场报价利率（LPR）形成机制改革前的2019年7月下降了0.62个百分点。3月末，作为有代表性的市场利率，十年期国债利率比2019年的高点下降了0.84个百分点。企业债券利率比2019年的高点大约下降了1个百分点。

尤其是受疫情影响，央行在2020年1月和2月先后推出3 000亿元专项再贷款和5 000亿元再贷款再贴现额度。这让大量企业拿到了利率非常优惠的贷款。

"3 000亿元专项再贷款主要投向医疗物资等重点保供企业。财政会给予50%的贴息，也就是说国家帮助企业负担了一半的资金成本，目前看企业实际利率水平为1.26%，这是非常低的。"国家金融与发展实验室特聘研究员董希淼说。

与3 000亿元专项再贷款相比，新增的5 000亿元再贷款再贴现额度主要用于加强中小银行对中小微企业的支持，适用银行和企业的面更广，利率同样很优惠。数据显示，截至2020年4月8日，地方法人银行累计发放优惠利率贷款（含贴现）3 453亿元，支持企业（含农户）超过42万户。其中，涉农贷款加权平均利率为4.38%，普惠小微贷款加权平均利率为4.41%。

贷款利率为什么会出现下行？"最近一段时间，我国的贷款利率确实有所下行，尤其是中小微企业得到了更低成本的资金支持，充分反映了金融支持实体经济和逆周期调节的力度在不断加强。"董希淼说，解决民营、小微企业融资难融资贵问题一直是近年来政策发力的重点，贷款利率的下行与货币传导渠道逐渐通畅、利率市场化改革持续推进和引导银行适当向实体经济让利等因素有关。

（资料来源：百家号，https://baijiahao.baidu.com/s?id=1664452613480702946&wfr=spider&for=pc）

思考：为什么贷款利率下降会让实体经济收益呢？什么是利率，它又是怎么形成的呢？

一、利率的概念

利率，又称利息率，是指一定时间内利息与本金的比率。

$$利率 = 利息/本金 \times 100\%$$

利率表示利息水平的高低，也反映了借贷资本的价格水平的高低。因此，利率决定着债务人的利息成本，也影响着债权人的利息收入。

利率表示着借贷资本的使用价格，所有的金融资产与利率都有或多或少，或直接或间接的联系，利率的影响无处不在，因而几乎所有国家都把利率作为宏观调控的重要工具之一，由国家的中央银行控制。

利率不仅要受到经济社会中许多因素的制约和影响，利率的变动也会牵动着整个经济社会的神经，会对经济产生重大的多方面的影响。

二、利率的种类

（1）按照利率的表示方法不同，分为年利率、月利率和日利率。

年利率一般用百分比（%）来表示，月利率一般用千分比（‰）来表示，日利率一般用万分比（‱）来表示。

$$年利率 = 月利率 \times 12$$
$$月利率 = 日利率 \times 30$$
$$年利率 = 日利率 \times 360$$

（2）按照信用期限内利率是否调整，分为固定利率和浮动利率。

固定利率是指在借贷期间内不做调整的利率。在整个借贷期限内，利率不随借贷的供求状况而变动，具有简单易算的优点。在借贷期限较短或预计借贷期限内市场利率变化不大的条件下，可采用固定利率。

浮动利率是指利率随市场利率的变化而定期调整的利率。调整期限的长短以及以哪种利率作为参照利率来调整都由借贷双方协定并记载在合约中。在借贷期限较长或者预计借贷期限内市场利率会剧烈波动的条件下，可采用浮动利率。

（3）按照利率是否按照市场规律自由变动，分为市场利率和官定利率。

市场利率是指金融市场上由借贷资金供求关系决定的利率。

市场利率是金融市场借贷资金供求关系变化的指示器，当资金供给大于需求时，即供大于求，市场利率会呈现下降的趋势；相反，当资金供给小于需求时，即供不应求，市场利率会呈现上升趋势。然而影响资金供求关系的因素非常多，因而市场利率的变动也非常频繁、灵敏和难以预测。

官定利率是指一国（或一地区）的政府金融管理部门或中央银行确定的利率。

官定利率不会随着资金供求关系的变化而自由波动，是进行宏观调控的重要政策工具，因此官定利率的高低是由政府金融管理部门或中央银行根据宏观经济运行情况而定的。目前，世界各国都形成了官定利率和市场利率并存的局面，官定利率和市场利率会互相影响。当然，金融管理部门或中央银行在确定官定利率的时候，一般会以市场利率为重要依据。

（4）按照利率是否调整了通货膨胀因素，分为名义利率和实际利率。

名义利率是指包含了通货膨胀率的，中央银行或其他提供资金信贷的机构公布的未调整通货膨胀因素的利率。

实际利率是指剔除了通货膨胀率后的真实利率。实际利率考虑了通货膨胀对利率的影响，考察的是货币的实际购买力。

两者之间的关系为：

实际利率 = 名义利率 - 通货膨胀率

判断利率水平高低时,不能仅从表面上考察名义利率的高低,而是应该以实际利率为主要依据,因为对现代经济真正起作用的是实际利率。在考虑了通货膨胀的因素后,实际利率可能为正,也可能为负。若名义利率大于通货膨胀率,实际利率就是正利率;若名义利率小于通货膨胀率,实际利率就是负利率。在正利率的年代,利率为金融资产投资者带来真正的收益;在负利率的年代,利率表面上为投资者带来了收益,但考虑了通货膨的胀因素后,实际上却是亏损的。

课堂实践

银行一年期存款利率为2%,而同期的通货膨胀率为3%,请计算一下实际利率是多少。请讨论一下在这样的环境下,人们还会选择把钱存到银行吗?

提示: 实际利率 = 2% - 3% = -1%,也就是说,存在银行里是亏钱的。

三、利率的决定因素

无论是经济学家们,还是老百姓们,关于利率的研究和关注从未停止,因为利率时刻影响着我们的生活。由于决定和影响利率水平的因素较多,市场利率的变动很频繁,官定利率的指定也会考虑影响利率的各种因素,适时调整利率水平来适应经济发展。决定和影响利率的主要因素有以下几个。

(一)社会平均利润率

借款人借入资金的最终目的是获得高额利润,然而需要付出利息成本才能通过借入资金获得高额利润。在资本一定的前提下,只有利润率越高,至少要高于利率时,借款人才会有利可图,因此利率的总水平要低于社会平均利润率。而且利率的总水平要适应整个社会的负担能力,利率水平不能太高,太高会让借款人闻风丧胆不愿借入资金;利率水平也不能太低,如果利率为零或者为负,就会让资金所有者把货币资金保留在自己手中,发挥不了利率的杠杆作用。所以,一般情况下,利率要控制在零和社会平均利润率之间。

(二)借贷资本的供求关系

信贷资本的供求关系是决定利率水平最主要的因素。利率的本质是借贷资本的价格,该价格取决于信用市场上借贷资本的供求关系。当信贷资本供不应求时,利率会上升或者利率上升的压力增加;当信贷资本供过于求时,利率就会下跌或者利率下跌的压力增加。

借贷资本供求关系是影响市场利率波动的直接因素,然而影响信贷资本供给和需求的因素却纷繁复杂,有经济因素,有货币因素,有政治因素,等等,信贷资本供求关系是各种影响利率水平因素的综合反映。

(三)货币政策

一般来说,中央银行实行扩张性的货币政策,基准利率(官定利率)就会下降;中央银行实行紧缩性的货币政策,基准利率(官定利率)就会上升。目前来看,无论是信奉自由主义经济的国家,还是信奉凯恩斯主义经济的国家,中央银行对基准利率的管理从未放松过,利率作为有效的货币政策工具,在宏观调控方面发挥着无与伦比的作用。因此,货币政策是影响利率波动不可忽视的重要因素。

(四)经济运行周期

经济运行具有一定的周期性,利率也会在不同的阶段有不同的表现。当经济处于繁荣阶段,投资热情全面高涨,金融市场资金需求强劲,市场利率就会逐步上升,最终达到较高的水平,中央银行为防止经济过热,就会提高基准利率(官定利率);相反,当经济不景气时,投资热情全面疲软,金融市场资金需求不足,市场利率就回逐步下降而导致利率较低的水平,中央银行为刺激经济增长,就会降低基准利率(官定利率)。

(五) 通货膨胀

在前面我们已经了解到通货膨胀率的变动直接关系到实际利率的水平。如果名义利率（官定利率）不变，若物价上涨，通货膨胀率提高，实际利率就会下降；若物价下跌，通货膨胀率下降，实际利率就会上升。当实际利率下降时，货币的实际购买力下降，货币就会内部贬值；当实际利率为零时，利率的杠杆作用就会消失；当实际利率为负时，会对经济生活产生一些消极的影响。同时，人们对通货膨胀的预期会改变经济行为，从而影响利率的变化。

(六) 国际利率水平

在这个经济全球化的时代，国际利率水平以及其变动趋势都会对一国的利率水平具有很强的影响。若国内利率（实际利率）水平高于国际利率水平，就会吸引国际上的"热钱"流入本国金融市场，导致国内金融市场资金供给量大幅增加，最终会导致国内市场利率下跌；若国内利率（实际利率）水平低于国际利率水平，就会导致国内资金大量流出而走向国际金融市场，导致国内金融市场资金供不应求，最终导致国内市场利率上升。国际利率这一影响因素要发挥作用需要有一个前提条件，那就是资本能够在国际金融市场间自由流动。由于各个国家都在逐步施行资本市场对外开放，资本在国际金融市场的流动会越来越自由，因此，国际利率会成为影响利率波动的越来越重要的因素。

此外，影响利率波动的因素还有很多，如借贷期限的长短、借贷主体信用等级的高低、历史利率水平、同行业利率水平、外汇汇率等。

课堂实践

了解存款利率

1. 请在中国人民银行的网站查询本年度存款基准利率。
2. 请查询一家商业银行的存款利率。
3. 商业银行的存款利率与基准利率一致吗？请分析原因。

四、利率变动对经济的影响

利率作为资金的使用价格，在市场经济运行中起着十分重要的作用。利率变动会影响着政府的政策决定，影响着企业的经济效益，影响着居民的资产投资选择行为，进而对经济运行产生非常重要的影响。

(一) 利率变动对宏观经济的影响

宏观经济学认为，居民的收入可以分为储蓄和消费两个部分。储蓄代表着社会资金的供给量，消费则是拉动经济发展的"三驾马车"之一，两者对宏观经济发展的重要程度不言而喻，而储蓄和消费都会受到利率变动的影响。

当利率上升时，利息收入会提高，居民就会提高储蓄，降低消费；当利率下降时，利息收入会降低，居民就会增加消费，导致储蓄降低。在收入一定的情况下，储蓄和消费是此消彼长的。可见，利率变动会影响全社会的消费水平，也会影响全社会的储蓄水平。

(二) 利率变动对资金供求的影响

利率表示借贷资本的使用价格，利率决定着债务人的利息成本，也影响着债权人的利息收入。当利率提高时，对资金盈余者而言，利息收入提高，他们更愿意将手中的资金让渡出去。而对资金需求者而言，利息成本增加，他们的借款需求就会受到一定的制约。相反，当利率下降时，资金需求量就会大幅增加，然后资金供给量却会大幅缩水。因此，利率变动对资金盈余者的让渡行为和资金需求者的借贷投资行为均有重要的影响。

(三) 利率变动对投资资本的影响

利率变动会引起投资规模的变化。当利率上升时，银行储蓄会有利可图，资金就会向银行储蓄转移，社会总储蓄增加，导致社会总投资规模下降；当利率下降时，投资的收益就会更有吸引力，资金就会由社会总储蓄流向社会总投资，社会总储蓄增加，社会总投资规模下降。

利率的变动会引起投资结构的调整。不同的分类标准都会形成不同的利率结构，利率结构的变动会直接影响到投资结构的变动。比如，如果长期利率太高，就会抑制期限较长的投资，短期的投资需求就会增加，利率的期限结构影响了投资的结构。比如，政府对某些行业实行优惠利率政策，投资资金就会流向这些行业，利率的行业结构影响了投资的结构。

（四）利率变动对货币供应量的影响

利率的变动会引起社会信贷总规模的变化，社会信贷总规模又决定着货币供应总量。

当利率提高时，信贷成本增加，信贷总规模下降，货币供应量就会减少，货币购买力增强，物价水平会有所下降。

当利率降低时，信贷成本降低，信贷总规模上升，货币供应量就会增加，货币购买力减弱，物价水平会有所上升。

中央银行可以利用利率杠杆，调整信贷规模和货币供应量，以实现物价稳定和经济增长。

（五）利率变动对国际收支的影响

利率上升，表明本国金融资产的收益率上升，从而对本国金融资产的需求相对上升，对外国金融资产的需求相对减少，资金外流减少或资金内流增加，国际收入大于国际支出。

利率下降，表明本国金融资产的收益率下降，从而对本国金融资产的需求相对下降，对外国金融资产的需求相对上升，资金外流增加或资金内流减少，国际收入小于国际支出。

延伸阅读

如何形成由市场供求决定存贷款利率的市场利率体系，推进利率市场化过程，一直以来都是国内金融界关心的焦点问题。近年来央行逐步放松了金融机构人民币一般存贷款利率的浮动区间范围，标志着中国利率市场化迈出了实质性步伐。那么，利率市场化对百姓影响多大？

（资料来源：搜狐财经，https：//business.sohu.com/20130719/n382121016.shtml）

案例解析

全球进入降息通道

在新冠肺炎疫情的冲击下，2020年没有国家能够独善其身，全球经济受到重创。

2020年3月3日，美联储宣布降息50个基点至1.00%~1.25%；15日，再次宣布将联邦基金利率目标区间下调至0~0.25%的超低水平，并启动7 000亿美元量化宽松计划。

3月4日，加拿大银行将基准利率下调50个基点至1.25%，以应对新冠肺炎疫情带来的日益加剧的经济风险。13日宣布将基准利率即隔夜拆借利率由1.25%下调50个基点至0.75%，自3月16日生效。

3月11日，英国央行宣布，降息50基点至0.25%，为历史最低水平。英国央行称，利率决议委员会全体一致通过降息决定，以此提供更多的流动性来支持经济。此外，英国央行还宣布了支援中小企业的新贷款项目。

3月12日，欧洲央行宣布不降息，但将推出包括长期再融资操作（LTROs）、追加1 200亿欧元量化宽松等在内的一系列手段以应对疫情对欧元区经济的冲击。

3月16日，新西兰央行下调利率75个基点，将官方隔夜拆款利率（OCR）调降至0.25%。新西兰央行称，疫情负面经济影响继续上升，表明有必要采取进一步的货币刺激措施。

3月16日，日本央行提前三天召开了紧急会议，会议结果是维持利率在-0.1%不变，维持国债收益率目标在0%附近不变，但决定进一步加码资产购买计划，将年度ETF（交易型开放式指数基金)购买目标增加6万亿日元,总规模达12万亿日元。将日本房地产投资信托基金(J-REITs)购买目标提升至1 800亿日元。此前市场普遍预期日本央行将降息10个基点。

3月16日,韩国将基准利率从1.25%下调至0.75%。这是韩国基准利率首次跌破1%。

……

除以上发达国家外,其他国家和地区也在陆续跟进。3月以来,马来西亚、沙特、卡塔尔、阿联酋、科威特、巴林、巴基斯坦、菲律宾等也宣布降息,以宽松的货币政策,刺激经济。据前海开源基金统计,短短两周时间,至少41个国家和地区采取了救市措施。

(资料来源:百家号,https://baijiahao.baidu.com/s?id=1661660824354845912&wfr=spider&for=pc)

思考:各国经济受到重创后为什么要下调利率呢?

解析:参照利率对经济的作用进行分析。

证书衔接

知识树

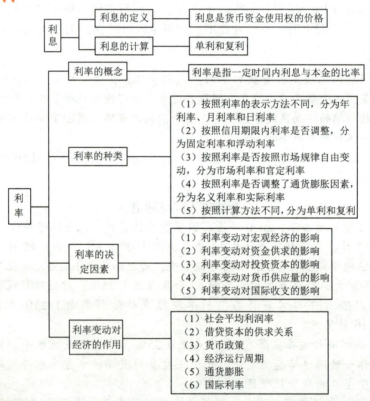

思考与练习

一、单项选择题

1. 在利率体系中起主导作用的利率就是( )。
   A. 官定利率   B. 基准利率   C. 再贴现率   D. 市场利率
2. 下列关于官定利率正确的说法是( )。

A. 由官员们集体开会决定的利率
B. 由政府和银行两方共同协商形成的利率
C. 法定利率
D. 由银行同业工会等机构决定的利率

3. 负利率是指（　　）的经济现象。
A. 名义利率低于零　　　　B. 实际利率低于零
C. 实际利率低于名义利率　D. 名义利率低于实际利率

4. 百分比（%）通常用来表示（　　）利率。
A. 年利率　　　B. 月利率　　　C. 日利率　　　D. 不确定

5. 利息是资金的（　　）。
A. 价值　　　B. 价格　　　C. 指标　　　D. 水平

6. （　　）指一笔资金除本金产生利息外，在下一个计息周期内，以前各计息周期内产生的利息也计算利息的计息方法，俗称"利滚利"。
A. 单利　　　B. 复利　　　C. 存款利息　　　D. 贷款利息

7. （　　）是指利率随市场利率的变化而定期调整的利率。
A. 官定利率　　　B. 市场利率　　　C. 固定利率　　　D. 浮动利率

8. 通货膨胀率提高，实际利率就会（　　）。
A. 上升　　　B. 下降　　　C. 不变　　　D. 以上均对

二、多项选择题

1. 根据是否按照市场规律自由变动，通常可将利率分为（　　）。
A. 固定利率　　　B. 浮动利率　　　C. 市场利率　　　D. 官定利率

2. 在收入既定的情况下，利率提高通常会使（　　）。
A. 当前消费增加　B. 当前消费减少　C. 储蓄增加　　　D. 储蓄减少

3. 影响利率的因素包括（　　）。
A. 平均利润率　　B. 货币政策　　　C. 经济运行周期　D. 通货膨胀

4. 利率按期限可以分为（　　）。
A. 长期利率　　　B. 短期利率　　　C. 固定利率　　　D. 浮动利率

5. 利息的计算方法有（　　）。
A. 单利法　　　B. 复利法　　　C. 现值法　　　D. 终值法

6. 若考虑通货膨胀的因素，利率分为（　　）。
A. 市场利率　　　B. 官定利率　　　C. 名义利率　　　D. 实际利率

三、判断题

1. 如果名义利率为7%，预期通货膨胀率为2%，实际利率应为9%。（　　）
2. 通货膨胀率是影响一国利率的一个重要因素。（　　）
3. 一般来说，长期利率比短期利率高。（　　）
4. 利率对投资有重要的影响，利率越低越能激发投资热情。（　　）
5. 在经济周期的危机阶段，由于生产过剩，商品积压，中央政府会提高利率刺激经济。（　　）

四、思考题

1. 信用的经济功能有哪些？
2. 决定和影响利率水平的因素有哪些？
3. 利率变动对经济的影响有哪些？

五、论述题

试论述利率在经济生活中所起的作用。

学习情境二

金银在手，运筹帷幄——资金融通的实施

金融工具、金融机构、金融市场三者相互独立又彼此融合。资金盈余方和短缺方通过金融市场这个资金融通桥梁，在金融机构这个中介的撮合下，选择适合的金融工具满足各自的资金需求，金融工具、金融机构和金融市场三者共同作用形成有机运转的金融体系，并在这个金融体系框架下运行、创新和发展。我们将从这里步入金融殿堂的核心，认识金融体系运行的主要构成、金融体系的功能、金融服务业链条的每一个节点。

项目四　实施资金融通的工具——金融工具
项目五　实施资金融通的主体——金融机构
项目六　实施资金融通的场所——金融市场

项目四

实施资金融通的工具——金融工具

信用是一个古老的存在,早期的信用一般是依靠口头承诺来进行的。众所周知,无形的口头承诺可靠度较低,仅仅凭借当事人双方的相互信任建立起来,存在很大的道德风险和违约风险,而且因为口说无凭,还无处控诉对方的违约行为,严重影响了商业信用的发展。为了保障自己的权利,人们开始采用记账的方式,以书面工具来证明债权债务关系,于是金融工具应运而生。

知识目标

- 理解金融工具的定义
- 了解金融工具的特征
- 掌握金融工具的分类

技能目标

- 能分析金融工具的使用场景
- 能运用各类金融工具进行理财
- 能准确判断各类金融工具的风险

思政目标

- 树立正确的金融工具意识
- 强化从事金融职业岗位应有的诚信意识
- 树立对学习金融学科的信心
- 强化对使用金融工具的风险意识

任务一 什么是金融工具?

任务引例

人民银行:债券市场有力支持实体经济发展

据人民银行4月5日消息,2020年一季度,我国债券市场继续稳步发展,为疫情防控和经济社会发展提供了有力支持。据初步统计,一季度债券市场共发行债券12万亿元,同比增长14%;余额为103万亿元,较上年年末增长4%,市场规模位居全球第2。

其中,公司信用类债券发行和净融资规模同比明显增加,民营企业债券融资情况进一步改善。2020年一季度,公司信用类债券共发行3万亿元,同比增长35%;净融资规模超1.7

万亿元，同比增加 8 000 多亿元；发行量与净融资规模均处于历史同期高位。与此同时，一季度民营企业发债约 2 100 亿元，同比增长 50%；净融资规模约 930 亿元，创近 3 年来新高。

对外开放方面，一季度，银行间债券市场新增境外法人机构 26 家，境外机构净增持量为 597.0 亿元。截至 3 月末，共有 822 家境外法人机构投资者进入银行间债券市场，持债规模为 2.26 万亿元人民币。

（资料来源：百家号，https://baijiahao.baidu.com/s?id=1663090462860158026&wfr=spider&for=pc）

思考：

债券是一种金融工具吗？到底什么是金融工具呢，除了债券以外，还有哪些金融工具，它们又有什么区别和特点呢？

一、金融工具的定义和特征

（一）金融工具的定义

金融工具，是以书面形式发行和流通，具有一定格式，记载着信用双方债权债务关系的具有法律效力的凭证。

金融工具是资金的载体，借助金融工具可以实现资金的转移，因此，金融工具也是重要的金融资产，是金融市场上重要的交易对象。

（二）金融工具的特征

1. 偿还性

金融工具记载着信用双方的债权债务关系，其债务人具有按期还本付息的义务。金融工具一般记载着偿还期限，通俗来讲就是最终支付钱的时间长度。当然这个偿还期限也是有特殊情况的，如活期存单，零到期日，也就是债权人可以随时支取，则债务人需要准备随时偿还；如股票，无限长的期限，也就是股票是没有偿还期限的，只有在股票市场上转让收回投资。

2. 流动性

金融工具能够快速变现而不受或少受损失的能力，即为金融工具的流动性。金融工具作为一种金融资产，历来被认为包含在广义货币的范畴内，具有货币性。无论到期与否，都可以在市场上进行转让流通来变现。一般来说，流动性强弱有两个评判标准：一是变现的速度；二是变现过程中的交易成本。变现期限短，交易成本低的金融工具流动性强，反之则流动性弱。例如，银行活期存款，可以随时变现，流动性强；股票不易在短期内转手，流动性弱。

3. 收益性

金融工具的收益性源自债权人转让资金使用权的最根本原因——获取收益。通过金融工具定期或不定期地获得收益，是信用的原始目的。信用的收益有两种：一种为固定收益，如银行存款利息，按照存单上已经载明的利率和存款期间计算而得；另一种为即期收益，如在证券二级市场上出售股票所得的收益，是按照当时的市场价格计算而得。金融工具收益可以通过收益率来表示，一般表现为净收益与本金相除所得的年化收益率。

4. 风险性

任何一种金融工具的投资和交易都存在着未来结果的不确定性，可能是盈利，也可能是本金遭到损失。金融工具预期收益甚至于本金遭受损失的可能性就是金融工具的风险性。金融工具的风险包括违约风险、流动性风险、市场风险、政治风险等，其中违约风险是金融工具最主要的风险。

二、金融工具的分类

随着信用在经济生活中的越来越广泛的运用，也随着人们对金融工具多种多样的功能需求，金融工具的种类呈现出了各式各样、丰富多彩的局面。金融工具从不同的角度可以进行不同的划分。

（1）按偿还期限的长短来划分，分为短期金融工具和长期金融工具。

短期金融工具，又称货币市场工具，是指偿还期在1年以及1年以内的金融工具，包括各类票据、国库券、大额可转让定期存单、信用卡等。

长期金融工具，又称资本市场工具，是指偿还期在1年以上的金融工具，包括股票、债券等。

（2）按发行者的融资方式和地位来划分，分为直接金融工具和间接金融工具。

直接金融工具是指资金需求者在金融市场上向资金供给者进行直接融资时所使用的金融工具，一般是非金融机构（如工商企业、个人、政府）所发行的商业票据、股票、公司债券、国债等。

间接金融工具是指金融机构所发行的银行票据、大额可转让存单、人寿保单等，是以商业银行为代表的金融机构作为中介完成信用活动时所使用的金融工具。

以上两种是比较常见的划分标准，还有很多种其他的划分标准。

按信用形式来划分，分为商业金融工具、银行金融工具、国家金融工具、消费金融工具等。

按与实际信用活动是否直接相关来划分，分为基础性金融工具和衍生性金融工具。

按是否拥有所投资产的所有权来划分，分为债务金融工具和所有权金融工具。

按金融工具发行的地理范围来划分，分为地方性金融工具、全国性金融工具、世界性金融工具。

任务二　认识原生的金融工具

任务引例

中国将发行特别国债

中国国家发改委国民经济综合司司长严鹏程在京透露，中国将以更加积极有为的财政政策、更加灵活适度的货币政策，对冲疫情影响，防止短期冲击演变成趋势性变化。

这些政策主要包括：提高赤字率，发行抗疫特别国债，大幅增加地方政府专项债券规模，加大对保基层运转的支持力度，加大补短板重大项目资金支持力度，加大对抗疫稳定的支持；通过降准、降息、再贷款等多种方式，保持流动性合理充裕，引导贷款市场利率下行，把资金用在支持实体经济特别是中小微企业上。

（资料来源：新浪财经，https：//finance.sina.cn/2020-04-20/detail-iirczymi7391288.d.html，2020年4月20日）

思考：

国债属于金融工具吗？国债属于哪种信用方式？

一、票据

1. 汇票

汇票是出票人签发的，委托付款人在见票时或者在指定日期无条件支付确定的金额给持票人的票据。汇票分为银行汇票和商业汇票。

银行汇票是汇款人将款项存入当地出票银行后，由出票银行签发的，由其在见票时，按照实际结算金额无条件支付给持票人或收款人的票据。单位和个人各种款项结算都可以使用银行汇票。

商业汇票是出票人签发的，委托付款人在指定日期无条件支付确定金额给收款人或持票人的票据。商业汇票的付款期限由交易双方商定，但最长期限不能超过六个月。

商业汇票依据承兑人的不同分为商业承兑汇票和银行承兑汇票。

银行承兑汇票由在承兑银行开立存款账户的存款人出票，向开户银行申请并经银行审查同意承兑的，保证在指定日期无条件支付确定的金额给收款人或持票人的票据。银行对出票人签发的商业汇票进行承兑是基于对出票人资信的认可而给予的信用支持（图4-1）。

商业承兑汇票是由出票人签发的，委托付款人在指定日期无条件支付确定的金额给收款人或者持票人的票据。商业承兑汇票是由银行以外的付款人承兑。商业承兑汇票按交易双方约定，销货企业或购货企业均可签发，但由购货企业进行承兑。

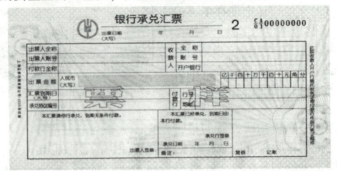

图4-1 银行承兑汇票样式

延伸阅读

视频：两分钟搞懂什么是汇票。
（资料来源：好看视频，https：//haokan.baidu.com/v?vid=16574609331248314337）

2. 本票

本票是由出票人签发的，承诺自己在见票时无条件支付确定的金额给收款人或者持票人的票据。

我国目前所称的本票是指银行本票，是银行签发的，承诺自己在见票时无条件支付确定的金额给收款人或持票人的票据。银行本票的出票人必须为经中国人民银行当地分支行批准办理银行本票业务的银行机构。

银行本票具有以下基本规定。

（1）银行本票一律记名。

（2）银行本票允许背书转让。

（3）银行本票的付款期为2个月。逾期的银行本票，兑付银行不予受理。

（4）银行本票见票即付，不予挂失。遗失的不定额银行本票在付款期满后1个月确未冒领，可以办理退款手续。

（5）银行本票分为定额本票和不定额本票。定额银行本票分为1 000元、5 000元、10 000元和50 000元四种，不定额本票的金额起点为100元。

（6）银行本票需支取现金的，付款人应在"银行本票申请书"上填明"现金"字样。在票面划去"转账"字样的是现金本票（图4-2）。

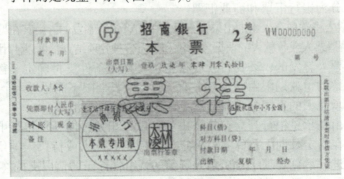

图4-2 银行本票样式

延伸阅读

视频：秒懂本票。

（资料来源：好看视频，https：//haokan.baidu.com/v？vid=3998412714450089138）

3. 支票

支票是由银行的存款人签发，委托办理支票存款业务的银行在见票时无条件支付确定金额给收款人或持票人的票据。支票结算是同城结算中应用较广泛的一种。

在我国，支票分为现金支票、转账支票和普通支票。

现金支票是指存款人用以向银行提取或支付给收款人现金的一种支票，印有现金支票字样。当客户需要使用现金时，随时签发现金支票，向开户银行提取现金，银行在见时无条件支付给收款人确定金额的现金的票据。

转账支票是出票人签发的，委托办理支票存款业务的银行在见票时无条件支付确定的金额给收款人或持票人的票据，印有"转账"字样。转账支票只能用于转账（图4-3）。

无任何字样的为普通支票，既可用于支付现金也可以用于转账。在普通支票左上角画两条平行线的为画线支票，只能用于转账，不能支取现金。

支票的提示付款期限为出票日起十日内，超过提示付款期的，持票人开户银行不予受理，付款人不予付款。

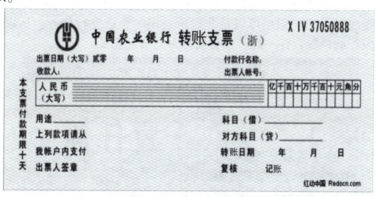

图4-3 转账支票样式

延伸阅读

视频：秒懂支票。

（资料来源：好看视频，https：//haokan.baidu.com/v？vid=3025783492181165506）

二、信用证

信用证是国际贸易中最主要、最常用的支付方式。在国际贸易活动中，买卖双方互相互不信任，买方担心预付款后，卖方不按要求发货，卖方也担心在发货或提交货运单后买方不付款，因此需要双方的银行作为买卖双方的保证人，信用证是银行根据其存款客户的请求，对第三者受益人开立的，由开证银行或存款人付款的凭证。银行在这一活动中所使用的工具就是信用证，以银行信用代替了商业信用。

信用证是银行有条件保证付款的证书。按照这种结算方式的一般规定，买方先将货款交存银行,由银行开立信用证,通知异地卖方开户银行转告卖方,卖方按合同和信用证规定的条款发货,银行代买方付款。

延伸阅读

视频:秒懂信用证。
(资料来源:好看视频,https://haokan.baidu.com/v?vid=15421613831998244986)

三、债券

(一)债券的概念

债券是债务人(政府、金融机构、企业等)向社会借债筹措资金时,向债权人出具的,承诺在一定时期支付利息和到期偿还本金的债权债务凭证。债券投资者与发行者之间是一种债权债务关系,债券发行人就是债务人,债券投资者就是债权人。

(二)债券的种类

按照债券的发行主体不同,可以分为政府债券、金融债券和公司(企业)债券。

政府债券是政府为筹集资金而发行的债券,主要包括国债、地方政府债券等,其中最主要的是国债。国债因其信誉好、利率优、风险小而又被称为"金边债券"。

金融债券是由银行和非银行金融机构发行的债券。我国目前的金融债券主要由国家开发银行、进出口银行等政策性银行发行(图4-4)。

公司(企业)债券是企业依照法定程序发行,约定在一定期限内还本付息的债券。公司债券的发行主体是股份公司,但也可以是非股份公司的企业发行债券,所以,一般归类时,公司债券和企业发行的债券合在一起,可直接称为公司(企业)债券。

图4-4 金融债券样式

课堂实践

了解《公司债券发行与交易管理办法》:
1. 前往中国证券监督管理委员会官网查询《公司债券发行与交易管理办法》。
2. 研读并用思维导图展示《公司债券发行与交易管理办法》。

四、股票

(一)股票的概念和特征

股票是股份公司发给股东的证明其投资入股并凭以领取股息的凭证。股票是资本市场上借以实现长期投资的重要工具。股票持有人作为该股份公司的股东,享有参与企业管理的权利,也要承担公司的风险。投资者在购买股票后不能退股,只能通过股票市场进行股权转让,从而收回股本。

股票具有以下基本特征。

(1)不可偿还性。股票是一种无偿还期限的有价证券,投资者认购了股票后,就不能再要求退股,只能到二级市场卖给第三者。股票的转让只意味着公司股东的改变,并不减少公司资本。从期限上看,只要公司存在,它所发行的股票就存在,股票的期限等于公司存续的期限。

(2) 参与性。股东有权出席股东大会,选举公司董事会,参与公司重大决策。股票持有者的投资意志和享有的经济利益,通常是通过行使股东参与权来实现的。

(3) 股东参与公司决策的权利大小,取决于其所持有的股份的多少。从实践中看,只要股东持有的股票数量达到左右决策结果所需的实际多数,就能掌握公司的决策控制权。

(4) 收益性。股东凭其持有的股票,有权从公司领取股息或红利,获取投资的收益。股息或红利的大小,主要取决于公司的盈利水平和公司的盈利分配政策。

(5) 流通性。股票的流通性是指股票在不同投资者之间的可交易性。流通性通常以可流通的股票数量、股票成交量以及股价对交易量的敏感程度来衡量。

(6) 价格波动性和风险性。股票在交易市场上作为交易对象,同商品一样,有自己的市场行情和市场价格。由于股票价格要受到公司经营状况、供求关系、银行利率、大众心理等多种因素的影响,其波动有很大的不确定性。

(二) 股票的分类

股票种类很多,根据不同的分类方法,股票可以分为不同的种类。

(1) 按照股票票面是否记载股东姓名,分为记名股票和无记名股票。

记名股票,是在股票上记载股东的姓名,如果转让必须经公司办理过户手续。

无记名股票,是在股票上不记载股东的姓名,如果转让,通过交付而生效。

(2) 根据上市地区的不同,分为 A 股、B 股、H 股、N 股和 S 股等。这一区分主要依据股票的上市地点和所面对的投资者而定。

(3) 根据股票是否记明每股金额,分为有票面值股票和无票面值股票。

有票面值股票,是在股票上记载每股的金额的股票。

无票面值股票,只记明股票和公司资本总额,或每股占公司资本总额的比例。

(4) 根据股东所拥有的权利,分为普通股股票和优先股股票。

普通股指的是在公司管理、利润及资产分配上享有普通权利的股份。它是股份公司资本中最基本的股份,是股票的一种基本形式,也是发行量最大、最为重要的股票。

优先股是特殊股票中最主要的一种,是指在利润分红及剩余财产分配的权利方面,优先于普通股。

股票样式如图 4-5 所示。

图 4-5 股票样式

课堂实践

了解一只股票

1. 登录任一财经网站,可选择和讯网、新浪财经、同花顺或东方财富网等。
2. 在 A 股市场选择一只股票。

3. 查看该股票发行企业的股东结构、经营情况等基本信息，查看该股票的总市值、市盈率、每股收益等基本数据。

任务三　认识衍生的金融工具

任务引例

国债期货这张"入场券"对银行究竟意味着什么？

2020年4月10日，商业银行参与国债期货业务正式启动。第一批试点机构包括中国工商银行、中国农业银行、中国银行、中国建设银行、交通银行五大银行，其中，工行、中行、交行成为其首批非期货公司会员，参与了首日交易。

国债期货是中国金融市场重要的组成部分。经过6年多的发展，我国已经形成了包括2年、5年、10年三个关键期限产品的国债期货市场。

历经多年，国债期货市场终于迎来商业银行这一"重磅投资者"，而此次国债期货参与主体扩容也被视为国债期货市场的重磅利好。

商业银行、保险资金是债券现货市场重要的参与主体，约占银行间债券市场托管总量的70%。但在此之前，银行却无法参与国债期货的市场交易。在金融期货推出初期，商业银行进入金融期货交易所就是一个重要的议题。

商业银行和保险机构参与国债期货交易终于在2020年2月份得到官方批准。2月21日，证监会与财政部、人民银行、银保监会联合发布的公告显示，允许符合条件的试点商业银行和具备投资管理能力的保险机构，按照依法合规、风险可控、商业可持续的原则，参与中金所国债期货交易。

据了解，在此之前，商业银行对冲债券利率风险的主要工具是利率互换，但单一的衍生品种难以完全满足银行对冲资产端利率风险的需求。前述受访中国银行相关业务负责人告诉记者，相比利率互换，国债期货主要有以下四方面优势：国债期货是标准化合约，具有流动性强、交易成本低等特点，是国际市场上发展成熟、运用广泛的利率风险管理工具，国债期货与债券尤其是国债收益率之间存在较强的、稳定的相关性，相比其他衍生品，国债期货对冲债券利率风险的效果更加显著；国债期货合约规模小，在成交额上可以精准控制，有利于对债券组合进行精细化管理；国债期货对冲中长期品种的效果更好；国债期货可以使用债券作为保证金，有利于降低交易成本。

按照分批推进商业银行和保险机构参与国债期货市场的安排，中金所于4月10日举行了商业银行参与国债期货业务启动活动。中国金融期货交易所表示，商业银行、保险机构是债券市场的主要参与者，其参与国债期货市场有助于满足机构的利率风险管理需求，增强经营稳健性，进一步提升其服务实体经济的能力。同时，商业银行、保险机构参与国债期货将推进国债期现货市场协调发展，丰富期货市场投资者结构，促进国债期货功能发挥。

（资料来源：百家号，https://baijiahao.baidu.com/s?id=16639273269781043728&wfr=spider&for=pc）

思考：

期货属于金融衍生工具吗？金融衍生工具和原生金融工具有什么不同，有哪些金融衍生工具呢？

金融衍生工具，也叫衍生金融资产或金融衍生产品，是与基础金融产品相对应的一个概念，指建立在基础产品或基础变量之上，其价格随基础金融产品的价格变动的派生金融产品。这里所说的基础产品是一个相对的概念，不仅包括现货金融产品（如债券、股票、银行定期存款单等），也包括金融衍生工具。作为金融衍生工具基础的变量则包括利率、汇率、各类价格指数等。

金融资产的衍生工具是金融创新的产物,也就是通过创造金融工具来帮助金融机构管理者更好地进行风险控制和避险。

目前最主要的金融衍生工具有远期合约、期货合约、期权合约和互换合约等。

一、远期合约

远期合约是指外汇买卖双方都同意在将来的某个日期,按现在所约定的汇率、交割日、货币种类和数量,进行一种货币对另一种货币的兑换而签订的合约。

金融远期合约由于采用了一对一交易的方式,交易事项可协商确定,较为灵活,金融机构可以利用远期交易作为风险管理手段。

远期合约有以下缺点。

(1) 远期合约市场的效率偏低;

(2) 远期合约的流动性比较差;

(3) 远期合约的违约风险会比较高。

二、期货合约

期货合约是指由期货交易所统一制定的、规定在将来某一特定时间和地点交割一定数量和质量实物商品或金融商品的标准化合约。

期货合约有以下特点。

(1) 是一种场内交易。

(2) 期货合约是标准化的合约:交易单位的标准化、商品质量等级的标准化、交收地点的标准化、交收期限的标准化。

(3) 期货交易在很大程度上是一种期货合约的买卖。

(4) 期货交易的价格是通过竞价方式产生的。

(5) 期货交易实行的是保证金交易(杠杆交易),保证金又称履约保证金,是作为双方履约的一种财力担保,保证金比例由交易所规定。

三、期权合约

期权合约是指合同的买方支付一定金额的款项后即可获得的一种选择权合同。目前,证券市场上推出的认股权证,属于看涨期权,认沽权证则属于看跌期权。

(一) 期权合约的要素

(1) 期权费(保险费):由买方一次性支付给卖方,作为卖方承担风险的报酬。

(2) 期权的有限期:一般为3至6个月。

(3) 协议价格(约定价格、执行价格、交割价格):买方行使期权时,向卖方买进或卖出约定资产的价格。

(4) 买卖的种类、数量。

(二) 期权合约的种类

按其性质分可分为看涨期权、看跌期权。

(1) 看涨期权:是一种(期权交易的买方)在规定期限内,按约定的价格、数量(向期权交易的卖方)买进约定金融资产的权利。

例:6月1日,投资者甲估计A公司股票价格将会上涨,于是向投资者乙买进了该股票的看涨期权,期权合约的内容如下。

a. 期权的有限期:6月1日至9月1日。

b. 期权费:2元/股。

c. 协定价格:20元/股,数量500股。

请问买方在什么情况下保本、盈利、亏损?如果股价涨至30元,其盈利是多少?如果股价跌至10元/股,其亏损是多少?

$P=22$ 时,保本;$P>22$ 时,盈利;$P<22$ 时,亏损。

$P=30$ 时，盈利：（30－22）×500＝4 000（元）。

$P=10$ 时，亏损 4 000 元，放弃行使期权。最大亏损为已经支付的期权费。

（2）看跌期权：是一种（期权交易的买方）在规定期限内，按约定的价格、数量（向期权交易的卖方）卖出约定金融资产的权利。

例：1 月 1 日，投资者甲估计铜期货的执行价格将会下跌，于是向投资者乙买进了该股票的看跌期权，期权合约的内容如下。

a. 期权的有限期：1 月 1 日至 4 月 1 日。

b. 期权费：5 元/股。

c. 协定价格：1 700 元/股，数量 500 股。

请问买方在什么情况下保本、盈利、亏损？如果铜期货的价格跌至 1 600 元，其盈利是多少？如果铜期货的价格涨到 1 800 元/股，其亏损是多少？

$P=1\,695$ 时，保本；$P>1\,695$ 时，亏损；$P<1\,695$ 时，盈利。

$P=1\,600$ 时，盈利：行使期权，按 1 600 元市场价买入铜期货，以 1 700 元价格卖给投资者乙，扣除每股 5 元期权费，（1 695－1 600）×500＝47 500（元）。

$P=1\,800$ 时亏损 1 000 元，放弃行使期权。最大亏损为已经支付的期权费。

四、互换合约

互换合约是指合同交易双方之间定的在未来某一期内他们认具有相等经济价值的现金流合约。常见的两种合约是利率互换、货币互换等。

1．利率互换

利率互换是指交易双方同意在约定期限内针对某一名义本金，按不同利率和计息方式向对方支付由名义本金额所确定的利息。利率互换不涉及实际本金的交换，而只是以某一名义本金作为计算利息的基础。

2．货币互换

货币互换是指合约双方同意在一定期限内将两笔金额相同、期限相同但币种不同的债务资金进行调换，同时也进行不同利息额的货币调换。货币互换一般包括期初的本金互换、期中的利息互换和期末的本金再交换三个环节，也就是交易双方按约定汇率在期初交换不同货币的本金，然后根据预先规定的日期，按即期汇率分期交换利息，到期再按原来的汇率交换回原来货币的本金，其中利息的互换可按即期汇率折算为一种货币而只作为差额支付。货币互换双方互换的是货币和利息，它们之间各自的债权债务关系并没有改变。

远期合约、期货合约、期权合约、互换合约的区别如表 4－1 所示。

表 4－1 远期合约、期货合约、期权合约、互换合约的区别

项目	远期合约	期货合约	期权合约	互换合约
交易场所	通常在场外交易，采用非标准化合约	交易所交易	大部分在交易所交易	通常在场外交易，采用非标准化合约
损益特性	买卖双方亏损盈利的机会均等，双边合约		买方只有权利没有义务，单边合约	大部分是双边合约
信用风险	双边合约时买卖双方暴露在对方违约的风险中；单边合约仅使买方暴露在对方违约的风险中			
执行方式	实物交割	通过对冲抵消通常采用现金结算	买方根据情况决定是否行使权利	实物交割
杠杆	视合约规定的交易方式	保证金交易，有杠杆	有杠杆	视合约规定的交易方式

案例解析

聚焦国外个人支票使用情况 怎样开启"撕"生活

日前，个人支票业务已经正式开始"全国流通"，但由于征信系统的缺失、普及率不高、利润过低等，银行办理个人支票的积极性普遍不高。在国内少人问津的个人支票在欧美等地早已得到广泛使用。20世纪90年代中期，美国70%的交易活动通过支票方式支付，余下的30%通过现金和各种支付卡等。在信用卡流行的今天，支票支付仍然是美国个人交易时的主要支付手段之一。

专家分析，国外个人支票畅行无阻主要得益于良好的信用环境。为了防范空头支票，国外银行制定了系统而完整的保障措施。例如有些银行规定，在开设支票账户时，需要存入一定额度的保证金，并提供担保，因此，就算出现"无款支付"的空头支票情况，收款人也可以放心接受。在美国，买1 000美元的彩电，如果是最终被证实是空头支票，那么这1 000美元就将由银行承担。而且国外的征信系统非常完善，某人一旦使用假支票，那么使用者的信用记录就会出现污点，此人在日后进行办理贷款、信用卡等各项金融活动时都会受到限制。

现代经济是多元化的，支票、信用卡等支付工具各有各的特点。以美国为例，美国人一般同时拥有三个账户：支票账户、理财账户和信用卡账户。理财账户类似于国内的储蓄账户，主要进行活定期储蓄；支票账户和信用卡账户在用于结算的同时，还可以与银行发生借贷关系，银行则根据客户借贷、还贷的情况，判定客户的信用程度，决定今后的透支额度。

（资料来源：搜狐财经网，http：//business.sohu.com/20070705/n250914780.shtml）

思考：为什么在我国不流行支票？在我国，个人支付时习惯用什么工具？

解析：根据我国国情和金融工具的普及程度进行分析。

证书衔接

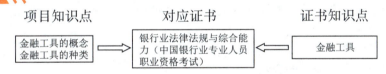

知识树

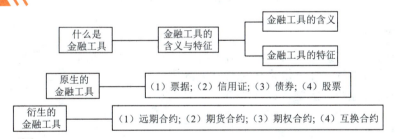

思考与练习

一、单项选择题

1. 股票实际上代表了股东对股份公司的（   ）
   A. 产权   B. 债权   C. 物权   D. 所有权
2. （   ）是最基本、最常见的一种股票，其持有者享有股东的基本权利和义务。
   A. 普通股票   B. 优先股票   C. 记名股票   D. 无记名股票
3. 无记名股票与记名股票的主要差别是（   ）。
   A. 股东权利不同   B. 股票记载方式不同
   C. 股票定价方式不同   D. 股票发行方式的不同

4. （　　）是指注册地在我国内地、上市地在新加坡的外资股。
   A. B股　　　　B. H股　　　　C. N股　　　　D. S股
5. 债券是一种有价证券，是社会各类经济主体筹集资金而向债券投资者出具的、承诺按一定利率定期支付利息的并到期偿还本金的（　　）凭证。
   A. 债权债务　　B. 所有权、使用权　C. 权利义务　　D. 转让权
6. 下面不是债券基本性质的为（　　）。
   A. 债券属于有价证券　　　　B. 债券是一种虚拟资本
   C. 债券是债权的表现　　　　D. 发行人必须在约定的时间付息还本
7. （　　）是在交易所内交易。
   A. 远期合约　　B. 期货合约　　C. 期权合约　　D. 互换合约
8. 金融衍生工具产生的最基础原因是（　　）。
   A. 新技术革命　B. 金融自由化　C. 利润驱动　　D. 避险

二、多项选择题
1. 根据发行主体的不同，债券可以分为（　　）。
   A. 记账式债券　B. 政府债券　　C. 金融债券　　D. 公司债券
2. 金融衍生工具包括（　　）。
   A. 远期合约　　B. 期货合约　　C. 期权合约　　D. 互换合约
3. 下列属于金融债券发行机构的是（　　）。
   A. 商业银行　　B. 政策性银行　C. 证券公司　　D. 国有企业
4. 下列属于票据的是（　　）。
   A. 汇票　　　　B. 支票　　　　C. 本票　　　　D. 发票
5. 商业汇票按承兑人的不同可以分为（　　）。
   A. 商业承兑汇票　B. 银行承兑汇票　C. 汇票　　　　D. 背书
6. 期货合约有哪些特点？（　　）
   A. 一种场内交易
   B. 期货合约是标准化的合约
   C. 期货交易的价格是通过竞价方式产生的
   D. 期货交易实行的是保证金交易

三、判断题
1. 在股份公司盈利分配和公司破产清理时，优先股股东优先于普通股股东。（　　）
2. 远期合约与期货一样，也是在交易所进行交易。（　　）
3. 我国目前所称的本票是指银行本票。（　　）
4. 股票是一种有偿还期限的有价证券。（　　）

四、简答题
1. 金融工具的特征有哪些？
2. 股票的基本特征有哪些？
3. 远期合约有哪些缺点？

实施资金融通的主体——金融机构

金融机构体系是经济构造中最敏感、最复杂的部分。各个国家由于发展程度、经济体制存在差异,金融机构体系的构成也不完全相同。本项目从金融机构的概念和功能出发,介绍了我国金融机构体系以及国际金融机构,并重点介绍了商业银行和中央银行。

知识目标

- 掌握金融机构的概念和基本功能
- 理解金融机构体系的一般构成以及我国的金融机构体系
- 熟悉主要的国际金融机构
- 了解商业银行的形成与发展、性质与职能
- 认识商业银行的组织制度
- 掌握商业银行的四大业务的含义和具体内容
- 了解《巴塞尔协议》的发展历程
- 理解中央银行制度产生的原因
- 理解中央银行的主要业务
- 掌握中央银行的职能

技能目标

- 能分析各类金融机构的类型
- 能解释主要国际金融机构的意义
- 能区别商业银行负债业务、资产业务和中间业务
- 能分析盈利性、流动性和安全性的矛盾与协调关系
- 能解释《巴塞尔协议》怎样控制商业银行风险
- 能运用中央银行的基本职能分析现实经济现象
- 能区分中央银行与商业银行的不同

思政目标

- 正确认识我国金融业发展壮大的过程
- 能认识到我国政府部门在国际金融领域的积极作用
- 通过对银行制度的学习,对我国银行业未来的发展充满信心

● 通过对银行性质与职能的学习，能更客观科学地认识到商业银行和一般企业的异同

● 正确认识中国中央银行的特色，并与其他国家或地区中央银行比较，全面客观地看待经济全球化，意识到在经济全球化进程中我国中央银行的优势和劣势

● 认识到我国国际地位和竞争力日益增强，体会到国家自豪感

任务一　认识金融机构体系

任务引例

金融机构改革还在路上

新世纪以来，伴随着争论和抉择，我国金融机构改革取得了一系列举世瞩目的巨大成就：大型商业银行股份制改革顺利完成并成功上市，农村信用社改革全面深化，证券公司规范发展，大型国有保险公司基本完成改制，基本建立了与社会主义市场经济相适应的现代金融机构组织体系，金融业在有效配置资源、支持经济发展和有效防控风险方面发挥了积极作用。

金融机构改革继续推进：一是全面落实开发性金融机构、政策性银行改革方案；二是着力完善存款保险制度功能；三是农村信用社改革进展顺利。

下一阶段，通过增加供给和竞争改善金融服务。持续深化大型商业银行和其他大型金融企业改革，完善公司治理，规范股东大会、董事会、监事会与管理层关系，完善经营授权制度，形成有效的决策、执行、制衡机制，提高经营管理水平和风险控制能力。推动全面落实开发性金融机构、政策性银行改革方案，会同有关单位根据改革方案要求和职责分工，抓紧做好健全治理结构、业务范围划分、完善风险补偿机制等后续工作，通过深化改革，加快建立符合中国特色、能更好地为当前经济发展服务、可持续运营的开发性和政策性金融机构及其政策环境。

总体而言，金融机构改革的目标是有效防范化解金融风险，牢牢守住不发生系统性风险的底线；通过提供多元化的金融产品和服务，降低企业融资成本，增强金融服务实体经济的能力；同时，提高金融机构管理水平和服务质量，增强金融机构发展的可持续性，并推动一批具有国际竞争力和跨境金融资源配置权的中资金融机构快速健康成长；此外，还要推动国内金融机构加快与国际标准接轨，为金融业双向开放创造良好条件。

由此，金融机构改革也将是一项长期和系统性的工程。

（资料来源：新浪财经，http://finance.sina.com.cn/roll/2019-06-24/doc-ihytcerk8831051.shtml）

思考：

什么是金融机构？它们是如何分类的？这些金融机构会构成一个什么样的体系？为什么金融机构体系需要不断改革完善？

一、金融机构的概念和功能

（一）金融机构的概念

金融机构的含义有狭义和广义之分。狭义的金融机构是资金盈余者与资金需求者之间融通资金的信用中介，是从事各种金融活动的组织。广义的金融机构不仅包括所有从事金融活动的组织，还包括金融市场的监管者，比如中央银行以及专职监管部门。

金融机构通常通过吸收存款、发行各种证券、接受他人的财产委托等形式从资金盈余者那里获取资金，而后通过贷款、投资等形式将资金贷给资金需求者。它们是金融体系的重要组成部分，在整个国民经济运行中起着举足轻重的作用，通过疏通引导资金的流动，促进资源在经济社会中的分配，提高经济运行效率。

(二) 金融机构的基本功能

1. 充当信用中介，促进资金融通

融通资金功能是指金融机构充当专业的资金融通媒介，促进各种社会闲置资金向生产性资金转化。资金融通功能是所有金融机构具备的基本功能，各种金融机构通常采用发行金融工具的方式融通资金。不同的金融机构发行不同的融资工具使其融资方式不同，如银行作为债务人发行存款类金融工具，通过吸收储蓄取得闲置货币资金，然后作为债权人向资金需求者发放贷款；保险类金融机构吸收保费，除支付必要的理赔和必要的准备金外，大部分资金投资于资本市场，购买有价证券和各种基金；基金类金融机构作为受托者，接受投资者委托资金，并将其投向资本市场。金融机构在全社会范围内，将闲散货币资金转换为生产过程的职能资本，提高资金的利用效率。

2. 充当支付中介，便利支付结算

支付结算是指单位、个人在社会经济活动中使用票据（包括支票、本票、汇票）、银行卡和汇兑、托收承付、委托收款等结算方式进行货币给付及其资金清算的行为，其主要功能是完成资金从一方当事人向另一方当事人的转移。《支付结算办法》第六条规定："银行是支付结算和资金清算的中介机构。未经中国人民银行批准的非银行金融机构和其他单位不得作为中介机构经营支付结算业务。但法律、行政法规另有规定的除外。"

3. 降低交易成本

假设在一个没有金融机构的经济中，某企业有一个前景很好的项目，但是由于没有足够的自有资金进行投资，需要向外界的资金盈余者寻求资金，这就需要花费大量的搜索成本。同样，在没有金融机构做中介的市场中，资金盈余者为了把资金借贷出去获取投资收益，他也需要花费大量成本去找到资金短缺者。而在金融机构存在的金融市场中，资金短缺者和资金盈余者都不用漫无目的地去寻找对方。资金盈余者将资金以储蓄的形式存放于金融机构中，并获取一定的收益。资金短缺者也可以直接到金融机构取得资金。这样就减少了相互寻找的交易费用，提高了经济效率。

4. 解决信息不对称问题

信息不对称是指在市场经济活动中，各类人员对有关信息的了解是有差异的：掌握信息比较充分的人员，往往处于比较有利的地位，而信息贫乏的人员，则处于不利的地位。金融机构可以改善信息不对称正是由于其具有强大的信息收集、信息筛选和信息分析优势，可以选择合适的借款人和投资项目，对所投资的项目进行专业化的监控，有利于投融资活动的正常进行。

5. 转移和管理金融风险

在传统的金融活动中，金融机构被视为资金融通的组织和机构；但是随着现代金融市场的发展，现代金融理论则强调金融机构是在生产金融产品、提供金融服务、帮助客户分担风险的同时能够有效管理自身风险并获利的机构。金融机构转移和管理风险的功能是指金融机构通过各种业务、技术和管理，分散、转移、控制或减轻金融、经济和社会活动中的各种风险。金融机构转移与管理风险功能，主要体现在其充当融资中介的过程中，为投资者分散风险并提供风险管理服务；此外，保险和社会保障机制对经济与社会生活中各种风险进行的补偿、防范或管理，也体现了这一功能。

二、金融机构的分类

按照不同的标准，金融机构可划分为不同的类型。

（1）按照金融机构的管理地位，可划分为金融监管机构与金融经营机构。

金融监管机构是根据法律规定对一国的金融体系进行监督管理的机构。例如，中国人民银行、国务院金融稳定发展委员会、中国银行保险监督管理委员会、证券监督管理委员会等，均是代表国家行使金融监管权力的机构,所有银行、证券公司和保险公司等金融企业都必须接受其监督和管理。

金融经营机构是指从事相关业务需要取得金融监管部门授予的金融业务许可证的企业,包括政策性银行、商业银行、信托投资公司、证券公司、保险公司等。

(2) 按照是否能够接受公众存款,可划分为存款性金融机构与非存款性金融机构。

存款性金融机构主要通过吸收各种存款获得资金来源,并将之贷给需要资金的各经济主体及投资于证券等获得收益的金融机构,如商业银行、合作储蓄银行等。

非存款性金融机构则不得吸收公众的储蓄存款,以接受资金所有者根据契约规定缴纳的非存款性资金为主要来源,如保险公司、信托金融机构、政策性银行以及各类证券公司、财务公司等。

(3) 按照是否担负国家政策性融资任务,可划分为政策性金融机构和非政策性金融机构。

政策性金融机构是指由政府投资创办、按照政府意图与计划从事金融活动的机构。它们不以利润最大化为经营目的,在特定的业务领域从事政策性融资活动,例如国家开发银行、中国进出口银行、中国农业发展银行。非政策性金融机构则不承担国家的政策性融资任务。

(4) 按照是否属于银行系统,可划分为银行金融机构和非银行金融机构。

银行是经营货币和信用业务的经营机构。它通过吸收存款、发放贷款、办理结算、办理汇兑等业务,在整个社会范围内融通资金。按照不同的划分标准,现代银行有不同的分类。例如,按银行资本性质划分,有国家银行、公私合营银行、私营银行;按其职能划分,有中央银行、商业银行、专业银行。

非银行金融机构,是指经营各种金融业务但又不称为银行的金融机构。这类机构较为庞杂,例如保险机构、证券机构、消费信用机构、投资基金机构、财务公司、典当行等。非银行金融机构的产生,使金融机构、融资渠道和融资形式多样化,为客户提供的金融服务也日益多样化,同时也使金融界增加了竞争对手,有利于金融业提高服务水平。

(5) 按照所属的国家,还可划分为本国金融机构、外国金融机构和国际金融机构。

本国金融机构是指在一国境内注册并允许开展金融业务的企业,比如中国银行、中国工商银行等。

外国金融机构是指在一国境外注册并经所在国家或地区金融监管当局或行业协会认可的金融机构,比如在我国开展业务的花旗银行。改革开放以来,越来越多的外资银行开始进入中国市场,为我国金融体系的完善和金融市场的发展发挥了重要作用。

国际金融机构又称为国际金融组织,是指世界多数国家的政府之间通过签署国际条约或协定而建立的,从事国际金融业务、协调国际金融关系、维系国际货币和信用体系正常运作的超国家金融机构,比如国际货币基金组织、世界银行等。

课堂实践

金融机构类别的区分

可以3~5人分为一个小组,小组中一人提出某一金融机构,其余同学从不同的角度分别对其进行分析,并说出其归属的类别。

三、金融机构体系

(一) 金融机构体系的含义

金融机构体系,又称为金融体系,是一个包括经营和管理金融业务的各类金融机构组成的整体系统。金融机构体系是商品经济发展到一定阶段的产物,随着经济的不断发展,它也会发生变化并逐步健全和完善。

（二）金融机构体系的一般构成

金融机构体系包括中央银行、商业银行、专业银行和各类非银行金融机构。中央银行是一国金融体系的核心。银行类金融机构包括商业银行和各类专业银行。而非银行类机构又分为证券公司、保险公司、投资公司、信用社、基金组织、消费信贷机构、租赁公司、财务公司等。

1. 中央银行

中央银行是从商业银行独立出来的一种银行，它是一国金融体系的核心。中央银行代表国家对整个金融体系实行领导和管理，维护金融体系的安全运行，实施宏观金融调控，是统治全国货币金融的最高机构，对外是一国货币主权的象征。

2. 商业银行

商业银行是金融机构体系中的主体，它是依法接受活期存款，并主要为工商企业和其他客户提供贷款及从事短期投资的金融中介。商业银行通过办理转账结算实现国民经济中的绝大部分货币周转，同时能以派生存款的形式创造货币和收缩货币，它始终在金融体系中处于举足轻重的地位。

3. 专业银行

专业银行是指有专门经营范围和提供专门性金融服务的银行。专业银行的出现是社会分工发展在金融领域的体现。随着社会经济的发展，要求银行必须具有某一专业领域的知识和服务技能，从而推动了各式各样专业银行的产生。西方国家专业银行种类甚多、名称各异，主要有投资银行、储蓄银行、进出口银行、农业银行和住房信贷银行等。

4. 非银行类金融机构

一般将中央银行、商业银行、专业银行以外的金融机构称为非银行金融机构。下面介绍几种主要的非银行金融机构。

1）证券公司

证券公司的主要业务是承销债券和股票，代理买卖和自营买卖已上市流通的各种有价证券，参与企业兼并、收购等。我国没有直接以投行命名的投资银行，但是我国为数众多的证券公司实际上扮演着投资银行的角色。

2）保险公司

保险是以社会互助的形式，对因各种自然灾害和意外事故造成的损失进行补偿的方式。专门经营保险业务的机构称为保险公司。西方国家的保险业十分发达，几乎是人人保险，物物保险，事事保险，因而按照保险种类分别设有形式多样的保险公司。保险公司是各国非常重要的非银行金融机构。

3）投资基金

投资基金是指通过发行基金股票或基金受益凭证将众多投资者的资金集中起来，直接或委托他人将集中起来的资金投资于各类有价证券或其他金融商品，并将投资收益按原始投资者的基金股份或基金受益凭证的份额进行分配的一种投资金融中介机构。投资基金，在美国称为共同基金，在英国称为单位信托基金，在日本称为证券投资信托。

4）退休或养老基金会

这类机构是指雇主或雇员按期缴付工资的一定比例，在退休后，可取得一次付清或按月支付的退休养老金。20世纪80年代以前西方该类基金运营简单化，即主要用于购买国债券和存在银行生息。80年代以后，由于西方国家的人口老龄化问题越来越突出，养老基金运营开始转向股市化。

5）金融租赁公司

金融租赁公司是专门从事金融性租赁业务的非银行金融机构。金融租赁又称"融资性租赁""资本租赁",是指金融租赁公司根据承租人的要求购买设备,并将所购设备出租给承租人使用,收取租金以补偿其购买设备的成本、融资利息、经营费用、税款,并获取一定利润的金融业务活动。

6) 财务公司

财务公司是一种在规定范围内经营部分银行业务的金融机构。财务公司是20世纪初兴起的,主要有美国模式和英国模式两种类型。美国模式财务公司是以搞活商品流通、促进商品销售为特色的非银行金融机构。它依附于制造厂商,是一些大型耐用消费品制造商为了推销其产品而设立的子公司。英国模式财务公司基本上都依附于商业银行,其组建的目的在于规避政府对商业银行的监管。我国一些大型集团企业也设有独立的财务公司。

7) 信托公司

信托是指委托人基于对受托人（信托投资公司）的信任,将其合法拥有的财产委托给受托人,由受托人按委托人的意愿以自己的名义,为受益人的利益或者特定的目的,进行管理或者处分的行为。美国信托业务多由银行兼营,它和银行业务在商业银行内部是相互独立、按照职责严格加以区分的,即实行"职能分开、分别核算、分别管理、收益分红"的原则。日本的信托银行是在《银行法》的基础上,根据《兼营法》取得监管当局许可可以经营信托业务的金融机构。

四、我国金融机构体系

从中华人民共和国成立到改革开放以前,我国实行高度集中的金融机构体系模式,由中国人民银行独家经营金融业务并实行金融管理,即"大一统"的银行体制。改革开放后,随着金融体系改革的不断深入,我国逐步发展为多元化的金融机构体系。现在我国已经形成了以国务院金融稳定发展委员会、中国人民银行、中国银行保险监督管理委员会和中国证券监督管理委员会为金融监管机构,商业银行为主体,政策性银行、其他非银行金融机构等多种金融机构并存,分工协作相对完善的金融机构体系。根据中央银行对我国各类金融机构的分类,我国的金融机构体系大致可以用图5–1表示。

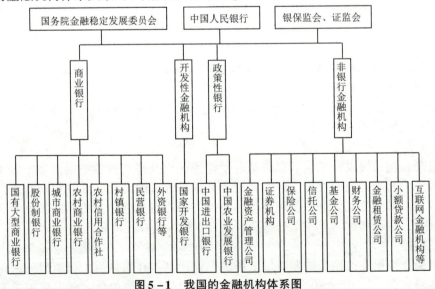

图5–1 我国的金融机构体系图

(一) 金融监管机构

1. 国务院金融稳定发展委员会

国务院金融稳定发展委员会（简称"金稳委"）于2017年7月14日至15日,在北京召开的全国金融工作会议上宣布设立,旨在加强金融监管协调、补齐监管短板。金稳委的成立是我国金融监管体系改革的一项重要举措,在新的监管框架下金稳委主要是加强金融宏观审慎管理,增强金融监管协调性、权威性和有效性。

延伸阅读

金稳委的成立标志着新金融监管体系确立

2008年全球金融危机以来,中国宏观经济运行在应对外部冲击过程中出现了一些新的特征,其中最明显的特征就是金融脱媒和影子银行的膨胀。影子银行的形成与不同金融机构通过资产管理业务而形成的嵌套关系密切相关,在原有分业监管的框架下,形成了大量的监管空心区和重叠区。最新数据显示,由银行理财、基金、信托、证券资管计划和各类金融机构子公司构成的资管业务规模已达102万亿元规模。从资金使用看,其主要投资的非标产品具有期限、流动性和信用转换功能。这类产品透明度较低,规避了资本约束等监管要求,大多未纳入社会融资规模的统计核算。刚性兑付与金融机构间嵌套关系形成了一种"太关联而不能倒"(Too connected to fail)的恶性循环,大大提高了系统性金融风险,对加强监管机构之间的协作提出了更高要求。

金稳委的成立标志着新监管框架最终形成。党中央、国务院对金稳委的定位体现了加强统一监管的整体思路。按照党中央和国务院的部署,金稳委的工作重心是通过"统筹金融改革发展与监管,协调货币政策与金融监管相关事项,统筹协调金融监管重大事项,协调金融政策与相关财政政策、产业政策等"来防范金融风险、维护金融稳定。金稳委在新监管体系中处于中心地位,统筹、稳定、改革、发展是其基本职能。

(资料来源:搜狐网,https://www.sohu.com/a/205757426_1149862017)

2. 中国人民银行

1995年3月18日,《中华人民共和国中国人民银行法》以法律的形式确定了中国人民银行是我国的中央银行。中国人民银行在国务院的领导下,制定和实施货币政策,对金融业实施监督管理。中国人民银行作为我国的中央银行,处在全国金融机构体系的核心地位,它具有世界各国中央银行的一般特征:是发行的银行、银行的银行和政府的银行。中国人民银行根据履行职责的需要设立分支机构,实行统一领导和管理。

3. 中国银行保险监督管理委员会

中国银行保险监督管理委员会(简称"银保监会")成立于2018年,其主要职责是依照法律法规统一监督管理银行业和保险业,维护银行业和保险业合法、稳健运行,防范和化解金融风险,保护金融消费者的合法权益,维护金融稳定。

4. 中国证券监督管理委员会

1992年10月,中国证券监督管理委员会(简称"证监会")宣告成立。证监会依照法律法规和国务院授权,统一监督管理全国证券期货市场,维护证券期货市场秩序,保障其合法运行。

(二)商业银行

商业银行是以经营存贷款、办理转账结算为主要业务,以营利为主要经营目标的金融企业。我国商业银行采用分支行制,即法律允许商业银行在全国范围或者一定区域内设立分支行。我国的商业银行体系包括国有大型商业银行以及一些规模不等的其他商业银行。

1. 国有大型商业银行

中国银行、中国工商银行、中国建设银行、中国农业银行、邮政储蓄银行和交通银行是国有大型商业银行。它们无论是在人员、机构网点上,还是在资产规模及市场份额上,均在我国整个金融领域处于重要的地位,在世界上的大银行排序中也处于前列。其中,中国银行、中国工商银行、中国建设银行、中国农业银行分别由原四大国有专业银行演变而来。1979

年,中国银行从中国人民银行中分离出来,中国人民建设银行从财政部分离出来,同年,恢复了中国农业银行,1984年,中国工商银行成立。这是最初的国有四大专业银行,它们分别以各自的服务领域为主,从事商业银行业务。2004年之后,四大国有独资银行已陆续被改造为国有控股的股份制商业银行。中国邮政储蓄银行有限责任公司于2007年3月6日正式成立,是在改革邮政储蓄管理体制的基础上组建的商业银行。交通银行创始于1908年,1987年4月1日,重新组建后的交通银行正式对外营业,成为中国第一家全国性的国有股份制商业银行。

2. 股份制商业银行

股份制商业银行已经成为我国商业银行体系中一支富有活力的生力军,成为银行业乃至国民经济发展不可缺少的重要组成部分。股份制商业银行采取股份制形式的现代企业组织架构,按照商业银行的运营原则,高效决策,灵活经营,逐步建立了科学的管理机制和市场化的管理模式,自成立伊始即迅猛发展。我国现有的股份制商业银行共有12家:招商银行、浦发银行、中信银行、中国光大银行、华夏银行、中国民生银行、广发银行、兴业银行、平安银行、恒丰银行、浙商银行、渤海银行。

3. 城市商业银行

城市商业银行是由20世纪90年代的城市信用社、基金会改制而成的,是地区性的银行类金融机构。城市商业银行与一般商业银行性质是一样的,都是经营存贷款、结算、结汇、中间业务等中国人民银行批准的金融业务,它不具有行政性质。它与其他商业银行最大的不同是服务范围不一样,城市商业银行是地区性的金融机构,服务范围比其他商业银行小。截至2019年,全国共有134家城市商业银行。

4. 农村商业银行

农村商业银行是由辖内农民、农村工商户、企业法人和其他经济组织共同入股组成的股份制的地方性金融机构。农村信用合作社可以实行股份制改造,组建农村商业银行。截至2019年6月,全国共有农村商业银行1 423家。

5. 农村信用合作社

指经中国人民银行批准设立、由社员入股组成、实行民主管理、主要为社员提供金融服务的农村合作金融机构。它的主要任务是筹集农村闲散资金,为农业、农民和农村经济发展提供金融服务。所以,农村信用合作社也是银行类金融机构。农村信用合作社又是信用合作机构,所谓信用合作机构是由个人集资联合组成的以互助为主要宗旨的合作金融机构,简称"信用社",以互助、自助为目的,在社员中开展存款、放款业务。近年来,农村信用合作社正逐渐改制成农商行。截至2019年6月,我国共有782家农村信用合作社。

6. 村镇银行

村镇银行是依据有关法律、法规批准,由境内外金融机构、境内非金融机构企业法人、境内自然人出资,在农村地区设立的主要为当地农民、农业和农村经济发展提供金融服务的银行业金融机构。虽然村镇银行对注册资金要求较低,是真正意义上的"小银行",但它不同于商业银行的分支机构,属一级法人机构。截至2019年6月末,全国已有村镇银行1 622家。

7. 民营银行

民营银行的资本金主要来自民间。截至2020年4月,全国已有19家民营银行,比如天津金城银行、上海华瑞银行和浙江网商银行等。

8. 外资银行

外资银行机构包括外国银行分行、外商独资银行及合资银行。与其他中国银行机构相似,外资银行机构均由中国证监会监管。根据加入世界贸易组织的承诺,中国已逐渐放宽外资银行经营人民币银行业务的限制,并于2006年12月11日起取消所有外资商业银行地域分布、存户基础和经营许可证方面的限制。国内的外资银行有花旗银行、渣打银行、东亚银行、汇丰银行等。

知识拓展

中华人民共和国成立 70 年来银行业改革发展历程回顾

按照发展壮大的历史脉络和改革开放的历史逻辑，我们可以把中国银行业 70 年的发展历程大致分为两大阶段：一是中华人民共和国成立后 29 年银行业的历史发展，二是改革开放 41 年来银行业的跨越发展。这 70 年中国银行业发生了翻天覆地的变化，一起来了解一下吧！

（三）开发性金融机构

国家开发银行（以下简称"国开行"）成立于 1994 年。2015 年 3 月，国务院明确将国开行定位为开发性金融机构。国开行是全球最大的开发性金融机构，是中国最大的中长期信贷银行和债券银行。国开行目前在中国内地设有 37 家一级分行和 4 家二级分行，境外设有香港分行和开罗、莫斯科、里约热内卢、加拉加斯、伦敦、万象、阿斯塔纳、明斯克、雅加达、悉尼 10 家代表处。

（四）政策性银行

政策性银行是由政府创立或担保、以贯彻国家产业政策和区域发展政策为目的、具有特殊的融资原则、不以营利为目的的金融机构。1994 年，为了配合四大国有专业银行向商业银行的转变，我国相继组建了三家政策性银行，即国家开发银行、中国进出口银行、中国农业发展银行，它们均直属国务院领导。2015 年 3 月，国务院明确将国开行定位为开发性金融机构，从政策性银行序列中剥离。

1. 中国进出口银行

中国进出口银行于 1994 年 4 月正式成立，总行设在北京，是直属国务院领导的、政府全资拥有的国家银行。在国内设有 20 余家营业性分支机构；在境外设有巴黎分行、东南非代表处和圣彼得堡代表处。

中国进出口银行的主要职责是为扩大我国机电产品、成套设备和高新技术产品进出口，推动有比较优势的企业开展对外承包工程和境外投资，促进对外关系发展和国际经贸合作，提供金融服务。

2. 中国农业发展银行

中国农业发展银行于 1994 年 4 月正式成立，总行设在北京，是我国唯一的一家农业政策性银行。中国农业发展银行共有 31 个省级分行、300 多个二级分行和 1 600 多个县域营业机构，服务网络遍布中国大陆地区。

中国农业发展银行的主要职责是按照国家的法律法规和方针政策，以国家信用为基础筹集资金，承担农业政策性金融业务，代理财政支农资金的拨付，为农业和农村经济发展服务。

（五）非银行金融机构

1. 金融资产管理公司

金融资产管理公司是专门从事对从国有独资商业银行剥离出来的特定不良资产进行管理和处置的国有独资金融机构。它以最大限度保全资产、减少损失为经营目标，依法独立承担民事责任。我国 4 家金融资产管理公司是于 1999 年建立的，分别是中国华融资产管理公司、中国长城资产管理公司、中国东方资产管理公司、中国信达资产管理公司，分别接收从中国工商银行、中国农业银行、中国银行、中国建设银行剥离出来的不良资产。

2. 证券机构

证券机构是指从事证券业务的机构，主要包括证券公司、证券交易所、证券登记结算公司等。它们在证券市场扮演着不同的角色，从事不同的业务，起着不同的作用。

（1）证券公司。

证券公司又称券商，是证券主管机关批准设立的，在证券市场经营证券业务的金融机构。其主要业务是承销债券、企业债券和股票，代理买卖和自营买卖已上市流通的各种有价证券，参与企业兼并、收购等。我国的证券公司，多是集承销、经纪、自营三种业务于一身的综合性经营机构。我国的证券公司有国泰君安、银河证券、国信证券等，截至2019年，共有131家证券公司，其中从事IPO保荐业务的证券公司98家。

（2）证券交易所。

证券交易所是指依法设立的，不以营利为目的，为证券的集中和有组织的交易提供场所、设施并履行相关职责，实行自律性管理的会员制事业法人。1990年我国大陆经批准设立了两家证券交易所，即上海证券交易所和深圳证券交易所，由中国证监会进行监督管理。

（3）证券登记结算公司。

证券登记结算公司是为证券交易所提供集中的登记、保管与结算服务的机构，是不以营利为目的的法人。我国上海和深圳两家证券交易所都设有证券登记结算公司。在每个交易日结束后，登记结算机构对证券和资金进行清算、交收和过户，使买入者得到证券，卖出者得到资金。

3. 保险公司

保险公司是经营保险业务的经济组织，主要经营财产、人身、责任、信用等方面的保险与再保险业务及其他金融业务。1980年以后中国人民保险公司逐步恢复国内停办多年的保险业务。我国保险公司有中国财产保险公司、中国人寿保险有限公司、中国太平洋保险公司、中国平安保险公司等。截至2019年6月底，共有236家保险机构，其中保险集团（控股）公司12家、出口信用保险公司1家、财险公司87家、寿险公司81家、养老保险公司8家、健康险公司7家、再保险公司11家、资产管理公司26家，还有其他公司3家（农村保险互助社）。

4. 信托公司

信托公司是"受人之托、代人理财"的金融机构。信托投资公司的主要业务是按照委托人指明的特定目的和要求，接受、经理或运用信托资金及信托财产。通过信托业务的展开，信托投资机构可以向社会提供财产管理、专家管理、资金融通等一系列金融服务。

我国的信托投资业始于20世纪初商品经济较发达的上海，1921年的上海同上信托公司是中国最早的信托公司。我国的信托投资公司有中国国信信托、中国光大国际信托等。截至2019年，我国共有68家信托公司。

5. 基金公司

基金公司是指经中国证券监督管理委员会批准，从事证券投资基金管理业务的企业法人。基金公司是将许多中小投资人的资金聚集在一起，交由专业经理人运作，为投资人获取收益的一种金融组织形式。基金公司由若干法人发起设立，以发行基金收益凭证方式募集资金后，设立基金管理公司进行运营。基金公司以营利为目的，具有不同的投资模式和种类。截至2019年，我国共有151家基金公司。

6. 财务公司

我国的财务公司是由企业集团内部集资组建，其宗旨和任务是为本企业集团内部各企业筹资和融资，促进技术改造和技术进步，如华能集团财务公司，中国化工进出口财务公司等。其业务范围和主要资金来源与资金运用都限定在集团内部，而不像其他金融机构一样到社会上去寻找生存空间。财务公司在业务上受中国人民银行领导、管理、监督与稽核，在行政上隶属于各国企业集团，是实行自主经营、自负盈亏的独立企业法人。截至2019年6月，我国共有258家企业集团财务公司。

7. 金融租赁公司

我国的金融租赁公司起始于 20 世纪 80 年代。金融租赁公司创建时大多数由银行、其他金融机构以及一些行业主管部门合资设立，如中国租赁有限公司、东方租赁有限公司等。根据我国金融业实行分业经营及管理的原则，对租赁公司也要求独立经营，金融租赁公司正与所属银行等金融机构脱钩。截至 2019 年，全国金融租赁公司已达 70 家。

8. 小额贷款公司

小额贷款公司是由自然人、企业法人与其他社会组织投资设立，不吸收公众存款，经营小额贷款业务的有限责任公司或股份有限公司。与银行相比，小额贷款公司更为便捷、迅速，适合中小企业、个体工商户的资金需求；与民间借贷相比，小额贷款更加规范，贷款利息可双方协商。

9. 互联网金融机构

互联网金融是指传统金融机构与互联网企业利用互联网技术和信息通信技术实现资金融通、支付、投资和信息中介服务的新型金融业务模式。这类模式包括第三方支付、P2P 网贷、大数据金融、众筹、信息化金融机构、互联网金融门户等，比如蚂蚁金服旗下的支付宝、余额宝，腾讯旗下的财付通、理财通，以及百度金融、京东金融等。

延伸阅读

中国十大最具影响力的互联网金融
一起来看看有哪些你熟悉或者使用过的互联网金融平台吧！

五、国际金融机构

国际金融机构是指从事国际金融管理和国际金融活动的超国家性质的组织机构，按地区可将其分为全球性的国际金融机构和区域性的国际金融机构。这些机构在国际经济和金融以及地区经济和金融中发挥了重要的作用。

（一）全球性国际金融机构

1. 国际货币基金组织

国际货币基金组织是为协调国际的货币政策和金融关系而建立的政府间的金融机构。其根据 1944 年 7 月在美国布雷顿森林召开的联合国货币金融会议上通过的"国际货币基金协定"，于 1945 年 12 月正式成立，总部设在美国首都华盛顿。它是联合国的一个专门机构，但在经营上有独立性。

国际货币基金组织成立的宗旨是：帮助会员国平衡国际收支，稳定汇率，促进国际贸易的发展。其主要任务是，通过向会员国提供短期资金，解决会员国国际收支暂时不平衡和外汇资金的需要，以促进汇率的稳定和国际贸易的扩大。

国际货币基金组织的资金来源：会员国缴纳的份额；资金运用取得的利息和其他收入；某些会员国的捐赠和特种基金；向官方和市场借款。其中，认缴的份额是最主要的资金来源。认缴份额的多少不仅决定一国的地位和投票权，还决定会员国获得基金组织贷款多少。

2. 世界银行集团

世界银行集团是联合国系统中的多边发展机构，总部设在华盛顿，它通过向发展中国家提供长期资金和投资，帮助这些国家实现经济长期稳定的发展。下面介绍世界银行集团的主要机构。

1）世界银行

世界银行又称"国际复兴开发银行",是1944年与国际货币基金组织同时成立的另一个国际金融机构,也属于联合国的一个专门机构。它于1946年6月开始营业,总行设在美国首都华盛顿。世界银行的宗旨是:通过提供和组织长期贷款和投资,解决会员国"二战"后恢复和发展经济的资金需要。

根据协定,凡参加世界银行的国家必须是国际货币基金组织的会员国,但国际货币基金组织的会员国不一定都参加世界银行。凡会员国均须认购世界银行的股份,认购额由申请国与世界银行协商,并经理事会批准。一般情况下,一国认购股份的多少是根据其经济和财政实力,并参照该国在基金组织缴纳份额的大小而定。世界银行会员国的投票权与认缴股本的数额成正比例。世界银行的资金来源除会员国缴纳的股份以外,还有向国际金融市场借款、出让债权和利润收入。

2010年,世界银行发展委员会春季会议4月25日通过了发达国家向发展中国家转移投票权的改革方案,这次改革使中国在世界银行的投票权从2.77%提高到4.42%,成为世界银行第三大股东国,仅次于美国和日本。

2)国际开发协会

国际开发协会是专门对较贫困的发展中国家提供条件极其优惠的贷款的金融机构,成立于1960年9月,总部设在美国首都华盛顿,凡是世界银行会员国均可参加该机构。国际开发协会的资金来源除会员国认缴的股本以外,还有各国政府向协会提供的补充资金、世界银行拨款和协会的业务收入。我国在恢复世界银行合法席位的同时,也自然成为国际开发协会的会员国。

3)国际金融公司

国际金融公司也是世界银行的一个附属机构,于1956年7月成立。1957年,它同联合国签订协定,成为联合国的一个专门机构。国际金融公司鼓励会员国(特别是不发达国家)私人企业的增长,以促进会员国经济的发展,从而补充世界银行的活动。国际金融公司的资金来源主要是会员国缴纳的股金,其次是向世界银行和国际金融市场借款。

我国在恢复世界银行合法席位的同时,也成为国际金融公司的会员国。20世纪90年代以来,我国与国际金融公司的业务联系不断密切,其资金已成为我国引进外资的一条重要渠道。

4)多边投资担保机构

多边投资担保机构是1988年新成立的世界银行附属机构。其宗旨是为发展中国家的外国私人投资提供政治风险和非商业风险的保险,并帮助发展中国家制定吸引外国资本直接投资的战略。

3. 国际清算银行

国际清算银行成立于1930年,是英、法、德、意、比、日等国的中央银行与代表美国银行界利益的摩根银行、纽约和芝加哥的花旗银行组成的银团,行址设在瑞士的巴塞尔。国际清算银行由一些国家的中央银行拥有和控制,以各国中央银行、国际组织为服务对象,不办理私人业务。国际清算银行的宗旨是促进各国中央银行之间的合作,为国际金融运作提供额外的便利条件。1996年9月,中国人民银行正式成为国际清算银行成员。

延伸阅读

揭秘国际清算银行

国际清算银行(BIS)作为一家最古老的国际金融合作组织和"央行的央行",始终笼罩着一层神秘的面纱。这层面纱体现在它与战争的渊源,体现在它低调沉静外表下的巨大影响力,也体现在它历经危难,却终能逢凶化吉。这些特征交汇贯穿在时间的轴线中,与一次又一次的危机相伴，激发着世界金融人强烈的好奇心。借用时下热门的电视连续剧语言，BIS迄今的90年历程大体已经上演了五季。

第一季，从20世纪20年代酝酿创立到第一次世界大战前。这一季的主要任务是建立声望，保持独立性，其核心业务是管理第一次世界大战后的德国赔款。

第二季，"二战"后至20世纪70年代。这一季的主要任务是恢复名誉，核心竞争力在于为中央银行服务。

第三季，20世纪70年代至90年代末欧元诞生。这一季的主要任务是推动欧洲一体化，催生欧元问世，核心竞争力是在欧洲一体化中表现出来的专业的国际金融协调力以及应对跨境银行危机而推进的国际监管合作。

第四季，20世纪90年代至2008年的国际金融危机。这一季BIS的主要任务是抓住"全球化"的机遇，从制度上让美国深度参与，并开始向新兴市场与发展中国家伸出橄榄枝。

第五季，2008年至今。这一季的主要任务是引领全球金融监管规则，核心竞争力是专业知识与强大数据。在这个知识激增与共享的时代，更需要专业的指引，尤其是在国际金融领域。BIS又找到了新的核心竞争力——专业数据，并以此强化它的既有实力。

综合以上"五季"，不难发现，BIS在每次历史的关键节点都能抓住要害，展现其核心竞争力。从德国"一战"后赔款、央行间清算、外汇储备管理到如今的货币政策协调、监管标准制定和专业金融数据集成，BIS每一个历史时期都把握住了适合自己的核心业务，形成了"人无我有、人有我新、人新我专"的比较优势，为自己创造出了不可替代性，赢得了宝贵的生存空间。

（资料来源：[美] 亚当·拉伯，《巴塞尔之塔：揭秘国际清算银行主导的世界》。）

(二) 区域性国际金融机构

国际经济和社会大发展需要大量资金，仅世界银行集团远远不能满足要求。亚洲、非洲、拉丁美洲广大地区的各国家和地区，为了打破超级大国对国际金融事务的垄断局面，纷纷建立各自区域性的金融机构。

1. 亚洲开发银行

亚洲开发银行，简称"亚行"，由西方国家与亚洲太平洋地区发展中国家合办。1966年11月，在日本东京正式成立，同年12月开始营业，行址设在菲律宾首都马尼拉。亚洲开发银行的宗旨是，为亚太地区的发展计划筹集资金，提供技术援助，帮助协调成员国在经济、贸易和发展方面的政策，与联合国及其专门机构进行合作，以促进区域内经济的发展。1986年3月，我国正式成为其会员。

2. 非洲开发银行

非洲开发银行，于1964年9月正式成立，1966年7月开始营业，行址设在象牙海岸首都阿比让。非洲开发银行的宗旨是，为会员国的经济和社会发展提供资金，协调各国发展计划，促进非洲经济一体化。1985年，我国成为其会员。

3. 泛美开发银行

泛美开发银行于1959年12月30日正式成立，1960年11月1日开始营业，行址设在美国首都华盛顿，是规模最大的国际开发银行。泛美开发银行的宗旨是，动员美洲内外资金，为拉丁美洲国家的经济和社会发展提供项目贷款和技术援助，以促进拉美经济的发展。

4. 亚洲基础设施投资银行

亚洲基础设施投资银行，简称"亚投行"，2015年12月25日正式成立，总部设在北京。亚投行是一个政府间性质的亚洲区域多边开发机构，重点支持基础设施建设，成立宗旨为促进亚洲区域的建设互联互通化和经济一体化的进程，并且加强中国及其他亚洲国家和地区的合作。亚投行是首个由中国倡议设立的多边金融机构。截至2019年7月，亚投行有100个成员国。

延伸阅读

亚投行之路

亚投行不仅是首个中国倡议设立的多边金融机构，也是由发展中国家倡议成立并吸收发达国家加入的金融机构，成为高标准国际金融机构的成功范例，有着极其重要的意义。亚投行的设立，极大鼓舞了"一带一路"的全球效应，增强了人们对"一带一路"建设的信心。

此外，世界上还有多个区域性金融机构，如西非国家中央银行、中非国家中央银行、欧洲复兴开发银行等。

案例解析

国内第19家民营银行开业　民营银行揽储靠创新

2020年4月16日，无锡锡商银行股份有限公司（以下简称"锡商银行"）正式开业，民营银行阵营再迎新兵。不过，尽管这已经是第19家开业的民营银行且民营银行的存款利率较高，但市民们对这类银行的接受度仍然不高，认为它们不正规。但其实，民营银行也是正规银行，其存款也受到50万保本保息保障。

自2014年首次获批以来，民营银行发展了5年多的时间，其作为我国金融体系的重要一部分，在支持实体经济、支持小微企业服务方面取得了长足进步。

但是，由于我国民营银行发展时间比较短，大多数银行都是2016年之后才正式获批设立的，成立的时间也只不过两三年，大部分规模都是比较小的，所以很多市民对它们不了解，甚至认为民营银行就等同于个人银行，它们并不属于正规的银行范畴，不敢选择这类银行的业务。而且现在很多民营银行都没有物理网点，大多数银行都是通过网络开展业务，甚至连存款都不用开卡，只需要开通一个电子账户就可以，对于这种网上的东西很多人不放心，特别是中老年人觉得看不见、摸不着的一定不靠谱，不愿意把钱存到民营银行里。

因此，目前各大民营银行吸收存款的难度非常大，大部分还是来源于同业存款，真正吸收客户存款的比例很少。

思考：民营银行属于什么类型的金融机构？为什么我国需要民营银行？

解析：发展民营银行在一定程度上可以改变传统的国有银行"一统天下"的局面，形成国有金融与民营金融、大型的金融机构与众多中小型金融机构竞争共存的新局面，从而改变经济结构与金融组织体系结构的不对称情况。

任务二　探知商业银行

任务引例

推开银行转型这扇窗

对中国的银行业，有一个普遍的观点：这个行业正面临"三十年未有之变局"，来到了重新"寻路"的历史转折点。银行转型的"三次浪潮"：

第一次转型浪潮集中在2003—2008年。那时公司层面的资本化、国际化、网络化战略，业务层面的零售、小企业、中间业务战略，构成了转型的主旋律。

第二次转型浪潮大致处在2009—2015年这个时间段，这时银行业处在周期性繁荣的末端，四万亿的反转阶段，不良贷款在时间上还没有完全暴露（2014年开始），规模增长与资本消耗的矛盾是主题，向资本节约转型是这一轮转型的关键词。

第三次转型浪潮发端于 2016 年，此时，资金荒、资产荒、强监管三期叠加，不良压顶，金融科技创新焦虑出现。资本、利润的约束凸显，而 MPA 考核更是另一个标志性事件，主观上、客观上，规模增长的传统模式都难以为继。向轻型银行转型成为转型的主题，招行、中信、兴业等都明确提出了轻资本、轻资产的轻型银行战略。"由重变轻"成为行业热词。

2018 年至今，全球经济增长动能明显趋弱，中国经济结构仍处于新旧动能转换的关键时期，并且全球银行业格局分化。在这样的压力下，我国银行业又将进入一个怎样的战略转型期，未来银行业格局又会发生怎样的变化呢？

（资料来源：凤凰财经，https：//finance.ifeng.com/c/7vugJ2AYiqF　2020-05-01）

思考：

上述的引例让我们认识到商业银行在经济发展中的重要地位和自身面临经济金融形势变化的压力和挑战。那么，什么是商业银行？商业银行的业务有哪些？商业银行怎样才能在日趋激烈的竞争中取胜呢？

商业银行是在市场经济中孕育和发展起来的，它是为适应市场经济发展和社会化大生产需要而形成的一种金融组织。经过几百年的演变，现代商业银行已成为各国经济活动中最主要的资金集散机构，并成为各国金融体系中最重要的组成部分。

商业银行是最古老的银行，同时又是现代金融的主体。在漫长的发展历程中，商业银行为了适应社会的变革不断发展变化，发挥着信用中介、支付中介、信用创造等职能，促进了社会经济的发展。我们的很多日常事务都要通过商业银行来办理。本任务主要阐述商业银行的产生与发展，并对商业银行的性质与职能以及商业银行的组织制度进行了介绍。

一、商业银行的产生与发展

（一）商业银行的产生与发展

1．商业银行的产生

银行是指专门从事货币信用业务的机构，是从货币经营发展而来的。中国人习惯把各类从事商业或生产小商品的机构称作"行"，即行业之意。"银行"就是从事银器铸造或交易的行业。早在 11 世纪，我国就有"银行"一词。据说，当时金陵（今南京）就有"银行街"，即银铺集中的地方。我国长期使用白银作为货币材料，当外国金融机构进入我国后，将当时专门从事货币信用业务的这类外国金融机构"bank"叫作"银行"。

英文"bank"原意为存放钱财的柜子，后来泛指专门从事货币存贷和办理汇兑、结算业务的金融机构。前资本主义社会的货币兑换业是银行业形成的基础。货币兑换业起初只经营铸币兑换业务，之后又代商人保管货币、收付现金等。这样，兑换商人手中就逐渐聚集起大量货币资金。当货币兑换商从事放款业务时，货币兑换业就逐渐发展成为银行业。

公元前 2000 年的巴比伦寺庙、公元前 500 年的古希腊寺庙，都已经有了经营保管金银、收付利息、发放贷款的机构。近代银行产生于中世纪的意大利，由于威尼斯特殊的地理位置，它成为当时的贸易中心。1171 年，威尼斯银行成立，这是世界上最早的银行，随后意大利的其他城市以及德国、荷兰的一些城市也先后成立了银行。早期的银行以办理工商企业存款、短期抵押贷款和贴现等为主要业务。现在，西方国家银行的业务已扩展到证券投资、黄金买卖、中长期贷款、租赁、信托、保险、咨询、信息服务以及电子计算机服务等各个方面。

2．商业银行的形成和发展

商业银行是指以经营工商企业存、贷款业务，并且是以商品生产交易为基础而发放短期贷款为主要业务的银行。商业银行是商品经济发展到一定阶段的必然产物，并随着商品经济的发展不断完善。随着商品货币经济的形成与发展，虽然商业银行的业务范围在不断扩大，它提供的服务也在不断丰富，但是人们仍旧习惯称其为商业银行，并一直沿用至今。

商业银行主要通过两条途径产生。第一条途径是从旧式高利贷银行转变而来。早期的银行建立时，资本主义生产关系尚未确立，当时的贷款主要是高利贷。随着资本主义生产关系的确立，高利贷因利率过高而影响了资本家的利润，不利于资本主义经济发展。此时的高利贷银行面临着贷款需求急剧减少的困境，它要么关闭，要么顺应资本主义经济发展的需要，降低贷款利率，并主要为工商企业提供流动资金贷款，转变为商业银行。不少高利贷银行选择了后者。这是早期商业银行产生的主要途径。第二条途径是根据资本主义经济发展的需要，按照资本主义原则，以股份公司形式组建而成的商业银行。大多数商业银行是按这一方式建立的。英国的英格兰银行是最早建立的股份制商业银行。英格兰银行一成立，就宣布以较低的利率向工商企业提供贷款。由于该银行实力十分雄厚，很快就动摇了高利贷银行在信用领域内的垄断地位，取得了巨大的成功。它的组建模式很快被推广到欧洲其他国家，商业银行也开始在世界范围内得到普及。

二、商业银行的性质与职能

（一）商业银行的性质

从商业银行的起源和发展历史来看，商业银行的性质可以归纳为：以追求利润为目标，以金融资产和负债为对象，综合性、多功能的金融企业。

我国 2015 年新修订的《中华人民共和国商业银行法》规定，商业银行是指依照该法和《中华人民共和国公司法》（以下简称《公司法》）设立的吸收公众存款、发放贷款、办理结算等业务的企业法人。

首先，商业银行是企业，它具有现代企业的基本特征。与其他工商企业一样，商业银行也具有业务经营所需的自由资金，也需要独立核算、自负盈亏，也要把追求最大限度的利润作为经营目标。获取最大限度的利润是商业银行产生和发展的基本前提，也是商业银行经营的内在动力。在这一点上，商业银行和其他工商企业没有区别。

其次，商业银行和一般的工商企业比又显得特殊。商业银行的特殊性具体表现为其经营对象和经营内容与一般企业经营的差异。工商企业经营的是具有一定使用价值的商品，从事商品生产和流通；而商业银行的经营对象是金融资产和金融负债，经营的是特殊商品——货币和货币资本。经营内容包括货币收付、借贷以及各种与货币运动相关的金融服务。而专业银行只集中经营指定范围内的业务和提供专门服务。随着西方各国金融管制的放松，专业银行的业务经营范围也在不断扩大，但与商业银行相比仍有差距；商业银行在业务经营上具有优势。

（二）商业银行的职能

商业银行在现代经济活动中所发挥的功能主要有六项：信用中介、支付中介、金融服务、信用创造、调节经济和风险管理。

1. 信用中介

信用中介是商业银行最基本、最能反映其经营活动特征的职能。它是通过银行的负债业务，把社会上的各种闲散业务集中到银行，再通过资产业务，把它投向需要资金的各部门。商业银行充当闲置资金者和资金短缺者之间的中介人，实现资金的融通。商业银行在发挥这一信用中介功能时，充当了买卖"资本商品使用权"的商人角色，在此过程中赚取差额形成银行利润。不过，商业银行买卖的不是资本商品的所有权，而是使用权，因而我们把商业银行的这种买卖活动称为信用中介。发挥信用中介职能可以使闲散货币转化为资本，使闲置资本得到充分利用，续短为长，满足社会对长期资本的需要。

2. 支付中介

支付中介是指商业银行利用活期存款账户，为客户办理各种货币结算、货币收付、货币兑换和转移存款等业务的活动。支付中介是商业银行的传统功能，借助这一功能，商业银行成了工商企业、政府、家庭个人的货币保管者、出纳人和支付代理人。以商业银行为中心，形成了经济过程中无始无终的支付链条和债权债务关系。支付中介的职能发挥得好，能促进银行存、贷款业务的扩大，使银行的信用中介职能得到充分发挥。支付中介职能，使商业银行持续拥有比较稳定的廉价资金来源，节约社会流通费用，增加生产资本投入。

3. 信用创造

商业银行在信用中介和支付中介的基础上，产生了信用创造功能。信用创造是指商业银行利用其可以吸收活期存款的有利条件，通过发放贷款或从事投资业务而衍生出更多存款，从而扩大社会货币供给量。商业银行通过自己的信贷活动创造和收缩活期存款，而活期存款是构成货币供给量的主要部分，因此商业银行就可以把自己的负债作为货币来流通，具有了信用创造功能。因为信用创造功能直接对社会信贷规模及货币供给产生巨大影响，所以商业银行也就成了货币管理当局监管的重点。信用创造职能，既能通过创造流通工具和支付手段，节约现金使用，节约流通费，又能满足社会经济发展对流通和支付手段的需要。

4. 金融服务

金融服务是商业银行利用其在国民经济活动中的特殊地位，在提供信用中介和支付中介业务过程中获得了大量的信息，再运用计算机网络等技术手段和工具，为客户提供的其他服务。如对企业进行咨询服务、决策支援等服务。工商企业生产和流通专业化的发展，又要求把许多原来的属于企业自身的货币业务转交给银行代为办理，如发放工资、代理支付其他费用等。个人消费也由原来的单纯钱物交易，发展为转账结算。现代化的社会生活，从多方面给商业银行提出了金融服务的要求。在强烈的业务竞争压力下，各商业银行也不断开拓服务领域，通过金融服务业务的发展，进一步促进资产负债业务的扩大，并把资产负债业务与金融服务结合起来，推动了"电子银行""网上银行"业务的发展。在现代经济生活中，金融服务已成为商业银行的重要职能。

5. 调节经济

调节经济是指商业银行通过其信用中介活动，调剂社会各部门的资金短缺，同时在央行货币政策和其他国家宏观政策的指引下，实现经济结构、消费投资比例、产业结构等方面的调整。此外，商业银行通过其在国际市场上的融资活动还可以调节本国的国际收支状况。

6. 风险管理

商业银行通过借入高风险资金而向存款人发行低风险的间接证券，实际上承担了金融市场上的风险套利职能。当银行用借入资金向其他资金需求者发放贷款时，银行实际上又承担了管理信用风险和市场风险的职能。商业银行正是通过对这些风险的管理获取存贷款利差而形成其利润来源。

商业银行因其广泛的职能，使得它显著影响整个社会经济活动，在整个金融体系乃至国民经济中位居特殊而重要的地位。随着市场经济的发展和全球经济的一体化发展，2016年的商业银行已经凸现了职能多元化的发展趋势。

课堂实践

商业银行的职能

广发信用卡借势"2019年超级广发日"，启动了以合作"网红"为主的立体化传播活动。"超级广发日"是广发分享日的升级版，在延续"周五半价"和"买一送一"的特惠活动时，不断增添年轻人喜爱的品牌、商户，并以"分享"的精神内涵，配合强曝光的网红媒介手段拉高传播声量。活动一经上线，激起了大量用户的参与和热议，截至目前，话题总曝光接近一亿次。

请思考：人们常用的信用卡业务，体现的是商业银行的什么职能？

三、商业银行组织制度

一般来说，商业银行的组织结构分为单一银行制、分行制、银行控股公司制和连锁银行制。

（一）单一银行制

单一银行制也称独家银行制。其特点是商业银行只有一个独立的银行机构，不设立分支机构。凡是不设分支机构的单一制银行，都必然是地方性银行。这种银行制度在美国非常普遍，是美国最古老的银行形式之一，它通过一个网点提供所有的金融服务。

单一银行制的优点是：①可以限制银行垄断，有利于自由竞争；②有利于协调银行与地方政府间的关系，能适合本地区需要，更好地为本地区服务；③银行的自主性较强，灵活性较大；④管理层次少，中央银行的调控传导快，有利于中央银行进行管理和控制。

但这种银行本身也存在着严重的缺陷：①银行规模较小，经营成本高，不利于取得规模经济效应；②银行业务多集中于某一地区、某一行业，容易受到经济发展状况波动的影响，风险集中；③在计算机等新技术大量应用的条件下，单一银行制的金融创新不如其他类型的银行。

目前实行这种制度的国家主要是美国，实行这种制度可以从一定程度上限制垄断，提倡自由竞争，但美国近年来有些放松，有向分支行制转化的倾向。

（二）分行制

分行制又称为"分支行制"。其特点是，法律允许除了总行以外，在本市及国内外各地普遍设立分支机构，从而形成以总行为中心的庞大的银行网络。总行一般设在经济发达、通信便捷的各大中心城市，所有分支机构统一由总行领导指挥。目前世界上绝大多数国家都普遍实行这一制度，我国也是如此。

分行制的优点是：①分支机构多、分布广、业务分散，因而易于吸收存款，调剂资金，可以充分有效地利用资本，同时由于放款分散，风险分散，可以降低放款的平均风险，增强资金的流动性，提高银行的安全性；②分支机构间调动灵活，就整个银行体系而言能相对降低准备金数额，减少非营利资产占用；③银行规模较大，易于采用现代化设备，提供多种便利的金融服务，取得规模效益；④银行总数少，降低金融当局的宏观管理难度。

分行制的缺点在于：①易于形成一国之内几家超大规模的银行操控、左右市场的局面，导致金融垄断，妨碍竞争；②银行规模过大，层次较多，机构较多，管理困难；③分支机构人员的调动、轮换等会使银行失去与其客户的联系，而银行职员固守一地又会形成本位主义，削弱总行对分行的控制管理；④分支行受当地经济影响较小，其管理人员并不十分关心当地经济的发展。

总的来说，分行制具有其他银行体制所无法比拟的优点，更能适应现代经济发展的需要，从而成为当今商业银行的主要组织形式。

（三）银行控股公司制

"银行控股公司制"又称为"集团制银行"或"持股公司制银行"，是指由一个集团成立股权公司，再由该公司控制或收购两家以上的银行。在法律上，这些银行是独立的，但其业务与经营政策统由统一股权公司控制，它是规避政府对设立分支机构进行管理的结果。目前这种组织形式已成为美国及其他一些发达国家最有吸引力的银行组织机构。

银行控股公司制有"非银行控股公司"和"银行控股公司"两种类型。前者是由主要业务不在银行方面的大企业拥有某一银行股份组织起来的；后者是由一家大银行组织一个控股公司，其他小银行从属于这家大银行。

银行控股公司制的优点是能够有效地扩大资本总量，增强银行实力，提高银行抵御风险的能力，弥补单一银行制的不足；缺点是容易引起金融权力过度集中，并在一定程度上影响了银行的经营活力。我国现有12家全国性中小型股份制商业银行：招商银行、浦发银行、中信银行、中国光大银行、华夏银行、中国民生银行、广发银行、兴业银行、平安银行、恒丰银行、浙商银行、渤海银行。

延伸阅读

汇丰银行的发展战略

细看汇丰银行集团近20年辉煌夺目的发展历史，其在国际金融市场上每一次攻城略地的背后，几乎无一例外地存在着一个重大的并购。如果说积淀百年的企业文化和着眼长远的发展战略规划是汇丰跻身全球领先银行行列的根本原因，那么，成功的并购无疑就是帮助其迅速实现"全球本地银行"目标的助推器。

其实，汇丰的并购史可以追溯到1959年，当时曾收购了商人银行（Mercantile Bank）和中东英国银行（The British Bank of the Middle East）；1965年，在香港本地银行危机中，还收购了恒生银行的控制权。早期的这些收购经历，不仅巩固了汇丰在亚洲的版图，也为其今后的并购和集团化运作积累了一些经验。20世纪70年代末80年代初，银行业的并购盛极一时。在这股潮流中，汇丰开启了20多年的以并购拓展市场份额、改变亚洲身份并迅速成长为一流国际银行的所谓"现代化之旅"。

1980年，急欲开拓亚洲以外市场的汇丰银行以3.14亿美元的代价收购了美国纽约州第一大银行——Marine Midland银行51%的股权。

1987年汇丰收购了英国老牌银行——米德兰银行14.9%的股权。

1992年6月，汇丰控股以39亿英镑的价格全面收购米德兰银行。这次具有里程碑意义的收购，使汇丰集团的总资产从860亿英镑翻番至1 700亿英镑。

2000年7月，汇丰以110亿美元收购了有近百年历史、650家分行、资产规模达690亿欧元的法国商业信贷（Credit Commercial de France，CCF）。

2003年，汇丰收购了美国著名金融公司"家庭国际"（Household International）。这起价值80亿美元的收购案，为汇丰带来了遍布美国45个州的1 300多家分支机构网络和5 300万零售客户，更使汇丰成为美国消费金融和信用卡市场的主要参与者之一。

20世纪90年代后期，汇丰确立了"为价值而经营"（Managing for Value）的理念，强调在业务发展和利润创造中平衡传统成熟经济和新兴市场的关系，汇丰并购的地域范围也随之扩展到了新兴市场。1997年收购阿根廷Banco Roberts的剩余股份；在智利，汇丰参股的Banco O'Higgins与Bank de Santiago合并成为智利最大的私营商业银行；1997年在巴西收购有着1 300家分行的巴西Bamerindus银行；1999年收购马耳他第一大商业银行Mid-Med银行的控股权；2001年收购土耳其第五大银行Demir银行；2001年在中国收购上海银行8%的股权，紧接着又于2002年收购平安保险10%的股权；2002年11月收购了在墨西哥拥有最大个人客户群的Bital金融集团；2005年收购了交通银行19.9%的股权。

至此，汇丰银行完成了它的资本扩张，成为全球最大的银行集团之一。

(资料来源：大公财经，http://finance.takungpao.com/gscy/q/2013/1021/1979520.html)

（四）连锁银行制

连锁银行制不需要成立股份公司，而是由某一个人或集团购买若干家独立银行的多数股份，控制这些银行的经营决策（图5-2）。由于受个人或某一集团控制，不易获得银行所需的大量资本，因此，许多连锁制银行相继转为银行分支机构或组成控股公司。

日本的三井住友银行是著名的连锁银行，其总部位于东京都。它是由住友集团的中核银行住友银行与三井集团的樱花银行合并而成，总资产达100万亿日元。三井住友银行是日本三井财团和住友财团的核心企业，是日本第二大商业银行、世界十大商业银行之一。

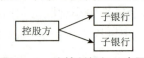

图 5-2 连锁制银行示意图

四、商业银行主要业务

商业银行的业务一般包括负债业务、资产业务、中间业务、表外业务。负债业务是指形成资金来源的业务，是银行经营活动的基础；资产业务是指将自己通过负债业务所聚集的资金加以运用的业务；中间业务是指银行并不需要用自己的资金而代理客户承办支付和其他委托事项，并据以收取手续费的业务；表外业务是指商业银行从事的不列入资产负债表，但能影响银行当期损益的经营活动。

（一）负债业务

负债业务是商业银行筹措资金，借以形成资金来源的业务，是商业银行开展其他业务的基础，主要由自有资本、存款和借款构成。另外，联行存款、同业存款、借入或拆入款项以及发行债券等，也构成银行的负债。

1．自有资金

商业银行的自有资金是银行最原始的资金来源，也称资本金。它是指银行为了正常运营而自行投入的资金，一般为全部负债业务总额的 10% 左右，是银行开业的前提，是银行资产风险损失的物质基础，为银行债权人提供保障，标志着银行的信誉。主要包括股本金、储备资金以及未分配利润。其中，股本金是银行成立时发行股票所筹集的股份资本；储备资本即公积金，主要是税后利润提成而形成的，用于弥补经营亏损的准备金；利润是指经营利润尚未按财务制度规定进行提取公积金或者分利处置的部分。

2．存款负债

存款是银行负债业务中最重要的业务，是商业银行经费的主要来源，占到负债总额的 70% 以上。

（1）传统存款负债。

①活期存款。

活期存款是相对于定期存款而言的，是存款人不需预先通知可随时提取或支付的存款。活期存款可以满足客户对所存资金方便支取、灵活运用的需要。活期存款构成了商业银行的重要资金来源，也是商业银行创造信用的重要条件。但因活期存款存取频繁，流动性大，并需要提供许多相关服务，如转账服务、支票服务等，所以成本较高。因此，商业银行对活期存款只支付少量利息。

活期存款是银行重要的资金来源。通过吸收活期存款，银行不仅可以取得短期资金，用于短期借贷和投资，而且可以利用存取过程中沉淀的一个比较稳定的余额，进行长期借款和投资。在非现金结算的情况下，如果存款人提取存款时用支票形式，可多次转让支票而不提现，从而使商业银行具有了信用创造和扩张能力。并且，商业银行利用活期存款业务为客户提供了良好的服务，以此争取更多的客户。

②定期存款。

定期存款是相对于活期存款而言的，是一种由存户预先约定期限的存款，占银行存款比重较高。定期存款一般不能提前支取，对提前支取者通常给予较高的罚息。因为定期存款固定而且期限比较长，从而为商业银行提供了稳定的资金来源，对商业银行长期放款与投资具有重要意义。

③储蓄存款。

储蓄存款是个人为积蓄货币和取得利息收入而开立的存款账户，是一种非交易用的存款。储蓄存款又可分为活期和定期。储蓄存款的活期存款，或者称为活期储蓄存款，存取无一定期限，只凭存折便可提现。存折一般不能转让流通，存户不能透支款项。存款储蓄的适用对象主要是居民个人和非营利机构。为了保证广大个人储户的存款安全，各国金融管理当局对储蓄存款都有严格的管理，一般只允许商业银行和专门的储蓄机构办理储蓄存款业务。

(2) 创新存款负债。

① 大额可转让定期存单。

大额可转让定期存单是为规避利率管制而发行的。它是银行印发的一种定期存款凭证，凭证上有一定的票面金额、存入日和到期日以及利率。可转让存单存款的明显特点是：存单面额固定，不记姓名，利率有固定也有浮动。存单的面额有 100 元、500 元、1 000 元、5 000 元、10 000 元、50 000 元、100 000 元、500 000 元共 8 种版面。存期为 3 个月、6 个月、9 个月和 12 个月不等。存单能够流通转让，以能够满足流动性和盈利性的双重要求。

② 可转让支付命令存款账户。

可转让支付命令存款账户实际上是一种不使用支票的支票账户。它以支付命令书取代了支票。通过此账户，商业银行既可以提供支付上的便利，又可以支付利息，从而吸引储户，扩大存款。

开立这种存款账户，存户可以随时开出支付命令书，或直接提现，或直接向第三者支付，其存款余额可取得利息收入。由此既满足了支付上的便利要求，同时也满足了收益上的要求。

③ 自动转账服务存款账户。

这一账户与可转让支付命令存款账户类似，是在电话转账服务基础上发展而来的。发展到自动转账服务时，储户可以同时在银行开立两个账户：储蓄账户和活期存款账户。银行收到存户所开出的支票需要付款时，可随即将支付款项从储蓄账户上转到活期存款账户上，自动转账，及时支付支票上的款项。

④ 掉期存款。

掉期存款是交易双方按照约定的期限互换各自持有的一种货币的安排，使他们能以本身过剩的一种货币来交换另一种货币，以应付其对后者的临时需要。也可以理解为掉期存款是利用不同货币之间的利差进行套利，从而获得高于一般存款利率的收益。并且，掉期合约订明到期日双方换回原来货币所用的汇率，因此没有汇率风险和本金损失风险。存款期限由一个月至一年不等。

3. 借款负债

借款负债也称非存款负债，是商业银行通过票据的再抵押、再贴现等方式向中央银行融入资金和通过同业拆借市场向其他银行借入短期活动。近些年来，银行为了保持流动性而大量借入资金，许多银行还经常依赖借入资金来维持经营，借款负债在商业银行负债总额中所占比重不断提高。

(1) 向中央银行借款。

向中央银行借款是指商业银行为了解决临时性的资金需要，向中央银行借入的临时周转资金、季节性资金、年度性资金以及因特殊需要经批准向中央银行借入的特种借款等。它是商业银行保持其负债业务流动性的最后办法。中央银行控制着社会货币供给总量，肩负着调剂货币资金、保持银行体系稳定的责任，因此，商业银行在出现资金不足、周转困难时，可以向中央银行借款。向中央银行借款的方式主要有两种：一种是直接借款，也称再贷款；另一种为间接借款，即所谓的再贴现。直接借款是指商业银行用自己的合格票据、银行承兑汇票、政府公债等有价证券作为抵押品向中央银行取得抵押贷款；间接借款是指中央银行把自己办理贴现业务时买进的未到期票据，如短期商业票据、国库券等转卖给中央银行，获取现款。中国商业银行向中央银行的借款，基本采取的是再贷款形式。这一方面是由于我国的商业票据信用尚未真正发展，更重要的是我国国有商业银行在资金上对中央银行有着很大依赖性的缘故。

(2) 同行业拆借。

同业借款是指商业银行向往来银行或其他金融机构借入短期资金的活动。它是金融机构之间的临时性借款，主要用于弥补头寸的暂时不足。当商业银行进行资金结算时，有的银行会出现头寸盈余，有的银行则会出现头寸不足。头寸不足的银行需要从头寸盈余的银行临时拆入资金，以达到资金平衡。而多头寸的银行也愿意将暂时盈余的资金借出，以获得利息收入。同行业拆借的借款数量一般比较大，但期限很短，通常是隔日偿还，最多一周左右，所以也叫隔日借款或隔夜借款。同业借款在方式上比向中央银行借款灵活，手续也比较简便。

(3) 回购协议。

回购协议是指商业银行在出售证券等金融资产时签订协议，约定在一定期限后按原定价格或约定价格购回所卖证券，以获得即时可用资金；协议期满时，再以即时可用资金作相反交易。回购协议从即时资金供给者的角度来看又称为"逆回购协议"。我国的回购协议则严格限制于国债、证券。回购协议最常见的交易方式有两种，一种是证券的卖出与购回采用相同的价格，协议到期时以约定的收益率在本金外再支付费用；另一种是购回证券时的价格高于卖出时的价格，其差额就是即时资金提供者的合理收益率。商业银行通过回购协议而融通到的资金可以不提缴存款准备金，从而有利于降低借款的实际成本；同时，与其他借款相比，回购协议又是一种最容易确定和控制期限的短期借款。

(4) 其他负债。

其他负债是指商业银行利用除存款负债和借款负债以外的其他方式形成的资金来源。主要包括代理行的同业存款负债、金融债券负债、买卖有价证券、占用客户资金、境外负债等。

在商业银行的负债业务中，自有资金是基础，标志着商业银行的资金实力；存款负债是其主要业务，标志着商业银行的经营实力；借款负债和其他负债是商业银行资金的重要调剂和补充，体现商业银行的经营活力。

(二) 资产业务

资产业务是指商业银行运用资金的业务，也就是商业银行将其吸收的资金贷放或投资出去赚取收益的活动。商业银行经营是否成功，很大程度上取决于资金运用的结果，商业银行的资产业务一般由现金资产业务、贷款、证券投资、金融租赁等构成，其中以贷款和证券投资最为重要。

1. 现金资产业务

银行现金资产是商业银行预先准备为应付存款支取所需的资金，主要由库存现金、中央银行的存款、在同业的存款和托收中的现金等项目组成。

现金资产是商业银行所有资产中最富流动性的部分，是银行随时用来支付客户现金需要的资产。各国均把现金资产作为支付客户提取、满足贷款的需求，以及支付各种费用的一线准备。但现金资产是非营利性资产，不能为商业银行带来收益或只带来甚微的收益，故各国商业银行都希望把现金资产量减低到必要的最低水平。

银行现金资产主要包括以下四项。

(1) 库存现金。

库存现金指银行为应付每天的现金收支活动而保存在银行金库内的纸币和硬币。我国商业银行的库存现金由业务库存现金和储蓄业务备用金两部分构成。

库存现金属非营利性资产，而且其所需的防护和保险费用较高，因此商业银行通常仅保持必要的适度数额。如何通过定性分析和定量测度以确定库存现金的合理数量，并严格按制度和操作规范管理库存现金，是商业银行必须做好的资产管理的基础工作。

(2) 在中央银行的存款。

商业银行存放在中央银行的资金可分为一般性存款和法定存款准备金两部分。

一般性存款又称超额准备金，是商业银行可以自主运用的资金，主要用于转账结算，支付票据交换的差额，发放贷款和调剂库存现金的余缺。法定存款准备金是商业银行按法定比例向中央银行缴纳的存款准备金，其初始目的主要是使商业银行能够有足够的资金应付提存，避免发生挤兑而引起银行倒闭。

(3) 同业存款。

同业存款是指商业银行存放在代理行和相关银行的存款。在其他银行保持存款，是为了便于银行在同业之间开展代理业务和结算收付。由于存放同业的存款属于活期存款的性质，可以随时支用，因此可以视同银行的现金资产。

(4) 在途现金。

在途资金，也称托收未达款，是指在本行通过对方银行向外地付款单位或个人收取的票据。在途资金在收妥之前，是一笔占用的资金，又由于通常在途时间较短，收妥后即成为存放同业存款，所以将其视同现金资产。

2. 贷款业务

贷款又称放款，是银行将其所吸收的资金，按一定的利率贷给客户并约期归还的业务，是商业银行最主要的资产业务。从银行经营管理者的需要出发，可以对银行贷款按照不同的标准进行分类。

(1) 按贷款的期限分类。

商业银行贷款按期限可划分为活期贷款、定期贷款和透支三类。以贷款期限为标准划分贷款种类，主要作用是有利于银行掌握资产的流动性，便于银行短、中、长期贷款保持适当比例。

活期贷款在贷款时不确定偿还期限，可以随时由银行发出通知收回贷款。这种贷款比定期贷款灵活，银行需要资金时可随时收回贷款。

定期贷款是指具有固定偿还期限的贷款，按偿还期限的长短，又可分为短期贷款、中期贷款和长期贷款。定期贷款因其规定了还款期限，一般不能提前收回，流动性较差，但利率较高。

(2) 按贷款的保障条件分类。

按银行贷款的保障条件来分类，银行贷款可以分为信用贷款、担保贷款和票据贴现。这种标准划分，有利于银行加强贷款安全性。

信用贷款是指银行完全凭借客户的信誉而无须提供抵押物或第三方保证而发放的贷款。这类贷款风险较大，因此，银行要收取较高的利息，且一般只向银行熟悉的较大公司借款人或资信良好的借款人提供，对借款人的条件要求高。

票据贴现是贷款的一种特殊方式。它是指银行应客户的要求，以现金或活期存款买进客户持有的未到期的商业票据的方式发放贷款。票据贴现实行预扣利息，票据到期后，银行可向票据载明的付款人收取票款。如果票据合格，且有信誉良好的承兑人承兑，这种贷款的安全性和流动性都比较好。具体做法是：银行从买进之日起到票据到期日止，从票据金额中扣除贴现利息后将余额支付给客户。银行贴现付款额的计算公式是：

$$贴现利息额 = 票据面额 \times 年贴现率 \times 未到期天数 \div 360$$
$$贴现付款额 = 票据面额 - 贴现利息$$

课堂实践

现有一张 10 万元的商业汇票，期限为 6 个月，在持有整 4 个月后，到银行申请贴现。在贴现率为 10% 的情况下，请你试着计算一下，贴现利息和贴现付款额各为多少？

(3) 按贷款的用途分类。

银行贷款的用途非常复杂，它涉及再生产的各个环节、各个产业、各个部门、各个企业，与多种生产要素相关，贷款用途本身也可以按不同的标准进行划分。习惯上通常有两种分类方法：一是按贷款对象的部门来分类，分为工业贷款、商业贷款、农业贷款、科技贷款和消费贷款；二是按照贷款的具体用途来划分，一般分为流动资金贷款和固定资金贷款。

按照贷款用途划分贷款种类，有利于银行根据资金的不同使用性质安排贷款顺序；有利于银行监控贷款的部门分布结构，以便银行合理安排贷款结构，防范贷款风险。

(4) 按贷款的偿还方式分类。

银行贷款按照偿还方式可以分为一次性偿还和分期偿还两种方式。一次性偿还是指借款人在贷款到期日一次性还清贷款本金的贷款，其利息可以分期支付，也可以在归还本金时一次性付清。一般来说，短期的临时性、周转性贷款都是采取一次性偿还方式。分期偿还贷款是指借款人按规定的期限分次偿还本金和支付利息的贷款。这种划分方式有利于银行检测贷款到期和贷款收回情况，准确测算银行头寸的变动后趋势；有利于银行考核收息率，加强对应收利息的管理。

(5) 按贷款的质量（或风险程度）分类。

按贷款的质量或风险程度划分，银行贷款可以分为正常贷款、关注贷款、次级贷款、可疑贷款和损失贷款五类（表5-1）。

表5-1 按贷款的质量（或风险程度）分类

按贷款质量分类	目前偿还本息能力	偿还的途径	今后偿还本息能力
正常贷款	正常偿还	现有资产足够	正常
关注贷款	目前正常偿还	现有资产足够	可能受影响
次级贷款	出现问题	需处理资产、对外融资、执行抵押担保来还款付息	受到一定的影响
可疑贷款	无法足额偿还贷款本息	执行抵押或担保后也不够	具体损失待定
损失贷款	不能偿还	无论采取什么措施和履行什么程序，都无法偿还	不能偿还，几乎完全损失本息

案例解析

美国次贷危机

次级抵押贷款是一个高风险、高收益的行业，指一些贷款机构向信用程度较差和收入不高的借款人提供的贷款。与传统意义上的标准抵押贷款的区别在于，次级抵押贷款对贷款者信用记录和还款能力要求不高，贷款利率相应地比一般抵押贷款高很多。那些因信用记录不好或偿还能力较弱而被银行拒绝提供优质抵押贷款的人，会申请次级抵押贷款购买住房。

在2006年之前的5年里，由于美国住房市场持续繁荣，加上前几年美国利率水平较低，美国的次级抵押贷款市场迅速发展。

随着美国住房市场的降温尤其是短期利率的提高，次贷还款利率也大幅上升，购房者的还贷负担大为加重。同时，住房市场的持续降温也使购房者出售住房或者通过抵押住房再融资变得困难。这种局面直接导致大批次贷的借款人不能按期偿还贷款，银行收回房屋，却卖不到高价，大面积亏损，引发了次贷危机。

思考：在贷款的质量（或风险程度）分类，次级贷款"目前偿还本息能力""偿还的途径""今后偿还本息能力"分别是什么？

解析：参考表5-1。

3. 证券投资业务

商业银行的投资业务是指银行购买有价证券的活动。投资是商业银行一项重要的资产业务，是银行收入的主要来源之一。商业银行的投资业务，按照对象的不同，可分为国内证券投资和国际证券投资。国内证券投资大体可分为三种类型，即国家政府证券投资、地方政府证券投资和公司证券投资。国家政府发行的证券，按照销售方式的不同，可以分为公开销售的证券和不公开销售的证券。商业银行购买的政府证券，包括国库券、中期债券和长期债券三种。国际证券投资是在国际债券市场购买中长期债券，或在外国股票市场上购买企业股票的一种投资活动。购买国际证券投资可以获取定期金融性收益，也可以利用各国经济周期波动不同步性和其他投资条件差异，在国际范围内实现投资风险分散化。

商业银行从事证券投资业务有以下好处：第一，取得收益。它是闲置资金的一种投资渠道，可以提高收入水平。第二，补充流动性。短期有价证券构成了二级准备金的主体，商业银行投资政府债券等流动性强的有价证券，可以随时在二级市场抛售获取现金，能保持较好的流动性。第三，降低风险。商业银行投资的证券中有大部分是风险小、信用可靠、流动性强的公债券、国库券等，可以降低整个投资业务风险。

（三）中间业务

商业银行的中间业务广义上讲是指不构成商业银行表内资产、表内负债，形成银行非利息收入的业务，是指商业银行代理客户办理收款、付款和其他委托事项而收取手续费的业务。其特点是银行不需动用自己的资金，依托业务、技术、机构、信誉和人才等优势，以中间人的身份代理客户承办收付和其他委托事项，提供各种金融服务并据以收取手续费。银行经营中间业务无须占用自己的资金，是在银行的资产负债信用业务的基础上产生的，并可以促使银行信用业务的发展和扩大。所以，中间业务具有成本低、收益稳定、风险较小的独特优势，发展迅猛。

中间业务种类繁多，传统的中间业务包括汇兑结算、代收代付、代客理财、信托租赁等。近年来，由于国际国内金融市场的不断完善和发展，中间业务新兴业务层出不穷，如银行卡业务、通存通兑、自助银行、网上银行、信息咨询业务等。

1. 结算业务

银行结算业务是以信用收付代替现金收付的业务，是指通过银行账户的资金转移所实现收付的行为，即银行接受客户委托代收代付，从付款单位存款账户划出款项，转入收款单位存款账户，以此完成经济之间债权债务的清算或资金的调拨。商业银行结算方式主要有银行汇票、商业汇票、银行本票、支票、汇兑、委托收款、托收承付、信用卡、信用证等。

2. 代理业务

代理业务是指商业银行接受客户的委托，代为办理客户指定的经济事务、提供金融服务并收取一定费用的业务，包括代理证券业务、代理保险业务、代理商业银行业务、代理中央银行业务、代理政策性银行业务和其他代理业务。代理业务是典型的中间业务。银行充分利用自身的信誉、技能、信息等资源代客户行使监督管理权、提供各项金融服务。所以代理业务可以增加银行的盈利，促进银行间的竞争，促进银行资产负债业务的发展。

延伸阅读

公积金委托提取还贷

产品简介：

公积金委托提取还贷服务是建设银行为申请了公积金贷款、组合贷款或商业性个人住房贷款的个人客户提供的多项个人金融产品组合服务。建设银行接受客户委托，定期提取客户及配偶的住房公积金，直接归还客户住房贷款，或划入客户指定还贷委托扣款账户。

产品优点：

客户不必多次往返公积金管理部门和建设银行；一次签约，长期受益；自动转账、方便省心、省时又省力。

办理条件：

符合当地住房公积金提取政策和规定；

按时、足额缴存住房公积金；

申请了住房公积金贷款、组合贷款或商业性个人住房贷款；

还贷情况良好，无逾期。

申办流程：

由符合条件的个人及配偶提出申请，经所在单位审核，住房公积金管理部门审批同意后，与建设银行签订《住房公积金委托提取还贷协议书》，建设银行按照约定，定期（按月、季、年均可）提取职工本人及配偶的住房公积金，直接归还职工个人的住房贷款，或划入本人还贷委托扣款账户。

（资料来源：中国建设银行官网，http://www.ccb.com/cn/personal/housing/trustee.html）

3. 信托业务

信托业务是指商业银行信托部门接受客户的委托，代替委托单位或个人经营、管理或处理货币资金或其他财产，并从中收取手续费的业务。按委托人划分，信托业务有个人信托、公司信托和公共团体信托。按信托方式化分，信托业务有投资信托、融资信托、公益信托和职工福利信托。

4. 租赁业务

租赁业务是指商业银行作为出租人将所有权属于自己的财产出租给承租人使用，并在租期内按时收取租金的行为。租赁业务有多种形式，主要有融资性租赁、经营性租赁、回租租赁和转租租赁等。对于商业银行来说，经营的一般是融资租赁。

5. 咨询业务

咨询业务是指商业银行利用自身的人才和信息优势为客户提供各类信息和建议的活动。这些信息主要涉及利率、汇率、有价证券行市、资本流动、货币政策及经济法规等各个方面。

6. 银行卡业务

银行卡业务就是针对银行卡所提供的业务，银行卡又有多种分类，如信用卡、储蓄卡等。信用卡的最大特点就是可以透支消费，在银行规定的时间内还款可享受零利息，否则将有一定的罚息，依照不同银行的规定罚息规则不同；储蓄卡是平时最常见的卡，一般人用的功能就是把钱存在里面，用的时候取出来。如果需要其他特殊的功能可以到银行柜台咨询。

（四）表外业务

表外业务是指商业银行所从事的，按照通行的会计准则不列入资产负债表内，不影响其资产负债总额，但能影响银行当期损益，改变银行资产报酬率的经营活动。它可以给银行带来收入，减少风险。常见的表外业务分别是担保业务、承诺业务、金融衍生工具业务。

1. 担保业务

担保业务是银行应某一交易中一方的申请，允诺当申请人不能履约时由银行承担对另一方的全部义务的行为。比如银行发放贷款需要贷款申请人提供法定方式的保证和担保，否则不能发放贷款。这类业务工具主要有履约担保书、投标保证书、预付款保函、贷款担保书和备用信用证等。

融资类人民币担保，是以符合法律规定的书面形式，向担保受益人承诺，当担保申请人未按与担保受益人签订的融资主合同偿还债务时，由银行代为履行债务或承担相应责任。业务种类包括银行发行金融债券、上市股份制银行（公司）发行可转换债券及其人民银行批准的其他融资担保业务。

2．承诺业务

承诺类中间业务是指商业银行在未来某一日期按照事前约定的条件向客户提供约定信用的业务，主要指贷款承诺，包括可撤销承诺和不可撤销承诺两种。可撤销承诺附有客户在取得贷款前必须履行的特定条款，在银行承诺期内，客户如没有履行条款，则银行可撤销该项承诺。可撤销承诺包括透支额度等。不可撤销承诺是银行不经客户允许不得随意取消的贷款承诺，具有法律约束力，包括备用信用额度、回购协议、票据发行便利等。

常见的承诺类中间业务是贷款承诺，包括可撤销承诺和不可撤销承诺两种。

（1）可撤销承诺附有客户在取得贷款前必须履行的特定条款，在农村信用社承诺期内，客户如没有履行条款，则农村信用社可撤销该项承诺。可撤销承诺包括透支额度等。

（2）不可撤销承诺是农村信用社不经客户允许不得随意取消的贷款承诺，具有法律约束力，包括备用信用额度、回购协议、票据发行便利等。

3．金融衍生工具业务

金融衍生工具是在货币、债券、股票等传统金融工具的基础上衍化和派生的，以杠杆和信用交易为特征的金融工具。通常分为股权式衍生工具、货币衍生工具、利率衍生工具。

五、商业银行的经营原则与风险管理

（一）商业银行的经营原则

我国在《中华人民共和国商业银行法》中明确规定了商业银行"安全性、流动性、盈利性"的经营原则。安全性、流动性、盈利性"三性统一"是各国商业银行普遍认同的经营与管理的一般原则。银行经营者根据经营环境的变化，综合协调不同资产和负债的搭配，谋求最佳组合，从而实现三原则之间的协调统一。

1．安全性原则

安全性是指商业银行应努力避免各种不确定因素对它的影响，保证商业银行的稳健经营和发展。因为银行经营条件特殊，尤其需要强调安全性。并且银行自有资本较少，基本上是负债经营，经受不起较大损失。商业银行的安全性包括资产业务和负债业务的安全性。在负债业务中，主要面临客户随时提存的可能。在资产业务中，可能面临贷款和投资的规模超过资金来源的问题。

影响银行经营安全的因素包括信用风险、利率风险、汇率风险、流动性风险、政策风险。在银行经营中确保安全性的措施包括对于风险太大并注定会给银行带来损失的业务，银行要拒绝给以贷款才能避免风险；在业务经营中，银行要合理安排贷款和投资的规模及期限结构，要加强对企业客户的资信调查和经营预测以减少或控制风险；银行资产要在种类和企业客户两个方面适当分散，避免过于集中而产生的大的信用风险；银行可通过转让、保险及套期交易和互换交易等方式转移风险。

2．流动性原则

流动性是指商业银行能够随时满足客户提现和必要的贷款需求的支付能力，包括资产的流动性和负债的流动性。其中资产的流动性是指资产在不受损失的情况下迅速变现的能力；负债的流动性是指银行能以较低的成本随时获得所需资金的能力。

银行保持流动性的主要方法包括建立分层次的准备资产制度。准备资产主要指银行持有的现金资产和短期有价证券。商业银行库存现金、在中央银行的存款及同业存款等被称为一级准备，又称现金准备。它们是货币性最强的部分，是商业银行为满足流动性需要的第一道防线，属于非营利性资产。商业银行拥有的短期证券、短期票据被称为二级准备金，这些资产既能保持一定的盈利，又能随时或在短期内变现。其特点是期限短、质量高、销售快。如果商业银行流动性差，就要增加负债的形式从市场上借入资金来满足流动性需要，包括向中央银行借款、发行大额可转让存单、同业拆借、利用国际货币市场融资等形式。但通过这一形式保持流动性需要考虑资金的成本及银行的信誉。

3. 盈利性原则

追求盈利、实现利润最大化是商业银行的经营目标，也是商业银行企业性质的集中体现。

利润水平是商业银行经营管理水平的体现，采取各种措施以获得更多的利润是商业银行的经营管理目标。商业银行要盈利，需要适度扩大资产规模，合理安排资产结构，在保持银行资产流动性的前提下，尽可能减少非营利资产，增加盈利资产所占的比重；应在多种筹资方式、筹资渠道之间进行比较、选择，以尽可能低的成本吸收更多的资金；充分利用自身所拥有的各项资源，积极开展中间业务和表外业务，同时提高工作效率，降低管理费用和营业成本的支出。

4. 三性原则的协调

三性原则在经营中既存在着互补的一面，也有着冲突的一面。安全性和流动性是紧密相连的。一般来讲，流动性越强的资产，其安全性越强，安全性是在流动性良好的前提下实现的。短期来看，银行的流动性越充足，银行对抗意外的能力就越强，但如果流动性过多，银行可用于创造效益的资产就会减少，从而影响银行的盈利性。但是从长期来看，安全性和流动性是为追求盈利而存在的。只有保障了安全性和流动性，商业银行才能实现长期盈利。

银行经营要在安全性和盈利性这一对矛盾关系中获得最大利润，流动性起着重要的调节作用。安全性高的银行资产不能给银行带来巨额的利润，因为高风险，高收益；低风险，低收益；没风险，没收益。一个商业银行是不可能把风险和收益分开的，所以银行想要盈利，就必须做好安全性和盈利性之间的协调工作。做好流动性的工作就可以在兼顾安全性的基础上保证盈利性，所以流动性在安全性和盈利性之间起了重要的调节作用。

（二）《巴塞尔协议Ⅲ》与商业银行风险管理

《巴塞尔协议Ⅲ》代表了世界银行业管理发展的大方向，反映了当今先进的风险管理技术，是银行业风险管理的最佳实践和指引，其中提出了对银行风险监管的三大支柱。实施《巴塞尔协议Ⅲ》有助于商业银行全面提高风险管理水平。在《巴塞尔协议Ⅲ》中，有三种方式可以降低商业银行风险，分别是最低资本要求、监察审理程序和市场制约机能。

1. 最低资本要求

协议要求银行总资本不得低于8%，一级资本不得低于6%。目的是使银行对风险更敏感，能更有效地运作。在测算银行风险资产状况时，新协议提供了两种可供选择的方案，即标准法和内部评级法。标准法是指银行根据外部评级结果，以标准化处理方式计量信用风险。内部评级法是银行采用自身开发的信用风险内部评级体系，但必须通过银行监管当局的明确批准。通过这些要求能有效地降低银行经营风险。

2. 监察审理程序

监管者通过监测决定银行内部能否合理运行，并对其提出改进的方案。其中包括如何处理银行账户的利率风险、信用风险、操作风险，如何加强跨境交流与合作和资产证券化等方向的指引。这样做的目的是鼓励银行开发并使用更好的风险管理技术来检测和管理风险。

其中要求确立流动性风险监管标准，增强银行体系维护流动性的能力。目前我国对于银行业流动性比率的监管，已经存在一些较为明确的指标要求，如要求存贷比不能超过75%，流动性比例大于25%，核心负债依存度大于60%，流动性缺口率大于−10%，以及限制了最大十户存款占比和最大十户同业拆入占比，超额存款准备金制度等，这些指标对于监控银行业的流动性起到了较好的作用。

3. 市场制约机能

协议要求银行提高信息的透明度，使外界能更准确地了解它的财务、管理等方面。巴塞尔银行监管委员会希望通过建立一套披露要求，以达到促进市场纪律的目的，披露要求应便于市场参与者评价有关适用范围、资本、风险、风险评估程序以及银行资本充足率等重要信息。用规范的一套披露程序，使银行经营更加透明化、规范化，纪律化。

延伸阅读

《巴塞尔协议》的由来

《巴塞尔协议》是巴塞尔委员会制定的在全球范围内主要的银行资本和风险监管标准。巴塞尔委员会由来自13个国家的银行监管当局组成，是国际清算银行的4个常务委员会之一。1988年7月，颁布了第一个准则文件，称"1988资本一致方针"，又称"巴塞尔协议"。主要目的是建立防止信用风险的最低资本要求。新巴塞尔协议（也即《巴塞尔协议Ⅱ》）经过修订于2007年在全球范围内实施。2010年9月12日，出于对上一轮金融危机的反思，巴塞尔委员会在2010年推出了加强银行业监管的《巴塞尔协议Ⅲ》，全球银行业正式步入"巴塞尔协议Ⅲ"时代。在随后的数年中，巴塞尔银行监管委员会进行了一系列修订。2017年12月7日，巴塞尔银行监管委员会发布公报表示《巴塞尔协议Ⅲ》已完成修订，将从2022年1月1日起逐步实施。

六、商业银行经营模式与发展趋势

（一）商业银行的经营模式

商业银行产生后，它的发展基本上也遵循两种传统模式。第一种是分业经营模式。分业经营模式下的商业银行只能经营其本身业务范围内的东西，不能与其他金融领域进行交叉交易，是一种银行业、证券业、保险业、信托业分别设立机构独立经营业务的经营方式。其目的是使金融业务规范化，维持金融秩序，提高监管水平，保证流动性、安全性，最大限度地避免坏账损失。另一种是混业经营模式。混业经营是指金融企业以科学的组织方式在货币和资本市场进行多业务、多品种、多方式的交叉经营和服务的总称。混业经营模式除了提供短期商业性贷款外，还提供长期贷款，甚至直接投资于企业股票和债券，替公司包销证券，参与企业的决策与发展，并向企业提供合并与兼并所需要的财务支持和财务咨询等投资银行服务。混业模式有利于银行业务的扩大，同时也加大了风险性。在一个风险管理好的地区和国家，混业经营更能促进金融业的发展；相反，在一个风险治理还不算完善的地区和国家，分业经营更安全，更有利于国家经济的发展。

（二）商业银行经营的发展趋势

1. 国际化经营

商业银行经营国际化是指商业银行开展国际金融业务，建立境外机构，由国内经营发展到国外经营，从封闭走向开放的过程，包括银行机构国际化、业务活动国际化、市场和管理国际化。银行经营国际化的标志是成为同时在5个以上国家设立分支机构的跨国银行。商业银行国际化主要通过设立分支机构和跨国并购实现境外扩张。设置分支机构，母银行对海外机构的控制力强，但是海外网点成熟周期长，见效慢。跨国并购可以迅速获得国外银行所有权，突破外国政府对金融机构设立的限制，更加快速有效，但不同银行之间文化差异较大，组织协调、学习成本较高。

我国商业银行经营国际化，不仅是扩大经营规模、获得规模效应、提高国际竞争力的迫切需要，也是发挥金融支持经济发展、推动中国经济发展模式转型的迫切需要。

2. 电子化经营

金融电子化是信息技术革命的要求，也是银行生存与发展的物质基础。世界各国的大多数银行都提供电子银行业务，服务手段电子化是国际银行业发展的基础。今后，我国也会直接发行电子化的货币。随着手机技术的升级换代，手机快捷支付越来越普遍，应用范围越来越广泛，这就要求商业银行的计算机、网络体系升级，提高电子银行本身的智能化水平，同时电子银行的交易方式、交易平台进行相应调整，以便适应交易领域、交易规模的成倍增长。

3. 集中化经营

商业银行集中化经营能够提供多元化的金融服务，提高金融市场的竞争能力，获取规模经济效应，增强风险抵御能力。目前，主要国家的银行业务十分集中。例如，中国银行、中国工商银行、中国建设银行、中国农业银行和交通银行5家国有商业银行占有51%的金融市场份额。美国25家最大银行占有60%以上的金融市场份额。但是银行过度集中、超大规模发展带来了"大而不能倒"的问题，在金融危机中被政府挽救会间接损害纳税人的利益。目前，各国政府都在试图通过法律手段解决这一问题。

4. 专业化经营

银行业在趋向集中化的过程中，灵活、目标单一的中小银行也找到了发展的方向。中小银行往往将自己定位为关系银行，通过发掘客户的"软信息"，提供个性化服务，拥有自己忠诚的客户，从而获得较高的资产回报率。中小银行做到小而精，在成本支出、风险管理、治理结构等方面扬长避短，也能取得很好的效益。活跃在中国县级、乡镇的邮政储蓄银行、城市信用社、农村商业银行、农村信用社、小额贷款公司都是为当地中小企业和个人提供金融服务的主力军。有自己特定的客户群体和经营方式，在为中小企业服务以及个性化服务方面具有特定的优势。

延伸阅读

商业银行的未来发展会怎么样？会发展民营银行？会发展出新的经验模式的银行？请扫一扫二维码，观看视频：李克强在国家开发银行和中国工商银行考察时强调："深入推进金融改革开放，助力实体经济升级发展。"

（资料来源：央视网，http：//news.cntv.cn/2015/04/17/VIDE1429269117742428.shtml）

任务三　揭秘中央银行

任务引例

1930—1933年的银行恐慌，为何联储坐视恐慌的发生

在大萧条期间的银行恐慌事件中，联邦储备体系完全束手无策，并没有发挥预定的作为阻止银行恐慌发生的最后贷款人的作用。回头看来，联储的行为相当的离奇，不过事后的认识总比预见来得更清晰。

联储无动于衷的主要原因是联储的官员没有理解银行倒闭对货币供给和经济活动的负面影响。弗里德曼和舒瓦兹的报告认为，联储的官员们认为"银行倒闭是银行经营管理或不良实践的不幸后果，或是对以前过度投机不可避免的反应，或是在这一过程中金融和经济崩溃的后果，但绝不是金融和经济崩溃的原因"。此外，在银行恐慌的早期阶段，银行倒闭"集中在规模较小的银行，因为在金融体系中最有影响的是那些哀叹小银行存在的大城市的银行家，他们得意扬扬看待小银行的倒闭"。

弗里德曼和舒瓦兹还指出，政治上的钩心斗角也可能在这一时期联储的消极表现中发挥了重要的作用。在1928之前，在联邦储备体系中占支配地位的纽约联邦储备银行，强烈鼓吹积极的公开市场购买计划，以便在银行恐慌期间向银行体系提供储备。但是，联邦储备体系中其他的势力集团反对纽约银行的地位，结果纽约银行的提议被否决（弗里德曼和舒瓦兹关

于这一时期联邦储备体系政治上的讨论非常使人着迷,你会喜欢他们这本具有高度可读价值的著作的)。

(资料来源:米尔顿·弗里德曼和安娜·舒瓦兹:《1867—1960年美国货币史》,普林斯顿大学出版社,1963.)

思考:

商业银行倒闭,为什么联邦储备体系完全束手无策?什么是最后的贷款人?联邦储备体系在美国的金融行业中处于什么样的地位?美国联邦储备体系在案例中扮演什么角色?什么是中央银行?

中央银行是现代金融体系的核心,处于一国金融业的领导地位,在日常生产生活中人们与中央银行的接触较少,对其出台的相关政策也不了解,本任务将带领大家一起来揭开中央银行的神秘面纱。

一、中央银行的产生与发展

(一)中央银行的产生

现代商业银行是从货币兑换业逐渐发展而来的,中央银行是从现代商业银行中分离出来而逐渐演变而成的。最早的中央银行产生于17世纪中后期。随着资本主义的进一步发展,商品经济、信用制度和银行的普遍发展,出现了银行券流通、票据清算、对资金的需要以及金融监管等一系列问题,这成为中央银行产生的客观经济基础。

1. 中央银行产生的原因

(1) 银行券集中统一发行的需要。

在银行发展初期,许多私人银行除办理存款、发放贷款和汇兑等业务外,也都办理银行券发行业务,但分散发行银行券存在着货币流通不稳定和小银行信用能力有限的缺点。因此,在客观上要求有一个资金雄厚并在全国范围内具有权威性的大银行来集中发行。随着经济的进一步发展,拥有大量资本和较高威信的大银行发行的银行券排挤着小银行的银行券,并且国家以法律限制或取消一般商业银行的银行券发行权的方式,将银行券的发行权集中到几家以至最终集中到一家大银行,这些大银行就逐渐成为发行银行。

(2) 集中资金清算的需要。

在银行券集中统一发行的同时,商品生产和商品流通进一步扩大,银行业务不断增加,每天收受的票据数量不断上升,银行之间的债权债务关系复杂化,票据清算和结算的矛盾日益突出,客观上要求建立一个全国统一并且有权威的、公正的交换票据和清算债务的中心机构,使其提供统一、权威、公正和最后的票据交换清算等方面的服务。

(3) 商业银行对资金的需要。

随着经济的进一步发展,企业对资金的需求量不断扩大,借款的周期也越来越长,但是银行的资金来源却没有进一步找到,导致资金来源跟不上需求的发展,再加上一些突发事件的影响而导致支付危机,从而引起银行倒闭。这样就需要一个资金实力强大、影响力较大的银行来给予商业银行最后资金的支持,从而维持金融秩序。

(4) 对商业银行进行监督管理的需要。

随着经济的不断发展,银行数量的不断增加,金融对国民经济的影响越来越大,要保证金融稳定、经济稳定,就必须建立专门机构对金融业的经营活动进行监督和管理。

(5) 满足政府融资的需要。

随着资本主义制度的建立,政府职能大大强化,政府开支也随之增加,政府对资金的需求也日益增长,特别是当政府需要进行大型公共设施建设的时候,就需要有一个强有力的资金支持者,帮助其进行融资,从而也呼唤着中央银行的诞生。

2. 产生的途径

中央银行的产生途径主要有两个:一是从一般商业银行演变而来,如英格兰银行等,政府通过赋予某家私人银行垄断货币发行的权力,使这家私人银行逐步改组演变为现代的中央银行;二是由政府出面直接建立中央银行,如美国的联邦储备银行等。

延伸阅读

世界各国的中央银行

一、瑞典银行

瑞典银行始建于1656年(私营银行帕尔姆斯托洛克银行),1668年改组为国家银行。其最先冠以国家的名称;最先为国家所经营;最先享有发钞权。但直到1897年才垄断了货币的发行。

二、英格兰银行

1694年7月27日,苏格兰人W. 佩特森(William Paterson)募集120万英镑向英国政府申请建立英格兰银行。120万英镑借给政府,政府授权英格兰银行以政府债券为保证发行等额银行券。

1797年法军入侵,私人银行发生挤兑风潮,纷纷向英格兰银行提取准备金,2月26日英格兰银行钞票停兑,1821年5月1日重新兑现。

1826年英国国会通过法案,准许其他股份银行设立,并可发行钞票,但限制在伦敦65英里(1英里≈1 609.3米)以外,以示有别于英格兰银行。

1833年国会规定只有英格兰银行钞票具有无限法偿资格。

1844年7月29日国会通过银行特许条例(亦称比尔条例)。英格兰银行自1844年8月31日以后划分为发行部和银行部。规定英格兰银行银行券信用发行最高限额为1 400万英镑,超过此限额必须有百分之百的现金准备(其中黄金准备不得少于75%)。至1844年5月6日已取得发行权的银行,其发行定额不得超过1844年4月27日前12年间的平均数;如有放弃发行权、破产的、合并的,都不得发行银行券,由英格兰银行按其发行额的2/3增加没有准备金做保证的银行券发行额。英格兰银行每周向社会公布其资产负债表。

1854年英格兰银行取得清算银行地位。

1928年财政放弃发行纸币的权力,英格兰银行垄断货币发行权。

1946年英格兰银行国有化。

三、美国联邦储备体系

1791年经国会批准设立美国历史上第一家国家银行——美国第一银行,总部设在费城,共有8个分行,总股本1 000万美元,其中私人占股80%,联邦政府持股20%,经营年限20年。1811年该行注册期满而终止经营。美国第一银行关闭后,发行货币、代理国库的业务由各州立银行承担。州立银行迅速发展,数量从1811年的88家猛增至1816年的246家,总发行额由1811年的270万美元激增至1815年的9 900万美元,结果造成货币发行混乱,银行纷纷倒闭的局面。

1816年设立第二银行,在全国设有25个分行,总股本3 500万美元,经营期限20年。1836年注册期满被撤销。

1863年美国国会通过全国货币法案,建立国民银行制度,在财政部之下设立通货监理署,监理国民银行的活动。

1908年美国国会通过组织国家货币委员会,调查研究各国银行制度。

1913年12月23日,美国国会通过了联邦储备条例(《联邦储备银行法》)。

1914年11月,美国联邦储备体系正式成立。

除了上述的三家银行外，法国、荷兰、奥地利、挪威、丹麦等西方国家在这一时期纷纷设立中央银行。

（资料来源：《货币银行学（第三版）》，蔡泽祥。）

（二）中央银行的发展

1. 中央银行的初创阶段

第一个阶段是从17世纪中叶至1843年，是中央银行的初创时期。最早设立的中央银行是1656年设立的瑞典里克斯银行，它是现代中央银行的萌芽。但公认最早全面发挥中央银行作用的是英格兰银行，英格兰银行被视为近代中央银行的先驱。此外，法国、荷兰等西方国家纷纷设立中央银行。这一时期中央银行的特点是尚未完全垄断货币发行权，并非专一行使中央银行职能的商业银行与中央银行相结合的私人所有的金融机构。

2. 中央银行的逐步发展完善阶段

第二阶段是从1844年至20世纪30年代，是中央银行逐步发展完善时期。1844年英国国会通过了《皮尔条例》，该条例赋予了英格兰银行独家垄断货币发行权的地位，使其成为第一家真正意义上的中央银行，标志着这一时期的开始。随着英格兰银行地位的提高，1872年建立起了英国的中央银行体系。

3. 中央银行新发展阶段

第三阶段是第二次世界大战以后。在这一阶段，一方面一批经济较落后的国家摆脱了殖民统治获得独立，纷纷建立了本国的中央银行；另一方面，随着国家干预经济的加强，各国政府利用中央银行推行金融政策，不仅管理金融机构和金融市场，还参与一国宏观经济的管理，各国纷纷加强了对中央银行的控制，许多国家的中央银行都先后实行了国有化。同时，中央银行不再从事普通商业银行业务，维持货币金融稳定是中央银行的主要职责。中央银行进入了一个新的发展阶段。

延伸阅读

我国中央银行发展历程

中国人民银行是1948年12月1日在华北银行、北海银行、西北农民银行的基础上合并组成的。1983年9月，国务院决定中国人民银行专门行使国家中央银行职能。1995年3月18日，第八届全国人民代表大会第三次会议通过了《中华人民共和国中国人民银行法》，至此，中国人民银行作为中央银行以法律形式被确定下来。从1949年中华人民共和国成立到1978年改革开放前，中华人民共和国银行业逐步成长，并不断发展壮大，为巩固新生的人民政权、支持国家经济建设做出了重要贡献。其间，银行业的形成和发展可分为几个小的阶段。

（1）1949年至1956年：银行业促进国民经济恢复和基本完成社会主义改造。中华人民共和国成立后的头三年，中国人民银行在全国建立统一的金融市场，努力促进国民经济恢复。1949年9月，《中央人民政府组织法》明确将中国人民银行纳入政务院的直属单位，确立了其作为国家银行的法定地位。1953年至1956年"一五"计划时期，银行业则实行信用集中原则，中国人民银行编制的综合信贷计划纳入国家经济计划。1956年公私合营银行纳入中国人民银行体系，形成了"大一统"的银行体制。

（2）1956年至1965年：银行业推动全面建设社会主义。1958年至1962年"二五"计划时期，经历了"大跃进"和三年严重自然灾害，银行的业务制度和原则遭到破坏，导致信贷投放失控，现金发行过多。1963年至1965年，中央决定实行"调整、巩固、充实、提高"方针，对国民经济实行全面整顿。经过整顿，国民经济基本恢复正常，金融工作也步入正轨。

（3）1966年至1976年：银行业遭受"文化大革命"重创。"文革"10年，银行的制度被废除，业务活动无法正常开展，银行的作用被削弱，货币被批判，商业性金融机构被撤销，中国人民银行并入财政部。

（4）1976年10月至1978年12月：迎来历史的伟大转折，银行系统开始恢复。银行业在党和政府的领导下，整顿规章制度和各项金融工作，认真贯彻经国家批准的信贷计划，取得显著成效，有力地促进了国民经济发展。1977年12月，国务院召开了全国银行工作会议，决定恢复银行独立的组织系统，强调要发挥银行的作用。

（资料来源：中国金融新闻网，https://www.financialnews.com.cn/yh/sd/201909/t20190919_168155.html）

二、中央银行的制度类型

虽然目前各国基本上都实行中央银行制度，但并不存在一个统一的模式。归纳起来，大致有单一式中央银行制度、复合式中央银行制度、准中央银行制度、跨国式中央银行制度四类，其中大多数国家采用单一式中央银行制度。

（一）单一式中央银行制度

单一式中央银行制度是指由国家建立单独的中央银行机构并使其全面行使中央银行职能的制度，是目前世界各国所采用的最主要、最典型的类型，采取该类中央银行制度的国家，通常将总行设在首都，各国中央银行的分支结构一般都按经济或行政区域设立。主要有英国的英格兰银行、法国的法兰西银行、日本的日本银行以及我国的中国人民银行。

单一式中央银行制度包括一元式中央银行制度、二元式中央银行制度。

1. 一元式中央银行制度

一元式中央银行制度是指一国只设立一家统一的中央银行，行使中央银行的权力和履行中央银行的全部职责，机构设置一般采取总分行制。总行一般设在首都或经济金融中心城市，根据需要在全国范围内设立若干分支机构。目前世界上绝大部分国家的中央银行都实行这种体制。

2. 二元式中央银行制度

二元式中央银行制度是指在一个国家内设立中央和地方两级中央银行机构，中央级机构是最高权力或管理机构，地方级机构受中央级机构的监督管理，但是在他们各自的辖区内有较大的独立性。最典型的就是美国的联邦储备体系。

（二）复合式中央银行制度

复合式中央银行制度是指国家不单独设立专司中央银行职能的中央银行机构，而是由一家集中央银行与商业银行职能于一身的国家大银行兼中央银行职能的中央银行制度。这种复合制度主要存在于实行计划经济体制的国家，如苏联和东欧等国，中国在1983年以前也一直实行这种银行制度。

（三）准中央银行体制

准中央银行体制是指国家不设通常意义上的完整的中央银行，而设立类似中央银行的金融管理机构，执行部分中央银行职能，或者由政府授权某个或几个商业银行承担部分中央银行的职能。最典型的就是新加坡和中国香港。

（四）跨国中央银行体制

跨国中央银行体制是指由若干国家联合建立一家中央银行，由这家中央银行在其成员国范围内行使全部或部分中央银行职能的中央银行制度。如西非货币联盟、中非货币联盟、东加勒比货币管理局、欧洲中央银行等都具有很强的跨国性。

三、中央银行的性质与职能

（一）中央银行的性质

中央银行在一国金融体系中处于领导地位，其自身所具有的特殊属性，是由其在国民经济中的地位所决定的,并随着中央银行制度的发展而不断变化,其特殊性主要集中在以下两方面。

1. 特殊的金融机构

中央银行的业务对象仅限于政府和金融机构,不是一般的工商客户和居民个人,如对政府办理国库业务、发行和买卖证券业务,对商业银行和其他信用机构办理存贷款业务、清算业务、发行业务等。中央银行是国家政府机关,所需要的各项经费由国家财政拨付。同时,其所从事的各项金融业务活动,是从国民经济宏观需要出发,从保持货币币值稳定的需要出发而发展的,不是为了追逐利润。因此,中央银行的业务活动不以营利为目的;中央银行拥有发行货币、代理国库、保管存款准备金、制定金融政策等一系列特有的业务权利。

2. 特殊的国家机构

中央银行是国家机关,具有国家机关的性质;但它是特殊的国家机关,具有特殊的管理手段。中央银行不只是依靠行政手段对经济进行干预和管理,主要是通过特有的经济手段,如货币供应量、利率、贷款等;通过对经济的分层次管理实现对经济的宏观调控,并在政策制定上有一定的独立性。这与主要依靠行政手段进行管理的一般政府机关不同。

(二)中央银行的职能

中央银行的职能是中央银行性质的具体体现,是中央银行本身所具有的功能。以下主要从中央银行的性质、宗旨、主要业务活动等方面来介绍中央银行的职能。

1. 发行的银行

所谓发行的银行是指中央银行垄断了货币发行权,是一国唯一的货币发行机关。发行货币是中央银行首要和基本的职责。中央银行发行的是一种以国家信用做担保的货币,是国家规定的法定支付手段和流通手段。

2. 银行的银行

所谓银行的银行是指一般不与工商企业和个人发生业务往来,只与商业银行和其他金融机构直接发生特殊的业务关系,主要表现在以下几个方面。

(1) 央行是银行存款准备金的保管者。现代中央银行通常规定,商业银行和其他金融机构必须依法向中央银行缴存一部分存款准备金,也就是所谓的法定存款准备金制度。其目的在于保证存款机构的清偿能力和调节信用规模和控制货币供应量。

(2) 央行是银行的最后贷款者,是指中央银行负有维护金融稳定的责任,可以根据情况向出现流动性问题的商业银行和金融机构提供资金援助,主要方式是再贴现、再抵押和再贷款。

(3) 央行是全国金融业的票据清算中心,中央银行采取各银行每日清算差额的办法帮助商业银行清算银行间的债权债务关系,大大提高了资金清算的效率。

3. 政府的银行

所谓政府的银行是指中央银行代表国家执行财政政策、代理国库收支,以及为国家提供各种金融服务。主要体现在以下几个方面:充当政府的财政金融顾问;代理国库;对政府提供资金支持;代理政府管理黄金外汇储备;代表政府参与国际金融活动。

课堂实践

我国中央银行的性质与职能

1995年3月18日第八届全国人民代表大会第三次会议通过《中华人民共和国中国人民银行法》,规定:中国人民银行是中华人民共和国的中央银行。中国人民银行在国务院领导下,制定和实施货币政策,对金融业实施监督管理。

(资料来源:摘自《中华人民共和国中国人民银行法(修正)》)

思考：请同学们在课后查找关于我国中央银行的性质与职能，并与国外的中央银行相比较，找出相同和不同点在哪里。

四、中央银行业务

（一）中央银行的业务原则

1．不经营一般银行业务

中央银行原则上不经营一般银行业务，因为中央银行是代表政府监管金融的特殊机构，在金融活动中具有各种特权，如垄断货币发行、集中法定存款准备金、执行财政金融政策、代管财政收支、管理金融机构等。中央银行的这种特殊身份就决定了它不与一般金融机构进行竞争，否则就无法实现其对金融的调节和控制，难以完成它所承担的根本任务。

2．不以营利为目的

中央银行在业务经营中，既要管理金融活动，又要推动金融的发展，这就决定了它在金融体系中必然居于领导地位。其直接经营目标在于运用各种信用工具调节宏观经济、稳定币值，促进经济的发展。因此，中央银行绝不能以营利作为经营目标。

3．不支付存款利息

中央银行的存款主要是财政存款和商业银行交存的法定存款准备金和往来账户存款。财政存款，表示中央银行代理国家金库，属于保管性质；存款准备金和往来账户存款，表示中央银行集中存款储备，便于清算，属于调节和服务性质。而且中央银行不以营利为目的，故对存款一般不支付利息。目前我国中央银行规定对法定存款准备金和商业银行的存款支付较低利息，这主要是从加强资金管理角度考虑的。

4．资产具有较大的流动性

中央银行为了使货币资金能灵活调度、及时运用，必须保持本身的资产具有较大的流动性，不宜投放于长期性资产。

5．业务活动公开化

中央银行为了使社会各界了解其所制定的金融政策和经营方针、策略等，必须定期向社会公布其资产负债情况和业务状况，并提供有关统计资料。

中央银行的经营原则不同于普通银行，因而中央银行的业务活动需要有一定的限制。各国中央银行法规定的限制有：不得从事商业票据的承兑业务；不得从事不动产买卖业务；不得从事不动产抵押放款；不得收买本行股票；不得以本行股票为抵押进行放款，等等。对中央银行的业务活动规定某些限制，目的在于保证中央银行的基本任务得以实现。

（二）中央银行的主要业务

中央银行的主要业务包括负债业务、资产业务和中间业务。

1．负债业务

中央银行的负债，是指社会各集团和个人持有的对中央银行的债权。中央银行的负债业务主要有货币发行、代理国库、集中存款准备金和其他负债业务。

1）货币发行业务

中央银行的纸币和铸币通过再贴现、贷款、购买证券、收购金银外汇等投入市场，从而形成流通中的货币。这些现金货币投入市场后，都是中央银行对社会公众的负债。因此，货币发行成为中央银行一项重要的负债业务。

中央银行成立后货币发行大都由中央银行集中统一办理。其原因是：第一，钞票可以整齐划一，在全国范围内流通，不致造成币制混乱；第二，便于政府监督管理，推行国家的货币政策；第三，中央银行可以随时根据社会经济发展变化进行调节和控制，使货币数量和流通需要尽可能相适应；第四，中央银行处于相对独立的地位，可以抵制政府滥发钞票的要求，使货币供应量适当；第五，中央银行统一发行货币，可以掌握一定量的资金来源，增强金融实力，有利于调控货币供应量。

2）代理国库业务

在代理国库业务中，形成的财政性存款是央行的一项负债。

财政金库存款和机关、团体、部队等行政事业单位存款在其支出之前存于中央银行，属于财政性存款，是中央银行的重要资金来源，构成中央银行的负债业务。中央银行代理国库业务，可以沟通财政与金融之间的联系，使国家的财源与金融机构的资金来源相连接，充分发挥货币资金的作用，并为政府资金的融通提供一个有力的调节机制。

3）集中存款准备金业务

商业银行必须按照规定比率将其吸收存款的一部分存储于中央银行，同时商业银行尚未放贷出去、尚未投资的存款准备金也存放在中央银行，这样就使商业银行的现金准备集中于中央银行，形成中央银行的负债。中央银行可运用这些准备金满足银行的临时资金需要，还可以通过对商业银行存款准备金的调节来控制商业银行的贷款数量和投资数量。如中央银行降低法定存款准备率，即可增加商业银行的超额存款准备金，使商业银行贷款和投资的能力提高；提高法定存款准备率，就可减少商业银行的超额存款准备金，其贷款和投资能力下降。

4）其他负债业务

中央银行除了前面讲到的三种负债业务以外的业务称为其他负债业务，主要包括发行中央银行债券、国际金融机构贷款、外国中央银行的负债、吸收外国政府的存款等。

(1) 发行中央银行债券业务。

发行中央银行债券业务属于中央银行的主动负债业务，其具有可控、抗干扰、预防等特点。中央银行发行债券的目的与一般金融机构发行债券的目的不同，前者是为了调控货币流通量，后者是为了获得资金来源。当金融机构存在过多的超额准备金，无法用其他货币政策工具调控以及公开市场规模有限的时候，中央银行可以通过减少商业银行的超额储备，调节货币供应量达到调控的目的。

(2) 国际金融机构贷款。

国际金融机构贷款是指国际金融机构提供的各种贷款。中央银行从国际金融机构，包括联合国的专门机构及其他地区性的国际金融机构，如世界银行、国际开发协会、国际金融公司以及亚洲开发银行、非洲开发银行等国际金融机构获得贷款，以此形成中央银行的其他负债业务。此类贷款一般贷款利率较低，偿还期长，贷款条件比较优惠，但贷款控制比较严格，手续烦琐，程序复杂。如世界银行的贷款，从提出申请到取得贷款，一般要一两年时间。

(3) 对外负债。

中央银行通过从国外银行借款、对外国中央银行的负债、从国际金融机构获得贷款以及购买国外发行的中央银行债券等方式形成对外负债，其目的是平衡国际收支、维持汇率稳定和应对财政危机等。

(4) 吸收外国政府的存款。

中央银行不接受工商银行和个人的存款，导致其资金来源较少，除了我们已知的资金来源，吸收外国政府的存款也是其来源之一。

2. 资产业务

中央银行的资产是指中央银行在一定时点上所拥有的各种债权。资产业务包括再贷款和再贴现，对政府的贷款，买卖黄金、外汇储备等主要内容。

1）再贷款和再贴现业务

当商业银行资金短缺时，可从中央银行取得借款。一种方式是把工商企业贴现的票据向中央银行办理再贴现，或以票据有价证券作为抵押向中央银行申请借款。意大利银行再贴现的额度相当于商业银行负债额的3%~5%。德意志联邦银行对金融机构发放的抵押放款期限最长为3个月。中央银行可以配合政府的经济政策,把贴现业务作为调节资金的一种手段。例如,通过提高或降低再贴现率来紧缩或扩张信用。另外,中央银行还可以对商业银行和金融机构发放贷款,解决这些机构短期资金周转困难的问题,这种贷款利率较优惠,贷款数量一般有限定,期限较短,而且大多数要以有价证券作抵押。

2）对政府的贷款

中央银行对政府的贷款是政府弥补财政赤字的途径之一,但如果对这种贷款不加以限制,则会从总量上削弱中央银行宏观金融控制的有效性。因此,各国中央银行法对此都做了明确的规定。美国联邦储备银行对政府需要的专项贷款规定了最高限额,而且要以财政部的特别库券作为担保。英格兰银行除少量的政府隔日需要可以融通外,一般不对政府垫款,政府需要的资金通过发行国库券的方式解决。

《中华人民共和国中国人民银行法》规定,中国人民银行不得对政府财政透支,不得直接认购、包销国债和其他政府债券,不得向地方政府、各级政府部分提供贷款。

3）买卖黄金、外汇储备

各国政府都赋予中央银行掌管全国国际储蓄的职责,即掌管国际储备。所谓国际储备是指具有国际性购买能力的货币（主要有黄金、白银）和外汇（包括外国货币、外国的存款余额和以外币计算的票据及其他流动资产）,此外,还有特别提款权和在国际货币基金组织的头寸等。

4）证券买卖

各国中央银行一般都经营证券业务,主要是买卖政府发行的长期债券或短期债券。在金融市场发达的国家,政府债券发行大,市场交易量也大,仅以政府债券为对象进行买卖,中央银行即可达到调节货币供应量的目的。一般在金融市场不太发达的国家,中央政府债券在市场上流通很小,中央银行买卖证券的范围就要扩大到各种票据和债券,如汇票、地方政府债券等。

中央银行持有证券和参与买卖证券的目的,不在于营利,而是调节和控制货币供应量。中央银行买进有价证券,向市场投放了货币,可以增加商业银行的原始存款,用以创造存款货币,扩大货币供应量；中央银行卖出有价证券,则可减少货币供应量。中央银行买进有价证券时,会促使有价证券需求增加,从而提高有价证券价格,降低银行利率；中央银行卖出有价证券,会造成银行可贷资金减少,致使利率上升。中央银行经营这项业务,应当具备以下条件：一是中央银行处于领导地位,且有雄厚的资金力量；二是赋予中央银行弹性操作的权利,即在买卖证券的数量、种类等方面有一定的机动权限；三是金融市场较发达,组织也较健全；四是证券的数量和种类要适当,长期、中期及短期各类具备,便于选择买卖；五是信用制度要相当发达。

各国中央银行买卖证券业务的做法基本是一致的。德国法律规定,德意志联邦银行为了调节货币,可以进入公开市场买卖汇票。我国中央银行已于1996年4月1日开始参与公开市场业务操作,主要是买卖国库券等。

3. 中央银行的中间业务

中央银行的中间业务主要是指中央银行为商业银行和其他金融机构办理资金的划拨清算和资金转移。中央银行作为清算中心,其清算业务是指中央银行集中票据交换及办理全国资金清算的业务活动,大体可分为以下三项。

（1）办理票据集中交换,主办票据交换所。

（2）办理交换差额的集中清算,通过各行在中央银行开设的账户划拨。

（3）办理异地资金转移,提供全国性的资金清算职能。

延伸阅读

我国中央银行的主要业务

第二十三条　中国人民银行为执行货币政策，可以运用下列货币政策工具：

（一）要求银行业金融机构按照规定的比例交存存款准备金；

（二）确定中央银行基准利率；

（三）为在中国人民银行开立账户的银行业金融机构办理再贴现；

（四）向商业银行提供贷款；

（五）在公开市场上买卖国债、其他政府债券和金融债券及外汇；

（六）国务院确定的其他货币政策工具。

中国人民银行为执行货币政策，运用前款所列货币政策工具时，可以规定具体的条件和程序。

第二十四条　中国人民银行依照法律、行政法规的规定经理国库。

第二十五条　中国人民银行可以代理国务院财政部门向各金融机构组织发行、兑付国债和其他政府债券。

第二十六条　中国人民银行可以根据需要，为银行业金融机构开立账户，但不得对银行业金融机构的账户透支。

第二十七条　中国人民银行应当组织或者协助组织银行业金融机构相互之间的清算系统，协调银行业金融机构相互之间的清算事项，提供清算服务。具体办法由中国人民银行制定。

中国人民银行会同国务院银行业监督管理机构制定支付结算规则。

第二十八条　中国人民银行根据执行货币政策的需要，可以决定对商业银行贷款的数额、期限、利率和方式，但贷款的期限不得超过一年。

第二十九条　中国人民银行不得对政府财政透支，不得直接认购、包销国债和其他政府债券。

第三十条　中国人民银行不得向地方政府、各级政府部门提供贷款，不得向非银行金融机构以及其他单位和个人提供贷款，但国务院决定中国人民银行可以向特定的非银行金融机构提供贷款的除外。

中国人民银行不得向任何单位和个人提供担保。

（资料来源：摘自《中华人民共和国中国人民银行法（修正）》）

案例解析

中国人民银行决定于2020年4月对中小银行定向降准，并下调金融机构在央行超额存款准备金利率

为支持实体经济发展，促进加大对中小微企业的支持力度，降低社会融资实际成本，中国人民银行决定对农村信用社、农村商业银行、农村合作银行、村镇银行和仅在省级行政区域内经营的城市商业银行定向下调存款准备金率1个百分点，于4月15日和5月15日分两次实施到位，每次下调0.5个百分点，共释放长期资金约4 000亿元。中国人民银行决定自4月7日起将金融机构在央行超额存款准备金利率从0.72%下调至0.35%。

中国人民银行实施稳健的货币政策更加灵活，把支持实体经济恢复发展放到更加突出的位置，注重定向调控，兼顾内外平衡，保持流动性合理充裕，货币信贷、社会融资规模增长同经济发展相适应，为高质量发展和供给侧结构性改革营造适宜的货币金融环境。

（资料来源：中国人民银行官网，2020-04-03）

思考：案例中体现了中央银行的哪些职能？对中小企业和金融机构的行为属于中央银行的哪一种业务？

解析：参考中央银行的职能和业务的相关内容回答即可。

证书衔接

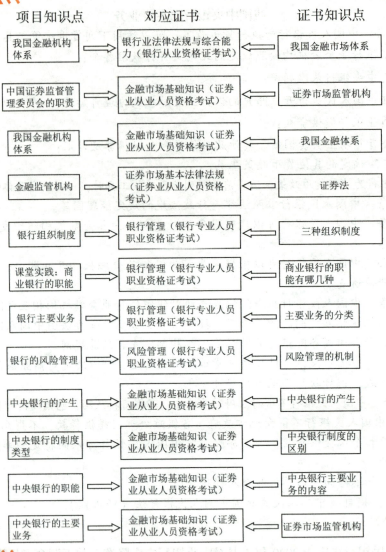

知识树

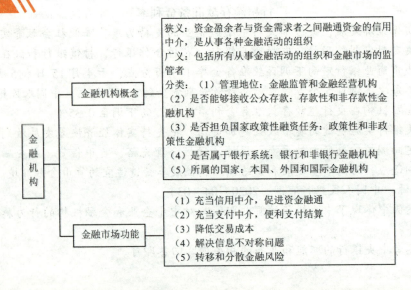

项目五 实施资金融通的主体——金融机构 95

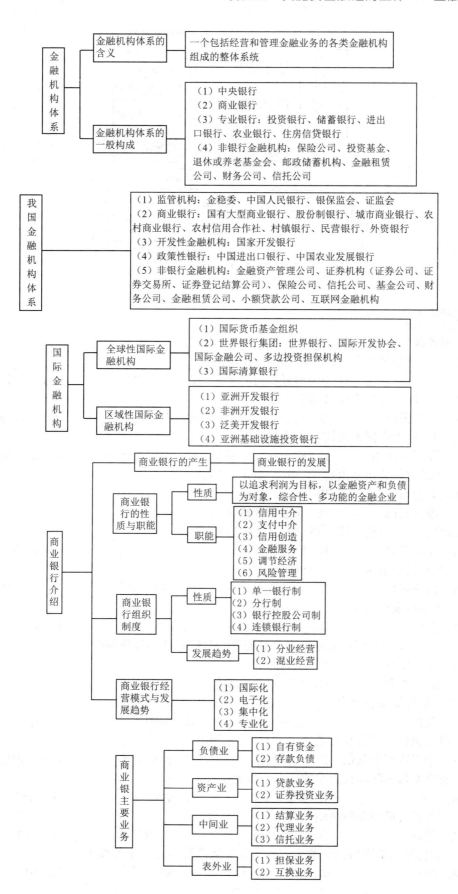

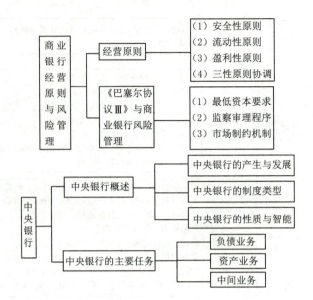

思考与练习

一、单选题

1. 在一国金融体系中，处于核心和领导地位的是（　　）。
   A. 中央银行　　　B. 商业银行　　　C. 专业银行　　　D. 投资银行
2. 构成一国金融机构体系的主体是（　　）。
   A. 中央银行　　　B. 商业银行　　　C. 专业银行　　　D. 银行金融机构
3. 下列不属于中国人民银行具体职责的是（　　）。
   A. 发行人民币　　B. 给企业发放贷款　C. 经理国库　　　D. 审批金融机构
4. 我国的财务公司是由（　　）集资组建的。
   A. 商业银行　　　B. 政府
   C. 投资银行　　　D. 企业集团内部
5. 以受托人的身份，代人理财的金融机构是（　　）。
   A. 租赁公司　　　B. 财务公司　　　C. 信托公司　　　D. 证券公司
6. 现代租赁中最重要的一种租赁形式是（　　）。
   A. 融资租赁　　　B. 经营租赁　　　C. 服务租赁　　　D. 杠杆租赁
7. 近代银行业产生于（　　）。
   A. 英国　　　　　B. 美国　　　　　C. 意大利　　　　D. 德国
8. （　　）是商业银行最基本也是最能反映其经营活动特征的职能。
   A. 信用中介　　　B. 支付中介
   C. 清算中介　　　D. 调节经济的功能
9. 单一银行制度主要存在于（　　）。
   A. 英国　　　　　B. 美国　　　　　C. 法国　　　　　D. 中国
10. 商业银行的经营对象是（　　）。
    A. 金融资产和负债　B. 一般商品　　　C. 商业资本　　　D. 货币资金
11. 总资本与风险加权资本的比率不得低于（　　）。
    A. 7%　　　　　B. 8%　　　　　C. 9%　　　　　D. 10%
12. 商业银行最主要的负债是（　　）。
    A. 借款　　　　　B. 发行债券　　　C. 各项存款　　　D. 资本
13. 《新巴塞尔资本协议》规定，银行的总风险资本比率不得少于（　　）。
    A. 4%　　　　　B. 6%　　　　　C. 8%　　　　　D. 10%

14. 一般而言，银行资金缺口的绝对值越大，银行承担的利率风险就会（　　）。
    A. 越大　　　　　　B. 越小　　　　　　C. 相等　　　　　　D. 不一定
15. 中央银行之所以成为中央银行，最基本、最重要的标志（　　）。
    A. 集中存款准备金　　　　B. 集中与垄断货币发行
    C. 充当"最后贷款人"　　　D. 代理国库
16. 中央银行对商业银行的贷款主要是短期的流动性贷款或季节性贷款，很少有（　　）。
    A. 抵押贷款　　　　B. 长期贷款　　　　C. 信用贷款　　　　D. 利率浮动贷款
17. 在我国，再贴现利率由（　　）制定、发布与调整。
    A. 银监会　　　　　B. 国务院　　　　　C. 全国人大　　　　D. 中国人民银行
18. 许多国家的金融立法中都明文规定，商业银行等存款机构向中央银行申请再贴现的票据，必须是（　　）。
    A. 真实票据　　　　B. 国库券　　　　　C. 银行承兑票据　　D. 央行票据
19. 目前，中国人民银行买卖证券操作目标主要是（　　）。
    A. 货币市场利率　　B. 国债价格　　　　C. 基础货币　　　　D. 央行票据规模

二、多选题

1. 构成我国目前商业银行体系的主要有（　　）。
    A. 国有大型商业银行　　　B. 股份制商业银行
    C. 城市商业银行　　　　　D. 农村商业银行
2. 下列是政策性银行的是（　　）。
    A. 国家开发银行　　　　　B. 中国进出口银行
    C. 中国农业发展银行　　　D. 城市商业银行
3. 下列属于我国非银行金融机构的有（　　）。
    A. 信托公司　　　　B. 证券公司　　　　C. 财务公司　　　　D. 邮政储蓄机构
4. 下列属于财产保险业务的是（　　）。
    A. 责任保险　　　　B. 财产损失保险　　C. 信用保险　　　　D. 意外伤害保险
5. 商业银行的职能作用是（　　）。
    A. 信用中介　　　　B. 支付中介　　　　C. 信用创造　　　　D. 金融服务
6. 商业银行的外部组织形式有（　　）。
    A. 单一银行制　　　B. 分行制　　　　　C. 集团制　　　　　D. 银行控股公司制
7. 自20世纪90年代以来，国际金融领域出现了不少新情况，直接或间接地对商业银行的经营与业务产生了深远的影响。这些影响主要表现在（　　）。
    A. 银行资本越来越集中
    B. 国际银行业出现竞争新格局
    C. 国际银行业竞争激化，银行国际化进程加快
    D. 金融业务与工具不断创新，金融业务进一步交叉
8. 商业银行的性质是（　　）。
    A. 具有金融服务职能　　　　　　　　　　B. 以经营金融资产和负债为对象
    C. 是向客户提供多功能、综合性服务的金融企业　　D. 追求贷款数量最大化
9. 商业银行的特殊性主要表现在（　　）。
    A. 商业银行的经营对象和内容具有特殊性
    B. 商业银行对整个社会经济的影响以及所受的社会经济的影响具有特殊性
    C. 追求利润最大化
    D. 商业银行责任特殊
10. 商业银行的外部组织形式有（　　）。
    A. 单一银行制　　　B. 分行制　　　　　C. 集团制　　　　　D. 银行控股公司制

11. 集中存款准备金的目的是（　　）。
    A. 保证商业银行和其他存款机构的支付和清偿能力
    B. 调节信用规模　　　　C. 控制货币供应量
    D. 为政府融资　　　　　E. 营利
12. 中央银行制度的类型有（　　）。
    A. 单一式中央银行制度　　　　B. 复合式中央银行制度
    C. 准中央银行制度　　　　　　D. 跨国式中央银行制度
    E. 二元式中央银行制度
13. 中央银行是"政府的银行"具体体现为（　　）。
    A. 代理国库
    B. 代理政府债券的发行
    C. 为政府融通资金，提供特定信贷支持
    D. 为国家持有和经营管理国际储备
    E. 代表国家政府参加国际金融组织和各项国际金融活动
14. 中央银行货币发行的渠道有（　　）。
    A. 再贴现　　　B. 贷款　　　C. 购买证券　　　D. 收购金银和外汇
    E. 央行办公费用支出

三、判断题

1. 中央银行经营的对象是企业和个人。（　　）
2. 政策性银行也称政策性专业银行，他们不以营利为目标。（　　）
3. 我国的财务公司行政上隶属于中国人民银行。（　　）
4. 农业银行的资金来源完全由政府拨款。（　　）
5. 商业银行是一种以追求最大利润为目标，以经营金融资产和负债为对象的特殊的企业。（　　）
6. 商业银行是一种企业，因此商业银行在经营目标和手段上与一般企业相同。（　　）
7. 商业银行与一般的工商企业没有不同。（　　）
8. 商业银行作为一国经济中最重要的金融中介机构，具有不可替代的作用。（　　）
9. 信用中介职能是商业银行最基本也最能反映其经营活动特征的职能。（　　）
10. 支付中介职能是商业银行最基本也最能反映其经营活动特征的职能。（　　）
11. 商业银行的信用创造职能是在信用中介与支付中介职能的基础上产生的，它是商业银行的特殊职能。（　　）
12. 目前世界各国的中央银行，除美国和德国之外，其分支机构都可以看作中央银行总行或总部的派出机构。（　　）
13. 中央银行是以营利为目的、统管全国的官方组织，不直接对企业单位和个人办理日常的存贷款业务。（　　）
14. 中央银行可以通过对法定存款准备金比率的规定，直接调控商业银行的信贷规模。（　　）
15. 在我国，法定存款准备金包括库存现金及存放在中央银行的存款。（　　）

四、思考题

1. 简述当前我国金融机构体系的构成。
2. 简述投资银行与商业银行的区别。
3. 什么是商业银行？
4. 商业银行具有哪些基本功能？
5. 商业银行的经营原则有哪些？怎样贯彻这些原则以及怎样协调这些原则之间的矛盾？
6. 作为"银行的银行"，中央银行的这一职能具体体现在哪些方面？
7. 中央银行的再贴现与贷款业务有何意义？

项目六

实施资金融通的场所——金融市场

　　个人、企业、政府需要进行资金融通，金融市场为其提供资金融通的场所，在这个市场上，资金从所有者手中流向需求者手中，实现其重新配置和优化组合，充分发挥资金的流动性和效益性，从而推动社会经济的发展。通过本项目的学习，了解金融市场的概念、构成、类型；掌握货币市场和资本市场中的不同业务类型和相关操作，了解外汇市场、黄金市场和金融衍生工具市场。

知识目标

- 了解金融市场的概念及构成要素
- 掌握金融市场的类型、功能
- 掌握货币市场各子市场的特点及构成
- 掌握资本市场的特点，股票和债券的发行和流通市场
- 掌握证券投资基金的含义和参与主体，了解证券投资基金市场的含义
- 了解外汇市场的含义及构成、黄金市场的含义及市场主体以及金融衍生工具市场的含义及种类
- 理解外汇市场的特点和金融衍生工具市场的特点

技能目标

- 能够识别、区分不同类型的金融市场
- 能分析货币市场、资本市场各个子市场的运作机制
- 能结合实际分析金融市场在市场经济中的核心作用
- 能分析证券投资基金市场、外汇市场、黄金市场的主体

思政目标

- 明确在金融市场中坚持"自由、平等、公正、法治"的时代精神
- 通过了解中国金融市场的发展现状及背后的动力和独特性，增强学生的制度自信和道路自信

任务一　金融市场是什么样子的？

任务引例

2020年2月份金融市场运行情况

一、债券市场发行情况

2月份，债券市场共发行各类债券3.6万亿元。其中，国债发行1 950.0亿元，地方政府债券发行4 379.2亿元，金融债券发行5 528.7亿元，公司信用类债券发行7 254.8亿元，资产支持证券发行176.3亿元，同业存单发行1.7万亿元。

截至2月末，债券市场托管余额为101.0万亿元。其中，国债托管余额为16.0万亿元，地方政府债券托管余额为22.2万亿元，金融债券托管余额为23.6万亿元，公司信用类债券托管余额为22.5万亿元，资产支持证券托管余额为3.8万亿元，同业存单托管余额为10.8万亿元。

二、货币市场运行情况

2月份，银行间货币市场成交共计58.0万亿元，同比下降8.22%，环比下降16.24%。其中，质押式回购成交50.6万亿元，同比下降1.16%，环比下降13.83%；买断式回购成交0.4万亿元，同比下降34.52%，环比下降32.66%；同业拆借成交7.0万亿元，同比下降38.57%，环比下降29.55%。

2月份，同业拆借月加权平均利率为1.83%，较上月下行16个基点；质押式回购月加权平均利率为1.81%，较上月下行27个基点。

三、债券市场运行情况

2月份，银行间债券市场现券成交9.8万亿元，日均成交4 924.6亿元，同比下降22.87%，环比下降42.55%。交易所债券市场现券成交7 943.2亿元，日均成交397.2亿元，同比增长26.58%，环比下降3.31%。2月末，银行间债券总指数为201.45点，较上月末上升2.45点。

四、股票市场运行情况

2月末，上证综指收于2 880.30点，较上月末下降96.22点，降幅为3.23%；深证成指收于10 980.77点，较上月末上涨298.87点，涨幅为2.80%。2月份，沪市日均交易量为3 783.03亿元，环比增长35.41%，深市日均交易量为6 053.10亿元，环比增长43.29%。

（资料来源：中国人民银行网站，http://www.pbc.gov.cn/jinrongshichangsi/147160/147171/147173/3992251/index.html）

思考：

上述案例涉及哪些金融市场？它们各自有什么特点？

在现代经济系统中，有三类重要的市场对经济的运行起着主导作用，分别是要素市场、产品市场与金融市场。要素市场是分配土地、劳动力和资金等生产要素的市场。产品市场是商品和服务进行交易的场所。金融市场则是在经济系统中引导资金由盈余部门流向短缺部门的市场。在日常生活中，一提起金融市场，人们往往马上想到的是股票、债券。但是现代经济中的金融市场越来越呈现多元化的发展趋势，股票市场与债券市场仅仅是金融市场的一部分。

一、金融市场的概念和构成

（一）金融市场的概念

在现代经济社会中，总会存在资金的盈余者与短缺者，它们形成资金的供求双方。金融市场为其提供了资金融通市场，为资金供给者提供投资渠道，为资金需求者提供融资渠道。

所以，金融市场就是资金供给者与资金需求者双方通过金融工具而实现资金融通与配置的市场。

对金融市场的理解，需要注意以下三方面。

第一，金融市场不受固定场所、固定时间的限制。交易的场所通常是无形的，通过通信技术、计算机网络等进行交易的方式已经越来越普遍。

第二，金融市场的参与者是资金的供给者和需求者。前者拥有闲置的盈余资金，后者则资金不足。交易双方的关系已不是一种单纯的买卖关系，而是一种借贷关系或委托代理关系，是以信用为基础的资金的使用权和所有权的暂时分离或有条件的让渡。

第三，金融市场的交易对象是同质的金融商品。金融商品不仅指货币商品，它的内容十分广泛，还包括银行存贷款、股票、债券、黄金、外汇、期货、保险、信托等。

通常，金融市场有广义和狭义之分。广义的金融市场是指所有金融交易和资金融通的总和，即包括直接融资市场与间接融资市场。狭义的金融市场是指直接融资市场。直接融资是指资金需求者通过发行债券、股票等直接融资工具直接从资金供给者处筹集资金，由此形成的市场叫直接融资市场。间接融资是指资金需求者与资金供给者通过金融中介机构实现资金的融通，由此形成的市场叫间接融资市场（图6-1）。

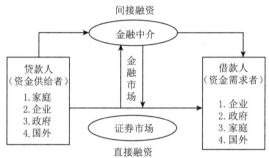

图 6-1 金融市场运行图

（二）金融市场的构成要素

金融市场由四大要素构成，分别是金融市场主体、金融市场客体、金融市场组织形式和金融市场价格。

1. 金融市场主体

金融市场的主体是指金融市场的参与者。金融市场的参与者非常广泛，包括政府部门、中央银行、金融机构、工商企业、居民个人等，它们或者是资金的供给者，或者是资金的需求者，或者是以双重身份出现。其中，中央银行参与金融市场不是以营利为目的的，而是为了货币政策操作；金融机构不仅仅充当资金的供给者与需求者，同时还充当金融市场上重要的中介机构，促进资金的供求双方资金的融通。

2. 金融市场客体

金融市场的客体是指金融市场上交易的工具，即金融工具。金融市场中货币资金的交易是以金融工具作为载体，资金供求双方通过买卖金融工具实现资金的融通。也就是说，金融工具是反映金融市场上资金供给者与资金需要者之间债权债务关系的一种凭证。金融工具种类繁多，各具特色，如属于基础性金融工具的票据、债券、股票等，以及属于衍生性金融工具的远期、期货、期权和互换等。

3. 金融市场组织形式

组织形式是指金融市场的交易场所，金融市场的交易既可在有形市场进行，也可在无形市场进行。其具体组织形式主要有三种：一是有固定场所的有组织、有制度、集中进行交易的方式，如证券交易所；二是柜台交易方式，即在金融机构的柜台上由买卖双方进行面议的、分散的交易方式；三是借助电子计算机网络或其他通信手段实现交易的方式。

4. 金融市场交易价格

金融市场价格是由资金供求关系决定的，以金融工具或金融产品交易为依据形成的具体价格，有利率、汇率、证券价格、黄金价格和期货价格等，其本质都是资产的价格。

二、金融市场的分类

金融市场的构成十分复杂，它是由许多不同的市场组成的一个庞大体系。为了更充分地认识和理解金融市场，现从不同的角度对金融市场进行分类。

（一）按照金融工具期限划分

按照金融工具期限，可划分为货币市场与资本市场。

1. 货币市场

货币市场是指以期限在一年以内（包含一年）的金融工具为媒介，进行短期资金融通的市场，主要包括同业拆借市场、回购协议市场、国库券市场、票据市场、大额可转让定期存单市场等。它的主要功能是保持金融资产的流动性。这一方面满足了资金需求者短期资金不足，另一方面也为闲置的资金找到短期投资渠道。

2. 资本市场

资本市场是指以期限在一年以上的金融工具为媒介，进行中长期资金融通的市场，包括银行中长期存贷市场和有价证券市场。通常，资本市场指由债券市场和股票市场为主的有价证券市场。

（二）按照金融工具的交割期限划分

按照金融工具的交割期限，可以划分为现货市场和期货市场。

1. 现货市场

现货市场是即期交易的市场，市场上买卖双方成交后须在1~3日内立即付款交割的金融交易市场。由于成交日与结算日之间几乎没有间隔，所以，其价格变动风险较小。现货交易包括现金交易、固定方式交易及保证金交易。

2. 期货市场

期货市场是市场上买卖双方成交后，并不立即进行交割，而是在一定时间后进行交割，如1个月、2个月或者3个月后。在期货市场上，成交和交割是分离的，这种分离使得交易者会因为证券价格的升跌而获得利润或蒙受损失，风险较高。金融期货交易品种主要有国债期货、股票价格指数期货、外汇期货、黄金期货等。

（三）按照金融资产的发行和流通特征划分

按照金融资产的发行和流通特征，可以划分为发行市场和流通市场。

1. 发行市场

发行市场又称为初级市场、一级市场，是资金需求者将金融资产首次出售给公众时所形成的交易市场。它主要的功能是筹集资金，筹资者通过发行股票、债券等的方式，并将其出售给最原始的投资者来筹集资金。

2. 流通市场

流通市场也有称为次级市场、二级市场，是证券发行后，各种证券在不同的投资者之间买卖流通所形成的市场。它的主要功能是实现金融资产的流动性——金融工具的持有者在金融工具到期前可以在流通市场中将其卖出，进行变现。流通市场既可以在固定场所集中进行，也可以在不固定场所分散进行。

（四）按照有无固定场所划分

按照有无固定场所，可以划分为有形市场与无形市场。

1. 有形市场

有形市场，一般指的是证券交易所等固定的交易场地，如证券交易所。在证券交易所进行交易首先要开设账户，然后由投资人委托证券商买卖证券，证券商负责按投资者的要求进行操作。

2. 无形市场

无形市场则是指在证券交易所外进行金融资产交易的总称。它的交易一般通过现代化的通信工具在各金融机构、证券商及投资者之间进行。在现实生活中，大部分的金融资产交易都在无形市场上进行的。

当然，金融市场还可以按地域的范围划分为国内金融市场与国际金融市场；按成交与定价的方式划分为公开市场与议价市场；按金融交易的标的物划分为票据市场、股票市场、债券市场、保险市场、外汇市场、黄金市场和衍生金融工具市场。

三、金融市场的功能

（一）融通资金功能

金融市场为资金供求双方提供了融通资金的场所，即通过在金融市场上买卖金融工具将货币资金从盈余单位融通转移到赤字单位。如果没有金融市场的媒介及专业化服务，没有可供资金供求双方自由选择的金融工具，资金供求双方就只能处在分散和隔离的状态。但是有了金融市场，就有了专门融通资金的场所，尤其是现代金融市场为资金供求双方提供了多种多样的融资工具。不同资金供给者通过购买多种多样的金融工具，将闲散资金聚集起来，就可以为企业发展、政府进行大规模的基础设施建设提供大量资金。因此，金融市场最基本的功能就是融通资金。在金融市场上，金融工具的多样化，能够使资金供求双方很容易找到满意的投资机会或获取资金的渠道。

（二）资源配置功能

金融市场中各种金融工具价格的波动将引导货币资金流向最有发展潜力，能够为投资者带来最大利益的部门和企业。在金融市场中，金融工具价格的波动，实际上反映着发行主体的信誉状况、经营状况和发展前景等综合信息。投资者可以通过公开的信息及金融工具价格波动所反映出的信息判断该发行主体的状况，从而决定其货币资金的投向。为了追求资金的收益性，在价格机制的引导下，资金总是流向那些有发展前景的企业，从而有利于提高投资效益，实现资源的优化配置。

（三）风险分散和转移功能

俗话说"不要把鸡蛋放在同一个篮子里"，意思是说把鸡蛋放在同一个篮子里，风险很大，万一这个篮子砸了，全部的鸡蛋也就都砸了。因此，鸡蛋应放置在多个篮子里来分散风险。金融市场上，多样化的金融工具为资金盈余者提供了多种选择，资金盈余者可以利用组合投资方式，实现投资风险分散。同时，不同的人对风险的承受能力不同，当金融工具的持有者认为继续持有该金融工具的风险过高，则可以通过卖出该金融工具，实现风险的转移。

（四）反映和调节经济功能

金融市场是社会经济运行的"晴雨表"，是灵敏反映社会经济状况的信息系统。在证券市场，证券价格的升降变化，反映了该公司经营管理和经济效益的状况，因此，金融市场反映了微观经济运行状况。我国的经济政策，尤其是货币政策的实施情况、银根的松紧、通胀的程度以及货币供应量的变化，均会反映在金融市场之中。

在宏观调控方面，政府实施货币政策和财政政策也离不开金融市场。存款准备金、利率的调节要通过金融市场来进行，公开市场业务更是离不开金融市场。以增减国债方式实施的财政政策，同样要通过金融市场来实现。

> **课堂实践**

我国金融市场发展现状

金融市场在市场中发挥着至关重要的作用,那么,金融市场的发展现状如何呢?请同学们网上查找资料整理,梳理我国金融市场发展现状。

提示:可参考中国人民银行网站发布的《中国金融市场发展报告》。

任务二 稳定收益哪里来——货币市场

> **任务引例**

银行间债券回购市场现"乌龙指"

全国银行间同业拆借中心发布的通报显示,2019年7月2日,平安银行和招商银行在银行间债券回购市场达成DR001为0.09%的异常利率交易。经两家银行自查,为交易员操作失误所致。

据悉,全国银行间同业拆借中心对平安银行和招商银行进行通报批评,要求两家机构加强风险控制和内部管理,并依据《银行间本币市场交易员管理办法(试行)》(中汇交发〔2014〕196号),暂停平安银行和招商银行相关交易员的银行间本币市场交易员资格1年。

全国银行间同业拆借中心提醒各市场成员严肃交易纪律,加强内控管理,杜绝此类操作性风险事件,共同维护银行间货币市场的健康平稳运行。

(资料来源:经济日报,https://baijiahao.baidu.com/sid=16384791853589211618&wfr=spider&for=pc)

思考:

本案例阐述的是什么市场?其有什么特点?

一、货币市场含义和特点

货币市场是进行短期资金融通的市场,融资期限一般在1年以内。货币市场是一个形成最早和最基本的金融市场分市场。参与货币市场交易的主体多为机构投资者,交易通过计算机网络进行,一般没有确定的交易场所。货币市场的交易期短而频繁,市场价格波动范围较小,具有流动性强、风险性和收益性较低的特点。货币市场的金融产品种类多样,按照金融产品的不同,货币市场可划分为许多子市场,如银行间拆借市场、回购协议市场、票据市场、短期债券市场、大额可转让定期存单市场,等等。

货币市场交易具有以下几个特点。

一是交易期限短。作为货币市场交易对象最基本的特征,市场资金主要用于弥补资金需求者临时性的资金不足,以解决短期资金周转需要,并为资金盈余者的暂时闲置资金提供能够获取盈利的机会。所以,在市场上交易的金融工具一般期限较短,最长的不超过一年,大多数为3~6个月,最短的交易期限只有半天。

二是所交易的工具有较强的流动性。由于交易期限短,投资者可以在市场上随时将交易的金融工具转换成现金或其他更接近于货币的金融工具。可见,货币市场的活动主要是为了保持资金的流动性。

三是风险性相对较低。这里的风险,主要指金融工具在未来遭到损失的可能性。金融工具的种种差别,概括起来不外乎是安全性、流动性和收益性三方面的不同,一般说,流动性强的工具,收益性相对较低;风险性高的工具,其收益性也相对较高,而市场主体就是要在这三者之间进行选择,以寻求最有利于自己的组合。货币市场交易对象期限短、流动性强,不确定因素较少,因此交易双方遭受损失的可能性也较小,虽然收益有限,但它的低风险性仍然吸引了众多的投资者参与。

二、同业拆借市场

（一）同业拆借市场的概念

同业拆借市场，是指金融机构之间以货币借贷方式进行短期资金融通活动的市场。它主要用于弥补短期资金的不足、票据清算的差额以及解决临时性的资金短缺需要。拆借双方通过在拆借市场上的交易，由头寸盈余者担当资金贷方，而头寸不足者担当借方，形成的是一种短期资金的借贷关系。

同业拆借市场的形成源于中央银行的法定存款准备金制度，商业银行之间运用存在央行的存款准备金而进行的余额调剂。准备金不足的银行开始向准备金充足的银行拆入资金，以达到中央银行的法定存款准备金的要求，准备金充足的银行也可以通过拆出资金而获得收益。

（二）同业拆借市场的特点

同业拆借市场作为货币市场的重要组成部分，具有以下特点。

（1）有严格的准入限制，即能进入市场的主体必须都是金融机构或指定的某类金融机构。非金融机构，包括工商企业、政府部门及个人，或非指定的金融机构，不能进入此市场。

（2）融资期限短，同业拆借市场的拆借期限通常以1~2天为限，最短的为隔夜拆借，多则1~2周，一般不超过一个月，当然，也有少数同业拆借交易的期限接近或达到一年。

（3）完全的信用交易，同业拆借市场上的资金拆借一般不需要担保或抵押，拆借双方都以自己的信用做担保，且严格遵守交易协议。

（4）交易效率高，发达国家的同业拆借市场都建立了一套高效率的交易机制和结算机制。参与者可以通过电话、网络等现代化的通信工具询价和交易，手续简单，成交迅速，交易成本低，市场效率大大提高。

（5）利率由交易双方议价决定，通常低于中央银行再贴现利率而高于存款利率。因此，同业拆借利率是一种市场利率，能够较充分、灵敏地反映市场资金供求的状况。其也是对中央银行的货币政策反映最为敏感和直接的利率之一，成为中央银行货币政策变化的"信号灯"。

（三）我国的同业拆借市场

我国的同业拆借始于1984年。1984年10月，中国人民银行开始专门行使中央银行职能，并提出新的信贷资金管理体制，允许各专业银行互相拆借资金。但是当时拆借量小，没有形成规模市场。1986年1月7日，国务院颁布了《中华人民共和国银行管理暂行条例》，对专业银行之间的资金拆借做出了具体规定，从此，我国的同业拆借市场步入了发展轨道。1995年11月中国人民银行发出通知，要求商业银行撤销其所办的拆借市场。1996年1月，全国统一的银行间同业拆借市场正式建立，使同业拆借市场得到了进一步规范和发展。2007年1月，上海银行间同业拆放利率——Shibor的正式运行，标志着我国货币市场基准利率培育工作正式启动。

随着同业拆借市场不断完善，同业拆借市场交易量逐年扩大。2018年、2019年银行间市场同业拆借成交分别为139.3万亿元、151.6万亿元。参与机构类型也大大增加，证券公司、保险公司、信托投资公司、财务公司和证券投资基金等都不同程度地参与同业拆借市场。在未来的同业拆借市场里，参与主体将进一步增加，多层次的市场需求日渐形成，市场流动性进一步提高，形成的利率也将更加合理。

延伸阅读

上海银行间同业拆放利率——Shibor

上海银行间同业拆放利率（Shanghai Interbank Offered Rate，Shibor）是由信用等级较高的银行自主报出的人民币同业拆出利率计算确定的算术平均利率，是单利、无担保、批发性利率。对社会公布的Shibor品种包括隔夜、1周、2周、1个月、3个月、6个月、9个月及1年。

Shibor 报价银行团现由 18 家商业银行组成。报价银行是公开市场一级交易商或外汇市场做市商，在中国货币市场上人民币交易相对活跃、信息披露比较充分的银行。中国人民银行成立 Shibor 工作小组，依据《上海银行间同业拆放利率（Shibor）实施准则》确定和调整报价银行团成员、监督和管理 Shibor 运行、规范报价行与指定发布人行为。

扫二维码观看秒懂 Shibor 视频。

（资料来源：百度百科，https：//baike. baidu. com/item/% E4% B8% 8A% E6% B5% B7% E9% 93% B6% E8% A1% 8C% E9% 97% B4% E5% 90% 8C% E4% B8% 9A% E6% 8B% 86% E6% 94% BE% E5% 88% A9% E7% 8E% 87/2645546；好看视频 https：//haokan. baidu. com/v?vid = 11275337108715503983&pd = bjh&fr = bjhauthor&type = video）

三、回购协议市场

（一）回购协议市场的概念

回购协议是指，证券出售者在出售证券的同时，与证券的购买者签订协议，约定在一定期限后按照约定价格购回所卖出证券，从而获得即时可用资金的一种交易行为，由此形成的短期资金融通的市场就是回购协议市场。本质上，回购协议就是以证券为质押品的短期借贷行为。证券出售者实际上是以证券作为质押品出售给证券购买者，从而获得一笔短期借贷资金，在约定期限后，以原来的资金再加一定利息购回该证券。回购协议中所买卖的证券主要有国库券、政府债券、金融债券、公司债券、其他有担保债券、大额可转让存单和商业票据等。

还有一种逆回购协议，实际上与回购协议是一个问题的两个方面。在逆回购协议中，买入证券的一方同意按约定期限以约定价格出售其买入证券，逆回购协议是回购协议的反向操作。

回购协议交易如图 6-2 所示。

图 6-2 回购协议交易图

（二）回购协议市场的特点

回购协议市场的参与者十分广泛，主要有中央银行、各大金融机构、企业和政府。其中，中央银行参与回购协议市场的目的是进行货币政策操作，调节社会货币供给，而不是为了盈利。商业银行等金融机构和企业既可以在回购协议市场上融资，解决短期资金的不足，也可以在回购协议市场上让闲置的资金获得收益。

回购协议作为货币市场重要组成部分，具有以下特点。

（1）安全性高。回购协议有证券作为质押品，风险低。同时，交易场所为规范性的场内交易，交易双方的权利、责任和业务都有法律保护。

（2）流动性强。协议多以短期为主。期限从 1 天到数月不等，如 1 天、7 天、14 天、21 天、1 个月、2 个月、3 个月和 6 个月等。其中，1 天的回购协议又被称作隔夜回购；超过 1 天的回购协议则统称为定期回购。

（3）收益稳定并较银行存款收益高。回购利率是市场公开竞价的结果，一般可获得平均高于银行同期存款利率的收益。

（4）融入资金免交存款准备金。这成为银行扩大筹资规模的重要方式。

（三）我国回购协议市场

为发展我国国债市场，活跃国债交易，更好地发挥国债融资功能，上海证券交易所和深圳证券交易所分别于 1993 年 12 月和 1994 年 10 月开办了以国债为主要品种的回购交易。1997 年 6 月，中国人民银行规定全国统一同业拆借中心开办国债、政策性金融债和中央银行融资券回购业务。2002 年 12 月和 2003 年 1 月，上海证券交易所和深证证券交易所分别推出了企业债券回购交易，推动我国企业债券市场的发展。

随着交易所债券市场和银行间债券市场的发展，回购交易的证券品种在原来国债基础上也日渐扩大。至此，我国的回购协议市场有上海、深圳证券交易所市场，其证券回购券种主要是国债和企业债；全国银行间同业拆借市场，其证券回购券种主要是国债、中央银行融资券、中央银行票据和特种金融债券。规模也大大的提高，2018 年质押式回购累计成交 708.7 万亿元，同比增长 20.5%，买断式回购累计成交 14 万亿元，同比减少 50.2%，2019 年质押式回购累计成交 810.1 万亿元，同比增长 14.3%；买断式回购累计成交 9.5 万亿元，同比下降 31.9%。

延伸阅读

一文读懂央行回购交易

什么是央行回购交易？

回购交易是中国人民银行公开市场业务债券交易的主要交易之一。回购交易分为正回购和逆回购两种。

正回购为央行向一级交易商卖出有价证券，并约定在未来特定日期买回有价证券的交易行为。即央行将有价证券卖给商业银行等金融机构，到期时央行再将有价证券从商业银行等金融机构手中买回来的操作。正回购为央行从市场收回流动性的操作，正回购到期则为央行向市场投放流动性的操作。

逆回购为央行向一级交易商购买有价证券，并约定在未来特定日期将有价证券卖给一级交易商的交易行为。即央行从商业银行等金融机构手中买回有价证券，到期时商业银行等金融机构再将有价证券从央行手中买回的操作。逆回购为央行向市场上投放流动性的操作，逆回购到期则为央行从市场收回流动性的操作。

一级交易商制度

中国人民银行从 1998 年开始建立公开市场业务一级交易商制度，选择了一批能够承担大额债券交易的商业银行作为公开市场业务的交易对象，这些交易商可以运用国债、政策性金融债券等作为交易工具与中国人民银行开展公开市场业务。

2019 年度共有 49 家公开市场业务一级交易商，其中包括了 6 家国有大行，11 家全国股份制商业银行，2 家开发性金融机构和政策性银行（国开行和进出口银行），部分城商行、农商行和外资行，2 家券商以及负责民营企业债券融资支持工具实施的中债信用增进投资股份有限公司。

央行回购交易的作用

当经济过热时，央行可以通过正回购操作，卖出有价证券，回笼基础货币，减少商业银行等金融机构的资金，从而使市场利率上升，市场资金成本上升，减少社会投资；当经济放缓时，央行可以通过逆回购操作，买入有价证券，投放基础货币，扩大资金总量的规模，扩张信贷规模，从而使市场利率下降，降低社会融资成本，刺激消费和投资。

（资料来源：金融界，http：//finance.jrj.com.cn/2020/02/07170928793955.shtml）

四、票据市场

票据市场是指在商品交易和资金往来过程中产生的以汇票、本票和支票的发行、担保、承兑、贴现、转贴现、再贴现来实现短期资金融通的市场。在这个市场中，资金融通的特点是期限短、数额小、交易灵活、参与者众多、风险易于控制,可以说是一个古老的、大众化、基础性的市场。

(一)商业票据市场

商业票据市场是公司所发行的商业票据交易的市场。它包括发行市场和流通市场。在现实中,商业票据的流通市场与发行市场相比,并不十分活跃。这主要是由于商业票据期限短,投资者往往都会持有到期。如果票据持有者迫切需要资金,也可以将未到期的票据在商业银行进行贴现,提前收回现金。

商业票据市场要素有以下几个。

(1)主体。商业票据的发行者和投资者是票据市场的两大主体,他们构成了票据市场的供求双方。商业票据的主要发行者是金融公司、非金融公司(如大企业、公用事业单位等)及银行控股公司等资金雄厚、信誉卓著、评级优良的大公司。商业票据的主要投资者是大商业银行、非金融公司、保险公司、养老金、互助基金会、地方政府和投资公司等,通常个人投资者很少。

(2)发行方式。商业票据的发行方式有直接发行方式和间接发行方式两种。直接发行是指商业票据的发行人直接将票据出售给投资者。间接发行是指商业票据的发行人通过交易商发行票据。

(3)面额与期限。商业票据的面额大,期限短,发行者利用这种信用工具可以在短期内迅速而低成本地吸收大量的资金。

(4)利率。商业票据均为贴现发行,故商业票据的利率也就是贴现率。

(二)银行承兑汇票市场

银行承兑汇票市场是以银行承兑汇票作为交易对象所形成的市场。银行承兑汇票市场主要由出票、承兑、贴现及再贴现四个环节构成。出票与承兑相当于发行市场,贴现与再贴现相当于流通市场。在发达国家,参与银行承兑汇票市场的交易者主要有中央银行、商业银行、工商企业及一些非银行金融机构。

出票,即出票人签发汇票并交付给收款人的行为。当出票人填写汇票并签名,将汇票交付给收款人后,汇票就从出票人那里转移到了收款人那里。没有出票,其他票据行为就无法进行,因而出票是基本的票据行为。

承兑,则是指银行对远期汇票的付款人明确表示,同意按出票人的指示于到期日付款给持票人的行为。承兑属于一种附属票据行为,但对汇票的流通却很重要。一般来说,未经承兑的汇票是不能办理贴现的。

汇票贴现,是指持票人为了取得现款,将未到期已承兑汇票,以支付自贴现日起至票据到期日止的利息为条件,向银行所作的票据转让,银行扣减贴息,支付给持票人现款的行为。对商业银行来说,既可以通过贴现方式买入自己承兑的汇票并将汇票持有至到期日,也可以将承兑汇票再贴现出去。

转贴现,是指银行将已贴现的承兑汇票,以支付自贴现日起至票据到期日止的利息为条件,向其他金融机构所作的票据转让行为。转贴现是银行之间的资金融通,涉及的双方当事人都是银行。

再贴现是商业银行和其他金融机构,以其持有的未到期汇票,向中央银行所作的票据转让行为。它是中央银行对商业银行及其他金融机构融通短期资金的一种形式,属于中央银行的授信业务,也是中央银行作为"最后贷款人"角色和地位的具体体现。

贴现利息计算公式:贴现利息 = 汇票面额 × 实际贴现天数 × 年贴现利率 ÷ 360 贴现金额 = 汇票面额 - 贴现利息

(三) 我国票据市场

1982年2月，中国人民银行才试办同城商业承兑汇票贴现业务，1986年专业银行正式开办票据承兑、贴现和再贴现业务。1995年《中华人民共和国票据法》颁布并执行，商业票据的使用范围扩大，票据市场进入一个新的发展时期。2019年，票据市场在经历去杠杆和脱虚向实后，各类业务取得明显增长。全年业务总量达131.45万亿元，同比增长19.04%；其中签发承兑20.38万亿元，同比增长11.55%；企业背书46.47万亿元，同比增长16.86%；票据贴现12.46万亿元，同比增长25.33%；票据交易50.94万亿元，同比增长22.01%。但是，我国的票据市场与发达国家相比，还是存在一定的差距。

延伸阅读

中国票据市场70周年发展创新与未来思考

让我们一起走进中国票据市场，回顾票据市场70年的发展，以及未来该如何发展。

(资料来源：陆家嘴金融网，http://www.ljzfin.com/news/info/51121.html)

五、大额可转让定期存单市场

(一) 大额可转让定期存单市场的概念

大额可转让定期存单（简称CDs），是商业银行发行的有固定面额、固定期限、可转让流通的大额存款凭证。这种金融工具的发行和流通所形成的市场称为可转让定期存单市场。

大额可转让定期存单首创于美国，它是美国银行业为逃避金融法规约束而产生的金融创新工具。商业银行通过发行大额可转让定期存单可以主动、灵活地以较低的成本吸收大额、期限固定的资金，拓宽商业银行的资金来源渠道。

(二) 大额可转让定期存单市场的特点

(1) 通常不记名，不能提前支取，可以在二级市场上转让。

(2) 金额固定，面额较大。美国的可转让大额定期存单最低起价为10万美元。存单的期限通常不少于两周，大多为3～6个月，一般不超过1年。可转让大额定期存单的利率略高于同等期限的定期存款利率，与当期的货币市场利率基本一致。

(3) 允许买卖、转让。它集中了活期存款和定期存款的优点。对于银行来说，它是定期存款，未到期不能提前支取，故可作为相对稳定的资金用于期限较长的放款；对于存款人来说，既有较高的利息收入，又能在需要资金时转让出售，迅速变现。

课堂实践

区别大额可转让定期存单与传统定期存款

请同学们说一说大额可转让定期存单与传统定期存款之间的区别。

(三) 大额可转让定期存单的发行与流通

从可转让大额定期存单的产生可知，存单的发行者主要为商业银行或类似可以吸储的非银行金融机构。在西方国家，可转让大额定期存单的发行方式主要有批发发行和零售式发行两种。批发发行是发行银行集中发行一批存单，发行时把发行总额、利率、期限等予以公布，供投资者认购。零售式发行是发行银行为适应客户需要随时发行，发行条件由发行银行和客户协商议定。

可转让大额定期存单的流通市场是对已发行但尚未到期的存单进行买卖的市场，一般由存单买卖者和经纪商组成。在一级市场购买存单的投资者，如果急需资金，可以在二级市场上出售给经纪商，以维持流通性。经纪商买入这些存单后可一直持有到期，兑取本息，也可以在二级市场上再出售。

（四）我国大额可转让定期存单市场

与西方国家相比，我国的大额可转让存单业务发展比较晚。我国第一张大额可转让存单面世于 1986 年，最初由交通银行和中央银行发行，1989 年经中央银行审批其他的专业银行也陆续开办了此项业务，大额存单的发行者仅限于各类专业银行，不准许其他非银行金融机构发行。存单的主要投资者主要是个人，企业为数不多。但当时的市场体系还很不完善，大额存单业务出现了各种问题，如发行的可转让存单没有像预期中那样形成较大的二级市场，相反被人们收藏起来等待到期兑付，盗用和伪造银行存单进行诈骗等犯罪活动猖獗。1996 年，中国人民银行取消了大额可转让定期存单发行。

近几年，随着我国市场机制的进一步完善发展，经中国人民银行批准，一度停止发行的大额可转让定期存单又开始发行。

延伸阅读

中国五大银行同日首发大额存单

中国工商银行、中国银行等银行在内的多家商业银行今日宣布，将于 2015 年 6 月 15 日发行首批大额存单。就在上周，央行刚刚宣布推出大额存单产品。

经凤凰财经了解，几家银行也均采取固定利率模式。工行称，其中面向个人客户的大额存单为 6 个月和 1 年期两款，发行利率最高约为央行存款基准利率的 1.4 倍，认购起点金额 30 万元，到期一次还本付息。

中国建设银行发布的《建行个人大额存单 2015 年第 1 期产品说明书》显示，其 12 个月的大额存单产品的利率亦为 3.15%，为同期限央行存款基准利率的 1.4 倍。

大额存单全称是大额可转让定期存单，是由银行业存款类金融机构，面向非金融机构投资人发行的记账式大额存款凭证。简而言之，就是银行发行的金额较大的存款产品。投资人包括个人及非金融机构，认购起点分别为 30 万元及 1 000 万元。

在 6 月 2 日央行宣布推出大额存单产品时，大多分析称，此举最大意义莫过于加快推动利率市场化进程，被市场解读为"利率市场化的过渡产品""只差临门一脚"。

此次大额存单的推出，业内人士也指出，商业银行发行大额存单将进一步丰富存款产品线，完善市场体系，满足投资者多样化的需求。同时，大额存单的推出也提高了商业银行存款定价的市场化程度和负债主动性，有利于提高风险定价能力，构建市场化的风险约束机制和激励机制，为我国商业银行进一步市场化经营创造条件。

（资料来源：凤凰网，http://finance.ifeng.com/a/20150611/13771504_0.shtml，2015－06－11）

六、短期债券市场

短期债券市场交易的主要对象包括国库券和短期公司债券。短期债券市场具有较强的安全性和流动性，且收益比较稳定。

（一）国库券市场

1. 国库券市场的概念

国库券市场是指国库券的发行、流通转让所形成的市场。国库券，是指一国政府为弥补国库资金临时不足而发行一年期以内的政府短期债券。一般期限在 1 年以内，有 3 个月、6 个月、9 个月等。

国库券大多采用拍卖方式在市场公开招标，发行价格由投标者经过竞争而定。作为短期债券，国库券一般是以贴现方式发行，即票面不记明利率，发行价格低于票面额，到期偿还面额，投资者的收益就是债券面额与购买价格之差。

国库券市场作为货币市场中最重要的组成部分之一，包括国库券的发行与转让流通。它的发行量和交易量都非常巨大，国库券的发行一方面满足了政府部门短期资金周转的需要，另一方面在其流通市场上为央行调节市场利率、货币供应量提供了可操作的工具。因此，国库券市场是政府调整国库收支的重要基地，是中央银行进行公开市场业务操作的重要场所。

2．国库券市场的特点

同其他货币市场工具不同，国库券有以下显著特点。

（1）安全性高。由于国库券的发行人是政府，财政部是直接债务人，一般不存在违约风险。因而，国库券利率往往被称为无风险利率，成为其他利率确定的依据。

（2）流动性强。极高的安全性以及组织完善、运行高效的市场赋予国库券极强的流动性，使持有者可随时在市场上转让变现。

（3）利息免税。购买国库券所获得的利息收入免征所得税，增强国库券的投资吸引力。

3．我国国库券市场

我国国库券市场相对不够发达。1981年《中华人民共和国国库券条例》的颁布，标志着我国重新开始发行国债。1981年以后至1996年的十多年间，发行的国库券都是实物券。1998年，由于种种原因，短期国债停止发行。停止发行7年后，2003年起又开始恢复发行。2019年，国债发行4.0万亿元，地方政府债券发行4.4万亿元，但是大多数为中长期债券。在美国，国库券市场是美国货币市场中交易最大、最活跃的，短期国债在日均成交额超过1 000亿美元的美国政府债券的交易中，国库券的买卖是其交易的主体。

延伸阅读

短期国债被买"负"

在2020年3月23日周一，美联储宣布无限量化宽松。

美联储大力印钞的结果，真的印出了国债负利率来！3月25日，1个月期和3个月期美国国债收益率均跌至负值。在3月26日亚洲交易时段，1个月期和3个月期美国国债收益率报价分别为－0.046%和－0.056%，率先实现了负利率。值得注意的是，这两个期限的国债，通常被视为现金，这也说明美联储印出来的钱，仍然无处可去，市场还在拥抱现金。

（资料来源：新浪财经，http：//finance.sina.com.cn/roll/2020-03-27/doc-iimxxsth1983189.shtml，2020-03-27）

（二）短期公司债券市场

短期公司债券是西方国家流行的类似于商业票据的一种债券。该债券对发行者资信的考核相当严格，只有经金融当局审批合格和具有较高资信的公司和企业才能发行。期限较短，一般是3~6个月，最长不超过9个月；利率不高于银行相同期限的贷款利率。

任务三　没有硝烟的战场——资本市场

任务引例

全球资本市场疫情大考，高波动下如何进行资产配置？

2020年3月，受新冠肺炎疫情在世界范围内蔓延的影响，全球资本市场风云巨变：原油暴跌、美国股市10天出现4次熔断，主要欧洲国家股市也大幅下挫，疫情严重的意大利和西班牙股市过去一个月下跌40%。险象环生下，包括美联储在内的全球主要央行纷纷加大宽松政策力度，力求刺激经济。

作为全球经济头号强国，美国资本市场的动向无疑最受关注。以美国为例，受疫情影响，走了11年牛市的美股出现暴跌，分别在3月9日、3月12日、3月16日、3月19日触发熔断。1个月内4次熔断足够见证历史，要知道，此前美股历史上只有1997年10月出现过一次熔断，这样的阵势让股神巴菲特也不得不惊叹。美股暴跌，仅仅只是全球资本市场的一个缩影。

3月23日至3月26日，美股连续三天大涨，道琼斯指数上涨21.3%以上，创下1931年10月以来最佳连续3日涨幅；标准普尔500指数累计上涨17.5%，创下1933年4月以来最佳连续三日涨幅。

从暴跌到暴涨，美股坐上了"过山车"。相关财经专家对此点评："过山车"现象显然不是正常市场应有的形态，整体而言，全球股市在短期内纷纷暴跌已经引发市场对全球经济前景的担忧，市场何时恢复信心也与疫情走势紧密相关，如果疫情止不住，所有的救市政策都是扬汤止沸。

（资料来源：凤凰财经，http://finance.ifeng.com/c/7vUw0XCCHDR）

思考：
什么是资本市场？资本市场包括哪些子市场？它有什么特点？

一、资本市场的含义和特点

资本市场是融资期限在1年以上的中长期资金交易市场。资本市场主要满足政府和企业部门对中长期资金的需求，交易对象主要是有价证券。有价证券是指具有一定的票面金额，证明持券人有权按期取得一定收入，并可自由转让和买卖的所有权或债权证书，其主要形式有股票、债券和基金三大类。在资本市场上，资金供应者主要是储蓄银行、保险公司、信托投资公司及各种基金和个人投资者；而资金需求方主要是企业、社会团体、政府机构等。

资本市场交易具有以下几个特点。

一是融资期限长。至少在1年以上，也可以长达几十年，甚至无到期日。例如，中长期债券的期限都在1年以上；股票没有到期日，属于永久性证券；封闭式基金存续期限一般都在15~30年。

二是流动性相对较差。在资本市场上筹集到的资金多用于解决中长期融资需求，故流动性和变现性相对较弱。

三是风险大而收益较高。由于融资期限较长，发生重大变故的可能性也大，价格变动幅度大，投资者需承受较大风险。同时，作为对风险的报酬，其收益也较高。

四是资金借贷量大。企业在资本市场初始发行或增资发行的规模一般都比较大，由于资金用于中长期投资，比起通过银行借贷筹措流动资金的规模明显要大。

案例解析

发挥好资本市场枢纽功能　为增强市场活力和投资者信心助力

新冠肺炎疫情不可避免地对实体经济和资本市场带来影响。从上市公司层面来看，亦有公司发布相关公告，就疫情带来的影响进行说明。业界普遍认为，在此背景下，发挥好资本市场"牵一发而动全身"的枢纽功能至关重要。

湘财证券首席经济学家、副总裁兼研究所所长李康表示，发挥好资本市场的直接融资功能是金融支持实体经济的有力体现。资本市场的枢纽作用不仅是在企业面临资金困境时可以及时为其解困，更是健康发展的资本市场可以与实体经济良性互动，为实体经济注入信心。

"金融是一国经济的血液循环系统，当实体经济受到内外部突发事件的冲击、自身可能运转不畅的时候，金融体系必须发挥作用，向实体经济输送养分，并需要重点修复受冲击最严重的区域。"银泰证券股转业务部总经理张可亮表示，目前国家已经以科创板和新三板为抓手，推动资本市场准入方式改革，从核准制逐步过渡到注册制，并要求在其他方面也进行市场化的改革。

"金融委会议提出要发挥好资本市场的枢纽作用，这是将资本市场的功能做了更加准确的定位。"联储证券首席投资顾问郑虹表示，资本市场是将实体经济、上市公司与投资者紧密联系在一起的纽带，"提升市场活跃度"是引导资本市场正向循环的重要推动力量。

韩乾表示，"提升市场活跃度"就是提高市场流动性，市场流动性跟投资者信心、投资者交易意愿、投资者交易成本密切相关。

至于如何提升市场活跃度，郑虹称，一个活跃有效的资本市场，首先需要有与时俱进的法律保驾护航；其次，需要有更多投资者、更多元的资金参与，为资本市场带来更多活力；最后，需要加快推动金融供给侧结构性改革，加快打造航母级证券公司，发挥金融中介机构"看门人"的作用，真正做到"四个敬畏"。

李康表示，提高市场活跃度，更重要的是将整个资本市场从以融资为中心向以投资为中心过渡，以充分尊重投资者、发挥投资者对市场的良好预期为前提，规范市场所有参与者的行为，推动中国资本市场乃至中国经济，在复杂的世界经济形势下向前发展。

（资料来源：新华网，http：//www.xinhuanet.com/fortune/2020-04/13/c_1125846294.htm）

思考：
通过该案例请分析资本市场的功能。

解析： 参考教材金融市场的功能进行分析。

二、股票市场

（一）股票市场的含义

股票市场是股票发行和交易的场所，包括发行市场和流通市场两部分。股份公司通过面向社会发行股票，迅速集中大量资金，实现生产的规模经营；而社会上分散的资金盈余者本着"利益共享、风险共担"的原则投资股份公司，谋求财富的增值。

股票市场的前身起源于1602年荷兰人在阿姆斯特河大桥上进行荷属东印度公司股票的买卖，而正规的股票市场最早出现在美国。股票市场是投机者和投资者双双活跃的地方，是一个国家或地区经济和金融活动的寒暑表，股票市场的不良现象（例如无货沽空等）可以导致股灾等各种危害的产生。股票市场唯一不变的就是：时时刻刻都是变化的。

延伸阅读

一年间，股民经历"完整股市人生"

"见过千股跌停，见过千股停牌，又见过千股涨停，从此股市人生完整了。"2015年的股市，无论是对新股民还是对老股民而言，都肯定是一个难忘的年份。

在这一年里A股市场上演了大起大落的悲喜剧，沪指最高一度冲到5 178点，最低也下探到2 850点，中间更是出现过千股跌停、千股停牌、千股涨停等股市奇观。

与以往经历的牛市不同，2015年的牛市增加了杠杆的因素。无论是融资融券余额，还是场外配资规模，都创出了历史新高。从"杠杆牛""资金牛"，到"去杠杆""挤泡沫"，2015年的A股，可以说是完全处于杠杆的"玩弄"之中，可谓成也杠杆，败也杠杆；牛也杠杆，熊也杠杆。

（资料来源：齐鲁晚报，https：//epaper.qlwb.com.cn/qlwb/content/20160203/ArticelT17002FM.htm）

（二）股票发行市场

股票发行市场也称一级市场，是指股份公司直接或通过中介机构向投资者出售新发行的股票筹集资本金的场所。主要包括发行股票筹集股本金和股票增发。

1. 股票发行的方式

股票的发行方式按照募集对象的不同，分为公募发行和私募发行。

公募发行也称公开发行，是指发行人向不特定的社会公众投资者发售证券的发行方式。

在公募发行的情况下，任何合法的投资者都可以认购。公募发行的优点是面向公众投资者，发行面广，投资者众多，筹集的资金量大，股权分散，不易被少数大股东控制，发行后上市交易也很方便，流动性强。但是公募发行的要求较高，手续复杂，需要承销商参与，发行时间长，费用较私募发行高。

私募发行也称不公开发行，是指面向少数特定的投资者发行股票。私募发行手续简便、发行时间短、效率高、费用相对低，投资者往往已事先确定，不用担心发行失败，但是股票的流动性差。

2. 股票发行的价格

股票的发行价格有三种确定方式：第一，平价发行，又称面额发行，是指发行人以面额作为发行价格。第二，溢价发行，是指发行人按高于面额的价格发行。第三，折价发行，是指发行人以低于面额的价格出售新股票。这种方式很少使用，我国《公司法》规定股票发行价格不得低于股票面额。

课堂实践

股票发行市场的参与者有哪些？

通过上海证券交易所、深圳证券交易所等网站，解读某公司的股票发行公告，找出股票发行市场的参与者。

3. 股票发行的参与者

（1）股票发行人。股票发行人又称发行主体，就是为筹措资金而发行股票的企业单位、金融机构等。证券发行人是证券发行市场得以存在的首要因素。

（2）股票投资者。股票投资者就是以取得利息、股息或资本收益为目的，而根据发行人的招募要约，将要认购或已经认购股票的个人或机构。它是构成股票发行市场的另一个基本要素。股票投资者包括个人投资者和机构投资者两大类。在证券发行市场上，投资者人数的多少、购买能力的强弱、资产数量的大小、收益要求的高低，以及承担风险能力的大小等，直接影响和制约着证券发行的数量。

（3）证券承销商。证券承销商是指与发行人签订证券承销协议，协助公开发行证券，借此获取相应的承销费用的证券经营机构。证券承销商是连接发行人和认购人的桥梁和纽带，接受发行人的委托，通过一定的发行方式和发行渠道，向认购人销售发行人的证券。我国目前从事证券承销业务的机构是经批准有承销资格的证券公司、金融资产管理公司和金融公司。

（4）证券服务机构。证券服务机构是指依法设立的从事证券服务业务的法人机构。主要包括证券投资咨询公司、信用评级机构、会计师事务所、资产评估机构、律师事务所、证券信息公司等。它们一同为证券的发行提供服务。

（三）股票流通市场

股票流通市场，又称二级市场，是已发行的股票买卖转让的场所。流通市场可以增加股票的流动性，促进股票的发行，能够使股票在不同投资者之间流通转让。

1. 证券交易所

证券交易所，又称场内交易市场，是由证券管理部门批准的，为证券集中交易提供固定场所和有关设施，并制定交易规则以形成公正合理的价格和有条不紊的秩序的正式组织。证券交易所本身不参加交易，而是为证券买卖双方提供交易场所和交易设施，并制定交易所内证券的上市、交易、清算、交割和过户的规则，管理和披露市场信息，保证交易过程公平而有序地进行。一般情况，证券交易所有公司制和会员制两种，我国内地的两家证券交易所——上海证券交易所和深圳证券交易所均采用会员制。

证券交易所的特征有：①有固定的交易场所和交易时间；②交易采取经纪制，即一般投资者不能直接进入交易所买卖证券，只能委托会员作为经纪人间接进行交易；③交易的对象限于合乎一定标准的上市证券；④通过公开竞价的方式决定交易价格；⑤集中了证券的供求双方，具有较高的成交速度和成交率；⑥实行"公开、公平、公正"原则，并对证券交易加以严格管理。

延伸阅读

沪深交易所

上海证券交易所成立于1990年11月26日，同年12月19日开业，为不以营利为目的的法人，归属中国证监会上海证券交易所直接管理，秉承"法制、监管、自律、规范"的八字方针。上海证券交易所致力于创造透明、开放、安全、高效的市场环境，切实保护投资者权益，其主要职能包括：提供证券交易的场所和设施；制定证券交易所的业务规则；接受上市申请，安排证券上市；组织、监督证券交易；对会员、上市公司进行监管；管理和公布市场信息。上海证券交易所于1990年12月19日在上海黄浦路15号浦江饭店成立。1993年1月27日在上海浦东新区奠基建造上海证券大厦；竣工后，上海证券交易所搬迁至新址浦东南路528号上海证券大厦内营运。1.3亿全国各地的股民，从遍布祖国五湖四海的证券营业部下单，通过网络汇总于这座大楼交易中心撮合成交。上海证券交易所是国际证监会组织、亚洲暨大洋洲交易所联合会、世界交易所联合会的成员。经过多年的持续发展，上海证券市场已成为中国内地首屈一指的市场，上市公司数、上市股票数、市价总值、流通市值、证券成交总额、股票成交金额和国债成交金额等各项指标均居首位。截至2013年3月11日，上证所拥有954家上市公司，上市证券数2 214个，股票市价总值160 750.71亿元。上市公司累计筹资达25万亿元；一大批国民经济支柱企业、重点企业、基础行业企业和高新科技企业通过上市，既筹集了发展资金，又转换了经营机制。

深圳证券交易所位于深圳罗湖区，地王大厦斜对面。其成立于1990年12月1日，于1991年7月3日正式营业。深交所致力于多层次证券市场的建设，努力创造公开、公平、公正的市场环境。主要职能包括：提供证券交易的场所和设施；制定本所业务规则；接受上市申请，安排证券上市；组织、监督证券交易；对会员和上市公司进行监管；管理和公布市场信息；中国证监会许可的其他职能。2004年9月6日，实施《上市公司股权分置改革业务操作指引》。

作为中国内地两大证券交易所之一，深交所与中国证券市场共同成长。16年来，深交所借助现代技术条件，成功地在一个新兴城市建成了辐射全国的证券市场。15年间，深交所累计为国民经济筹资4 000多亿元，对建立现代企业制度、推动经济结构调整、优化资源配置、传播市场经济知识，起到了十分重要的促进作用。

扫二维码观看上海证券交易所相关视频。

（资料来源：百度百科，http：//baike. baidu. com/link? url = 83J_ h0rXnnhHEAXB47AWjyw4o8HmGK7r6fC1GIEfY _ m3FjWF8l4xjjfgeVXThZ0rTq9ql － xtybom4LCczuJ4cK；好看视频，https：//haokan. baidu. com/v? pd = wisenatural&vid =7129338905838841407）

2．场外交易市场

场外交易市场是相对于证券交易所而言的，指在证券交易所之外的股票交易活动。由于这种交易起先最主要是在各证券商的柜台上进行，因而也成为柜台市场。场外交易所与证交所相比，没有固定的集中场所，而是分散于各地，规模有大有小。场外市场以议价方式进行交易，不存在竞争的报价机制，而且管制少，灵活方便，因而成为中小企业和具有发展潜质的公司证券流通的主要场所。

3. 第三市场

第三市场是指在证交所上市的股票移到场外进行交易而形成的市场。第三市场最早出现在 20 世纪 60 年代的美国。在美国，长期以来，证券交易所都实行固定佣金制，而且对于大宗交易也没有折扣佣金，导致买卖大宗上市证券的机构投资者和个人投资者通过场外市场交易上市证券以降低其交易费用。但在 1975 年，美国的证券交易委员会宣布取消固定佣金制，由交易所会员自行决定佣金，从而使第三市场的吸引力降低了。

4. 第四市场

第四市场是指股票的买卖双方避开证券经纪商，彼此间利用通信手段直接进行股票交易的市场。第四市场主要是一个计算机网络，想要参与第四市场交易的客户可以租用或加入这个网络，各大公司把股票的买入价和卖出价输入计算机系统，一旦客户对某种股票的价格满意，就可以通过计算机终端商谈交易。

三、债券市场

（一）债券市场的含义

债券市场是发行和买卖债券的场所，是金融市场一个重要组成部分。债券市场是一国金融体系中不可或缺的部分。一个统一、成熟的债券市场可以为全社会的投资者和筹资者提供低风险的投融资工具；债券的收益率曲线是社会经济中一切金融商品收益水平的基准，因此债券市场也是传导中央银行货币政策的重要载体。可以说，统一、成熟的债券市场构成了一个国家金融市场的基础。

延伸阅读

欧债危机

欧债危机，全称欧洲主权债务危机，是指自 2009 年以来在欧洲部分国家爆发的主权债务危机。欧债危机是美国次贷危机的延续和深化，其本质原因是政府的债务负担超过了自身的承受范围，而引起了违约风险。

早在 2008 年 10 月华尔街金融风暴初期，北欧的冰岛主权债务问题就浮出水面，而后中东债务危机爆发，鉴于这些国家经济规模小，国际救助比较及时，其主权债务问题未酿成较大的全球性金融动荡。

2009 年 12 月，希腊的主权债务问题凸显，2010 年 3 月进一步发酵，开始向"欧洲五国"（葡萄牙、意大利、爱尔兰、希腊、西班牙）蔓延。

美国三大评级机构则落井下石，连连下调希腊等债务国的信用评级。至此，国际社会开始担心，债务危机可能蔓延全欧，由此侵蚀脆弱复苏中的世界经济。

2009 年 10 月 20 日，希腊政府宣布当年财政赤字占国内生产总值的比例将超过 12%，远高于欧盟设定的 3% 上限。随后，全球三大评级公司相继下调希腊主权信用评级，欧洲主权债务危机率先在希腊爆发。

2010 年上半年，欧洲央行、国际货币基金组织（IMF）等一直致力于为希腊债务危机寻求解决办法，但分歧不断。欧元区成员国担心，无条件救助希腊可能助长欧元区内部"挥霍无度"，并引发本国纳税人不满。

同时，欧元区内部协调机制运作不畅，致使救助希腊的计划迟迟不能出台，导致危机持续恶化。

葡萄牙、西班牙、爱尔兰、意大利等国接连爆出财政问题，德国与法国等欧元区主要国家也受拖累。

（资料来源：百度百科，http：//baike.baidu.com/link? url=V9p_HhBYYg2BL

Hj_ aEH4pt - FXeGI - Z5fnqARiuSoywD1lcGMrVT4uihSDrvjaYJjOc4OePnTV - 5kstDNldUuebMn6LN_Xn7oszWmCtxvAS；腾讯视频，https：//v.qq.com/x/page/u0154xanusz.html？ptag = qqbrowser)

扫二维码观看欧债危机视频。

（二）债券发行市场

债券发行市场是组织新债券发行的市场，其基本功能是将政府、金融机构和公司为筹集资金而发行的债券分散到投资者手中。

与股票市场类似，债券的发行方式也分为公募发行和私募发行，发行价格也分为平价发行、溢价发行和折价发行。

1. 债券发行程序

公司债券发行程序如下：①制定发行计划和发行章程。即对本次债券发行的目的、实施内容等进行规划和部署。②董事会决议。公司债发行计划和发行章程须经公司董事会决议通过才有效。③评定信用等级。证券评级机构从本息支付可靠度和信用度两个方面对发行者的债券评定等级。④提出发行申请。发行债券都须经国家证券主管机关审查核准，未经批准不得擅自发行。⑤签订委托代理协议。公募发行债券时，发行公司选择承销机构帮助发行。⑥签订信托合同。在发行抵押公司债券时，发行公司必须与受托公司签订信托合同。⑦发布发行公告。发行公司应以公告形式公布发行内容。⑧认购人应募交割。在募集期间，应募人核写认购申请书。在规定的期间认购人缴纳债券价款，发行公司则交割认购人的债券，进行钱券两清的了结。⑨发行总结。

2. 债券信用评级

信用评级是指信用评级机构对于公开发行的企业债券按照其偿还能力的大小对其信用质量进行级别的评定。进行债券信用评级最主要的原因是方便投资者进行债券投资决策，同时减少信誉高的发行人的筹资成本。目前国际上公认的最具权威性的信用评级机构，主要有美国标准·普尔公司和穆迪投资服务公司。

（三）债券流通市场

债券流通市场，是已发行债券进行买卖转让交易的市场。它与股票流通市场类似，分为证券交易所和场外交易市场。证券交易所作为债券交易的组织者，本身不参加债券的买卖和价格的决定，只是为债券买卖双方创造条件，提供服务，并进行监督。场外交易市场是在证券交易所以外进行证券交易的场所。柜台市场为场外交易市场的主体，许多证券经营机构都设有专门的证券柜台，通过柜台进行债券买卖。此外，场外交易市场还包括银行间交易市场，以及一些机构投资者通过电话、计算机等通信手段形成的市场等。我国债券流通市场由三部分组成，即证券交易所市场、银行间交易市场和商业银行柜台交易市场。

延伸阅读

华尔街

华尔街是纽约市曼哈顿区南部从百老汇路延伸到东河的一条大街道的名字，全长仅三分之一英里，宽仅为11米，是英文"WallStreet"的音译。街道狭窄而短，从百老汇到东河仅有7个街段，却以"美国的金融中心"闻名于世。

请扫一扫二维码，观看CCTV-2财经大型纪录片《华尔街》。影片以华尔街金融危机为契机，以证券市场为中心，梳理两百多年来现代金融的来龙去脉，探寻、发现资本市场兴衰与经济起伏的规律，为决策者提供依据，为资本市场的实践者提供镜鉴，为大众提供关于资本市场的启示。

（资料来源：百度百科，http：//baike.baidu.com/link？url = TjQreVdtFmbiPoGDlM7zu -

wS1－Mks2d－O_ U6qM－UWL28Umwdtc9qLyFGZvXC7WI1kWgUG3FAstM4e8TCSO8Onq；央视网，http：//tv.cntv.cn/videoset/C21543/）

四、证券投资基金市场

（一）证券投资基金市场的含义

证券投资基金是指通过向投资者募集资金，形成独立基金财产，由专业投资机构（基金管理人）进行基金投资与管理，由基金托管人进行资产托管，由基金投资人共享投资收益、共担投资风险的一种集合投资方式。证券投资基金市场是指从事证券投资基金交易的市场。

（二）证券投资基金市场的参与主体

在基金市场上存在许多不同的参与主体，依据所承担的责任与作用的不同，可以将基金市场的参与主体分为基金当事人、基金服务机构、基金的监管和自律组织三大类。

1. 基金当事人

我国证券投资基金依据基金合同设立，基金份额持有人、基金管理人与基金托管人是基金合同的当事人，简称基金当事人。

1）基金份额持有人

基金份额持有人即基金投资者，是资金的出资人、基金资产的所有者和基金投资收益的受益人，它是指投资购买并实际持有基金份额的自然人和法人，基金份额持有人是基金一切活动的中心。在权益关系上，基金持有人是基金资产的所有者，对基金资产享有资产所有权、收益分配权和剩余资产分配权等法定权益。

2）基金管理人

基金管理人是基金的募集者和管理者，在整个基金的运作中起着核心的作用。它不仅负责基金的投资管理，而且承担着产品设计、基金营销、基金注册登记、基金估值、会计核算等多方面的职责。在我国，基金管理人只能由依法设立的基金管理公司承担。

3）基金托管人

证券投资基金托管人，又称证券投资基金保管人，是证券投资基金的名义持有人与保管人。《证券投资基金法》规定，基金资产必须由独立于基金管理人的基金托管人保管，从而使得基金托管人成为基金的当事人。基金托管人的职责主要体现在资产保管、资金清算、会计复核以及对投资运作的监督等方面。在我国，基金托管人只能由依法设立并取得基金托管资格的商业银行或其他金融机构承担。

2. 基金服务机构

基金管理人、基金托管人既是基金的当事人，又是基金的主要服务机构。除基金管理人与基金托管人外，基金市场上还有许多面向基金提供各类服务的其他服务机构。这些机构主要包括以下几类。

1）基金销售机构

基金销售机构是受基金管理公司委托从事基金代理销售业务的机构。在我国，只有中国证监会认定的机构才有资格从事基金的代理销售。目前，可申请从事基金代理销售的机构包括商业银行、证券公司、保险公司、证券投资咨询机构、独立基金销售机构以及中国证监会规定的其他机构。目前，商业银行、证券公司是我国基金销售的主要渠道。

2）基金销售支付机构

基金销售支付机构是指基金销售活动中基金销售机构、基金投资人之间的货币转移活动。基金销售支付机构是指从事基金销售支付活动的机构。基金销售支付机构应按规定在中国证监会备案并取得中国人民银行的支付业务许可证资格。

3）基金份额登记机构

基金份额登记机构是指负责基金份额登记、存管、清算和交收业务的机构。基金份额登记工作可由基金管理公司自行办理或委托中国证监会认定的其他机构办理。

4）基金估值核算机构

基金估值核算机构是指从事基金估值、会计核算以及相关信息披露等活动的机构。基金管理人可以自行办理基金的估值核算业务，也可以委托基金估值核算机构代为办理相关业务。

5）基金投资顾问机构

基金投资顾问机构是向基金投资者提供基金投资咨询、建议服务的机构。

6）基金评价机构

基金评价机构是指从事对基金管理人、基金绩效进行评价、排名、评级、评奖活动的机构。基金评价机构从事公募基金评价业务并以公开形式发布基金评价结果的，应向中国证券投资基金业协会申请注册。

7）基金信息技术系统服务机构

基金信息技术系统服务机构是指向基金管理人、基金托管人和基金服务机构提供基金业务核心应用软件开发、信息系统运营维护、信息系统安全保障和基金交易电子商务平台等业务活动的机构。

8）其他服务机构

律师事务所和会计师事务所作为专业、独立的中介服务机构，为基金提供法律和会计服务。

3. 基金的监管机构和自律组织

1）基金的监管机构

基金的监管机构通过依法行使审批或核准权，依法办理基金备案，对基金管理人、基金托管人以及其他从事基金活动的服务机构进行监督管理，对违法行为进行查处，在基金的运作过程中起着重要的作用。在我国，国务院证券监督管理机构，即中国证监会依法对证券投资基金活动实施监督管理。

2）基金的自律组织

基金的自律组织主要有基金行业自律组织和证券交易所。

基金行业自律组织是由基金管理人、基金托管人或基金销售机构等服务机构成立的行业自律组织。行业协会在促进同业交流、提高从业人员素质、加强行业自律管理、促进行业发展中具有重要的作用。中国证券投资基金业协会是我国基金行业的自律性组织。

证券交易所是基金的自律管理机构之一。封闭式基金、上市开放式基金和交易型开放式指数基金需要通过证券交易所募集和交易，必须遵守证券交易所的规则；同时，经中国证监会授权，证券交易所对基金的投资交易行为还承担着重要的一线监控管理职责。

任务四　金融市场不可或缺的其他成员
——其他金融市场

金融市场按金融工具期限的长短可以分为货币市场和资本市场。除此之外，金融市场按金融工具的不同可分为黄金市场、外汇市场、金融衍生工具市场、保险市场等。这里主要介绍黄金市场、外汇市场和金融衍生工具市场。

任务引例

证监会：商业银行参与国债期货交易　将提升金融市场配置资源的效率

2020年4月10日，商业银行参与国债期货业务正式启动。据悉，参与国债期货业务的银行是中国工商银行、中国银行和交通银行。

中国证监会副主席方星海在视频启动仪式上表示，商业银行正式成为中金所的会员，参与国债期货交易。这凝聚了业界的智慧与汗水，标志着我国国债期货市场发展迈上了一个新台阶，对形成统一高效的金融市场具有重要的意义。

方星海表示，利率是最重要的金融市场价格。作为利率发现和管理利率风险的工具，国债期货是我国金融市场重要的组成部分。经过6年多的发展，已经形成了包括2年、5年、10年三个关键期限产品的国债期货市场，市场运行良好，对提升债券现货市场流动性和定价效率、完善国债收益率曲线发挥了重要作用。作为国债最大持有者的商业银行参与国债期货交易，必将进一步提高国债期货价格的有效性和代表性，推动各类金融要素市场内在有机地联为一体，提升金融市场配置资源的效率。与此同时，商业银行参与国债期货交易后，一方面，可以充分利用国债期货工具管理利率风险、稳定资产价值；另一方面，在债券市场出现波动期间，还可以利用国债期货流动性好、成交快速的优势，分流债券市场抛压，平缓现货市场波动，从而促进债券市场整体稳定运行。

方星海表示，2020年以来，受新冠肺炎疫情影响，全球金融市场剧烈波动，风险显著放大。在此背景下，我国金融期货市场稳中有进，有效地服务了金融企业需求。一季度国债期货市场累计成交482.53万手、季末持仓14.14万手，同比分别增长72.50%、68.27%。10年期主力合约价格与最便宜可交割券的基差为贴水1.13%左右，期现价格联动紧密，较好地满足了机构风险管理的需求，提升了现货市场流动性，也为国债的顺利发行提供了有力保障。

方星海指出，当前，我国正在疫情防控常态化条件下加快恢复生产生活秩序。同时，经济社会发展面临着诸多挑战。中金所要坚持以习近平新时代中国特色社会主义思想为指导，紧紧围绕服务实体经济的宗旨，发挥资本市场的中枢作用，有序增加金融期货期权产品供给，不断提升市场运行质量，扩大市场深度，让金融期货成为助力金融机构平稳经营，服务市场健康发展的重要力量。

（资料来源：中国经济网，https：//百家号，baijiahao. baidu. com/s? id =1663725956347689907&wfr = spider&for = pc）

思考：

通过这个案例，你了解的金融市场除了包括货币市场和资本市场外，还包括哪些呢？

一、黄金市场

（一）黄金市场的含义

黄金市场是交易双方集中进行黄金买卖的市场，也可以说是黄金交易的行为、黄金市场场所及其交易机制的总称，具体包括黄金现货交易市场、黄金市场黄金远期交易市场以及黄金期货交易市场三大部分。黄金市场是各国完整的金融市场体系的重要组成部分。黄金市场是一个全球性的市场，可以24小时在世界各地不停交易。黄金很容易变现，可以迅速兑换成任一种货币，形成了黄金、本地货币、外币三者之间的便捷互换关系，这是黄金在当代仍然具备货币与金融功能的一个突出表现。

（二）黄金市场的主体

黄金市场的主体指黄金市场的参与者。从国际经验上来看，黄金市场的参与者包括国际金商、银行、对冲基金等金融机构，各个法人机构和私人投资者以及在黄金期货交易中有很大作用的经纪公司。

1. 国际金商

国际金商是对黄金市场影响最大的市场参与者。国际金商与世界各地的黄金供应者和需求者都有密切的联系，对黄金的定价起着举足轻重的作用。最典型的就是伦敦黄金市场上的五大金行，包括洛希尔国际投资银行、加拿大丰业银行、德意志银行、美国汇丰银行、瑞士信贷第一波士顿银行。五大金行自身就是一个黄金交易商，由于其与世界上各大金矿和黄金商有广泛的联系，而且其下属的各个公司又与许多商店和黄金顾客联系，因此，五大金商会根据自身掌握的情况，不断报出黄金的买价和卖价，但同时也要负责金价波动的风险。

延伸阅读

伦敦黄金市场的"黄金屋"

伦敦黄金市场不但历史悠久，而且是最大的黄金市场。早在19世纪初，伦敦就是世界黄金精炼、销售和交换的中心。1919年，伦敦黄金市场开始实行日定价制度，每日两次，该价格是世界上最主要的黄金价格，一直影响到纽约以及香港黄金市场的交易，许多国家和地区的黄金市场价格均以伦敦金价为标准，再根据各自的供需情况上下波动。同时，伦敦金价亦是许多涉及黄金交易的合约基准价格。

伦敦的黄金定价是在"黄金屋"（Gold Room）——一间位于英国伦敦市中心的洛希尔公司总部的办公室里进行的。在1919年9月12日，伦敦五大金行的代表首次聚会"黄金屋"，开始制定伦敦黄金市场每天的黄金价格，这种制度一直延续到了今天。

五大金行每天制定两次金价，分别为上午10时30分和下午3时。由洛希尔公司作为定价主持人，一般在定价之前，市场交易停止片刻。此时各金商先暂停报价，由洛希尔公司的首席代表根据前一天晚上的伦敦市场收盘之后的纽约黄金市场价格以及当天早上的香港黄金市场价格定出一个适当的开盘价。其余四家公司代表则分坐在"黄金屋"的四周，立即将开盘价报给各自公司的交易室，各个公司的交易室则马上按照这个价格进行交易，把最新的黄金价格用电话或电传转告给客户，并通过路透社把价格呈现在各自交易室的电脑系统终端。各个代表在收到订购业务时，会将所有的交易单加在一起，看是买多还是卖多，或是买卖相抵，随后将数据信息以简单的行话告诉给洛希尔公司的首席代表以调整价格。如果开盘价过高，市场上没有出现买方，首席代表将会降低黄金价格；如果开盘价过低，则会将黄金价格抬高，直到出现卖家。定价交易就是在这样的供求关系上定出新价格的。

同时，在"黄金屋"中，每个公司代表的桌上都有一面英国小旗，一开始都是竖着的。在黄金定价过程中，只要还有一个公司的旗帜竖在桌上，就意味着市场上还有新的黄金交易订购，洛希尔公司的首席代表就不能结束定价。只有等到"黄金屋"内的五面小旗一起放倒，表示市场上已经没有了新的买方和卖方，订购业务完成，才会由洛希尔公司的代表宣布交易结束，定价的最后价格就是成交价格。定价的时间长短要看市场的供求情况，短则1分钟，长可达1小时。之后，新价格就很快会传递到世界各地的交易者手中。

（资料来源：凤凰财经，http：//finance.ifeng.com/a/20131212/11263593_0.shtm）

2. 银行

参与黄金交易的银行又可以分为两类，一类是仅仅为客户代行买卖和结算，本身并不参加黄金买卖，以苏黎世的三大银行为代表，其充当生产者和投资者之间的经纪人，在市场上起到中介作用。另一类是做自营业务的银行，如在新加坡黄金交易所（UOB）里就有多家自营商会员是银行。

3. 对冲基金

对冲基金，也称避险基金或套利基金，是指由金融期货和金融期权等金融衍生工具与金融工具结合后以高风险投机为手段并以营利为目的的金融基金。现在人们普遍认为对冲基金实际是基于最新的投资理论和极其复杂的金融市场操作技巧，充分利用各种金融衍生品的杠杆效用，承担高风险、追求高收益的投资模式。一些规模庞大的对冲基金利用与各国政治、工商和金融界千丝万缕的联系往往较先捕捉到经济基本面的变化，利用管理的庞大资金进行买空和卖空，从而加速黄金市场价格的变化，从中渔利。

4. 各种法人机构和私人投资者

黄金市场中的各种法人机构和私人投资者主要包括专门出售黄金的公司，如各大金矿、黄金生产商、专门购买黄金消费的（如各种工业企业）黄金制品商、首饰行以及私人购金收藏者、专门从事黄金买卖业务的投资公司、个人投资者等。如此众多的法人机构和私人投资者对风险的偏好和买卖黄金的目的各有不同，有风险厌恶者希望规避风险，减少黄金市场价格的波动，也有风险偏好者希望价格波动幅度足够大从而可以获取高额投机收益。

5. 经纪公司

经纪公司是专门从事代理非交易所会员进行黄金交易，并收取佣金的经纪组织。有的交易所把经纪公司称为经纪行（Commission House）。在美国纽约、芝加哥和香港等黄金市场，有不少经纪公司本身并不拥有黄金，只是派出场内代表在交易厅里为客户代理黄金买卖，收取客户的佣金。

> **延伸阅读**
>
> **黄金的投资方式**
>
> 实物黄金是比较原始的投资方式，其中包括金条、金币、首饰等，只是出于保值、抗通货膨胀的目的购买实物黄金，而不是投资。
>
> 纸黄金是国内中、农、工、建四大银行推出的一种个人凭证式黄金，投资者按银行报价在账面上买卖"虚拟"黄金，通过把握国际金价走势低吸高抛，赚取黄金价格的波动差价，不发生实金提取和交割。
>
> 现货黄金是一种国际性的投资产品，由各黄金公司建立交易平台，以杠杆比例的形式向坐市商进行网上买卖交易，形成的投资理财项目。
>
> 黄金期货是指以国际黄金市场未来某时点的黄金价格为交易标的的期货合约，投资人买卖黄金期货的盈亏，是由进场到出场两个时间的金价价差来衡量，契约到期后则是实物交割。
>
> 黄金期权是买卖双方在未来约定的价位，具有购买一定数量标的的权利而非义务。如果价格走势对期权买卖者有利，会行使其权利而获利。如果价格走势对其不利，则放弃购买的权利，损失只有当时购买期权时的费用。
>
> 黄金凭证又称金元券，可兑换等值黄金，以美元计算，也是目前国际投资黄金的主要方式之一。凭证上除注明黄金之购买日期、重量、规格及成色之外，也保证投资者随时提取所购买黄金的权利。
>
> 黄金作为一种有避险属性的投资产品，对国际的局势比较敏感，因此投资者看行情趋势的时候，可以多留意国际政治与经济动向。
>
> （资料来源：百度文库，https：//wenku. baidu. com/view/6713fd7577eeaeaad1f34693daef5ef7bb0d12c5. html）

（三）世界主要的黄金市场

黄金市场是一个全球性的市场，世界上有40多个城市有黄金市场。伦敦和纽约是世界上最大的两个黄金交易市场所在地。黄金市场的运作与其他投资市场以及股票市场类似。买卖每天都在进行，而价格受市场内经济条件的影响。目前世界上最主要的黄金市场在英国伦敦、瑞士苏黎世、美国纽约和芝加哥、中国香港等地。

（1）英国伦敦黄金市场，是世界黄金市场之首。1804 年，伦敦取代荷兰阿姆斯特丹成为世界黄金交易中心，是现时世界上最大的现货黄金市场。伦敦黄金市场最大的特点是没有一个固定之交易所，可以随时随地交易，其交易是通过无形方式——各大金商的销售联络网完成。

（2）瑞士苏黎世黄金市场，是"二战"后发展起来的国际黄金市场。苏黎世黄金市场没有正式组织结构，由瑞士三大银行——瑞士银行、瑞士信贷银行和瑞士联合银行构成。瑞士黄金市场的基础是瑞士的私人银行体系和辅助性黄金服务体系，为黄金经营提供了一个自由保密的环境，同时瑞士与南非有优惠协议，可获得 80% 的南非金，苏联的黄金也聚集于此；南非、苏联和社会主义阵营国家的大部分黄金通过苏黎世黄金市场和西方交易，瑞士成为世界上新增黄金的最大中转站。苏黎世黄金市场以民间私营黄金投资交易为基础，并且和私人银行业务结合运行，它是世界上最大的私人黄金的存储中心，同时也是世界上最大的金币市场和私人投资市场。

（3）美国黄金市场，是在 20 世纪 70 年代中期发展起来的。美国黄金市场包括纽约商品交易所和芝加哥商品交易所，它们不仅是美国的黄金期货交易中心，也是全球最大的黄金期货交易中心。不仅如此，两大交易所对黄金现货市场的金价影响也很大。以纽约为例，在纽约，期货交易并没有实质的黄金市场，金市归附在纽约期货交易所之内，而黄金只是期货交易所内其中一种商品。该交易所本身并不参加期货的买卖，仅仅为交易者提供一个场所和设施，并制定一些法规，保证交易双方在公平和合理的前提下交易。

（4）中国香港黄金市场，已有逾百年的历史。香港黄金市场，由香港金银贸易市场、香港伦敦金市场、香港黄金期货市场组成，其形成以香港金银贸易市场的成立为标志。①香港金银贸易市场。有固定买卖场所，主要交易的黄金规格为 5 个司马两一条的 99 标准金条，交易方式是公开喊价，现货交易。②香港伦敦金市场。为外资金商市场，即"交易在香港，交割在伦敦"，没有固定交易场所。③香港黄金期货市场。其是一个正规的市场，其性质与美国的纽约和芝加哥的商品期货交易所的黄金期货性质是一样的。

世界黄金市场除了上述四大市场外，还有如孟买、东京、新加坡等一些影响力也比较大的黄金市场。一般国际市场对黄金无特殊偏好，"三九金"为主要交易品种。而亚太地区市场的投资者因民俗和传统缘故喜欢"纯粹的金子"，因此常有"四九金"交易，如上海、东京、新加坡等。

延伸阅读

迪拜黄金市场

让我们一起走进坐在黄金矿上的城市——迪拜黄金市场吧，看看他们是如何把黄金当白菜卖。

二、外汇市场

（一）外汇市场的含义及特征

1. 外汇市场的含义

外汇市场是指专门从事外汇买卖或者货币兑换的场所。外汇市场有狭义和广义之分。狭义的外汇市场是指进行外汇交易的有形市场，即外汇交易所或外汇交易中心。广义的外汇市场是指有形和无形外汇买卖市场的总和，它不仅包括封闭式外汇交易中心，而且包括没有特定交易场所，通过电话、传真、互联网等方式进行的外汇交易。通常人们所指的外汇市场是广义的外汇市场。

外汇市场的产生，起因是国际贸易的大规模发展而产生了汇兑及避险需要，后来人们发现汇率的波动差价能带来巨大收益，于是外汇市场逐渐发展成为以投机目的为主的市场。

2. 外汇市场的特征

（1）交易"场所"特殊。外汇市场交易场所的"场所"既可以指一个地方，也可以指一个交易网络，或者一种交易机制。外汇市场不像其他市场必须具备交易场所，这个场所可以是有形的，也可以是无形的——由电话、传真、计算机终端、通信线路等组成的网络，通过交易指令实现外汇的买卖、资金的交割和资金的转移。一般来说，外汇买卖业务并不在某个具体的地方开展。

（2）高度一体化的市场。在外汇市场上交易的货币在世界各地都是相同的，具有很大的同质性，而且货币的频繁流动所进行的套汇行为，消除了汇价的波动，最终出现价格的均等化。

（3）24小时交易。在全球范围内，由于时差的存在，各国外汇市场开闭时间也不同，由此形成了一个在时间和空间上都连续不断的市场。

（4）交易币种集中，便于操作。外汇市场上交易的币种相对集中，主要集中于美元、欧元、日元、英镑、瑞郎、澳元等，相对而言，便于操作。

（5）成交量大，不易被操纵。外汇市场是全球最大的市场，参与者众多，包括商业银行、外汇经纪人、中央银行、企业、个人等。无论参与者规模的大小，都很难对外汇市场造成持续的影响。

案例解析

带您认识全球主要外汇电子交易平台

电子交易系统在金融市场上应用得相当广泛，主要是交易商之间的电子交易系统、交易商与终端投资者之间的电子交易系统以及终端投资者之间的电子交易系统。全球电子交易平台（Electronic Trading Platform）在外汇市场上更是一种常见的交易外汇产品交易平台，尤其是在交易商间即期市场上，电子交易系统更是占绝对优势。外汇市场是一个以场外交易为主的市场，日均交易量超过5万亿美元，交易商间的市场份额占据60%以上。

目前，全球外汇市场上的电子交易系统主要包括全球最大的外汇即期交易平台ICAP旗下的EBS、彭博电子交易系统、汤森路透旗下的FXAll、芝加哥商业交易所（CME Group）、Currenex、FastMatch、FX Connect、FXSpotStream、Hotspot FX、Integral、LMAX、Molten Markets、花旗Citi Margin FX Trading（2015年福汇与盛宝分别接管了花旗外汇平台客户）、福汇FXCM Pro、嘉盛Gain GTX、360T（2015年7月德意志银行正式收购360T，月均交易量2.25万亿美元左右）以及盛宝银行等。

上述电子交易平台中，又以EBS BrokerTec、汤森路透及彭博为主力军，这些电子平台在外汇市场中占据举足轻重的作用，交易量亦在全球电子交易系统份额中超过60%。

交易商电子化是一个潮流，现在几乎所有的交易所都准备了某种电子交易系统，很多交易所还实现了完全的电子化。20世纪末，世界上有70%的股票交易所实现了电子化，截至今日，全球交易所基本完全实现电子化。交易所电子化主要表现在三个方面：市场信息传播、订单传递和订单匹配。

电子交易系统的运用提高了运作效率，降低了金融机构运作成本，提高了市场的透明度，完善了价格发现（产生）机制。

全球主要外汇电子交易平台简析：

一、EBS BrokerTec

毅联汇业（ICAP）是全球最大的交易商同业经纪商，由 Garban 公司和 Intercapital 公司于 1999 年合并成立，2001 年更名为 ICAP，凭借其在利率掉期和期权、商品掉期及可转换债券和外汇期权方面的优势，通过一系列并购行为，逐步发展成为全球最大的交易商同业经纪商。

1993 年，全球 14 家最大的外汇银行成立合伙公司，投资 5 000 万美元发展 EBS 交易系统。EBS 成为全球最大的即期外汇电子交易系统、银行同业及专业交易社群市场信息方案提供商，为专业即期外汇行业服务。2005 年 6 月 23 日正式宣布进入中国市场。2006 年 6 月，ICAP 完成了对 EBS 的收购，实现了质的飞跃，一跃成为电子交易平台和市场数据优秀的解决方案提供商。2007 年，ICAP 和中国外汇交易中心共同组建上海国际货币经纪有限公司，开展经纪业务。

EBS 电子交易系统是银行间外汇市场使用最广的平台。EBS 在世界 50 个国家的 800 多家交易所为银行和非银行交易机构提供即期外汇交易定价系统。外汇经纪商等券商的外汇报价是从银行得来的，而银行的定价则来源于 EBS。银行收到这个定价后予以处理，以便适合于银行的风险承担水平，然后才会向其客户（外汇经纪商等）公布。这个过程给交易平台和交易员造成报价间歇，使他们失去潜在机会。

英国毅联汇业（ICAP）最新公布了截止到 2016 年 3 月 31 日的一财年财报，数据显示，其电子交易平台 EBS 营收达 1.26 亿英镑，同比增长 2%。2015 年全年 EBS 日均交易量为 950 亿美元，四季度一度降至 780 亿美元，ICAP 认为这是因为 G3（美元、欧元和日元）波动性相对低造成的；2016 年一季度 EBS 日均交易量为 967 亿美元，月均交易量则为 21 118 亿美元。

二、汤森路透

路透社于 1851 年成立，总部设在伦敦。路透社联系着全球 5 000 多家银行和金融机构，数百家交易所，24 小时不停地由总部发出各种经济信息和金融信息，客户可以随时获得从外汇、债券到期货、股票、能源在内的各金融市场的实时行情。2008 年 4 月 17 日，汤姆森公司收购了英国路透公司，成立了汤森路透，其是目前全国最大的情报信息提供商，致力于为商务及专业人士提供高效的解决方案。

汤森路透是全球最大的电子外汇交易平台，旗下拥有专业外汇电子交易平台 FXAll。汤森路透全球区副总裁刘煜 2015 年 6 月在第四届海峡金融论坛上表示，汤森路透有超过 4 000 家客户，有 80 多个做市商，有 780 家交易所，每天在汤森路透的电子外汇交易平台上有超过 2 200 亿美元的交易量发生。目前，汤森路透与很多国内交易中心展开数据方面的合作，向它们提供全球外汇交易数据。

2015 年 11 月，汤森路透集团将所有的外汇交易平台整合到一个平台里，以建立单一的进入号称是行业最大的独立外汇流动性池的入口。汤森路透的客户将可以在新一代桌面解决方案 FX Trading 获得全套整合功能。此外，汤森路透还将 FXall QuickTrade 整合进 Thomson Reuters Eikon，方便企业财务管理人员进行小量外汇交易。

汤森路透 2016 年一季度的报告显示，该公司营收为 27.9 亿美元，同比下降 1%；调整后 EBITDA 达 7.48 亿美元，同比上涨 2%；潜在运营利润达 4.98 亿美元，同比上涨 8%；调整后每股收益为 0.48 美元。2015 年全年，包括旗下 FXall 和汤森路透外汇现货、期货、掉期期权以及无本金交割远期产品匹配平台在内的日均交易量为 3 667 亿美元；2016 年一季度日均交易量为 3 650 亿美元。

三、彭博电子交易系统

彭博在 2000 年进入外汇市场后形成了完善的电子交易系统（Bloomberg Electronic Trading System）。到 2006 年，彭博的外汇产品，包括新闻、数据、交谈工具、分析、执行等功能变得更加健全,深受外汇专业人士青睐,并真正开始被广泛应用。彭博的产品工具相当多样化,如多银行交易平台 FXGO;交谈式外汇交易工具 IB Dealing;外汇专业新闻服务 First Word FX 等。

FXGO 覆盖了所有外汇产品,包括监管和未监管市场的现货、直接、掉期及无本金交割远期交易等。作为公开的、银行对客户的解决方案,FXGO 向银行提供的分配机制能与它们的电子商务策略形成互补,同时也为买方客户提供最佳执行和有效的工具,同时对银行和买方客户都是免佣金的。FXGO 是很多银行唯一的电子商务解决方案。它提供多种执行类型,包括即时彭博交谈式外汇交易工具、自动报价申请、算法交易及声音交易等。

彭博全球外汇及商品电子交易主管 Tod Van Name 认为,有许多因素促进了 FXGO 的发展,包括 FXGO 是唯一无缝整合了一系列外汇解决方案的执行平台,它实现了通过单一平台提供透明报价、交易解决方案和风险整合等多重服务。而 FXGO 所整合的产品又有着比其他平台更好的深度和广度,其流动性来自 500 多家机构。

除此之外,还有许多其他特色让 FXGO 非常有吸引力,如可免费定制的无缝直通式交易模式(STP)、可联通超过 15 家算法提供商,或者从你的订单处理系统(OMS)或者 Excel 中引入上百个订单等功能。目前,FXGO 具体交易量无法查询,据 FXword 汇众资讯推算,FXGO 日均交易量应该在 1 500 亿~2 500 亿美元(仅供参考)。

四、Click 365

东京作为全球重要金融中心之一,造就了日本成为全球最大的外汇市场,并拥有完善和先进的交易设施与技术。在日本,外汇保证金投资可以通过两种方式进行交易,即交易所交易与场外交易。前者就是日本知名的外汇交易所 Click 365,投资者可以通过交易所登入外汇公司,再将单子通过交易所与银行等进行撮合成交。

2005 年东京金融交易所推出了"Click 365"交易平台,创设了交易所外汇保证金市场,成功地将一部分场外外汇保证金交易引入场内。随着日本外汇保证金业务的高速发展,Click 365 入金量创下最高纪录。2016 年 1 月 6 日,Click 365 保证金入金量超过 5 000 亿日元。Click 365 2015 年 12 月交易量达到 3 523 536 份合约,环比增长 44.9%。

(资料来源:外汇邦,http://www.waihuibang.com/fxschool/experience/48534.html)

思考:通过该案例请分析外汇交易市场的特点。

解析:参考教材对外汇交易市场的特征进行分析。

(二)外汇市场的主体

外汇市场由主体和客体构成。外汇市场的主体是指从事外汇交易的当事人,主要包括外汇银行、中央银行、外汇经纪人、顾客。外汇市场的客体是指外汇市场的交易对象,是指各种可自由交换的外国货币、外币有价证券及支付凭证等。下面主要介绍外汇市场的主体。

1. 外汇银行

外汇银行又称外汇指定银行,是指经中央银行指定或授权,可以经营外汇业务的商业银行和其他金融机构,包括外汇专营银行、兼营外汇业务的本国商业银行、跨国银行的分支机构和代办处,以及兼办外汇业务的其他金融机构。外汇银行是市场上最主要的参加者,它主要从事以下两种业务:一是代理客户买卖外汇;二是以自己的账户直接进行外汇交易。外汇银行参与外汇交易可以降低交易成本。

2. 中央银行

中央银行在外汇市场参与外汇交易的目的主要有两个:储备管理和汇率管理。中央银行在外汇市场的活动包括两方面:一是作为政府的银行参与外汇市场,为政府机构和重要的企业进行外汇交易。此外，各国中央银行之间、中央银行与国际金融机构之间也有外汇交易发生。二是作为管理者介入外汇市场，进行外汇买卖，干预外汇市场，调节外汇供求，将汇率保持在目标市场上，保证政府实现既定的经济目标。

3. 外汇经纪人

外汇经纪人是在外汇银行、中央银行和顾客之间联系外汇买卖，并从交易中收取手续费的中间人。外汇经纪人一般需要一国的中央银行批准才能开业。外汇经纪人分为两类：一类是一般经纪人，即以自有资金参与外汇交易，自负盈亏，此时的经纪人就是自营商；另一类称为跑街经纪人，他们以收取佣金为目的，代客买卖外汇。

4. 客户

客户，指出自交易、保值或投机性需要而参与外汇买卖的企业和个人。根据交易目的，外汇市场的客户可以分成三类：①以交易为目的的外汇买卖者，如留学生、出国旅游者、进出口商、国际投资者等；②以保值为目的的外汇买卖者，如套期保值者，通过在外汇市场上买卖外汇固定商品外贸市场上的交易成本，以达到保值规避风险的目的；③以投机为目的的外汇买卖者，他们利用汇率的时间差和地域差，低买高卖，获取投机利润。

外汇市场的四个主体之间的交易可以分成两个层次：①银行同业市场，参与者主要为各类商业银行、外汇经纪公司、中央银行等。②客户与银行之间的交易市场，交易主要发生在各类客户与银行之间。

（三）全球主要外汇市场

目前，世界上主要的外汇市场遍布于世界各大洲的不同国家和地区。根据传统的地域划分，可分为亚太地区、欧洲、北美洲等三大部分，其中，最重要的有欧洲的伦敦、法兰克福、苏黎世和巴黎，北美洲的纽约和洛杉矶，亚太地区的悉尼、东京、新加坡和香港等。

1. 伦敦外汇市场

伦敦外汇交易市场是世界最大、历史最为悠久的外汇交易中心，对世界外汇市场走势有着重要的影响。伦敦外汇市场在第一次世界大战之前，就已初具规模。

1979年10月，英国全面取消了外汇管制，伦敦外汇市场便迅速发展起来。伦敦外汇市场是一个典型的无形市场，没有固定交易场所，通过电话、传真、电报、计算机完成外汇交易。伦敦外汇市场上，参与外汇交易的外汇银行机构众多，几乎所有的国际性大银行都在此设有分支机构。伦敦外汇市场的交易货币种类众多，常见的就有30多种，其中交易规模最大的为英镑兑美元的交易，其次是英镑兑欧元、美元兑瑞郎、美元兑日元等交易。

2. 纽约外汇市场

纽约外汇市场是北美洲最活跃的外汇市场，一度成为世界第一大外汇市场，20世纪70年代后，纽约外汇市场稳居世界第二大外汇交易中心，对世界外汇走势同样有着重要的影响。"二战"后，纽约成为全世界美元的清算中心，纽约外汇市场已迅速发展成为一个完全开放的市场，目前世界上90%以上的美元收付都是通过纽约"银行间清算系统"进行的，因此纽约外汇市场有着其他外汇市场所无法取代的美元清算和划拨功能，地位日益巩固。纽约外汇市场的日交易量仅次于伦敦。除美元外，各主要货币的交易币种依次为欧元、英镑、瑞郎、加元和日元。

3. 苏黎世外汇市场

瑞士苏黎世外汇市场是一个传统的外汇市场，在国际外汇交易中处于重要的地位。在"二战"期间，瑞士是中立国，外汇市场未受战争影响，并一直坚持对外开放，国内政治经济局势稳定，是世界上少有的、重要的外币避祸国。苏黎世外汇市场上，美元兑瑞士法郎的交易量占据了主导性的地位。

4. 东京外汇市场

东京外汇市场是亚洲最大的外汇交易中心。日本过去实行严格的外汇管制，20世纪50年代后，逐渐放松外汇管制，1964年日本加入国际货币基金组织后，日元才被允许自由兑换，东京外汇市场才开始逐步形成，经营业务也逐步多样化，涉及范围也与以前大不相同。20世纪80年代以后，随着日本经济的快速发展和在国际贸易中地位的逐步上升，新外汇法公布，放松外汇管制，东京外汇市场也日渐壮大起来，逐渐拉近了与纽约外汇市场的差距。日本是贸易大国，汇率的变化与日本贸易状况密切相关，日本中央银行对美元兑日元的汇率波动极为关注，同时频繁地干预外汇市场，这是该市场的一个重要特点。东京外汇市场上，银行同业间的外汇交易可以通过外汇经纪人进行，也可以直接进行。日本国内的企业、个人进行外汇交易必须通过外汇指定银行进行。东京外汇市场的交易品种比较单一，主要是美元兑日元、欧元兑日元的交易。

5. 法兰克福外汇市场

法兰克福外汇市场是欧洲重要的外汇交易中心，这源于法兰克福是德国重要的经济金融中心。法兰克福外汇市场的参与者主要是大型商业银行。德国整个银行体系中的上千家银行中，只有一百来家放在外汇市场上积极从事活动。为维护汇率的稳定，德国的中央银行会对外汇市场进行干预，干预的主要品种是欧元兑美元的交易，有时也对外币和外币之间的汇率变动进行干预。

世界上主要的外汇市场除了上述五个之外，还有大洋洲最重要的外汇交易市场——悉尼外汇市场，"亚洲美元"市场的交易中心——新加坡外汇市场以及亚洲的香港外汇市场等。每个外汇市场都有其固定和特有的特点，但所有市场都有共性。各市场被距离和时间所隔，它们敏感地相互影响又各自独立。

三、金融衍生工具市场

（一）金融衍生工具市场的含义和特点

1. 金融衍生工具市场的含义

金融衍生工具，又称金融衍生产品，是与基础金融产品相对应的一个概念，指建立在基础产品或基础产量之上，其价格取决于基础金融产品价格（或数值）变动的派生金融产品。这里所指的基础产品是个相对概念，不仅包括股票、债券等现货金融产品，也包括金融衍生工具。作为金融衍生工具基础的变量种类繁多，主要是各类资产价格、价格指数、利率、汇率、费率、通货膨胀率以及信用等级等。金融衍生工具市场是指进行金融衍生工具交易的场所。

2. 金融衍生工具市场的特点

与金融原生产品市场相比，金融衍生工具市场的特点如下。

（1）杠杆性。

杠杆性是指以较少的资金成本取得较多的投资基金。金融衍生工具在交易时体现的最大特点就是"以小博大"，交易者进行金融衍生工具的交易时，通常不需要缴清全部资金，而只要缴存部分保证金或押金，就可以进行全部交易资金的操作。

（2）高风险性。

正是由于金融衍生工具交易具有杠杆性，才导致其具有高风险性。金融衍生工具交易双方只需要缴纳少量的保证金就可以获得数倍于甚至于数十倍于保证金的收益，当然同时也可能会承受如此之多的亏损，这既为投资者提供了低成本的风险管理手段，同时也为投机者提供了更大的冒险机会。

(3) 虚拟性。

金融衍生工具独立于现实资本运动之外,却能给持有者带来收益,这种收益来自金融原生产品价格的变化,并非是金融原生产品本身的增值,是一种收益获取权的凭证,本身没有价值,具有虚拟性,尤其是当金融原生产品为股票、债券等虚拟资本时,相应的金融衍生工具具有双重的虚拟性。

(二) 金融衍生工具市场的分类

1. 金融远期协议市场

金融远期协议 (Forward Contracts),也称为远期合同,是指双方约定在未来的某一确定时间,按照确定的价格买卖一定数量的某种金融资产的合约。远期合约是最简单的一种金融衍生工具,也是一种非标准化协议,它主要在场外市场进行交易,标的资产的数量、质量、交货时间、交货地点等交易条件由交易双方自行商定。远期协议是期货、期权和互换的基础,后者都是在远期协议基础上发展起来的金融衍生工具。金融远期市场是指从事金融远期交易的市场。

远期协议主要有远期货币协议和远期利率协议两类。

远期货币协议,即远期外汇合约,是指外汇买卖成交日合约成立时,交易双方无须收付对应货币,而是约定在未来某一时间按照协议规定的汇率(即远期汇率)进行货币的交割和清算。

远期利率协议是一种利率的远期合约,交易双方商定在未来某一特定时间针对协议金额进行协定利率与市场利率差额支付的一种远期合约。即交易双方在将来的清算日按照规定的期限和本金额,由一方或另一方支付协议利率和参照利率利息差额的贴现金额。一般来说,远期利率协议的买方是为了防止利率上升的风险,由其支付协定利率;远期利率协议的买方是为了防止利率下跌的风险,由其支付市场利率。

2. 金融期货市场

金融期货合约 (Financial Futures Contracts) 是指在特定的交易所通过竞价方式成交,承诺在未来的某一日或某一期限内,以事先约定的价格买进或卖出某种标准数量的某种金融工具的标准化契约。金融期货市场是指从事金融期货交易的市场。最早的有组织、规范化的期货交易是在 1848 年美国芝加哥期货交易所正式成立之后产生的。早期的期货交易主要是商品期货的交易。金融期货交易产生于 20 世纪 70 年代的美国期货市场,由于布雷顿森林体系国际货币制度的崩溃,以及金融自由化和金融创新浪潮的冲击,国际资本市场上利率、汇率和股票价格指数波动幅度加大,市场风险急剧增加。为了规避这些风险,金融期货市场应运而生,为保证资本市场的良性运转发挥了不可替代的作用。1972 年,芝加哥商业交易所 (CME) 成立国际货币市场 (IMM) 分部,并推出英镑、加元等 7 个外汇期货品种,这是世界上最早的金融期货品种。

金融期货的基本类型主要有外汇期货、利率期货和股票指数期货。

(1) 外汇期货。外汇期货是以某种外汇为标的物,在未来某个时间进行交割的标准化合约。它的产生源于外汇市场巨大的汇率风险。外汇交易最早可追溯到 14 世纪的英国,而外汇衍生品市场却是在 20 世纪 70 年代深刻的历史背景条件和经济环境因素下才产生和发展起来的。20 世纪 60 年代,西方金融市场开始出现一些简单的外汇衍生品,如外汇远期和外汇掉期交易。1972 年 5 月,芝加哥商业交易所 (CME) 正式建立了国际货币市场,推出全球第一个金融期货——外汇期货,其中包括英镑、加拿大元、西德马克、法国法郎、日元和瑞士法郎等在内的多币种外汇期货合约,标志着外汇场内衍生市场的产生,这也是金融期货中最早出现的品种。

(2) 利率期货。利率期货是指在期货交易所买进或卖出某种价格的有息资产而在未来一定时间交割的标准化合约。有息资产包括国库券、政府债券、商业票据、定期存单等。利率期货最早产生于美国，它的产生源于债券市场较大的利率风险。目前，利率期货是全球期货商品的主流，其成交量高居各类期货商品的首位，利率期货的主要代表是债券期货。

（3）股票指数期货。股票指数期货是在期货市场上进行的以股票指数为标的物，在未来某个时间进行交割的标准化合约。它的产生源于股票市场巨大的价格风险。股票价格波动巨大且频繁，为了规避股价波动带来的风险，同时也为一些投资者提供交易机会，反映整个股市价格总体走势的股票指数知识期货就应运而生了。自1982年2月美国堪萨斯市期货交易所推出价值线综合指数期货合约后，股价指数期货已成为全球金融市场一个重要的投资品种。

3. 金融期权市场

金融期权（Option）又称为选择权，是指赋予其购买者在规定期限内按双方约定的价格或执行价格购买或出售一定数量某种金融资产的权利的合约。期权的买方为了取得这种权利，必须向卖方支付一定数额的费用，这笔费用就是期权费。与期货相比，期权购买者可以在行情发展对自己不利时选择放弃行使期权合约中规定的权利，而不必承担必须买进或卖出的义务，也就是说与期货不同的是，期权赋予买方将风险锁定在一定范围之内的权利，可以实现有限的损失（即期权费）和无限的收益。金融期权市场是指从事金融期权交易的市场。

金融期权按照不同的分类标准，有不同的类型。

（1）按权利不同，可分为看涨期权和看跌期权。

看涨期权也称为买方期权或买入期权，是指期权购买者有权利在预先规定的时间以约定的价格从期权售出者手中买入一定数量的商品或资产。投资者预期某种商品或金融资产的未来价格上涨时购买看涨期权。

看跌期权也称为卖方期权或卖出期权，是指期权购买者有权利在预先规定的时间以约定的价格向期权售出者卖出一定数量的商品或资产。投资者预期某种商品或金融资产的未来价格下跌时购买看跌期权。

（2）按交易环境不同，可分为场内期权和场外期权。

场内期权也称为"交易所交易期权"或"交易所上市期权"，是指在集中性的交易所内进行的标准化的金融期权合约交易。

场外期权也称为"柜台"期权，是指在非集中性的交易场所进行的非标准化的金融期权合约的交易。场外期权是非标准化的，交易的金额、期限以及履约的价格等均由买卖双方商定，也可根据个别客户的需要进行"特制"，一般通过电话、传真等设备的联系来完成交易。场内期权与场外期权的区别最主要就表现在期权合约是否标准化。

（3）按行权时间不同，可分为欧式期权和美式期权。

欧式期权是指期权购买者只能在到期日这一天行使其权利，既不能提前，也不能推后的期权。

美式期权是指期权购买者可以在期权到期日以及到期日前任何一个营业日被执行的期权。

欧式期权和美式期权的主要区别在于行使期权的时间不同。欧式期权要求其持有者只能在到期日履行合同，结算日是履约后的一天或两天，欧式期权获利的时间不灵活。目前国际上大部分的期权交易都是欧式期权，国内的外汇期权交易也是采用的欧式期权合同方式。美式期权在到期日前的任何时候或在到期日都可以执行，结算日则是在履约日之后的一天或两天，大多数的美式期权合同允许持有者在交易日到履约日之间随时履约，但也有一些合同规定一段比较短的时间可以履约，如"到期日前两周"。美式期权灵活，买方"权利"相对较大，但付费十分昂贵，同时美式期权的卖方风险也较大。美式期权多为场内交易所采用。

课堂实践

区别期权与期货

请同学们比较期权与期货在投资者权利与义务方面，履约保证方面，盈亏的特点方面的不同。

4. 金融互换市场

金融互换（Financial Swaps，也称掉期），是指互换双方达成协议并在一定的期限内转换彼此货币种类、利率基础及其他资产的一种交易。金融互换业务往往发生在信用等级不同，筹资成本、收益能力也不相同的筹资者之间，互换能保持债权债务关系不变，并能较好地限制信用风险。金融互换市场是指从事金融互换交易的市场。

互换的种类有货币互换、利率互换、商品互换和股权互换，经常进行的互换交易主要是货币互换和利率互换。

证书衔接

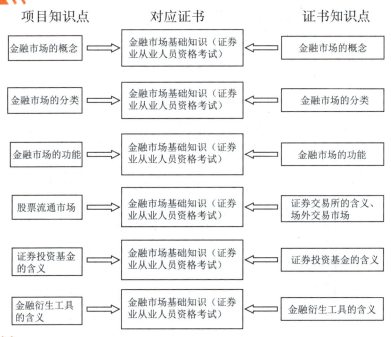

知识树

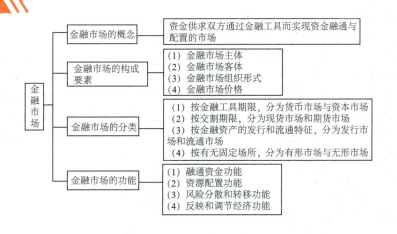

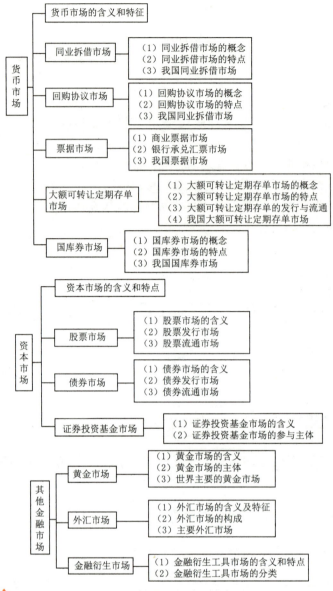

思考与练习

一、单项选择题

1. 股票流通中的场内交易,其直接参与者必须是( )。
   A. 股民　　B. 机构投资者　　C. 证券商　　D. 证券交易所会员
2. 股票发行价格大于股票面值的发行方式为( )。
   A. 溢价发行　　B. 平价发行　　C. 折价发行　　D. 中间价发行
3. 同行拆借市场是除( )之外的金融机构之间进行短期资金融通的市场。
   A. 商业银行　　B. 建设银行　　C. 中央银行　　D. 工商银行
4. 推动同业拆借市场形成和发展的直接原因是( )。
   A. 存款准备金制度　　　　B. 再贴现政策
   C. 公开市场政策　　　　　D. 存款派生机制
5. 按股本募集方式划分,我国股票有( )。
   A. 公募发行与私募发行　　B. 公开发行与内部发行

  C. 直接发行与间接发行 D. 平价发行、溢价发行与折价发行
6. 从性质上看，债券回购交易归属于（ ）
  A. 资本市场 B. 货币市场 C. 基金市场 D. 机构投资者市场
7. 下列不属于发行市场活动内容的是（ ）。
  A. 发行股票 B. 发行债券 C. 转让股票 D. 增发股票
8. 下列不属于货币市场的是（ ）。
  A. 同业拆借市场 B. 贴现市场 C. 短期债券市场 D. 证券市场
9. 下列关于外汇市场的说法正确的是（ ）
  A. 外汇市场由外汇市场主体和外汇市场客体两个部分构成
  B. 外汇市场主体是外汇市场的参与者
  C. 外汇市场客体主要包括外汇银行、外汇交易商和外汇经纪人
  D. 中央银行并非外汇市场的主要参与者
10. 下列关于金融期权合约说法正确的是（ ）
  A. 以金融资产作为标的物 B. 期权买卖双方的权利义务对等
  C. 期权买方面临的风险难以预测 D. 期权卖方的收益可能是无限的

二、多项选择题

1. 按照市场流通的金融工具期限的长短，金融市场可分为（ ）。
  A. 货币市场 B. 资本市场 C. 期货市场 D. 期权市场
2. 下列属于金融市场的主体的有（ ）。
  A. 非金融企业 B. 家庭或个人 C. 政府部门 D. 金融机构
3. 下列属于资本市场的有（ ）。
  A. 债券市场 B. 票据市场 C. 同业拆借市场 D. 股票市场
4. 货币市场的特点是（ ）。
  A. 期限短 B. 交易量大 C. 流动性强
  D. 期限长 E. 风险小
5. 场外交易市场的类型主要包括（ ）。
  A. 店头市场 B. 初级市场 C. 第二市场 D. 第三市场
  E. 第四市场
6. 外汇市场的主体包括（ ）。
  A. 外汇银行 B. 中央银行 C. 外汇经纪人 D. 客户 E. 货币
7. 世界主要的黄金市场包括（ ）。
  A. 英国伦敦黄金市场 B. 瑞士苏黎世黄金市场 C. 美国黄金市场
  D. 中国香港黄金市场 E. 越南黄金市场

三、判断题

1. 金融产品的收益性与风险性一般呈反比例变动，即风险越大，收益越高。（ ）
2. 再贴现是指银行以贴现购得的没有到期的票据向其他商业银行所做的票据转让。（ ）
3. 场外交易是股票流通的主要组织方式。（ ）
4. 货币市场包括同业拆借市场、票据市场和债券市场。（ ）
5. 期货与远期合约的主要区别在于，期货是标准化合约。（ ）
6. 欧式期权是指期权购买者可以在期权到期日以及到期日前任何一个营业日被执行的期权。（ ）

四、思考题

1. 简述金融市场的功能。
2. 金融市场的构成要素有哪些？
3. 简述外汇市场的特点。

五、案例分析

几个金融子市场的产生

期货市场的产生可以追溯到中世纪。当有的农民并不急于卖出收割的大量谷物，而是准备几个月后再卖出时，他面临着价格下跌的风险，同样，商人如果准备在几个月后买入谷物，他面临着价格上升的风险。因此，双方可以通过协议几个月后以固定价格交易，消除价格的不确定性，期货交易得以产生。随着市场的不断扩大和发展，期货交易的对象不断翻新，目前的期货市场已经囊括了农产品期货、能源期货、金融期货等，期货交易的规模也日益增长。

同业拆借市场起源于存款准备金制度，即为了保证支付能力，商业银行必须按存款余额的一定比例向中央银行缴纳法定存款准备金。然而在商业银行日常经营活动中，存款余额随时都在发生变动，一部分商业银行的实际准备金超过法定准备金，银行产生了闲置资金及相应的利息收入损失；一部分商业银行的实际准备金低于法定存款准备金，在出现有利投资机会时，银行为了满足法定存款准备金的要求又不得不放弃投资机会。因此，银行间客观存在相互调剂、融通准备金的要求，为同业拆借市场的产生创造了条件。

可转让定期存单产生于美国。当时，美国银行业机构为了规避"Q条例"，阻止存款的流出，开发了新的存款工具吸引客户，花旗银行于1961年推出可转让定期存单，它既具有活期存款的流动性，又具有定期存款的收益性，一经推出就受到了投资者的追捧。

结合上述材料，查阅资料，谈谈你对金融市场产生原因的认识。

学习情境三

治大国若烹小鲜——资金融通的宏观调控

货币的存在解决了经济生活中的种种难题,为经济飞速发展创造了条件,同时也造成了商品流通和交换的脱节,为金融危机埋下了隐患。从货币诞生开始,通货膨胀和通货紧缩就交替出现,伴随着人类历史前进。近代金融危机频发成了资本主义世界无法解开的难题,市场这只看不见的手并不是无所不能。经济学家凯恩斯吸取了1929年世界经济大危机的教训,提出政府干预市场,通过货币、利率、价格等手段刺激总需求,调控宏观经济,促进经济增长和就业。直到今天,政府适当干预和调控市场已成为世界各国普遍共识,不仅要对市场进行有效引导,还要对金融机构进行有效监管,以确保市场公平公正。从这里开始,我们将进入金融更深层次的领域,从宏观层面探寻货币供给和需求的机理,货币均衡、政策调控和经济均衡的关系,避免与金融相伴而生的风险和危机发生。

项目七　资金融通为什么需要宏观调控?
项目八　打好货币政策"组合拳"
项目九　金融风险与金融监管

资金融通为什么需要宏观调控?

市场经济最基础的关系是供需关系,货币对经济的作用也是通过货币的供需关系及其运动而实现的,货币需求与供给分析理论的基石也是供求规律。我们只有在深入理解货币供求理论的基础上,深入理解货币对国民收入、就业、物价等实际经济变量的影响,才能在基本理论的指导下,透过复杂多变的经济现象看到其本质,使理论和实践更好地结合。

知识目标

- 掌握货币需求的概念和相关理论,掌握影响我国货币需求的因素
- 掌握货币供给的概念、货币层次的划分,理解货币供给的形成机制
- 理解通货膨胀的概念和类型,掌握通货膨胀的测量指标
- 理解通货膨胀的成因、危害,掌握通货膨胀的治理对策
- 掌握通货紧缩的基本概念和类型
- 理解通货紧缩形成的主要原因
- 了解通货紧缩对经济产生的影响
- 掌握通货紧缩的主要治理方法

技能目标

- 能根据实际分析我国货币需求的影响因素
- 能应用货币乘数计算货币供应量
- 能分析和预测我国货币供求状况
- 能够运用通货膨胀理论分析经济实务中的通货膨胀现象
- 能够运用通货膨胀理论判断通货膨胀产生的具体原因
- 能够解读全球经济史的通货膨胀治理对策
- 能正确分析和判断经济是否出现了通货紧缩现象
- 能通过经济现象分析和判断出形成通货紧缩的主要原因
- 能通过经济形势预测通货紧缩可能带来的危害
- 能运用所学知识根据经济发展形势提出应对之策

思政目标

- 培养严谨科学、求真求实的学习态度和工作作风

- 树立合理、理性的消费观
- 认识到我国国际地位和竞争力日益增强，体会到国家自豪感
- 树立正确、合理的消费观
- 能正确认识我国通货膨胀时期的治理手段
- 树立正确消费理念，学会关注其影响因素和国际时事
- 通过了解国际和国内对面对经济通缩压力的总体调节，充分认识到中国特色社会主义制度的优越性
- 通过学习更多的经济知识内容，丰富专业知识和提高专业素养，参与到中国特色社会主义经济建设中，提升对专业的自豪感和认同感，增强学习动力

任务一　我想开动印钞机——货币供求与均衡

任务引例

经济中需要多少货币

中央银行可以有很多办法来调节货币供应量。但是，货币供应量多少才算合适呢？为此，中央银行就要搞清楚社会上的货币需求是多少。您可能会问，怎么还会有货币需求一说呢？谁不希望货币越多越好？这里不是说人们希望拥有多少"钱"，而是说，在人们已有的财富中，人们愿意把多少财富转化为货币的形式。举个简单的例子，假如您有100万元的财富，您愿意以什么形式持有它？有多少是股票、债券、房子之类的资产，又有多少是货币（现金和银行存款）？

20世纪30年代，大名鼎鼎的经济学家凯恩斯提出，人们对货币有偏好，因为货币变现的能力（即流动性）比其他资产都强，可以直接用于支付。他把人们持有货币的动机划分为交易性动机、预防性动机和投机性动机。通俗地说，假定您的月收入为5 000元，您首先要留点儿钱用于购买柴米油盐之类，这就是交易性动机；另外，您还要储蓄点儿钱，为将来的人情往来、医疗等支出做准备，这就是预防性动机；满足了前面两项，您一定还希望留点钱儿投资股票、债券等获利，这就是投机性动机。20年后，另一位著名的经济学家弗里德曼为货币需求理论增添了新的智慧，在他眼里，货币不仅仅是一种买卖的交换媒介，还是一种资产。现金可以被看作零收益的资产，而活期存款和定期存款都有利息，股票、债券之类资产的收益则更高了。谁不希望自己的财富多多益善呢！所以，当股票或债券市场变得火爆时，人们喜欢多买一些股票债券而少持有一些现金存款。人们总是在比较这些资产未来的收益状况，以便在不同的资产形式间做出选择。现在，研究人员构建了许多数学模型，预测整个社会需要的货币数量，为相关经济决策提供必要的支持。然而，要准确预测整个社会需多少货币是一件相当困难的事，许多国家的中央银行一直在为此不断努力。弄清了社会需要多少货币，中央银行也就可以据此调节货币供应量，实现供需的平衡。

（资料来源：中国人民银行，http：//haikou.pbc.gov.cn/haikou/132974/353113/index.html）

思考：

不同国家经济发展水平不一致，那么一个经济体，需要多少货币才能满足经济的运行？影响货币需求的因素又有哪些？中央银行货币供给是否越多就越利于经济的发展？

一、货币需求的概念

（一）货币需求的概念

货币需求是指社会各部门（政府、个人、企业）在既定的收入或财富范围内能够而且愿意以货币形式持有的数量。货币需求通常表现为一国在既定时间上社会各部门所持有的货币量。

货币需求是一个较为抽象的概念，可从宏观和微观两个角度去分析，从国家的社会总体

出发，货币需求是指在一定的市场供求、收入、财富的水平下，一国需要多少货币才能满足经济发展的需要。另外，从微观的个人角度出发，把货币视为一种资产，它和股票、债券以及各种实物资产一样，是人们持有财富的一种形式，个人对货币的需求可能是"越多越好"，因为从个体的角度出发他们不会去考虑宏观经济的发展和健康问题，而只会考虑货币可以满足自己很多的买卖、支付、价值贮藏需要等。这样货币需求被理解为人们愿意以货币这种形式持有的财富量。

(二) 理解货币需求的含义要把握的几个关键点

无论是从宏观角度，还是微观角度，理解货币需求都要把握以下几点。

1. 货币需求是一个存量概念

它主要考察的是在某个时点和空间范围内（比如2019年年底，中国），社会各部门在其拥有的全部资产中愿意以货币形式持有的数量或份额，而不是在某一段时间内（如从2019年年底到2020年年底），社会各部门所持有的货币数额的变化量。尽管货币存量的多少与流量的大小、速度相关，但货币需求依然是个存量概念，而非流量概念。

2. 货币需求是一种能力与愿望的统一

货币需求与需要不同，需要是一种心理上的主观愿望，比如，一个人可能主观需要奔驰、宝马、别墅，但这种需要与自己的收入和能力并不相符，那么就只能停留在需要的层次，只是一种无限的纯主观的、心理上的占有欲望，而无法转变为现实，无法转变为需求。而需求强调的是一种有支付能力的需求。所以，货币需求强调的是以收入或财富的存在为前提，在具备获得或持有货币的能力范围之内愿意持有的货币量。所以，货币需求是一种能力与愿望的统一，有能力而不愿意、愿意而无能力都无法形成货币需求。

3. 货币需求具有普遍性

货币需求不仅包括对现金的需求，还包括对存款货币的需求。把货币需求仅仅局限于现金是片面的，因为货币需求是所有商品、服务的流通及有关货币支付、贮藏所提出的需求，现金和存款货币都可以满足这种需求。

4. 货币需求取决于需要人们的持币动机

人们对货币的需求和货币的职能有关，这不仅包括流通手段和支付手段这两种职能对货币的需求，还包括价值贮藏职能对货币的需求。综上所述，货币需求者的持币动机不同或者需要货币发挥的职能作用不同，都影响货币需求的大小。

(三) 货币需求的分类

1. 微观货币需求和宏观货币需求

微观货币需求是从社会个体出发，指个人、家庭、企业单位等微观经济主体在既定的收入水平、利率水平和其他经济条件下所保持的最为合适的货币需求。

宏观货币需求是从一个国家的社会主体出发，指一个国家在一定时期内为满足经济发展和商品流通等所必需的货币数量总和。

宏观货币需求和微观货币需求只是分析的角度和着力点不同，并不意味着可以厚此薄彼或相互替代，在对货币需求进行研究和分析时，往往要同时对两种货币需求都有所关注。

2. 名义货币需求和实际货币需求

名义货币需求和实际货币需求是根据货币需求是否剔除了通货膨胀或通货紧缩引起的物价变动的影响而做出的划分。这一分类对研究宏观经济形势和制定并实施货币政策具有一定的意义。

名义货币需求是指个人、家庭或企业等经济单位或整个国家在不考虑价格变动时的货币持有量，通常用 M_d 表示。

实际货币需求是指个人、家庭或企业等经济单位或整个国家所持有的货币量在扣除物价之后的余额，因而也称为实际货币余额。其等于名义货币需求除以物价水平，通常用 M_d/P 表示。

（四）货币需求的数量和结构

货币需求的数量即货币的需求量，所谓货币需求量则是指社会经济主体在一定时期需要的货币数量的总和，或者说，货币需求量是商品生产和流通中对货币的客观需要量。一般我们总是要测算一定时期内一国微观经济主体、宏观经济运行中对货币的真实需求量。这也是一国中央银行确定合理货币供应量的关键性依据。

货币需求的结构问题是总量问题的延续和深化，对货币需求结构的分类可以从货币需求的性质、经济主体和区域等因素方面进行分类。

二、货币需求理论

货币需求理论历来为经济学家所重视，主要考察一定时间内和经济条件下，主要影响一国货币需求量的因素，以及这些因素和货币需求量之间关系的稳定性和可测性，大致经历了从宏观视角向微观视角的转变。最典型的货币需求理论有：马克思货币需求理论、古典货币需求理论、凯恩斯货币需求理论和弗里德曼货币需求理论等。

（一）马克思货币需求理论

马克思为方便分析货币需求问题，完全以金币流通为假设条件。其论证过程主要包括：①商品价格取决于商品的价值和黄金的价值，而价值取决于生产过程，所以，商品是带着价格进入流通的；②商品价格有多大就需要多少金币来实现它；③商品与货币交换后，商品退出流通，黄金却留在流通中，可使其他的商品得以出售，因此，货币流通速度后当适当。

按照马克思对货币必要量的论述，流通中必需的货币量为实现流通中待售商品价格总额所需的货币量，即

执行流通手段的货币必要量=商品价格总额/同名货币的流通次数。以 M 代表货币必要量，Q 代表待售商品数量，P 代表商品价格，V 代表货币流通速度，则有：

$$M = PQ/V \tag{7.1}$$

上式既表达了货币需求量的决定因素，即流通中的商品量 Q、价格水平 P 和货币流通的平均速度 V，同时也表达了这三个因素的变动和货币需求量的变动关系。关系就是：第一，货币需求量与流通中的商品量 Q、价格水平 P，进而与商品价格水平呈正比，商品价格总额越大，需要的货币量越大，反之越少；当价格水平 P 一定时，商品价格总额取决于商品数量 Q，商品数量越多，商品价格总额就越大，货币需要量越多，反之就越少。

第二，货币需求量与货币流通速度呈反比，货币流通速度是单位货币一定时期内在商品交易者之间的转手次数。在商品交易过程中，商品被卖出后就退出流通领域，进入消费领域，而货币则没有退出流通领域，仍然在买者卖者之间不停转手，为实现商品的价值服务。这样，在一定时期内，单位货币可以实现多倍商品价值。在商品价值总额一定的条件下，货币的流通次数增加，货币需求量就会越少；货币的流通次数减少，货币需求量就会增加。

马克思的分析是以 19 世纪金属货币流通为前提的。针对纸币和不兑现的信用货币流通下货币量对价格的影响，马克思在上述货币需求量规律的基础上提出了纸币流通规律。马克思认为纸币本身没有价值，需要由国家强力支持流通，无论发行多少纸币也只能代表客观所需要的金币数量。纸币一旦进入流通，就不可能退出。如果纸币发行量超过了商品流通所需的金币量，就会出现物价上涨，单位纸币所代表的价值量就会降低。马克思的纸币流通规律可以用公式表示为：

单位纸币的价值=流通中所需要的金属货币量/流通中的纸币总量

（二）古典货币需求理论

古典学派的货币需求理论认为，货币本身是没有内在价值的，价值大小主要取决于其交

换价值。因此，该理论认为货币只是覆盖于实物经济上的一层面纱，对经济不发生实际的影响。这就是著名的"货币面纱论"。最典型的有费雪交易方程式和剑桥方式程式，这两种形态的共同特点是：仅从货币的交易媒介功能这一角度研究货币，货币实现功能的场所无疑仅为商品市场。

1. 现金交易方程式——费雪方程式

美国经济学家欧文·费雪（I. Fisher）在其代表作《货币购买力：其决定因素及其与信贷、利息和危机的关系》（1911年）中，对古典货币数量论观点作了最清晰的表述。费雪十分注重货币的交易媒介功能，认为人们需要货币是因为货币可以用来交换商品和劳务，以满足人们的欲望。人们手中的货币最终都将用于购买。因此，在一定时期内，社会的货币支出量与商品、劳务的交易量的货币总值一定相等。据此，费雪提出了著名的现金交易方程式：

$$MV = PT \tag{7.2}$$

式中，M代表一国中经常流通的货币数量，V代表货币的平均流通速度，即单位时间内货币转手的次数，P代表一般物价水平，T代表社会中所有商品、劳务的交易总量，式（7.2）右端的PT即交易总值，左端MV即货币总值。显然在货币经济中，双方必然相等。

该方程式描述了这样一个事实：在交易中发生的货币支付总额（等于货币存量乘以它的流通速度，即MV）等于被交易的商品和劳务总价值（即PT）。假定在某一年份中，平均货币余额为800亿元，平均每元钱被花费了10次，那么这一年中发生的货币支付总额就是8 000亿元。显然，这8 000亿元也就是这一年内利用货币进行交易的商品和劳务的总价值。反过来，如果某一年的交易总价值达8 000亿元，并且都利用货币进行，而平均的货币余额又只有800亿元，则每一元钱的平均周转次数一定是10次。

费雪交易方程式又可表达为：

$$P = MV/T \tag{7.3}$$

故价格水平P的值取决于M、V、T三个变量。费雪认为，货币的流通速度V为制度条件所决定，在短期内不会有大的变化，可视为常数。T取决于人口、资源、技术条件及其他社会因素，在充分就业水平上，T不能再增加，也是相对稳定的，故V/T可以假定为一常数。因此，P的值主要取决于M的变化，只要M发生变化，P也按正比例发生变化。

现金交易方程式虽然说明了P主要是由M决定，但当把P视为给定的价格水平时，这个交易方程式就表达为货币需求函数：

$$M = PT/V = 1/V \cdot PT \tag{7.4}$$

此公式表明，在给定价格水平下，名义货币需求量与总交易量具有一定的比例关系，这个比例就是$1/V$，换言之，要使价格保持给定水平，就必须使货币量与总交易量保持一定的比例关系。

从交易方程式可看出，费雪是从宏观角度分析货币需求的，但是它仅着眼于货币作为交易媒介的功能，关注的是流通中的货币数量，因此该方程式存在许多不足之处，主要表现在以下方面。

第一，它片面地只把货币看作交易媒介，忽视了货币的其他职能。而现实是货币不仅仅只用作交易手段，在全社会的货币流通总量中也有许多货币是用来支付债务、缴纳税款、购买有价证券等。

第二，商品交易并不全部都是通过货币进行的。在商品交易总额中也存在商品赊销和对销交易。

第三，费雪认为，货币的流通速度V为制度条件所决定，可视为常数。这与实际不符，没有考虑到货币价值的贮藏功能，也没考虑社会生产问题的影响。

2. 现金余额方程式——剑桥方程式

在费雪发展其货币数量论观点的同时，在1917年及以后几年中，英国剑桥大学的一些经济学家，如马歇尔、庇古、罗伯逊等人，着重分析微观主体的行为，他们认为，处于经济体系中的个人对货币的需求的实质是选择以怎样的方式保有自己的资产。人们持有一定的货币是为了购买商品、劳务，应付对货币的突然需求和价格上涨。人们持有货币的多少主要取决于预算的规模和持有货币的机会成本。预算限额由总财富和收入构成，持有货币的机会成本包括各种资产的利息率、实际资本的收益率和预期的通货膨胀率等。

马歇尔注重以某一时期货币存量来说明价格水平，他认为现金交易理论没有说明决定货币流通速度的原因，所以改用现金余额方法。根据马歇尔的说法，一个社会的全部货币存量恰好等于所有的人希望以货币形式持有的购买手段，它取决于一个国家的商业习惯、交易总额和持有的货币与总产量的比率等因素。马歇尔的观点由他的学生庇古加以系统化。庇古是第一个把现金余额理论变成方程式的剑桥学派经济学家，现金余额方程式可以简写成下面的形式，即

$$M_d = KPY \qquad (7.5)$$

式中，M_d 为名义货币需求，剑桥系数 K 为人们总财富中以货币形式保有的比例，P 为平均价格水平，Y 为社会总资源或国民收入，PY 表示名义总收入。根据这一公式，如果人们愿意持有较大比例货币，对货币的需求会增加，货币流通速度便会放慢，价格水平会下降，如果方程式中的 K、Y 不变，价格水平 P 就与货币存量 M 呈同等比例的变化。

那么，费雪方程式与剑桥方程式有什么区别？

第一，两个方程式对货币需求分析的出发点不同。费雪方程式强调的是货币是商品交易的手段，即强调货币交易媒介职能，而剑桥方程式强调货币是保持资产的一种功能，即关注货币的贮藏职能。

第二，费雪方程式货币需求与商品交易支出的流量联系在一起，着重分析货币支出的数量与速度。然而，剑桥方程式从资产存量的角度去考察货币需求，分析货币存量占收入的比例。因此，费雪方程式称为现金交易说，剑桥方程式则称为现金余额说。

第三，两个方程式决定货币需求的因素有所差异。费雪方程式强调客观因素，使用货币数量的变动来解释价格，在商品的交易数量和价格水平既定时，也能得出货币需求量的结论。剑桥方程考虑了人的主观因素，人们要权衡决定货币的需求，比如要考虑以货币形式持有资产的合理比例。因为人们保持货币需要付出成本，保持货币没有利息收入，这一点会影响保持货币数量。因此，剑桥方式程式中，隐含了利率对货币需求的影响。

（三）凯恩斯货币需求理论

凯恩斯货币需求理论是一种权衡性的货币需求理论，是从经济主体的货币需求动机着手展开的，即流动性偏好理论。

何为流动性偏好？

流动性偏好是指人们宁愿持有流动性高但不能生利的货币，也不愿持有其他虽能生利但较难变现的资产的心理。其实质就是人们对货币的需求，我们可以把流动性偏好理解为对货币的一种心理偏好。

凯恩斯沿着剑桥学派的思路，从人们持有货币需求的动机出发并加以论证，认为流动性偏好出于三个动机，即交易动机、预防动机和投机动机。

1. 交易动机

交易动机是个人或企事业单位为了应付日常交易所需，而产生持有货币的需要。基于交易动机而产生的货币需求被称为交易性货币需求。影响交易需求的因素包括收入规模、收入与支出的时距及其规律性、支出习惯、金融制度、预期因素等。在这些影响因素中，除了收

入因素外，其他因素均可视为在短期内不变的常量，因此，凯恩斯将交易需求看作收入的函数。凯恩斯认为交易动机的货币需要，与收入成正比，即收入越多，交易动机的货币需求量越大；收入越少，交易动机的货币需求量就越少。

2. 预防动机

预防动机又称为谨慎动机，即由于人们未来收入和支出的不确定性，为应付可能遇到的意外支出等而持有货币的动机，如个人和家庭应付失业、患病等意料不到的需要；企业预防不时之需，即"为应付突然发生的意外支出和为不失去意外的、有利的购买机会做好准备，也为了持有一种其货币价值不变的资产，以便偿付那些根据货币计算其数额不变的未来的债务"。这类需求即为货币的预防需求。它的产生主要是因为未来收入和支出的不确定性，为了防止未来收入减少或支出增加这种意外变化而保留一部分货币以备不测。可见，货币的交易需求和预防需求都与收入有关，交易需求是因为在收入和支出之间有一定的时差，货币的预防需求则主要是因为收入和支出的不确定性。所以，两者可归入一个范围之内，都视为收入的函数。

3. 投机动机

人们为了未来恰当时机进行投资而产生的货币需求，称为投机动机的货币需求。投机性货币需求取决于三个因素，即当前市场利率、投机者正常利率水平的目标值以及投机者对利率变化趋势的预期。其中，第三个因素依赖于前两个因素，所以投机动机的货币需求实际上取决于当前市场利率水平与投机者对正常利率目标的取值之差。总体分析，如果当前市场利率水平较低，那么预期利率上升的投机者就会较多，从而以货币形式持有其财富的投机者就较多，货币的投机性需求也就较大，反之亦然。所以，货币的投机性需求是当前利率水平的递减函数。

简言之，货币执行交换手段职能形成人们的交易动机和预防动机，而货币执行贮藏手段职能则形成人们的投机动机。人们对货币的交易需求和预防需求主要由收入决定，对货币的投机需求主要由利率决定。其中，因交易动机和预防动机带来的货币需求 L_1，与利率没有直接关系，它是收入 Y 的函数，并且与收入成正比，即 $L_1 = L_1(Y)$，而投机动机带来的货币需求 L_2，则与利率 r 成反比，即 $L_2 = L_2(r)$，因为利率越高人们持有货币进行投机的机会成本也就越高。

综上，凯恩斯的货币需求函数式为

$$L = L_1(Y) + L_2(r) \tag{7.6}$$

式中，L 为货币需求量，Y 为收入，r 为利率。上式表明对货币的总需求是由收入和利率两个因素决定的（图 7 – 1）。

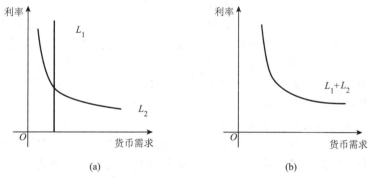

图 7 – 1 凯恩斯货币需求曲线

据图 7 – 1 (a) 所示，曲线 L_1 是一条与纵轴平行，与横轴垂直的直线，说明货币需求 L_1 与利率 r 无关，随着收入的变化，L_1 曲线会左右平移。曲线 L_2 是一条向右下倾斜的曲线，说明利率越高，货币需求越少，反之，利率越低，货币需求越高。将 L_1、L_2 相加得到总需求函数曲线，如图 7 – 1 (b) 所示。

我们从图 7 – 1 中发现，当利率降低到一定水平时，货币需求曲线变成与横轴平行的直线,说明货币需求的利率弹性变得无穷大,意味着当利率降低到一定的低点之后,没有人会愿意持有债券或其他资产,每个人都只愿意持有货币,这就是凯恩斯"流动性陷阱"。

延伸阅读

约翰·梅纳德·凯恩斯及"流动性陷阱"

约翰·梅纳德·凯恩斯,英国经济学家,现代经济学最有影响的经济学家之一。

他创立的宏观经济学与弗洛伊德所创的精神分析法以及爱因斯坦发现的相对论并称为二十世纪人类知识界的三大革命。

凯恩斯于1936年在《就业、利息和货币通论》一书中,放弃了古典学派将货币流通速度看作常量的观点,发展了一种突出强调利率重要性的货币需求理论。

凯恩斯的货币需求理论也被称为流动性偏好理论。

那什么是流动性陷阱呢?

凯恩斯认为,交易性和预防性货币需求与收入呈正相关关系,投机性货币需求与利率呈反相关关系。收入和利率能影响流动性偏好的货币需求。因此,从理论上来讲,货币的需求是有限的。然而,当利率降到非常低时,投机者预期利率会上升,不再愿意持有债券,而愿意持有更多的货币。此时,不论央行增加多少货币供给量,投机者都会将货币储存起来,利率不会再下降,央行的货币都会进入投机性货币需求阶段。此时货币需求不是有限的,而是无限的,央行也不可能通过货币供给来降低利率。如图7-2所示,当利率降到r_1点时,货币需求曲线L变成与横轴货币量平行的直线,这一段直线是货币需求发生的不规则变动的一种状态,被称为流动性陷阱。

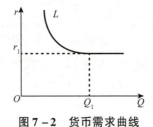

图7-2 货币需求曲线

案例解析

货币的需求动机

骆明和小欣是一对感情不错的情侣,今年同时从一所名牌大学毕业,骆明进了某国家机关,待遇很不错,每个月可以拿7 500元左右的工资,可惜,遇到住房政策的改革,不能分到房子了,这是美中不足。而小欣进了一家国际贸易公司,做对外贸易工作,它的工资和奖金加在一起,每个月大概有4 000元。看来这对情侣的前途一片光明。不过前几天,他们为了将来存钱的问题着实大吵了一架。

骆明认为现在他们刚刚大学毕业,虽然单位都不错,工资也不低,但将来用钱的地方还很多,所以要从毕业开始,除了留下平常必需的花费以及预防发生意外事件的钱外,剩下的钱要定期存入银行,不能动用,这样可以获得稳定的利息收入,又没有损失的风险。而小欣大概是受在外企的工作环境的影响,她认为,上学苦了这么多年,一直过着很节俭的日子,现在终于自己挣钱了,考虑那么多将来干什么,更何况银行利率那么低。她说发下工资以后,先要买几件名贵服装,再美美地吃上几顿,然后她还想留下一部分钱用来炒股票,等着股市形势一好,立即进入。大学时看着别人炒股票她一直很羡慕,这次自己也要试试。但骆明却认为中国股市行情太不稳定,运行不规范,所以最好不进入股市,如果一定要买,那也只能投入很少的钱。

思考： 1. 根据上面两个人的争论，说明他们有哪些货币需求动机。
2. 分析上述三种动机导致的货币需求的决定因素，并给出货币的总需求函数。

解析： 参考二维码内容。

（四）弗里德曼的货币需求理论

现代货币数量论认为，货币数量论不是关于产量、货币收入或价格水平的理论，而是分析货币需求是由何种因素决定的理论。最典型的是美国经济学家米尔顿·弗里德曼的货币需求理论。弗里德曼将货币看作资产的一种形式，用消费者的需求和选择理论来分析人们对货币的需求。消费选择理论认为，消费者在选择消费品时，需考虑三类因素：收入（其构成预算约束）；商品价格以及替代品和互补品的价格；消费者的偏好。

弗里德曼认为，影响人们货币需求的因素主要有以下三种。

（1）收入或财富；

（2）持有货币的机会成本；

（3）持有货币给人们带来的效用。

综合以上因素，弗里德曼提出了如下货币需求函数：

$$M_d/P = f(Y_p, W; r_m, r_b, r_e, (1/p \cdot dp)/dt; U) \tag{7.7}$$

其中：M_d 为名义的货币需求量；P 为价格水平；f 为函数关系；Y_p 为恒久收入；W 表示物质财富占总财富的比率；r_m 为货币名义收益率；r_b 为预期债券名义收益率；r_e 表示预期股票名义收益率；$(1/p \cdot dp)/dt$ 表示物价水平的预期变动率。

从公式我们可以看出，货币需求与恒久收入 Y_p 成正比，与物质财富占总财富的比率 W 成反比，与机会成本变量成反比，与效用 U 成正比。

弗里德曼的货币需求理论有以下几个特点。

（1）引入了消费理论分析中的持久收入假说，将持久收入和财富作为影响货币需求的主要因素。

弗里德曼认为，货币需求主要取决于持久收入，也就是每个家庭或者个人长期收入的一个平均值，而不是一时的收入。从长期来看，平均收入越稳定，消费支出习惯也越稳定，不会因为偶然的一时性收入的增加而改变消费习惯，于是货币需求量相对稳定。

弗里德曼认为总财富分为人力资本财富和非人力资本财富。人力资本财富主要指就业收入水平。就业收入水平与接受教育程度和天赋有密切的关系。人力资本财富具有非稳定性。而非人力资本财富主要指财富中扣除人力资本财富后的收入能力，主要指物质（如厂房、机器设备等）获得的收入。非人力资本财富具有稳定性。

总之，恒久收入或财富越多，货币需求量就越多。

（2）将货币也视为一种资产，与其他形式的资产报酬率统一衡量来考虑货币需求问题。

弗里德曼将货币视为一种资产，正常情况下，若金融资产收益率低，投机者就会抛售资产，从而持有货币。

（3）引进了价格水平及物价水平的预期变动率，得到实际货币需求，以使其理论与剑桥方程式保持一致。

比如当物价上涨时，意味着持有货币贬值，人们就有更多的意愿把货币迅速消费或变成其他财富。如果预期物价下降，表示不愿意把货币迅速消费，人们有更多的意愿持有货币。

（4）分析了效用对货币需求产生影响。

个人或者企业持有货币可以用于日常的交易支付，也可以应不时之需，还能够在恰当的时候投资。尽管这些无法客观地测量，但是主观能够实实在在地感觉到确实存在。这种流动性效用及影响此效用的因素，如兴趣、支付的难易程度等都会影响货币的需求。公式中 U 表示效用对货币需求的影响。

尽管弗里德曼的货币需求函数从形式看与凯恩斯货币需求函数基本相同,但是两者之间有大的不同。主要区别在:

一是两者考察的对象不同。弗里德曼的货币需求函数考察恒久收入对货币需求的影响,认为利率对货币需求的影响较小。凯恩斯货币需求函数强调利率的主导作用,认为利率变动直接影响就业和国民收入的变动,最终必然影响货币需求量。

二是两者认为传导变量选择上有差异。凯恩斯认为是利率影响货币需求,弗里德曼认为是货币供应量影响货币需求。

三是货币需求函数的稳定性。凯恩斯认为,货币需求量受未来利率不确性的影响而不稳定。弗里德曼认为,货币需求量是稳定的,是可以预测的。

三、我国现阶段货币需求的主要决定因素

货币主义一直强调货币需求函数是稳定的,20 世纪 70 年代中期,西方国家出现了"失踪的货币问题",然而中国改革开放以来,也出现了超额货币问题,即货币供应增长速度超过了名义 GDP 的增长率和通货膨胀之和。2019 年,我国 M_2 年均增长速度为 8.7%,名义 GDP 增长率为 6.1%,年均通货膨胀率为 3.0%。从表现上来看,我国货币需求量是不稳定的,即货币需求量不等于货币的供应量,货币流通速度较慢。

关于我国货币需求量的不稳定,有两种观点:第一种观点认为,货币供应量具有外生性,即 GDP 的增长速度和通货膨胀率对货币供应量没有影响。改革破坏了货币需求的稳定性,货币增长速度对 GDP 的增长速度和通货膨胀率起到了正向前导作用;第二种观点认为,如果加入制度变量,则货币就具有稳定性,改革的冲击并没有改变货币的内生性。实际上,后一种观点已得到学术界的普遍认同。

进一步分析可知,影响我国货币需求的主要因素包括三个:规模变量、机会成本变量和制度变量。

(一) 规模变量

规模变量主要指决定货币需求规模的变量,这类变量主要有:收入和财富两种。一般来说,规模变量越大,货币的需求量越大。不同实证分析表明,我国货币收入弹性有可能大于 1,也有可能小于 1。

(二) 机会成本变量

机会成本指持有现金和活期存款等形式放弃的收益。机会成本变量主要有利率、外国短期利率、汇率变动和通货膨胀率等。

1. 利率

在大量实证文献中,利率总是不显著,表示利率的变动没有较大程度上引起货币需求量的变动,意味着利率的调控滞后于市场化改革。

2. 物价水平的变动

在一般的货币需求模型中,无论是长期还是短期,物价水平变动率都对货币量有显著的影响。

3. 交易成本

资产在交易时,交易成本影响到收益,特别是金融资产,由于品种丰富多样,交易费用对货币需求的影响较大。

4. 预期短期外国汇率和汇率变动

在开放的经济体中,外国利率的变动直接影响到本国货币的需求量。如果外国货币的利率上升,就会减少持有本国货币。如果外国货币的利率下降,就会增加持有本国货币,就会

出现本国和外国货币的替代现象。

(三) 制度变量

这里讲到的制度变量，主要涉及社会经济体制和生产组织结构等因素影响货币需求量。改革开放使我国制度变量发生了深刻变化。主要涉及：①货币化进程；②软约束预算；③价格管制；④非意愿储蓄。

(四) 我国货币需求的微观基础

尽管宏观货币需求量并不等于微观经济主体货币需求之和，但是两者之间有千丝万缕的联系。为了更好地了解宏观货币需求，必须了解微观主体在一定预算约束下持有货币的意愿。

要从微观主体居民、企业和政府三个主体去了解货币需求。

1. 居民的货币需求

根据凯恩斯货币需求理论，居民的货币需求分为居民交易性货币需求、居民预防性货币需求和居民投机性货币需求这三类。

(1) 居民交易性货币需求。

改革开放以来，我国加大金融体系的完善，投资产品日渐丰富，金融迅速发展。例如，各大银行在全国建立储蓄网点，特别是国有五大银行，降低了交易费用，从而导致货币需求量下降；我国经济建设取得巨大成就，居民的收入增长，交易量增长，从而使现金和活期存款持有量变大；同样，我国债券、股票取得了迅速发展，减少了交易性货币需求。可见，居民交易性货币需求与交易费用、货币收入呈正相关。

(2) 居民预防性货币需求。

我国居民日常收入和支出具有不确定性，会引致预防性货币需求。交易费用是预防性货币性需求的减函数。居民预防性货币需求与居民收支净额正相关。如果净额变动较大，收入不稳定，居民预防性货币需求较大。

此外，我国经济改革过程中，一些福利制度发生变化（如教育、医疗和养老等制度），从而导致未来不确定性因素增加，如果预期的收入减少，就会影响到当期的消费，会把收入投入到高收益，低流动性的长期存款。这是我国保持高储蓄率的原因之一。

(3) 居民投机性货币需求。

在一个完全竞争市场中，居民会根据利益最大化原则在货币和证券之间进行选择。利率与投机性货币需求的方向相反，能指引居民的选择。

2. 企业的货币需求

(1) 企业交易性货币需求。

我国企业交易性货币需求有与其他国家企业的共性，就是降低企业外部和内部交易费用，其自身的特点是直接进入生产、交易过程，起到货币资本的作用。

(2) 企业预防性货币需求。

企业预防性货币需求分狭义的预防性货币需求和广义的货币性需求。前者指应付企业生产经营管理过程中出现的一些不规则的货币支出需要。后者指企业应付企业生产经营管理过程中出现意外的投资需要。企业狭义的预防性货币需求尽管来源于企业日常现金收支的不确定性，但是随着市场经济的推进，不规则的现金开支需求会增长，从而导致狭义的预防性货币需求增加。企业广义的货币性需求不确定较小，但是开支规模较大，也呈现增长的趋势。

3. 政府货币需求

政府不仅承担公共职能，也有自身的利益。政府的货币需求主要表现在三个方面：一是政府职能性货币需求。政府在执行财政职能时集中表现在财政存款的变动上，财政存款在财政资金收支中占有重要位置。二是政府行政性货币需求。政府行政性货币需求主要是行政管理费用开支的需要。目前我国行政系统的管理费用有不断上升之势，这是促成政府行政性货币需求持续增长的主要原因。三是政府预防性货币需求。政府预防性货币需求指社会中的突发事情，比如地震、火灾等。尽管突发事件的储备性货币支出的可能性较小，但支出规模通常较大，主要以存款形式保存。政府机构资产性货币需求通常较弱，原因是政府资产具有公有化属性，行政机构较缺乏对政府公共资产的保值和增值动机。

四、货币供给的概念和货币层次划分

（一）货币供给的概念

货币供给是相对于货币需求而言的，是指一定时期内一国银行体系向经济中投入、创造、扩张（收缩）货币的行为。货币供给是一个经济过程，即银行系统向经济主体注入货币的过程。

货币供给量是指一国在某一时点上为社会经济发展运转服务的货币存量，包括现金和存款。货币供给量是货币供给过程的结果。

根据中国人民银行数据，我国2020年1月流通的货币为93 249.16亿元人民币，货币为545 531.79亿元人民币，货币和准货币为2 023 066.49亿元人民币。这些货币是人民银行向经济体注入的货币，促使经济正常发展。

（二）货币供给的层次划分

尽管各国在货币层次划分的具体统计口径上有差异，但在货币层次划分的标准上是一致的，都是以金融资产流动性的大小作为标准，即以金融资产能否及时转变为现实购买力，而使持有人不蒙受损失的能力大小为依据。国际上采用的是国际货币基金组织划分方法。各国及国际货币基金组织的货币供给层次划分具体如下。

1. 西方国家货币供给层次划分

（1）美国现行货币供给的各层次：M_1、M_2、M_3和Debt。

（2）日本现行货币供给的各层次：M_1、M_2+CD、M_3+CD和"广义流动性"。

（3）英国英格兰银行公布的1991货币供给口径：M_0、M_2、M_4、M_{4C}、M_5，没有M_1。

2. 国际货币基金组织的货币供给层次划分

国际货币基金组织一般把货币分为三个层次。

（1）通货。通货是指流通于银行体系以外的现钞，包括居民、企业或单位持有的现钞，但不包括商业银行的库存现金。这部分货币可随时用于购买和支付，流动性最强。这一层次的货币简称为M_0。

（2）货币。货币由通货加上私人部门的活期存款构成。由于活期存款可以随时签发支票进行购买和支付，所以其流动性仅次于现金。大部分国家将这一层次的货币简称为M_1，又叫狭义货币。

（3）准货币。准货币主要包括定期存款、储蓄存款、政府债券等。准货币本身虽然不能直接用于购买，但是能转化为现实的购买力，故又称为"亚货币"或"近似货币"，大部分国家将这一层次的货币称为广义货币M_2。

那么M_0、M_1、M_2之间的关系是什么呢？

M_0＝流通于银行体系之外的现金；

$M_1=M_0$＋活期存款（包括来源于银行私人活期存款）；

$M_2=M_1$＋储蓄存款＋定期存款＋政府债券。

3. 中国货币供给层次划分

我国货币供应可划分为以下层次：

M_0＝流通中的现金；

$M_1 = M_0 +$ 企业单位活期存款（包括企业活期存款、农村集体存款、机关团体存款）；

$M_2 = M_1 +$ 企业单位定期存款（包括企业定期存款、建筑单位先存后用的自筹基建存款）+ 居民储蓄存款；

$M_3 = M_2 +$ 政府预算存款 + 债券市场票据。

其中：M_1 称为狭义货币量，M_2 称为广义货币量，$M_2 - M_1$ 是准货币。

（三）划分货币供给层次的意义

货币供给层次划分的意义有三点：一是有利于宏观经济运行的监测；二是有利于货币政策的制定与执行；三是在客观上有利于金融机构的金融创新。

延伸阅读

美元的百年印钞史

截至 2020 年 3 月 11 日，美联储的资产负债表还是 4.3 万亿美元，但仅过去了 3 周时间，美联储的资产负债表就暴增到了 5.8 万亿美元，这意味着，美联储印钞量高达 1.5 万亿美元。如果从 2 月底的 4.1 万亿美元算起，一个月内美联储印钞量高达 1.7 万亿美元。

这里所说的"印钞"，包括了两个层次：（1）基础货币：真真正正由美联储所发行的货币，通常称为基础货币（Money Base）或高能货币（High-powered Money）；（2）广义货币：一个社会的物价水平，通常不是取决于基础货币，而是取决于由基础货币所衍生出来的整个社会能提供的信用规模，通常这被称为广义货币（Broad Money），在美国现在通常用 M_2 来统计。因为美元印钞量通常与社会经济状况密切相关，为了能看出美元印钞量的阶段性变化，可将美元印钞分为如下 5 个阶段：

1914—1929 年，美联储成立到大萧条前夕；

1930—1945 年，大萧条及第二次世界大战期间；

1946—1971 年，布雷顿森林体系时期；

1972—2007 年，信用货币时代；

2008 年至今，后金融危机时代。

（资料来源：微信公众号"财主家的余粮"）

课堂实践

了解我国货币供给情况

请同学们查查相关资料，分析 2007—2019 年中国各年 M_0、M_1、M_2 的变化趋势。

思考：现实生活中，如何理解现金发行与货币供给的关系呢？

五、货币供给机制

在现代信用货币制度下，货币供给过程一般涉及中央银行、商业银行、存款人和借款人四个行为整体。在这四个行为主体中，中央银行和商业银行起着决定性作用。因此货币供给机制由两个层次构成：第一个层次是由中央银行提供基础货币和对货币供给进行宏观调控；第二个层次是商业银行创造存款货币。当央行将创造的基础货币投入流通时，这部分基础货币就形成了公众所持有的通货，公众将通货存入银行，就形成了商业银行的原始存款；商业银行由此创造存款货币，因此，中央银行的基础货币是调节商业银行创造货币的一种手段，从而影响经济。下面按照货币供给形成的过程对货币供给的形成机制进行介绍。

（一）中央银行与基础货币

中央银行是发行的银行、银行的银行、政府的银行。央行在执行这些职能时，形成了其独特的资产负债业务。正是央行独特的资产负债业务运作，形成了货币供给过程的第一个层次——创造基础货币。那么，什么是基础货币？

基础货币又称高能货币、强力货币。国际货币基金组织称之为"准备货币"。基础货币是流通于银行体系外的现金通货和商业银行的存款准备金之和。用公式可以表示为：

$$B = C + R \tag{7.8}$$

其中：B 为基础货币；C 为流通于银行体系之外的现金；R 为商业银行保留的存款准备金（准备存款金与库存现金）。

基础货币是货币供给量中最基本的部分，其数量的多少主要是由一国中央银行决定，即中央银行通过增加其资产和提高其负债水平影响基础货币的变动，具有使货币总量倍数扩张或者收缩的能力。中央银行投放基础货币主要有三种方式：一是直接发行通货；二是变动黄金、外汇储备；三是实行货币政策。具体而言，表现在如下六个方面：

1. 中央银行对商业银行等金融机构债权的变动

如果中央银行对商业银行等金融机构增加债权，通货就会通过商业银行注入流通，基础货币随之增加，于是货币供给量得以多倍扩张；相反，如果中央银行对商业银行等金融机构减少债权，减少通货注入，就会使基础货币减少。学术界普遍认为，市场经济条件下，调节经济运行，基础货币是强有力的手段之一。

2. 变动外汇储备

变动外汇储备主要涉及国际收支对中央银行和外汇储备的变动。若我国国际收支顺差，意味着我国出口快速增长，这样市场上外汇供给会增加，人民币升值压力加大。为减轻或对冲这种升值压力，中央银行进入银行间外汇市场进行干预，购进外汇资产，增加黄金和外汇储备，与此同时，购买外汇的人民币直接进入商业银行准备金存款账户，则基础货币投放量增加；相反，如果国际收支出现逆差，中央银行净出售外汇资产，减少外汇储备，则基础货币减少。

3. 公开市场业务影响基础货币

中央银行在公开市场买卖有价证券，直接影响着货币的供给。中央银行公开出售有价证券，意味着流通中的通货减少，基础货币减少；相反，如果中央银行在公开市场买进有价证券，流通中的通货增加，则基础货币增加。

4. 中央银行再贴现、再贷款对基础货币的影响

当商业银行向中央银行再贴现和再贷款时，都会增加基础货币。商业银行凭借持有票据向中央银行办理贴现，或者向中央银行贷款，中央银行都会将贷款汇到商业银行在中央银行上面的账户上。再贷款和再贴现使商业银行储备增加，同时基础货币也增加。为了实现货币政策的目标，中央银行可调整再贴现率和再贷款利率。

5. 中央银行吸收财政存款变动对基础货币的影响

无论财政收支出现盈余还是出现财政赤字，都会对基础货币产生影响。若财政收支出现盈余，财政存款会增加，则基础货币会减少。原因是财政收入主要来自税收和债券收入，投资者会减少存款，购买债券，同时政府债券持有量减少，两者促使基础货币减少。若财政收支出现赤字，财政收入减少，则基础货币会增加。原因是财政支出过大，比如国防开支、社会保障开支等，这些开支会增加各经济主体在商业银行等金融机构持有的现金，中央银行也会增加持有债券，两者的结果是基础货币增加。

6. 其他项目也会影响基础货币

比如，固定资产增减变化和中央银行在资金清算过程中应收应付款的增减变化，都会影响到基础货币的供给。

综上所述，中央银行的货币政策直接影响到基础货币的供给，似乎基础货币只受中央银行控制。然而，中央银行对基础货币的控制不是绝对的，也不是完全的。例如，财政收支状况和外汇储备都受多方面因素的影响，不仅仅是基础货币。

基础货币的本质是创造货币的货币，无论采取何种渠道投放的基础货币，必须进入商业银行的派生领域才算真正意义的基础货币。

（二）商业银行与存款货币创造

商业银行在创造存款货币方面起到了重要的作用，是整个货币运行的主要载体。商业银行主要通过活期存款业务、贷款业务等创造存款货币。

1. 原始存款和派生存款

原始存款是指商业银行吸收现金存款或商业银行来自中央银行的贷款形成的存款。在银行经营中，只用保留一部分存款应对提现，将其他的存款放贷，收取利息。原因是一般的储蓄不会立即提现，而转到银行的活期和定期存款账户上面后，这时银行就可以发放贷款、贴现，从而创造的存款，即为派生存款。可见派生存款是指商业银行存款为基础发放贷款而引申出来超过最初部分的存款。因此，原始存款是派生存款创造的基础，而派生存款是信用扩张的条件。举个例子，假设商业银行A接受了客户甲的20 000元存款，商业银行A将这20 000元存款贷款给乙企业，而乙企业将这笔钱又存入B银行，此时，B银行的存款也增加了20 000元。上例中，A银行从甲客户手里吸收到的第一笔存款，就是原始存款。而商业银行A将这笔存款贷款给乙企业，而乙企业将这笔钱又存入B银行，形成一笔新的存款，即为派生存款。

2. 存款货币的创造机制

在分析存款货币的创造机制前，先了解什么是商业银行存款准备金，它是指商业银行为保证客户提取存款和资金清算需要而准备的在中央银行的存款。中央银行要求的存款准备金占其存款总额的比例就是存款准备金率。各国都以法律形式规定，各商业银行必须保留最低数额的准备金，被称为法定存款准备金。超额准备金是指商业银行除法定存款准备金之外在中央银行任意比例存放的资金。

为了更形象地理解商业银行存款货币的创造过程，举一个简单的例子：假设客户都将收入存入商业的活期存款账户，并且用非现金方式结算；商业银行向中央银行提交法定存款准备金后，将剩下的存款全部以贷款的形式放出。假设商业银行A接收了客户甲的20 000元，设定法定存款准备金率20%，除20 000×20% = 4 000元外，其余16 000元全部贷给客户乙；乙又把这笔钱存到商业银行B。以此类推，可得表7-1中的信息。

表7-1　商业银行存款派生表　　　　　　　　　　　　　　　元

商业银行	新增存款	新增派生存款	法定存款准备金（20%）	贷款增加额
A	20 000	0	4 000	16 000
B	16 000	16 000	3 200	12 800
C	12 800	12 800	2 560	10 240
D	10 240	10 240	2 048	8 192
E	8 192	8 192	1 638.4	6 553.6
………	…	…	…	…
银行体系	100 000	80 000	20 000	80 000

通过表7-1可发现，存款增加额构成了一个无穷递减等比数列。根据等比数列的求和公式，可以得出整个银行系统的存款增加额为：20 000×1/[1－（1－20%）] = 100 000（元），派生存款为100 000－20 000 = 80 000（元）。

如果以 R 表示原始存款，D 表示存款增加总额，C 表示派生存款，r 表示法定存款准备金比率，则下列公式成立：

$$D = R/r = R \times 1/r, \qquad (7.9)$$

$$C = D - R = R/r - R \qquad (7.10)$$

上述公式表明，存款扩张的程度取决于原始存款 R 和法定存款准备金率 r。在 R 一定的情况下，如果 r 较大，存款的增加额就较小；如果 r 较小，存款的增加额就较大。相反，在 r 一定的情况下，如果 R 较大，存款的增加额就较大；如果 R 较小，存款的增加额就较小。

3. 商业银行存款创造和收缩过程

（1）存款货币的多倍扩张。

存款货币多倍扩张的过程，就是商业银行通过贷款、贴现和投资等行为，产生成倍的派生存款的过程。就整个银行体系而言，一家银行发放贷款，将使另一家银行获得存款，而另一家银行也因此可以发放贷款，从而使第三家银行也获得存款。这些因其他银行发放贷款而产生的存款，都是派生存款。通过整个银行体系的连锁反应，一笔原始存款将创造出成倍的派生存款。例如，甲银行接收了其客户存入的 100 万元现金（原始存款）。在甲银行原来持有的准备金正好满足中央银行规定的法定存款准备金比率（本节假设为 20%）的条件下，甲银行应再提取准备金 20 万元，然后将剩余部分即 80 万元全部用于发放贷款。这样甲银行的资产负债情况发生了表 7-2 所示的变化。

表 7-2　甲银行的资产负债情况　　　　　　　　　　万元

资产	负债
存放在中央银行的准备金 20	存款 100
贷款 80	
总额 100	总额 100

甲银行贷出 80 万元后，取得贷款的客户必将把这笔贷款用于支付，假设收款人取得贷款后，委托其自己的开户行——乙银行为其收款，通过中央银行的清算系统，乙银行收到这笔存款，之后，乙银行也需要提取 20% 的法定存款准备金，然后将剩余的 64 万元用于发放贷款。于是乙银行的资产负债情况发生了表 7-3 所示的变化。

表 7-3　乙银行的资产负债情况　　　　　　　　　　万元

资产	负债
存放在中央银行的准备金 16	存款 80
贷款 64	
总额 80	总额 80

同样，乙银行提供的 64 万元贷款，也将被借款人用于支付给其他银行如丙银行的客户，从而使丙银行也取得存款 64 万元。丙银行也需要按规定增缴存款准备金，在提取 12.8 万元后，将剩余的 51.2 万元用于发放贷款。这样丙银行的资产负债情况就发生了表 7-4 所示的变化。

表 7-4　丙银行的资产负债情况　　　　　　　　　　万元

资产	负债
存放在中央银行的准备金 12.8	存款 64
贷款 51.2	
总额 64	总额 64

这一过程会继续下去，经过甲、乙、丙、丁等银行的派生，存款货币实现了多倍扩张。存款货币的多倍扩张可用下面公式来表示：

$$D = R/r = R \times 1/r \tag{7.11}$$

在上述例子中，存款总额从 100 万元扩张到 500 万元，其中，原始存款 100 万元，派生存款 400 万元，这就说明多倍扩张将使存款总额增加到原始存款的 5 倍，这一倍数就是通常所说的货币乘数，也就是上式中的 $1/r$。

（2）存款货币的多倍收缩。

存款货币多倍收缩的过程与多倍扩张的过程正好相反。存款货币的多倍收缩是由商业银行的准备金减少引起的。商业银行准备金的减少大致有以下两个原因：一是存款人从银行提取存款；二是中央银行向商业银行出售有价证券，如央行票据、国库券。

（三）货币乘数

货币供应总量必须是一定基础货币量下，通过商业银行的存款派生功能，按照一定的倍数或乘数扩张后的结果，或者说货币供应量总是表现为基础货币的一定倍数，即货币供给量与基础货币相比，这个比值称为货币乘数。一般情况下，货币乘数大于1。用公式可以表示如下：

$$m = M/B = (C+D)/(C+R) \tag{7.12}$$

其中：m 为货币乘数；M 为货币供应量；B 为基础货币；C 代表流通中的现金，D 代表存款货币，R 代表存款准备金。

简单货币乘数模型是以商业银行创造存款货币的过程为依据提出的，认为所有商业银行在接收基础货币作为存款货币后，只保留法定准备金，其他资金均用于贷款和投资，经过多家商业银行连续的连锁反应，最终创造出多倍于该初始存款货币的货币乘数，公式表示为：

$$m = 1/r_d \tag{7.13}$$

现实生活中，简单货币乘数模型的基本假定条件，即商业银行不保留超额准备金和假定原始存款不漏出存款领域是不切实际的。货币乘数的大小取决于以下几个因素：活期存款准备金率 r_d、定期存款准备金率 r_t、银行超额准备金率 e、现金漏存率 k、定期存款比率 t。最终，复杂的货币乘数模型可以用公式表示为：

$$m = (1+k+t)/(r_d+e+k+t \times r_t) \tag{7.14}$$

六、货币均衡

（一）货币均衡的含义

货币供求均衡简称货币均衡，是从货币供求的总体上研究货币运行状态变动的规律，指货币供给和需求的一种对比关系。简单来讲，货币需求与货币供给大体一致，而非数量上的完全相等，就称为货币均衡；如果货币需求与货币供求不等，则称为失衡。

在市场经济体系中，货币供给者总是想以较高的利率供给货币，获取货币供给的最大收益。当市场利率升高时，银行贷款的收益由于利率的升高而增加，会扩大贷款量，结果增加货币供给量；相反，当利率下降时，货币供应量就会减少。因此，货币供给与利率呈正相关关系（图7-3）。

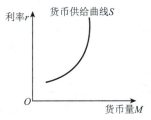

图7-3 利率与货币供给曲线

对于货币需求，货币需求者总想以较低的利率去获得货币，以期使用货币的成本达到最低。所以，当利率升高时，投机者由于持有货币的机会成本变大，就会增加对金融工具和金融资产的需求而减少对货币的需求，从而货币的需求量减少；反之，利率下降，货币的需求量就会增加。因此，利率对货币需求有负的影响（图7-4）。

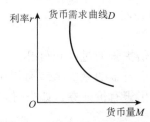

图7-4 利率与货币需求的关系

在图7-5中,在完全竞争市场的条件下,货币供给与货币需求相等时,就达到了货币供求均衡。货币的供给曲线S和货币的需求曲线D的交点是E,此时利率r_e和货币量M_e,叫作均衡点。

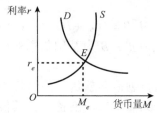

图7-5 均衡利率下的货币需求

随着其他条件的变化,利率也是随着变化的,不具有绝对性,利率均衡点和货币供求均衡点也随着变化。

图7-6中,如果货币供给曲线S移至S_1,在供大于求的情况下,利率会下降,因此引起货币需求量相应的上升,使需求曲线D移至D_1,此时货币需求与货币供给又在新的均衡点E_1点上再次实现了均衡。

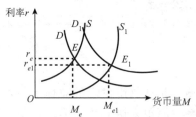

图7-6 利率决定下的货币均衡实现机制图

由此可见,在一定利率水平下,货币供给和货币需求之间的相互作用形成的一种均衡,不是一个静态的过程,而是一个动态的过程,通常是一个由均衡到失衡,再调节恢复到均衡的过程。因此,货币均衡的实现是相对的,不是绝对的。货币均衡不是要求货币供给量与货币需求量完全相等,也很难做到完全相等,短期内可偏离,但是长期内必须有收敛的趋势。

(二)货币均衡与社会总供求均衡

货币均衡是一个动态过程,货币均衡是各国货币流通追求的目标,但货币失衡却是一国货币流通不可避免发生的现象。一旦发生货币失衡,外在表现为物价涨跌,这非常直观地显现了货币均衡与社会总供求均衡的关系。

1. 社会总需求和社会总供给的概念

社会总需求是指一国在一定的支付能力条件下,全社会对生产出来供最终消费和使用的商品和劳务总和,即社会的消费需求和投资需求的总和。社会总供给是相对社会总需求的一个概念。社会总供给是指一个国家或地区在一定时期内(通常为1年)由社会生产活动实际可以提供给市场的可供最终使用的产品和劳务总量。社会总供求均衡是指社会总供给与总需求相互适应,短期可以偏离,但是长期趋于稳定的均衡。因此,社会总供求与货币供求一样,是种动态均衡。

2. 货币均衡与社会总供求均衡关系

（1）社会总供给决定货币需求。一国在一定时期生产出一定数量的商品和劳务后，这些商品和劳务的价值需要实现，由此产生了货币需求，到底需要多少货币量，取决于有多少实际资源需要货币实现其流转并完成，包括生产、交换、分配和消费这些相互联系的再生产过程，这是社会总供给决定货币需求的基本理论的出发点。

（2）货币需求决定货币供给。要实现货币供求的均衡，中央银行要依据一定时期货币需求量的多少调控货币供给量。

（3）货币供给形成社会总需求。通过银行体系投放到市场上的货币量一旦被各类经济主体获得，就会形成真实的对商品和劳务的购买能力，形成社会总需求。

（4）社会总需求决定社会总供给。一定时期各经济主体对商品和劳务有多少需求，决定了该时期商品和劳务的产出水平。如果需求少而产出多，则会出现生产过剩、商品滞销、物价下跌。

如果以 A_s 代表社会总供给，A_d 代表社会总需求，M_s 代表货币供给，M_d 代表货币需求，则货币供求与社会总供求之间的相互关系如图 7-7 所示（箭头代表主导性的作用）。从经济决定金融的基本原理出发，社会供求均衡（即市场均衡）决定货币均衡，但与此同时，货币均衡对社会总供求均衡也具有重要的反作用。

图 7-7　货币均衡与社会总供求均衡的关系图

延伸阅读

怎样看待我国货币供给量迅速增大

我国 M_1 的增长是与经济增长和物价上涨相适应的，不存在超额供给问题。真正超额供给的是作为资产的货币，即准货币。

近年我国货币供给量迅速增大。截至 2012 年年底，我国货币供给量 M_2 已经达到 97.4 万亿元。2013 年如果按计划增长 13%，则 M_2 会达到 110 万亿元，在一年中净增 13 万亿元，超过全球增发货币的总量。怎样看待这种状况，需要结合中国的实际情况进行分析。

能不能用金融相关率去解释 M_2 的变化？

在研究金融与经济的关系时，人们常用美国经济学家雷蒙德·W.戈德史密斯提出的金融相关率（FIR）去说明经济货币化的程度，而且将 FIR 的计算公式表述为 M_2/GDP。按这一公式计算，得出的结果是：我国金融相关率 1978 年为 0.49，1993 年为 1.48，而到 2002 年为 1.80，此后一直保持在 1.80 以上。这就是说，改革开放以来我国金融相关率出现快速提高，这种状况大大超过了当时西方发达的市场经济国家（如美国金融相关率 1992 年为 0.59，英国为 1.04，日本为 1.14，德国为 0.7），也大大超过了当时的一些新兴市场经济国家（如 1992 年韩国的金融相关率为 0.44，而印尼为 0.46）。怎么解释这种状况呢？

回答这一问题，在于理解公式的经济意义。首先，FIR 要表达的是在市场经济条件下融资的市场化程度。也就是说，通过 FIR 考察当家庭、企业、政府的资金短缺时，多大程度上需要外部融资，多大程度上靠内部融资。外部融资占国民生产总值的比率越高，表明储蓄与投资的分离程度越显著，而这二者分离程度越显著，反映融资的市场化程度越高。市场化与货币化紧密相连，经济货币化意味着实体经济与货币经济的关联程度和对市场的依存度，所以经济货币化的金融解释，其含义应当是融资的市场化。而融资市场化的程度反映金融业的发展，所以，FIR 与其说是表明经济货币化的程度，不如说是表明金融业的发展程度。经济的发展与融资的市场化相关。

其次，FIR 要表述的是在市场经济条件下，经济的发展与金融资产的市场价值相关，金融资产的市场价值取决于供求，而供求很大程度上取决于利率。当金融资产的市场价值上涨时，意味着利率下跌，利率下跌，有利于投资，投资扩大使国民生产总值增长。所以，概括来说，这种相关性是资产价格——利率——投资——经济等这组经济变量的互动。在市场经济条件下，经济变量的互动（包括金融资产的市场价值）取决于人们的心理预期。从这个意义上说，FIR 反映了人们心理预期的变动，比例高，反映人们的心理预期"利好"，金融工具作用于有形财富的力度增大，相反，力度缩小。可以说，FIR 是人们的一个信心指数。

基于以上认识，能不能以 M_2/GDP 去替代 FIR，并以此分析问题呢？不能说完全不可以，但至少有以下问题值得思考。第一，M_2 能替代主要的金融资产的市场价值吗？不言而喻，M_2 不仅包括不了所有的金融资产，而且更不能反映金融资产的市场价值。第二，M_2 是金融工具，既有作用于企业性行为的金融工具，又有作用于家庭性行为的金融工具。但是按戈德史密斯的视角，作用于"家庭性行为"的金融工具是不需要纳入 FIR 的分子中的，因为作用于"家庭性行为"的金融工具尽管也是金融资产，但是货币性金融资产，是作为纯粹的金融媒介来看待，不会作为证券性金融资产来对待，一般也没有市场价值。这样，如果以 M_2 取代 FIR 的分子，则会增大分子量。第三，M_2 是金融机构的负债，与它对立的是金融机构的资产，站在金融机构的角度统计，一个国家金融资产量应当是金融机构的贷款和发行的各种有价债券，考察金融业发展的程度，站在金融机构的角度统计金融资产量是有必要的，但难以用 M_2 即货币供给量去考察一个国家金融业发展的程度（包括结构和规模）。第四，在利率未市场化或利率市场化程度不高的条件下，银行贷款的增减并不反映利率的变动，利率的变动在很大程度上也不反映投资的增减。可以说，在我国现阶段，储蓄转化为投资，不以利率变动为中介，也不以金融资产价格变动为中介。基于这些认识，我国 M_2 的变动与 GDP 变动的相关性很弱，M_2 相当部分并不置于市场之中，缺乏流动性。第五，GDP 是一定时期的经济流量，它不能反映一定时点上实物资产存量。按戈德史密斯的设计，在国民财富中还包括对外的净资产，而这一点 GDP 中显然不包括。所以，M_2/GDP 的比例关系，究竟能说明哪些经济含义很值得研究。它只能说明二者的协调发展程度，不能说明经济货币化的程度。当代，金融业日益成为一个独立的产业，金融活动绝不仅仅是融资，而重要的是金融商品的供给与需求。

哪个层次的货币供给量与 GDP 密切相关？

我们要思考的是：哪一个层次的货币供给量与 GDP 的相关度密切。笔者认为不应当是 M_2，而是 M_1（现金+活期存款），其理论基础是：社会货币供给量中有作为媒介的货币和作为资产的货币。从债权债务关系来说，所有的货币都是资产，但我们所谓的"作为资产的货币"，是指能保值增值的货币，而"作为媒介的货币"是指作为支付手段的货币。前者是潜在购买力，后者是现实购买力。在金融统计中，作为潜在购买力的货币叫"准货币"，即 $M_2 - M_1$。

如果说 M_1 与 GDP 的相关度密切，那么用 M_2 与 GDP 相比较求出的"金融相关率"就难以说明投入与产出的关系，它只能说明经济的货币化程度。要考察货币是否供给过多或超量供给，需要考察的是 M_1 与 GDP 相关度的变化状况正不正常。

从 1992 年至 2011 年，M_1 和 M_2 的比例大致保持在 36%~45% 的区间内，波动幅度大致为 9 个百分点，一定程度上可以说，作为支付手段的货币是相对稳定的，其主要原因是 GDP 与 M_1 的相关度较高，也就是说国民经济的产出决定了需要多少 M_1 作为支付手段。但值得注意的是，国民经济产出需要作为支付手段的货币有下降的趋势，而呈下降趋势的重要原因是货币替代品（如信用卡）的广泛发展。

在这二十年中，GDP 与准货币的比例关系最高是 1∶1.97（1992 年），最低是 1∶0.84（2011 年）。准货币中作为资产的货币可视同公众储蓄，也就是说，这二十年的开始几年，公众以银行存款形式储蓄较多，而之后几年，公众以银行存款形式储蓄较少。原因是之后几年其他信用形式有了较快的发展。这表明，其他信用形式的发展，推动了金融领域的脱媒现象，同时表明各种信用凭证（如各种有价证券）可替代作为资产的货币。

按马克思的货币流通原理和货币数量论的公式，货币供给的增长应等于经济增长和物价上涨之和。在这二十年中，前十年 M_1 同比的平均增长率为 21.8%，而经济同比的平均增长率为 9.88%，物价同比的平均增长率为 13.63%（其中商品零售价格指数同比的平均增长率为 5.41%，工业生产者购进价格指数同比的平均增长率为 8.22%），二者之和约等于 M_1 同比的平均增长率。后十年中，M_1 同比的平均增长率为 17.2%，而经济同比的平均增长率为 10.06%，物价同比的平均增长率为 7.36%（其中商品零售价格指数同比的平均增长率为 1.97%，工业生产者购进价格指数同比平均上涨 5.39%），也约等于 M_1 同比的平均增长率。

这表明，这二十年间我国 M_1 的增长是与经济增长和物价上涨相适应的，不存在超额供给问题。真正超额供给的是作为资产的货币，即准货币。如果我们把准货币视为社会公众的储蓄，而且把这储蓄转化为投资，则这样的超额供给实际上是以货币去动员可利用的资源，发展经济。如果发展经济所形成的资产有效，则超额供给货币所形成的负债是有偿还能力的。当然，如果靠货币动员资源发展经济所形成的资产无效，则这样的负债就缺乏偿还动力。要偿还，只有靠后人承担。

（资料来源：腾讯财经，http：//finance.qq.com/a/20130917/011844.htm）

任务二　家财万贯却买不起面包——通货膨胀

任务引例

津巴布韦陷入"人造饥荒"，高通胀正在让 60% 人口吃不上饭

津巴布韦曾有"非洲粮仓"之称，但恶性通货膨胀正在将它推向一场粮食危机。

据《卫报》报道，联合国食物权问题特别报告员希拉尔·埃尔弗（Hilal Elver）说，津巴布韦如今正在经历一场"人造饥荒（Manmade Starvation）"，超过 60% 的人口面临粮食短缺，在厄尔尼诺现象引发的旱灾及津国内恶性通货膨胀的影响下，许多家庭连基本的粮食需求都无法得到满足。

埃尔弗刚刚结束了在津巴布韦的 11 天考察，她在 2019 年 11 月 18 日至 28 日走访了津国内旱情最严重的地区。根据 2012 年的人口普查，津巴布韦人口为 1 306 万人。据联合国新闻报道，埃尔弗说，目前在津农村地区，受低降雨量与不规律天气影响，有 550 万人面临粮食短缺，在城镇地区，也有约 220 万人无法得到粮食保障，健康与用水保障也同样堪忧。

而这一切正在随着津国内的通货膨胀不断恶化。埃尔弗说，如今，津巴布韦的通货膨胀率已经达到了惊人的 490%。她并未说明这一数据具体指的是哪个时间段，但据彭博新闻社 11 月统计，截至 2019 年 9 月 30 日，津巴布韦的年通胀率已突破 350%。

埃尔弗说，如今，津巴布韦存在贫困、失业、腐败、物价不稳、购买力低下等问题，农业生产也因为自然灾害与旱情反复陷入停滞，此外还面临着西方国家的经济制裁。这样下去，这场粮食危机只会持续恶化。

十多年前，津巴布韦也曾经历过一场噩梦般的通货膨胀。津巴布韦本身具备良好的基础设施和自然条件，该国土地肥沃，农业基础较好，也拥有丰富的矿产资源。

但在 2000 年土地改革后，津巴布韦经济持续下降，人均收入锐减，同时也因为将白人农场主的土地收归国有并分发给无地的黑人，引发了西方国家对其实施长达近20年的经济制裁。

此后，津巴布韦大量超发货币，导致该国货币一再贬值，到了2008年经济危机时期，津央行不得不发行面值1亿元和5亿元的钞票，通胀率一度达到500 000 000 000%，直到津政府在2009年年初宣布弃用本国货币，实施多元外汇流通体制，通货膨胀才开始得到抑制。

不过，由于长期缺乏外币储备，中央银行实行管制，津巴布韦的恶性通胀并没有随着本国货币的弃用落幕，反而引发了津巴布韦人的"囤积潮"，民众开始囤积任何他们认为具有保值能力的东西，比如汽车、房产和股票。

为保持市场流动性，津央行在2016年开始发行与美元等值的债券货币，并在2019年11月开始发行新的本国货币新津巴布韦元，以结束长达十年的现金危机，拉低通货膨胀。但在分析人士看来，新发行的津元最高面值仅为5元，在当地只能买到一瓶汽水，并不能发挥作用。

埃尔弗说，她在考察时也亲眼看到了经济危机留给该国的疮痍。即使是在首都哈拉雷，有些人一天也只能吃上一顿饭，加油站、银行、商店前都排起了长长的队伍，超市里食品的价格却让人望而却步，连公务员、医生、护士、教师等传统中等收入阶层都无法靠一份工资养活家人，更别提其他贫困人口了。

在埃尔弗看来，若不采取行动，这场粮食危机只会演变成国家安全级别的危机。目前，近90%的津巴布韦婴儿存在营养不良、发育迟缓等问题，由于长期的干旱和食物不足，妇女也只能被迫采取性交易等非人道的方式养家糊口。预计到2019年年底，津巴布韦的粮食状况还将进一步恶化，将有800万人需要得到紧急援助。

埃尔弗认为，津政府应立即改革国内农业及粮食体系，减少对进口食物的依赖，丰富国内粮食结构。她同时也呼吁国际社会进行人道主义干预，"我恳请津政府与国际社会一起合作，结束这场不断恶化的危机，以免它掀起一场全面的社会动荡。"（资料来源：百家号，https://baijiahao.baidu.com/s?id=1651719173552590926&wfr=spider&for=pc）

思考：
什么是通货膨胀？通货膨胀产生的原因是什么，它对社会、经济的影响如何？相关部门又是如何治理通货膨胀的呢？

一、通货膨胀的含义和类型

（一）通货膨胀的含义

通货膨胀是一个非常古老的经济问题，虽经常出现，但迄今为止各国经济学家都没有一个统一的、全面的定义。当前经济学家对通货膨胀的定义虽各有不同，但比较后，我们把通货膨胀定义为：通货膨胀是指在纸币流通条件下，在一定时间内流通中现实货币量超过了流通对货币的需要量，并由此所引起的货币贬值、一般物价水平持续上涨的现象。

理解通货膨胀的含义需注意把握以下几点。

（1）通货膨胀所指的物价上涨，并非指个别商品或劳务价格的上涨，而是指一般物价水平的上涨。一般物价水平是指物价总水平，即所有商品和劳务价格的加权平均数。货币币值是指对一般商品和劳务的购买力，而不是与某一类或者某一部类的商品和劳务相对应。如果物价总水平保持不变，仅仅是某一个区域的物价上涨、某一类或某一部类的商品或劳务价格的上涨，则只是相对价格变化，而不是通货膨胀。

（2）通货膨胀是一般物价水平持续、明显上涨。通货膨胀不是指一次性、暂时性的或偶然性的价格上升，而是指一般物价水平一定时间内的持续上升。通货膨胀所引起的物价上涨是一个持续的过程，要经过一定的时间才能被人们认识。在这个过程中，物价具有上涨的基本倾向，并持续一定的时间。所以通货膨胀一般以年为时间单位来考察。在市场经济中，通货膨胀表现为一般物价水平的明显上涨，即物价上涨必须超过一定的幅度，不能将经济生活中的物价轻微上涨看成是通货膨胀，通常以一定的数量指标来度量物价的上涨率。各国标准并不统一，目前多数学者比较统一的观点是年物价上涨率大于3%。

（3）通货膨胀虽然会表现为一般物价水平的上涨，但并不因此说明物价不上涨就没有通货膨胀。在某些情况下，存在价格上涨的压力，但实际上价格并没有上涨，例如，在价格管制时，物价就会因为受管制并没有上涨，却存在商品紧缺、排队抢购、定量供应等现象。

案例解析

2020年4月媒体报道称，我国央行近期在部分城市进行数字货币的试点测试。4月14日晚，一则央行数字货币DCEP在农业银行内测的"钱包"App图片在网上广为流出，并传出DCEP即将在深圳、苏州、雄安、成都等地试点。由此又引发了一些关于央行数字货币的议论，有人认为央行发行数字货币会引发通货膨胀。

思考：发行数字货币是否会引发通货膨胀？

解析：央行发行的数字货币从数字化货币替代流通中的纸钞和硬币入手，假设现在流通的货币是100元，央行数字货币将等价替换掉这100元。为了保证央行数字货币不超发，商业机构向央行全额、100%缴纳准备金。也就是说，发行时，人民银行先把数字货币兑换给银行或者是其他运营机构，再由这些机构兑换给公众。此外，考虑到前期数字货币仅限于试点，短期内不会大量发行和全面推广，货币流通速度也将保持正常水平。

因此，发行数字货币不会引发通货膨胀。

（二）通货膨胀的类型

在经济分析过程中，按照不同标准对通货膨胀进行分类，有如下不同类型的通货膨胀。

1. 按通货膨胀的表现形式或市场机制划分

按通货膨胀的表现形式或市场机制可以分为公开型通货膨胀和隐蔽型通货膨胀。

公开型通货膨胀，也称为开放型通货膨胀，是指在较为完善的市场机制和政府不加管制或管制较少的条件下，由于价格对供求反应灵敏，过度需求通过价格的变动得以消除，通货膨胀通过一般物价上涨形式表现出来。公开型通货膨胀可以灵敏地通过物价反映出来，物价水平的上升幅度可以准确地反映通货膨胀的程度，一般用物价指数的变动来衡量。

隐蔽型通货膨胀又称抑制型通货膨胀，是指在商品的市场价格受到管制的情况下，通货膨胀状况不能通过市场物价的变动而灵敏地反映出来的通货膨胀。这种通货膨胀由于价格受到管制，市场机制作用不完全，因此过度的需求不能通过价格上涨反映出来，物价水平人为保持平衡，但是会表现为商品紧缺、凭证限量供应商品、排队购物、黑市活跃等一种隐蔽型的一般物价水平普遍上涨的经济现象。这种通货膨胀一般发生在实行计划经济的国家，苏联、东欧地区和我国都出现过，当时的物价指数并不反映真实的通货膨胀程度。

2. 按通货膨胀的程度划分

通货膨胀按程度或上涨幅度，可以分为爬行式通货膨胀、温和式通货膨胀、奔腾式通货膨胀和恶性通货膨胀四种。

爬行式通货膨胀是指物价指数缓慢持续上升，年通货膨胀率不超过3%。爬行式通货膨胀通常不易察觉，因此也称为不知不觉的通货膨胀。爬行式通货膨胀是一种好的通货膨胀，通货膨胀率比较稳定，并且这种物价指数小幅的上升对经济增长具有一定的刺激作用。

温和式通货膨胀是指年通货膨胀率在3%~10%的通货膨胀。温和式通货膨胀的物价上涨速度比爬行式快，但是在人们容忍的幅度内，这种速度能使人感觉到并产生通货膨胀还将持续的心理预期。这种通货膨胀不是很严重，但会引起政府重视并管控。

奔腾式通货膨胀是指年通货膨胀率以较大幅度（10%以上的速度）持续上涨，且发展很快的通货膨胀。这种通货膨胀的物价在较长时间内会有较大幅度的上涨，年均物价上涨率在10%~20%，甚至高达百分之几十，属于比较严重的通货膨胀，会使人们对货币失去信心，产生恐慌心理，经济社会发生动荡。

恶性通货膨胀，又称为极度通货膨胀、超级通货膨胀等，是指物价上升特别猛烈，并且有不断加速趋势的通货膨胀。恶性通货膨胀没有一个普遍公认的标准界定，一般界定为每月通货膨胀50%或更多，多数经济学家认同的定义为"一个没有任何平衡趋势的通货膨胀循环"，是一种不能控制的通货膨胀，其特点是通货膨胀率非常高，一般达到100%以上。这种通货膨胀一旦发生，社会物价持续飞速上涨，货币大幅度贬值，人们对货币彻底失去信心，货币完全丧失了价值贮藏功能，部分地丧失了交易媒介功能，货币制度瓦解，正常的社会经济关系严重破坏，整个国民经济区域崩溃。

延伸阅读

世界历史上著名的恶性通胀

通俗讲，通货膨胀就是由于纸币发行过多，物价飞涨，人民生活水平下降，并且对国家经济发展破坏力非常大，那么在世界历史上，有哪些比较著名的通货膨胀事件呢？

一、"一战"后德国

第一次世界大战对世界版图产生了极大影响，当年强大的奥匈帝国一分为二，俄国爆发十月革命，出现了世界上第一个社会主义国家。

其实还有一个非常重大的影响，就是德国。作为战败国，根据《凡尔赛合约》，德国要支付巨额的战争赔款，约1 300亿金马克，面对如此高额的战争赔款，德国十分不情愿，于是采取相对极端的方式来偿还赔款，那就是发行纸币。1919年，德国全年的货币发行量约为500亿金马克，到了1923年，德国货币发行量达到无以复加的天文数字5万亿亿金马克，物价上涨200亿金马克，一美元可以兑换42 000亿金马克，货币连纸都不如。

如此规模的通货膨胀，人民的生活水平和德国的经济发展可想而知，但是德国宁肯这样，也不想赔款，这足以说明在德国，德国人民对《凡尔赛合约》痛恨到何种程度。其实，这里面不得不提到一个德法矛盾的问题。德国和法国是欧洲大陆两大强国，历来矛盾冲突不断，已经结下世仇。"一战"德国战败，法国为了压榨德国，防止其东山再起，无所不用其极，不惜出兵抢占鲁尔工业区，等等，新仇旧恨，德国会乖乖就范？

二、国民党统治时期

国民党统治时期，不顾人民祈求和平的愿望，肆意进行内战，为应对庞大的战争开支，填补政府赤字，国民党只能更多发行法币，使得法币成为一张废纸。后来，国民党开始发行金圆券，要求市民用美元、黄金和法币兑换新币金圆券，在榨干市民最后的血汗钱之后，金圆券最终也和法币一样，成为废纸一张。

三、苏联解体后的俄罗斯

苏联后期，由于常年与美国争霸，不合理地偏重重工业，所以经济结构十分不合理，到了戈尔巴乔夫时代，经济几乎走到崩溃的边缘。苏联解体后，俄罗斯为这种不合理的经济结构的苦果"背锅"。1991—1992年，短短一年时间，俄罗斯产生严重通货膨胀，物价水平上涨26倍，人民生活苦不堪言。面对如此紧张的局势，当时俄罗斯的叶利钦等领导人采取错误的做法，不是想办法去改变经济结果，尽快恢复生产，而是企图通过限制物价水平来掩盖这一事实，这种做法的后果一是导致大规模的排队，这似乎成为当时居民的主要工作；二是黑市猖獗，投机分子牟取了暴利。

曾经看到过一个笑话，说是俄罗斯银行安检时非常严格，据说如果腰带扣是金属的都不行，想要进银行，必须拿掉，结果你会发现，在银行人们都是用手提着裤子，而此时的卢布是何种水平呢？要一麻袋才能买一台电视机。

四、近年来的委内瑞拉

委内瑞拉和大多数产油国一样，只要开采石油就可以赚取大量外汇，以至于经济结构单一，石油工业占据绝对的支配地位。结果，近年来，随着国际油价的持续下跌，油价高时的免费医疗、廉价的食品等局面一去不复返，并且委内瑞拉财政也开始紧张，物价开始上涨，2015 年，委内瑞拉通货膨胀率为 120%，2016 年达到惊人的 800%，而同期 GDP 却萎缩近 20%。

委内瑞拉经济问题除了自身原因，还受到美元的影响，所以，从 2017 年 9 月份开始，委内瑞拉开始放弃美国石油，采用多元化的结算体系，这一做法不仅让自己不再受到美元的盘剥，更重要的是帮助其渡过债务违约的难关。

另外，还有非洲国家津巴布韦，其通货膨胀水平可以用近期津巴布韦央行的"换币"行动感受一下，从 6 月 15 日起至 9 月 30 日内，175 千万亿津巴布韦元可换 5 美元，每个津元账户最少可得 5 美元。此外，对于 2009 年以前发行的津元，250 万亿津元可兑换 1 美元。

（资料来源：搜狐网，https://www.sohu.com/a/204219728_100048764）

3. 按通货膨胀是否被预期划分

按通货膨胀是否被预期，可以划分为预期型通货膨胀和非预期型通货膨胀。

预期型通货膨胀是指货币当局有意识地公开宣布货币的增长率，使各经济主体据此预测未来通货膨胀的趋势，为避免经济损失而采取各种补偿性行动引发的物价上升运动。当人们普遍预期一年后的价格将高于现在的价格，就会在出售和购买商品时将预期价格上涨的因素考虑进去，从而引起现行价格水平提高，直至其达到预期价格以上。

非预期型通货膨胀是指货币当局采取隐蔽方式增加货币供应，使各经济主体难以估计当前通货膨胀态势，难以预测未来通货膨胀趋势。

4. 按通货膨胀的形成原因划分

按通货膨胀的形成原因不同可划分为需求拉上型通货膨胀、成本推进型通货膨胀、供求混合型通货膨胀和结构型通货膨胀。

需求拉上型通货膨胀又称超额需求拉动通货膨胀、菲利普斯曲线型通货膨胀，即通货膨胀的根源在于总需求过度增长，超过了按现行价格可得到的总供给，导致过多货币追求过少商品，造成物价水平普遍持续上涨。

成本推进型通货膨胀又称成本通货膨胀或供给通货膨胀，即通货膨胀的根源在于总供给方面的变化，在没有超额需求的情况下由于供给方面成本的提高，而引起一般价格水平持续和显著的上涨。

供求混合型通货膨胀是指由需求拉上和成本推动共同起作用而引起的物价水平的持续上涨，即由需求与成本因素混合的通货膨胀。

结构型通货膨胀是指物价上涨是在总需求并不过多的情况下，而对某些部门的产品需求过多造成部分产品的价格上涨现象，如大米、钢铁、猪肉、食用油等，即国民经济结构比例失调造成供求关系失调，从而引起物价普遍持续上涨的通货膨胀。其发展过程是：最初由于某些经济部门的压力，物价和工资水平上升，随后那些需求跟不上的部门的物价和工资额也趋于上升的水平，于是便出现全面的通货膨胀。

二、通货膨胀的度量

通货膨胀的度量是衡量通货膨胀程度。测定通货膨胀的主体指标——通货膨胀率，是指一定时期内价格指数的增长率，它反映了通货膨胀的幅度。如果价格指数增长率即通货膨胀率大于零，说明存在通货膨胀；反之，则说明出现了通货紧缩。消费者物价指数（CPI）、批发物价指数（WPI）、国民生产总值平减指数（GNP Deflator）是测定通货膨胀的主要指标，三个指标各有优点和不足。

1. 消费者物价指数

消费者物价指数（Consumer Price Index，简称CPI），又名居民消费价格指数或零售价格指数，是综合反映一定时期内居民生活消费品和服务项目价格变动趋势和程度的价格指数。它是根据具有代表性的家庭消费开支所编制的物价指数，反映了消费品价格水平的变化情况。由于该指标直接与公众日常生活相联系，编制资料容易收集，各国通常每个月公布一次，因此许多国家都将这个指标作为衡量通货膨胀的主要指标。该指标的缺点：一是它包括的范围较窄，只局限于家庭消费的商品和劳务，因而不能反映用于生产的进出口商品和劳务的价格变动趋势；二是该指标无法分析出商品和劳务价格上涨的原因，从而无法将由于商品质量提高、新产品对消费者福利的增进以及商品间的相互替代性而引起的合理价格上升，与由于货币投放太多、商品供不应求造成的价格区分开来。

2. 批发物价指数

批发物价指数（Wholesale Price Index，简称WPI），是"零售物价指数"的对称，又称生产者价格指数，是反映全国生产资料和消费资料批发价格变动程度和趋势的价格指数。该指标是根据大宗商品包括最终商品、中间产品及进口商的加权平均批发编制的物价指数。因此，批发物价指数的优点是对商业循环反应灵敏。但其缺点体现在两方面：一方面是，由于这个指标不包括各种劳务，所以其变化对一般公众生活的影响也不如消费物价指数直接。另一方面是，这个指标的变动规律同消费物价指数有显著的区别，在一般情况下，即使存在过度需求，其波动幅度常常小于零售商品的价格波动幅度，导致价格信号失真，因此，批发物价指数未必能真正反映社会总供给与总需求的对比关系。对于生产者而言，他们更关注批发物价指数。

3. 国民生产总值平减指数

国民生产总值平减指数（Gross National Product Deflator，简称GNP Deflator）是按当年价格计算的国民生产总值与按不变价格计算的国民生产总值的比率。它是一个涵盖面更广的价格水平指标，既包括私营部门和公营部门的消费，也包括生产资料与进出口商品、劳务的价格。该指标的优点就是比较全面，能反映全部生产资料、消费品和劳务费用的价格变动。该指标的缺点是对那些不在市场发生交易的商品和劳务的价格只能进行估算，但估算价格的准确性不能完全得到保证；编制该指标需要收集大量资料，难度大，一般只能一年公布一次，时效性较差，不能迅速反映通货膨胀的程度和趋势；这一指标包括了与居民生活不直接相关的生产资料和出口商品，不能准确反映对居民生活的影响。

三、通货膨胀的效应

通货膨胀效应是通货膨胀对社会经济生活各方面的影响作用。通货膨胀通过作用于社会再生产过程，广泛地影响着社会经济生活。从总体上看，它对社会经济的危害远远大于其短暂发挥的刺激作用。

（一）通货膨胀对产出的效应

通货膨胀产出效应是指通货膨胀对经济增长的影响。对于这个问题，经济学家有不同的观点，概括起来主要包括三种：促进论，认为通货膨胀可以促进经济增长；促退论，认为通货膨胀会损害经济增长；中性论，认为通货膨胀对经济增长不产生任何影响。

1. 促进论

促进论认为，温和的通货膨胀具有正的产出效应，可以促进经济的增长。新古典综合派的大多数学者都倾向于这种观点。他们认为，通货膨胀能通过强制储蓄、扩大投资来促进经济增长。理由主要有三：一是资本主义经济长期处于有效需求不足、实际经济增长率低于潜在经济增长率的状态。因此，政府可通过实施通货膨胀政策，增加政府财政赤字预算，扩大投资支出刺激有效需求，最终推动经济增长。二是在一般情况下，通货膨胀是一种有利于富裕阶层的收入再分配，高收入富裕阶层的边际储蓄倾向比较高，所以通货膨胀会通过提高储蓄率而促进经济增长。三是通货膨胀出现后，公众预期的调整有一个时滞过程，在此期间，工资上涨率会低于物价上涨率，企业的利润会因此增加，从而刺激私人投资的积极性，增加总供给，推动经济增长。促进论在20世纪60年代比较盛行，但70年代以来，人们逐渐认识到通货膨胀对经济的危害。目前大多数经济学家都采取促退论的观点。

2. 促退论

促退论认为，虽然通货膨胀初始阶段对经济具有一定的刺激作用，但长期的通货膨胀会对经济带来严重的消极影响，降低经济运行效率，阻碍经济增长。其原因主要有：其一，通货膨胀过程会扭曲价格机制。通货膨胀会使纸币贬值，妨碍货币职能的正常发挥。纸币贬值，货币购买力下降，人们就不愿储蓄或持有货币，影响了货币贮藏手段职能的发挥和正常的资本积累。币值不稳还会影响货币价值尺度职能的发挥，加大经济核算的困难，引起市场价格信号紊乱，导致整个市场机制功能失调。其二，通货膨胀的持续发展会使社会实际投资减少。较长时期的通货膨胀最终会引起名义工资率和银行利率的上调，从而增加生产性投资的风险和经营成本，使生产性投资下降；同时，通货膨胀也会使企业的生产成本包括原材料、人工成本、租金等增加，企业个人的预期利润率下降，从而导致企业和个人的投资积极性下降。其三，通货膨胀会打乱产业结构合理分布秩序。通货膨胀会破坏正常的信用关系，增加生产性投资的风险和经营成本，从而缩减银行信贷业务，使流向生产性部门的资金比重减少，流向非生产性部门的资金比重增加，导致产业结构和资源配置失调，使资金流向非生产部门，这不利于经济的长期增长，会导致国民经济畸形发展。

3. 中性论

中性论认为，通货膨胀对经济增长是中性的，既无正效应也无负效应。其理由是公众会根据对通货膨胀发展的预期，按照物价上涨水平做出合理的行为调整，使通货膨胀的各种效应相互抵消，从而对经济增长不产生作用，既不促进经济增长也不阻碍经济增长。但是公众对通货膨胀的预期与通货膨胀实际发展的情况并不相符，而且每个人、每个企业的预期不同，其调整行为很难合理或相互抵消。少数经济学家采取通货膨胀中性论的观点。

（二）通货膨胀的强制储蓄效应

所谓强制储蓄是指政府财政出现赤字时向中央银行借债透支，直接或间接增大货币发行，从而引起通货膨胀。这种做法实际上是强制性地增加全社会的储蓄总量以满足政府的支出，因此又被称为通货膨胀税。这里所说的储蓄，是指用于投资的货币积累，主要来源于家庭、企业与政府。正常情况下，家庭、企业与政府这三个部门有各自的储蓄规律。家庭部门储蓄由收入剔除消费支出构成，企业储蓄由用于扩张性生产的利润和折旧基金构成，政府储蓄的来源比较特殊。如果政府用增加税收的办法来筹资搞生产性投资，相当于是从其他两个部门家庭和企业的储蓄中挤出，全社会的储蓄总量不变。如果政府以向中央银行借款筹措建设资金，就会强制增加全社会的投资需求，结果将是物价上涨。在公众收入不变的条件下，按原模式和数量进行消费和储蓄，而物价的上涨会导致消费储蓄的实际额相应减少，而减少部分则大体相当于政府运用通货膨胀实现强制储蓄的部分。

（三）通货膨胀的收入和财富再分配效应

通货膨胀的收入和财富分配效应是指通货膨胀会造成社会各界收入和财富的重新分配的现象。在充分预期的情况下，通货膨胀对收入和社会财富的再分配效应并不明显，因为各种生产要素的收益率都有可能与通货膨胀做同比例的调整。但实际上人们通常不能正确预期通货膨胀，因此就产生了通货膨胀的再分配效应。

1. 通货膨胀的收入再分配效应

由于社会各阶层的收入来源不同，物价水平上涨对收入水平的影响也不同：有些人的收入水平会提高，相反有些人会降低。这种由物价上涨造成的收入再分配就是通货膨胀的收入再分配效应，主要有三种情况：①固定收入者的收入水平下降，而浮动收入者收入水平上升。在通货膨胀期间，由于以工薪阶层和离退休人员为典型代表，固定收入者的收入调整滞后于物价水平，实际收入会因通货膨胀而减少，是通货膨胀的受害者；而浮动收入者（如以业绩提成的营销人员）在通货膨胀初期工资收入会有所增加，是通货膨胀的受益者。②债权人遭受损失，而债务人获得好处。通货膨胀导致未来将要收回的固定的名义本金和利息实际购买力下降，于是债权人遭受损失，而债务人所偿还的本息实际价值降低。③政府收入增加，而居民可支配收入减少。通货膨胀最大的受益者是政府。在累进所得税制度下，名义收入的增长使纳税人所适用的边际税率提高，应纳税额的增长高于名义收入的增长。同时，政府往往是一个巨大的债务人，向公众发行国债，在通货膨胀期，由于物价水平的上涨，政府实际偿还本息负担相对减轻。

2. 通货膨胀的财富再分配效应

通货膨胀的财富再分配效应也称为资产结构调整效应，是指通货膨胀导致面额和收益固定的金融资产的持有者遭受损失，而实物资产的持有者获得利益的现象。在现实生活中，人们或多或少都会积累财富，而这些社会财富由不同类型的资产构成，主要可分为实物资产和金融资产两大类。通货膨胀时期，面值固定的金融资产（如债券和票据等），其价值随着物价的上涨而下跌，而各种变动的证券和实物资产（如股票和房地产等），其价值随物价的上涨而增大。因此，通货膨胀会使持有不同形式资产的人实际占有社会财富的价值发生不同变化。

（四）通货膨胀的资源配置扭曲效应

在市场经济条件下，价格机制发挥着引导资源有效流动、合理分配社会资源的作用，使社会各要素能充分发挥其功能。但在通货膨胀时期，特别是在非预期通货膨胀的情况下，各种生产要素、商品、劳务的相对价格相应变化，因而资源的分配被扭曲。具体表现在以下几方面。

（1）通货膨胀使各相对价格变动，从而导致资源的不合理分配。通货膨胀使各生产要素、商品和劳务的相对价格发生不同幅度和速度的上涨。资金和生产要素会更多地投向那些价格上涨较快的商品和劳务，但这些商品和劳务未必是需要的，最后导致这类商品和劳务的过度供给和浪费。

（2）通货膨胀助长投机并导致社会资源的浪费。

通货膨胀期间，企业和个人为避免持有货币和固定面额的金融资产遭受损失，因此就会降低这部分资产的比例，从而购买实物资产，这样就会导致人们增加在资产处置、管理上的时间、人力、物力，造成资源浪费。通货膨胀期间，投机利润大于生产利润，投机活动增加，资源大量被投机活动占用，可用于发展生产和技术革新方面的社会资源大大减少，导致社会资源大量浪费，加剧经济的不平衡。

（3）金融市场会妨碍金融市场的健康发展，降低社会资源的配置效率。

一方面，通货膨胀期间，从居民的角度讲，实际利率的下降会打击公众储蓄意愿，使资本积累速度降低；从企业的角度讲，企业的累积折扣不能满足价格日益上涨的设备更新的需要，从而使资本存量减少。另一方面，通货膨胀期间，金融机构提高存贷款利率的调整幅度和速度不及通货膨胀速度，从而资本市场供求矛盾更加突出，这样不但使社会资金的动员效率降低，而且还降低了社会资源的分配效率。其间中央银行基准利率的调整往往滞后，使金融机构正常融资渠道受阻，而民间高利贷则得以盛行，因而改变正常利率结构，影响金融市场健康发展。

四、通货膨胀的成因

通货膨胀的成因理论是关于通货膨胀形成机理的假说。通货膨胀是一种非常复杂的现象，关于成因的分析理论较多，主要包括以下几种：需求拉上说、成本推进说、供求混合推进说、结构失调说和预期说。

1. 需求拉上说

需求拉上说是一种比较古老的理论，它是用经济体系存在对产品和服务的过度需求来解释通货膨胀形成的机理。这一理论认为通货膨胀是总需求超过总供给，以至于"太多的货币追逐太少的商品"而引起的。或者说，因为社会对商品和劳务的需求超过了按现价可得到的供给，从而引起一般物价水平的上涨。需求拉上说强调总需求，而忽略了总供给的变动，尤其不能正确解释通货膨胀与失业并存的现象。20世纪50年代后期，在一些西方国家出现了从未发生的经济现象，即在经济远未达到充分就业时，物价就持续上升，甚至在失业增加的同时，物价也在上升。需求拉上说无法解释此现象，于是经济学家开始将注意力转向了总供给方面，提出了通货膨胀成因的成本推进说。

2. 成本推进说

成本推进说是一种侧重从供给或成本分析通货膨胀形成机理的假说。该理论认为在社会商品和劳务需求不变的情况下，生产成本的提高也会引起物价总水平持续上涨。造成产品成本提高的原因主要有三种情况：一是工资过度上涨所造成的成本增加而推动的价格总水平上涨，工资上涨使得生产成本增加，在既定的价格水平下，厂商愿意并且能够供给的数量减少，造成成本推进的通货膨胀。二是利润推进引起的通货膨胀。厂商为了谋求更大的利润导致一般价格总水平上涨。具有市场支配力的垄断和寡头厂商为了获得更高的利润而提高产品的价格，结果导致价格总水平上涨。三是进口成本引起的通货膨胀。如果一个国家生产所需要的一种重要原材料主要依赖于进口，那么进口商品的价格上升就会造成厂商生产成本的增加，导致成本推进的通货膨胀。

3. 供求混合推进说

该理论认为通货膨胀的原因既有需求方面的，也有供给方面的，是二者的共同作用。虽然理论上可以区分需求拉上的通货膨胀和成本推进的通货膨胀，但是现实经济社会中，这两个原因往往是混合在一起的，单纯的某一方面原因是不可能持续推动物价上涨，只有总需求增加和总供给减少共同作用才会导致持续性的通货膨胀。例如，通货膨胀可能从过度需求开始，但由于需求过度引起的物价上涨会促使工会要求提高工资，因而转化为成本推进的因素；另外，通货膨胀也可能从成本方面开始，比如说迫于工会的压力而提高工资等，但如果不存在需求和货币收入的增加，这种通货膨胀过程不可能持续下去，因为工资上升会使失业增加或产量减少，结果将会使"成本推进"的通货膨胀终止。可见，只有"成本推进"和"需求拉上"共同作用才能产生一个持续性的通货膨胀。总之，持续的通货膨胀是由供求因素混合作用产生的。

4. 结构失调说

除了总供给和总需求因素外，一些经济学家还从经济部门的结构方面来分析通货膨胀的成因。结构说是从经济结构、部门结构分析物价总水平持续上涨的机理。该理论认为在总需求和总供给大体处于平衡状态时，由于经济结构方面的因素变化，物价持续上涨。结构型的通货膨胀可分为三种。

（1）部门差异型通货膨胀。

部门差异型通货膨胀是指经济部门（如产业部门与服务部门、工业部门与农业部门）之间由于劳动生产率、价格弹性、收入弹性等方面存在差异，但货币工资增长率却趋于一致，加上价格和工资的向上刚性，总体物价上涨便产生了。美国经济学家鲍莫尔认为，工业部门和服务部门虽然劳动生产率不同，产品具有不同的价格弹性和收入弹性，随着部门之间的不平衡发展，劳动生产率高的工业部门的产品价格和工资在不断提高，劳动生产率低的服务部门却会产生持久的成本压力，在工资和价格刚性的助导下，其价格水平也必然趋于上升，从而导致物价全面上涨。

（2）资源供求失衡型通货膨胀。

英国经济学家希克斯认为，由于社会对产品和服务的需求不是一成不变的，在总需求不变的情况下，一部分需求转移到其他部门，致使需求增加的部门生产资料和劳动力供不应求，而劳动力和生产要素却不能及时转移。这样，原先处于均衡状态的经济结构可能因需求的移动而失衡。那些需求增加的行业，价格和工资将上升；另一些需求减少的行业，由于价格和工资刚性的存在，却未必会发生价格和工资的下降，最终导致物价的总体上升。

（3）国际输入型通货膨胀。

由国际因素引起的通货膨胀也叫北欧型通货膨胀，是由北欧学派提出的。国际输入型通货膨胀是指由于国际商品或生产要素价格上涨，通过国际传导过程如国际贸易、国际资本流动等渠道传递到国内，引起国内物价持续上涨的现象。这种理论主要适用于小型开放国家的通货膨胀问题。

5．预期说

预期说是理性预期学派提出的一个关于通货膨胀的理论，主要通过对通货膨胀预期心理作用的分析来解释通货膨胀的发生。预期理论认为，人们在膨胀预期的心理作用下，对通货膨胀进行预期，并采取各种措施以保护自己免受损失。人们对通货膨胀的预期也是推动通货膨胀的因素之一。

案例解析

津巴布韦：3 个鸡蛋卖 1 000 亿，为什么通货膨胀如此严重？

说到津巴布韦的通货膨胀，那可是众所周知的，通胀曾达到 8 亿倍。通货膨胀是很多国家正常存在的，但是只要在一个正常值范围内就都不会有问题。但津巴布韦的通货膨胀却有点儿严重，让我们一起来看看视频，了解一下津巴布韦的通货膨胀。

思考：津巴布韦的通货膨胀对该国造成了什么影响？你认为这是什么原因引起的呢？

解析：结合通货膨胀的成因和效应的知识点进行分析。

五、通货膨胀的治理

由于通货膨胀对一国经济、政治、社会等各个方面都会产生一定的影响，甚至是极大的危害，因此，各国都非常重视通货膨胀的控制与治理，提出了治理的种种对策和措施，其中比较常用的有以下几类。

（一）需求管理政策

需求管理政策是指政府利用货币政策或财政政策的操作，改变全社会的总支出，以实现抑制通货膨胀目的的手段或措施。由于通货膨胀的一个基本原因在于社会总需求超过了总供给，因此，政府往往采取紧缩性的货币政策和财政政策来抑制过旺的总需求。

1．紧缩性货币政策

紧缩性货币政策就是通常所说的紧缩银根，即中央银行通过减少流通中货币量的办法提高货币的购买力，减轻通货膨胀的压力，其实质是控制货币供应量。运用紧缩性货币政策治理通货膨胀，就是政府根据既定的目标，通过中央银行对货币供给的管理和货币需求的调节使总需求恢复到与总供给相适应的水平上。中央银行通常采用的政策措施主要有以下四种。

(1) 提高商业银行的法定存款准备金率，以缩小货币扩张乘数，压缩商业银行放款，减少投资，压缩货币供应量。

(2) 提高再贴现率和再贷款率。中央银行提高再贴现率和再贷款率，可发挥三方面的作用：一是抑制商业银行向中央银行的贷款需求，紧缩信用；二是增加商业银行的借款成本，促使其抬高存贷款利率和金融市场利率水平，增加企业资金成本，抑制企业贷款需求，从而抑制投资规模，减少货币供应量；三是通过影响商业银行和公众预期，鼓励居民增加储蓄，缓解和减少通货膨胀的压力。

(3) 通过公开市场业务出售债券，以减少商业银行的存款准备金和企业、居民的手持现金或商业银行存款，从而达到减少市场货币供应量的目的。

(4) 提高利率。在政府直接控制市场利率的国家，中央银行也可通过直接提高利率或直接减少信贷规模来减少货币的供应。提高利率会增加借贷成本，降低借贷规模，减少货币供给量；另外，提高利率吸引存款，减少市场中流通的货币，减轻通货膨胀压力。

2. 紧缩性财政政策

紧缩性财政政策主要是通过削减财政支出和增加税收等办法，来限制消费和投资，抑制社会总需求，从而最终实现治理通货膨胀的目标。紧缩性财政政策的基本内容是增加财政收入，减少财政支出。具体说来，财政增收节支的手段主要有以下几种。

(1) 提高税率，调整税收结构。提高所得税税率或增开其他税种，会减少居民的可支配收入和企业的利润，从而降低个人的消费水平和抑制企业的投资支出；所得税率提高会增加政府收入，弥补财政赤字，减少因财政赤字引起的货币发行。

(2) 减少政府支出。财政支出包括生产性支出和非生产性支出两大部分。减少政府支出就需要从这两方面入手，生产性支出主要是国家基本建设和投资支出；非生产性支出主要包括政府各部门的经费支出、国防支出、债券利息支出和社会福利支出等。在财政收入一定的条件下，削减财政支出可以在一定程度上减少财政赤字，从而减少货币发行量，并可减少总需求，从而促使总需求接近于总供给，以稳定通货膨胀。但是由于财政支出的一些项目具有支出刚性，调节幅度有限，因此增加税收就成为一种常用的紧缩性货币政策。

（二）紧缩性收入政策

收入政策也称为收入—价格政策。紧缩性收入政策是政府为抑制通货膨胀而制定的限制工资和物价上涨的经济政策。紧缩性收入政策是根据成本推进论制定的，其目的在于在控制通货膨胀的同时又能克服通货膨胀在收入分配、财富分配、资源配置方面的不利影响。具体措施包括工资管制和利润管制两个方面。

1. 工资管制

工资管制是指政府以法令或政策形式，对社会各部门和企业工资的上涨采取强制性的限制措施。工资管制的办法包括：①道义规劝和指导。即政府根据预计的全社会平均劳动生产率的增长趋势，估算出货币工资增长的最大限度即工资—物价指导线，以此作为一定年份内允许货币工资总额增长的目标数值线来控制各部门的工资增长率。但政府原则上只能规劝、建议和指导，不能直接干预，因而该办法实施起来效果并不理想。②协商解决。即在政府干预下使企业和工会就工资和价格问题达成协议，其效果取决于协议双方是否认可现有工资水平和愿意遵守协议规定。③冻结工资。即政府以法令或政策形式强制性地将全社会职工工资总额或增长率固定在一定的水平上。这种措施对经济影响较大，通常只用在通货膨胀严重恶化时期。④开征工资税。对增加工资过多的企业按工资增长超额比率征收特别税款。这一办法可使企业有所依靠，拒绝工会过高的工资要求，从而有可能与工会达成工资协议，降低工资增长率。

2. 利润管制

利润管制指政府以强制手段对可能获得暴利的企业利润实行限制措施。通过对企业利润进行管制可限制大企业或垄断性企业任意抬高产品价格，从而抑制通货膨胀。利润管制的办法有管制利润率，对超额利润征收较高的所得税等。①管制利润率。即政府对以成本加成方法定价的产品规定一个适当的利润率，或对商业企业规定其经营商品的进销差价。采用这种措施应注意使利润率反映出不同产业的风险差异，并使其建立在企业的合理成本基础上。②对超额利润征收较高的所得税。这种措施可将企业不合理的利润纳入国库，限制企业追求超额利润。但如果企业获得超额利润是通过提高企业运营效率或者降低成本等途径实现的，则有可能会打击企业积极性。此外，有的国家还通过制定一些法规限制垄断利润，以及对公用事业产品直接实行价格管制等。

（三）收入指数化政策

收入指数化政策又称指数联动政策，是指把工资、利息、各种证券收益及其他收入同物价变动联系起来，使各种收入按物价指数滑动或根据物价指数对各种收入及时进行调整。通常规定，收入的增长率等于通货膨胀率加上经济增长率。收入指数化政策是由弗里德曼提出的一种适应性的反通货膨胀政策。收入指数化政策的作用主要体现在以下四个方面：①消除物价上涨对个人收入水平的影响，保持社会各阶层原有生活水平不至于降低，维持原有的国民收入再分配格局，从而有利于社会稳定。②保证各种商品和资源的价格水平根据通货膨胀水平同比例地调整，在一定程度上稳定价格体系，从而有利于提高资源的分配效率，防止盲目的资源分配造成资源浪费和低效配置。③能够排除通货膨胀对收入和财富分配的影响，稳定微观主体的消费行为，避免出现抢购囤积商品、贮物保值等加剧通货膨胀的行为，维持正常的社会经济秩序。④可割断通货膨胀与实际工资、收入的互动关系，稳定或降低通货膨胀预期，从而抑制通货膨胀率的持续上升。事实上，指数联动政策的使用范围较广，它不仅能用来对付通货膨胀，而且可以用于银行存贷款利息的支付、职工工资的调整以及商品价格的制定等多个方面。

（四）供给管理政策

供给管理政策就是从商品和劳务方面收入增加社会总供给，增加货币需求量，从而使供求达到均衡。通货膨胀通常表现为物价上涨，而物价上涨在竞争的市场环境下总是表现为与货币购买力相比的商品供给不足。因此，从长期来看，发展生产、增加有效供给，是克服通货膨胀的根本性措施。实施供给管理政策，一方面解决总需求与总供给的不平衡状态，以抑制物价；另一方面，刺激投资和产出，以降低失业率。改善供给的主要措施有：减税和削减社会福利开支。减税能使企业和个人的税后净收入增加，可促进生产和投资，增加供给；削减社会福利开支，既可减少政府财政赤字，减轻通货膨胀压力，也可杜绝人们对政府的依赖心理，促使人民努力工作，从而减少失业。需要注意的是，投资具有增加供给和扩大需求的双重性，因此在实施供给政策时，要解决如何使供给政策的供给效应大于需求效应的问题。

课堂实践

2006—2007年中国通货膨胀背景分析

据官方统计，2003年第四季度，中国的居民消费价格指数（CPI）开始迅速上扬：10月份增长变为1.8%，11月份则一下子抬升到3.0%，12月份是3.2%。而此前从2001年11月开始到2002年全年，CPI的负增长一直延续了14个月。2006年第一季度CPI继续攀升，4月份达到了3.8%，食品价格的上涨甚至达到了两位数，到2007年全年CPI同比上涨4.8%。

思考： 请运用所学知识分析如何治理我国2006—2007年的通货膨胀。

延伸阅读

我国治理通货膨胀的综合性措施

一、货币政策手段

2006—2007年央行频繁运用存款准备金率、贴现率、公开市场操作三大货币政策工具治理通胀。

1. 提高存款准备金率

央行先后提高准备金率15次，仅2007年就达到10次，存款准备金率从年初的9%提高到年底的14.5%。2008年上半年又先后5次调高存款准备金率，6月份上调至17.5%。

2. 上调人民币存贷款基准利率

从2006年4月28日到2007年12月8日8次上调存贷款基准利率，仅2007年一年就先后9次上调金融机构人民币存贷款基准利率，一年期存款基准利率从2007年年初的2.52%上调至4.14%，累计上调1.62个百分点；一年期的贷款基准利率从年初的6.12%上调至年末的7.47%，累计上调1.35个百分点。

3. 发行中央银行票据

自2003年4月启动发行央行票据以来，发行量就逐年扩大。2005—2007年每年累计发行央行票据数额分别为2.79万亿元、3.65万亿元、4.07万亿元。

4. 运用窗口指导等间接调控手段

央行还运用窗口指导等间接调控手段，调节货币供求，稳定物价上涨。央行频繁的加息行为反映了其紧缩性的货币政策取向。

遗憾的是，央行采取的以调高存款准备金率和利率为代表的紧缩性货币政策，并没有明显降低货币供给量的增长速度。数据显示，2007年5月至2008年8月，广义货币量M_2增速仍然高位运行。我国延续多年的"高通胀，高增长"的局面没有得到改变。

调整不到位的原因：主要还是对这次通货膨胀的成因没有看清。此次通货膨胀并不是简单的成本推动型或需求拉上型，而是各方面原因综合作用的结果，既有成本推动的作用，也有结构性特征，而且还有国际输入型通货膨胀的新特点。使用单一的"数量型"政策工具难以解决各目标，同时证明了主要用于调控短期需求的货币政策工具对综合型通货膨胀的治理效果不佳。

二、汇率政策手段

国际热钱流入的原因：当前，人民币升值预期是导致国际热钱流入的重要原因。这些热钱的进入，一方面带来了更多的投资可利用资金；另一方面也加大了投机的可能性，带来了更大不确定性。当务之急就是要改革我国的汇率制度。

(1) 改变以往盯住美元的单一汇率形成机制，建立更加多元化的汇率形成机制。在此次经济危机中，美国采取的低利率政策使得美元货币供应量不断增长，美元贬值，我国庞大的以美元标价的外汇储备资产大幅缩水。因此，我国应改变以往盯住美元的单一汇率形成机制，建立更加多元化的汇率形成机制，例如人民币对欧元的汇率机制。

(2) "小幅快跑"可以尝试。有关学者提出人民币汇率改革进度必须在稳步上升的前提下，加快升值节奏，人民币升值既要改变一开始的"小幅慢走"，又不能跑得太快，"小幅快跑"是可以尝试的新措施。我国需要继续深化汇率管理体制。在应对国际金融危机的形势下，我国政府也提出一些建设性的建议。

(3) 增加人民币汇率弹性。这也是汇率政策改革的重要方面。我国长期实行单一的汇率机制，在此次危机来临时显现出其不足。因此，需要改变汇率一味的单一升值趋势，在特定情况下允许汇率在合理的区间上下波动，增加汇率的灵活性。例如，当国际经济环境不佳时，我们可以采取适当贬值的手段。

(4) "超主权货币"。央行行长周小川提出的"超主权货币"的观点，他希望IMF能进一步扩大发展中国家在世界货币体系中的地位和话语权。

三、财政政策手段

财政政策在治理通货膨胀时发挥了积极作用。2008年各项经济数据显示中央采用的紧缩性货币政策手段成效有限，货币发行量仍高于经济需求的货币量，但财政政策却更加有效。财政政策不仅可以调节需求，对供给方面也能产生影响，而且财政政策较少受到外部经济的影响，政策扭曲效果较小。

此次通货膨胀中农产品涨价是重要原因，这就需要政府提高价格管制能力，尤其要从根本上稳定农产品价格：(1) 继续加大对农村的财政投入、生产补贴，加强农村基础设施建设；(2) 通过关税手段严格控制工业用粮和粮食出口，保证国内的粮食供应稳定；(3) 加快农业现代化进程，用科技手段不断改造传统农业，使之规模化、机械化，真正实现向现代化农业的转变；(4) 改革农村金融服务体系，加大政府对农村金融的扶持和优惠力度，提高农民收入水平，逐步缩小城乡差距。

政府应加强对资本市场和房地产市场的监管，完善相关法律制度。

政府需要运用税收和转移支付手段，给予企业和居民各项财政补贴。针对国际收支盈余增长过快的输入型通货膨胀，可以采取降低出口退税率，对国内稀缺的生产要素加征出口关税，减少出口。进一步削减进口关税，给予企业进口补贴，扩大进口，使贸易不平衡问题得以缓解。对于流进我国的热钱，可以采取征收托宾税的办法，防止资本市场膨胀带来的通货膨胀，稳定汇率和减少资本账户盈余。针对成本和结构型通货膨胀，财政政策要适时扩大增值税转型试点范围，降低企业税率，同时对受到通货膨胀影响较大的企业，如粮油面、石油、电力等给予财政补贴，以减轻这些企业由于成本上升造成的通货膨胀压力。

通货膨胀还会对居民产生财富效应，尤其对低收入者的影响最大。在治理通货膨胀的过程中，政府要把财政支出不断地向教育、医疗卫生、社会保障领域倾斜，向低收入人群倾斜，使财政收入的分配格局更加合理化。这不仅有利于保障社会公平，而且有利于提高人民的生活水平和消费能力，扩大内需，保持经济又好又快发展。

(资料来源：新浪博客，http://blog.sina.com.cn/s/blog_ 7d1b064d0100tz5v.html)

任务三　价格下降也能带来经济萧条——通货紧缩

任务引例

全球通缩：起源、演变及影响

1. 疫情扩散，油价暴跌，全球处于通缩之中

随着欧美疫情扩散，欧美政府疫情防控措施也不断升级。居民消费收缩，包括餐饮、旅游、住宿等线下消费受到拖累。另外，国际油价暴跌之下，全球PPI有进一步下行压力。根据穆迪公司的数据，在未来4年里，北美油气公司总共有超过2 000亿美元的债务即将到期，2020年到期的债务就有400多亿美元，其中很多都是BBB级公司债。一旦页岩油企业因为油价暴跌而亏损，将会出现严重的偿债危机，届时，可能会造成大量其他BBB债券遭到抛售，引发债务危机。

2. 通缩背景下的大类资产走势

在通缩形成的初期，由于市场风险偏好大幅收缩，股市下跌；现金受到追捧，全球避险资金流向美国，叠加市场对流动性的需求，美元指数大幅上涨。另外，由于黄金只能抗通胀，无法抗通缩，因此在通缩初期黄金价格呈现下跌的态势。之后如果引起经济衰退，会导致GDP增速下行，叠加通缩和宽松预期共同带动美债利率下行。

3. 我国CPI将进入下行期

统计局采用的链式拉氏方法决定了2020年猪肉权重不具备下降基础，预计2020年猪肉占CPI权重会进一步上升。随着猪瘟疫苗研制成功，叠加生猪补库存取得一定进展，预计二季度之后猪肉价格将出现一定程度的回落，在猪肉权重较高的背景下，这会带动CPI走低。

另外，根据预测：未来我国防疫工作将转为"防境外输入"阶段。也就是说，长期来看疫情管制政策可能无法彻底松绑，这会对消费会形成持续性冲击，二季度后CPI有向下趋势，我国将由之前面临工业品通缩压力，转为面临全面通缩压力。假如疫情长期持续，四季度CPI可能会出现负增长。

4. 全球货币宽松风起云涌

2020年3月以来，随着全球疫情扩散，发达国家股市暴跌，多国央行纷纷下调基准利率，力度之大、手段之迅速创2008年金融危机以来新高。美联储降息至0，宣告其最重要的货币政策工具已使用完毕。我国货币政策空间仍然充足，除了降息外，央行可供选择的货币政策工具还有很多，必要的时候还可以下调存款基准利率。

5. 风险提示

货币政策宽松不及预期、复工率回升快于预期、美股下跌拖累A股等。

(资料来源：东方财富网，http://data.eastmoney.com/report/macresearch.jshtml)

思考：

什么是通货紧缩？为什么会产生通货紧缩？通货紧缩对经济有什么影响？应该如何进行治理？

一、通货紧缩的概念和类型

（一）通货紧缩的概念

通货紧缩是与通货膨胀相对应的概念，也是一种货币失衡的现象。对于其含义，国内外学者并没有统一的认识，但总体来说，主流观点认为通货紧缩是指一般物价水平持续普遍的下跌。因此，理解好通货紧缩应该把握好两点：一是怎样理解一般物价水平，二是怎样理解持续而普遍的下降。

一般物价水平是指价格总水平，是指一国（地区）一定时期内具有普遍意义的包括大部分商品和劳务价格变动状态的平均或综合。单个商品或劳务价格水平的下跌不能代表一般物价水平的下跌，因为单个商品和劳务价格的下降有可能被其他商品和劳务价格的上升抵消，所以不一定会形成通货紧缩。同样道理，某一经济部门物价水平的下跌也不能代表一般物价水平的下跌，也不一定会形成通货紧缩。

持续普遍下跌是指一般物价水平连续的、不断的下跌。由于各国经济发展环境不同，对于一般物价水平持续下降多长时间可被判定为出现通货紧缩现象并未有统一划定标准，在有些国家通货紧缩仅持续短短的几个月，而在有些国家可以持续几年甚至几十年，因此需要视各国具体情况而定。通常认为，一般物价水平持续下降两个季度以上的现象可认为出现了通货紧缩。

（二）通货紧缩的类型

通货紧缩按照不同的划分标准，可以划分为不同的类型。

1. 按形成原因分类

按形成原因划分，通货紧缩可以分为需求不足型通货紧缩和供给过剩型通货紧缩。需求不足型通货紧缩是指由于消费、投资受到抑制或国外需求不足导致总需求不足，正常的供给显得相对过剩，形成物价下跌，造成通货紧缩。供给过剩型通货紧缩是指由于技术创新、工艺改造、运输系统改善、生产效率等的提高，一定时期内产品绝对数量过剩，引起普遍价格下跌形成的通货紧缩。1997—2002年中国通货紧缩既因需求不足引起，也因供给过剩而引起：一方面，1997年亚洲金融危机导致很多国家货币贬值，我国产品出口减少，国外需求下降，产品需求不足；另一方面，由于改革开放后我国生产力水平飞速发展，从短缺经济走向了大多数商品供给大于需求的局面，居民购买力远不及产品的供应能力，产品供给过剩。

2. 按发生程度分类

按发生程度可将通货紧缩划分为相对型通货紧缩和绝对型通货紧缩。相对型通货紧缩是指物价水平在零值以上，呈现正增长，但处在适合一国经济发展和充分就业的物价水平区间以下，已经低于该国正常经济发展和充分就业所需要的物价水平，通货处于相对不足的状态。绝对型通货紧缩是指物价水平在零值以下，物价出现负增长，通货处于绝对不足的状态，这种状态的出现，极易造成经济衰退和萧条。20世纪80年代初，新加坡出现了轻度的通货紧缩，消费物价指数CPI呈现逐年走低的现象，这属于前一类，而20世纪80年代美国大萧条则属于后一类型。

3. 按产生影响分类

按产生影响可将通货紧缩分为无害型通货紧缩和危害型通货紧缩。无害型通货紧缩又称温和型或技术进步型通货紧缩，这种通货紧缩往往是由于技术进步、工艺改造、分工发展、市场竞争等因素降低了交易费用和生产成本，从而促进产品价格的下降，这种通货紧缩往往伴随着总产出水平的增加，对经济增长有着积极的影响。危害型通货紧缩往往是由于总需求小于总供给，即生产能力过剩及需求低迷，实际产出和潜在产出水平之间缺口不断增大，这种通货紧缩伴随着总产出水平的减少，如果不能有效遏制通货紧缩缺口，将有可能引起经济衰退。如英国在1814—1849年间处于通货紧缩时期，但在这段时期里，英国的经济水平保持着持续的增长，是由于生产技术水平提高，运输成本下降而引起的价格下降，属于温和型通货膨胀，而20世纪30年代大萧条的通货紧缩则伴随着经济衰退和高失业率，属于危害型通货紧缩。

延伸阅读

日本20世纪90年代的通货紧缩

1985—1989年，日本经历了泡沫经济形成、发展、最后破灭的过程。由于极度扩张性的货币政策，大量的过剩资金涌入股票和房地产市场，导致股票和房地产价格暴涨。1989年年底，以日经指数由38 915点的历史高位急剧下挫为标志，日本的泡沫经济宣告破灭，从此进入战后持续时间最长的经济萧条时期，尤其1998年之后，各种迹象表明日本经济已处在"通货紧缩螺旋"的边缘。

日本的经济形势，主要表现为：(1) 物价下跌。日本CPI从1999年起连续27个月下降，2001年CPI更是下跌0.8%，跌幅创下历史纪录，而且日本物价有全面性和持续性特点，几乎全部或绝大部分商品价格呈现下跌。(2) 经济增长陷入停顿。1992—1995年日本实际GDP增长率不到1%，1998年则下降到-2.8%，是战后经济增长表现最糟糕的一年。(3) 企业生产能力下降。日本生产能力指数曲线从1998年以来一直处于下降趋势，截至2001年2月，破产企业负债额为23.61万亿日元。(4) 就业形势严峻。20世纪90年代初以来，日本年均失业人数连续增多，2000年完全失业率达4.9%，2001年再创纪录地达到5.4%。(5) 资产价格下跌。"泡沫经济"崩溃以来，日本地价持续下跌。2001年年初商业用地的地价下跌7.5%，仅为最高值（1990年9月）时的18%，跌至1981年的水平。(6) 股市低迷。"泡沫经济"崩溃之后，股市一蹶不振，至2002年11月14日，日经指数以8 303.39点报收，创下1983年3月以来的最低水平。

物价的持续降低压缩了企业收益和工资水平，国内市场需求不足，企业缺乏投资动力，投资、消费减少，从而导致物价进一步下滑，这种恶性循环使日本经济长期处于回升乏力的状态。同时，日本金融机构由于受到了巨额不良债权问题的困扰，转变了行为方式，并停止拓展新的贷款，甚至主动追回企业借款人的贷款，出现"惜贷"现象，日本政府采取零利率政策，不但没有起到政策效果，反而掉入流动性陷阱。企业也由于大规模的负债问题出现"惜借"行为，加剧了信贷紧缩和流动性停滞，导致经济出现更严重的衰退，由于日本政府实行的低利率政策，私人部门开始大规模持有国外资产。

（资料来源：免费文档中心，https：//www.mianfeiwendang.com/doc/a00271ff84277d7846e4ed40/2）

二、通货紧缩的成因

通货紧缩产生的原因有很多，现实经济生活中，通货紧缩一般不是由单一原因引起，而是多种原因共同所致的复合型通货紧缩。

1. 紧缩性的财政货币政策

如果一国采取紧缩性的财政政策或货币政策，采取削减公共开支、减少转移支付、减少货币供应量等措施，控制社会需求，控制货币供应量，会导致全社会总需求的增长缓慢，流通中的货币量可能小于实际需求量，商品市场和货币市场出现失衡，出现"过多的商品追求过少的货币"，商品价格走低，从而引起政策紧缩性的通货紧缩。

2. 总供给过剩和总需求不足

总需求小于总供给，引起通货紧缩，价格水平下降，货币失衡。这主要取决于总需求不足或总供给过剩两方面的因素。如果消费需求不足、投资需求不足、政府支出大幅下降、国外需求减少或者几种因素共同作用，导致总需求不足，即使总供给可能仍处于均衡水平，但由于总供给超过了总需求，因此也会引发通货紧缩。如果技术的进步、生产效率的提高、竞争优势等使得生产成本下降，那么会导致总供给过剩，大于总需求，进而引起一般物价水平下降，形成通货紧缩。

3. 经济和产业结构的失衡

由于消费需求总是不断变化的，产业发展也处在升级过程中，作为生产企业必须紧跟需求的变化和产业发展的变化迅速调整生产结构和产业结构，但由于多种原因，生产者不可能总是能够迅速调整生产和产业结构，这就会造成产品供过于求的状况，整体市场供过于求会导致价格下跌，产出减少，失业增加，消费需求减少，投资需求减少，总需求减少，产生经济衰退。

4. 科学技术进步

科学技术的创新发展以及科学技术在生产领域的广泛应用，会缩短单位产品生产的必要劳动时间，极大地提高劳动生产效率，降低产品生产成本，导致商品价格的下降，出现成本抑制型的通货紧缩。

5. 经济周期的变化

经济发展会出现衰退、萧条、复苏、繁荣周期性的阶段变化，在经济繁荣的高峰阶段，会由于生产能力过剩，商品供过于求，出现物价普遍持续下降的现象，由繁荣转向衰退时，这种现象更加凸显，引发周期性的通货紧缩。

6. 金融体系效率的降低

如果金融体系的经营环境恶化，银行信贷盲目扩张形成大量不良资产，会导致银行压缩信贷规模，出现"惜贷"现象，导致信贷萎缩，社会信用体制受到影响，投资和消费也会受到抑制，社会总需求减少，商品价格下跌，形成通货紧缩。这种情况在20世纪90年代的日本表现得十分明显。

7. 体制和制度因素

人们会因为对未来的预期影响自己的消费决策，体制变化和制度变化一般会打乱人们的稳定预期，如果体制制度变化使人们预期将来收入会减少，支出将增加，那么人们现在将会减少消费，引起有效需求不足，物价下降，从而出现体制变化性的通货紧缩。

8. 汇率高估

如果一国货币汇率被高估，出口减少，国外需求减少，总需求减少，商品过剩，物价下跌，产品生产受到影响，企业经营困难，那么就会形成外部冲击性的通货紧缩。

课堂实践

了解经典的通货紧缩成因理论

请同学们查查相关资料,了解一下经济学家提出的经典的通货紧缩的成因理论。
(1) 凯恩斯对通货紧缩的理论;
(2) 费雪对通货紧缩的理论;
(3) 我国经济学家对通货紧缩的理论。

三、通货紧缩的影响

温和的通货紧缩,会对经济产生好的促进作用,而严重的恶性的通货紧缩会对经济发展造成严重危害,有时危害的程度会大大超过通货膨胀。通货紧缩的主要危害表现在以下几个方面:

1. 加速经济衰退

在通货紧缩条件下,物价持续、普遍下跌使人们手中的货币购买力相对上升,同样的货币可以购买更多的商品,使得人们对货币价值的预期产生变化,人们会尽量减少消费,增加储蓄,个人消费下降。对于企业,一方面物价下跌使实际利率升高,投资成本上升,投资需求减少,另一方面物价下降使得产品价格下跌,企业利润减少甚至亏损,生产者生产积极性受挫,失业增加,产出减少。消费需求和投资需求的减少,使经济发展失去了推动力,经济发展放缓、停滞或负增长。经济长时间处于通货紧缩,很容易形成不良态势,造成恶性循环,加速经济衰退的程度。

2. 加重债务人负担

与通货膨胀相反,通货紧缩有利于债权人而有损于债务人。通货紧缩发生时,由于物价水平下降,货币购买力上升,债务人的实际债务在不断增加,债务人的收入向债权人进行转移。作为企业的债务人,往往将钱进行投资,但因为通货紧缩的影响,产品价格低,企业利润减少,投资收益率降低,加之实际利率升高,这使得企业生存经营十分困难。很多企业只有选择筹集更多的债务进行周转来维持生计,债务负担更加沉重,企业在财富再分配过程中将处于更加恶劣的位置。

3. 引发银行危机

通货紧缩导致实际利率上升,借款人的债务负担加重,消费和投资也容易受到抑制,企业经营困难,资金链条断裂,借款人难以偿还贷款,容易导致银行贷款无法及时收回,形成大量不良资产。一方面,使银行经营环境发生恶化,产生"惜贷"行为,信贷规模萎缩,社会信用体制受到危害;另一方面,大量不良资产的产生使银行面临倒闭,引发金融危机。

4. 使财政和货币政策效率低下

财政政策和货币政策是调节经济的重要手段。在通货紧缩的情况下,名义利率低,但实际利率高,财政政策挤出效应高,想要通过扩张性的财政政策带动投资意愿很难实现。而且通货紧缩的情况下,公众更加愿意将货币留在手中,进行储蓄,因此可能出现流动性陷阱,扩张性的货币政策也很难达到设想效果。

延伸阅读

到底是通胀好还是通缩好?

让我们走近经济学家,看看他们如何看待通胀和通缩。想一想,通缩意味着物价降低,但为何不是件好事?

四、通货紧缩治理

由于通货紧缩形成的原因比较复杂,因此治理时要根据地区实际情况进行研究,针对性地提出治理措施。治理通货紧缩的一般措施主要包括以下几个方面:

（一）实行扩张性的财政政策和货币政策

财政政策主要通过财政收支来实现，即通过税收、政府公共支出、转移支付来实现。通货紧缩情况下，可以实施扩张性的财政政策，如减免税收、增加公共支出和转移支付等来刺激消费和投资需求，缓解通货紧缩对经济产生的下行压力。货币政策主要通过调节货币供应量来影响利率，进而治理通货紧缩，要采取扩张性的货币政策，通过降低再贴现率、法定存款准备金率、购买债券等方式，鼓励商业银行扩张信用，增加市场货币供给，以满足社会对货币的需求，促使市场货币供求平衡。通货紧缩的治理需要财政政策与货币政策的配合运用，由于政策特点，财政政策的短期效果一般比货币政策更直接有效，在长期，货币政策的效应更加明显。

（二）调节收入分配政策

收入分配不平等一方面会导致社会总消费水平较低，影响消费需求；另一方面会导致低收入群体寻租活动增加、社会不安定因素增加，影响投资需求。因此，要调节收入分配，一是收入分配要向中低收入群体倾斜，低收入群体收入增加必然会增大生活消费品的消费，增加消费需求，中等收入群体收入增加有利于促进小企业的发展，增加投资需求；二是针对高收入群体，要视收入来源不同实行不同的调节政策，建立多种收入调节机制，应对通货紧缩。

（三）扩大消费需求政策

消费是拉动经济的直接动力，对经济增长的作用十分明显。为治理通货紧缩，应实施扩大消费需求政策。一是引导树立正确的消费观念。比如，我国由于文化和历史因素，之前居民的消费观念比较传统，偏爱于储蓄，于是长时间国内需求不足，对经济的拉动作用有限，这就需要引导民众进行合理的消费，转变消费观念，拉动内需。二是积极调整消费结构。随着人民物质生活的丰裕，市场需要的产品发生了变化，这就需要及时调整消费品的供给结构，要加大教育、科技、医疗、卫生、文化娱乐等物质文化的消费品供应，既满足人民的物质文化需求，又促进经济增长。

（四）引导公众预期

通过公开宣传等措施对公众进行政策性引导，调整企业和个人对未来的预期，可以对扩大投资需求和增加消费需求起到一定的引导作用。

案例解析

俄罗斯与沙特开打石油价格战

2020年3月9日，国际原油期货价格暴跌至每桶31美元，较前一日下降至少30%，创下1991年以来的最大单日跌幅。美国彭博社报道称，这是由于俄罗斯同石油输出国组织（OPEC，简称欧佩克）首要国家沙特阿拉伯之间爆发了一场石油价格战。

此次降价旨在支撑原油价格，以应对新冠肺炎疫情暴发导致的需求下降。此前，欧佩克要求俄罗斯将原油日产量进一步削减50万桶左右。俄罗斯不是欧佩克的正式成员国，双方的合作协议被称为"欧佩克+"。

俄罗斯拒绝了这一要求。美国财经媒体CNBC报道称，目前，全球石油市场已被彻底颠覆，俄罗斯和沙特都誓言要增加石油产量，以争夺市场份额。

（资料来源：中国青年网，http：//d.youth.cn/elitereference/202003/t20200311_12234761.htm）

思考：俄罗斯与沙特近期爆发了石油价格战，国际油价的暴跌会给各国经济、金融带来风险，如果低油价持续，可能会引起全球通货紧缩，请大家思考一下，石油战争为何可能引起通货紧缩呢？

解析：石油为大宗货物，它的价格对物价指数有很大影响。并且原油价格的上涨和下跌会造成能源产业的利润增长和缩减，原油价格与中下游能源化工产业的景气程度息息相关，原油价格适度上涨，能源的价格和成本都会被带动起来，而原油价格的持续下跌，将使中下游能源化工产品价格随之下跌，进而会影响到其他行业，会拉低整个社会物价水平，形成通货紧缩。

证书衔接

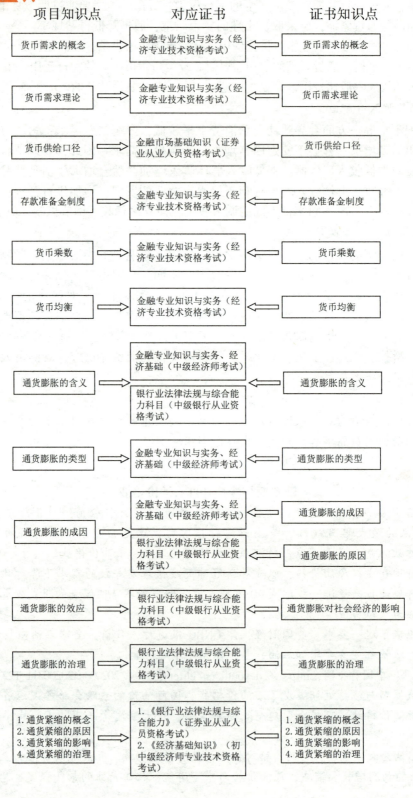

知识树

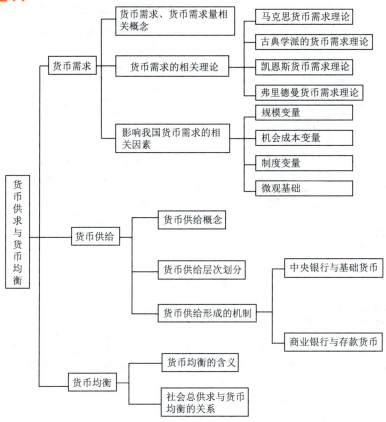

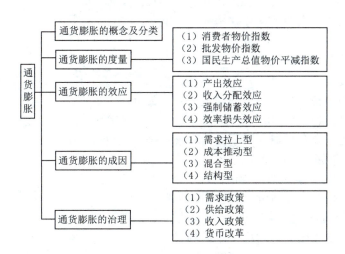

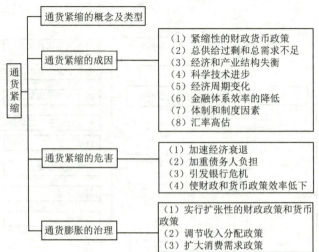

思考与练习

一、单项选择题

1. 凯恩斯的货币需求函数非常重视（　　）的作用。
   A. 货币供应量　　B. 恒常收入　　C. 利率　　D. 汇率
2. 凯恩斯认为，由投机动机引起的货币需求主要取决于（　　）。
   A. 利率　　B. 收入　　C. 边际消费倾向　　D. 劳动边际效率
3. 商业银行存款一定的情况下，法定准备金率越高，商业银行可用于放款的存款（　　）。
   A. 不变　　B. 越少　　C. 越多　　D. 为零
4. 下面（　　）不是凯恩斯货币需求的动机。
   A. 交易动机　　B. 预防动机　　C. 投资动机　　D. 投机动机
5. 流通中现金加单位的活期存款是（　　）。
   A. M_0　　B. M_1　　C. M_2　　D. M_3
6. 下面哪个是费雪方程式？（　　）。
   A. $MV = PT$　　B. $P = MV$　　C. $M = PQ/V$　　D. $M = PKY$
7. 商业银行的准备金与流通中的现金之和称为（　　）。
   A. 货币供应量　　B. 派生存款　　C. 原始存款　　D. 基础货币
8. 货币需求是一个存量概念，下面的理解正确的是（　　）。
   A. 2015年年底中国的货币需求
   B. 2014到2015年中国的货币需求
   C. 2013年4月到2015年12月美国的货币需求
   D. 2014年9月到2015年11月中国的货币需求
9. 下列关于通货膨胀的表述中，正确的是（　　）。
   A. 通货膨胀是某种商品价格的上涨
   B. 通货膨胀是一般物价水平持续上涨
   C. 通货膨胀是指一般物价水平暂时性上涨
   D. 通货膨胀发生在贵重金属流通制度下
10. 下面哪一种情况可以称为温和的通货膨胀？（　　）
    A. 通货膨胀率在10%以上，并且有加剧的趋势
    B. 通货膨胀率高达100%

C. 年通货膨胀率在 3%～10%
D. 通货膨胀率 20% 以上

11. 以下哪一项是 CPI？（　　）
    A. 居民消费价格指数　　　　B. GDP 平减指数
    C. 批发物价指数　　　　　　D. GNP 平减指数
12. 下面有关需求拉上型通货膨胀的表述正确的是（　　）。
    A. 由某种供给因素所引起的价格上涨
    B. 表示能预期的通货膨胀
    C. 由某种需求因素所引起的价格上涨
    D. 以上均不是
13. 在完全竞争市场上，不可能产生的通货膨胀类型是（　　）。
    A. 需求拉上的通货膨胀　　　B. 结构性通货膨胀
    C. 成本推进的通货膨胀　　　D. 预期型通货膨胀
14. 一般来说，通货膨胀的主要受害群体是（　　）。
    A. 专门的投机商　　　　　　B. 债务人
    C. 从事商业活动的雇主　　　D. 依靠固定薪金维持生活的职员
15. 公开型通货膨胀和隐蔽型通货膨胀的划分标准是（　　）。
    A. 市场机制　　B. 通货膨胀的程度　　C. 预期　　D. 成因
16. 形成通货膨胀的直接原因是（　　）。
    A. 货币需求不足　　B. 货币供给不足
    C. 货币需求过度　　D. 货币供给过度
17. 通货紧缩的基本标志是（　　）。
    A. 国民收入持续下降　　　　B. 物价总水平持续下降
    C. 货币供应量持续下降　　　D. 经济增长率持续下降
18. 关于通货紧缩，以下说法错误的是（　　）。
    A. 通货紧缩是物价持续下跌　　　　B. 通货紧缩是物价总水平的下跌
    C. 通货紧缩是纸币流通所特有的　　D. 通货紧缩是某些商品或劳务物价下跌
19. 通货紧缩时债权人将（　　）。
    A. 增加收益　　　　　B. 降低收益
    C. 收益不变　　　　　D. 可能增加，也可能减少
20. 以下哪种情况不会引起成本型通货紧缩？（　　）
    A. 技术进步　　　　　B. 交通运输系统完善
    C. 消费不足　　　　　D. 分工发展
21. 以下哪一个选项不是引起需求型通货紧缩的原因？（　　）
    A. 消费需求不足　　　B. 投资需求不足
    C. 净出口减少　　　　D. 生产效率提高
22. 下列说法明显有错误的是（　　）。
    A. 物价水平持续下降意味着实际利率上升，投资项目吸引力下降
    B. 物价水平持续下降意味着货币购买力相对提高，消费者会增加消费，储蓄减少
    C. 通货紧缩也可能引发银行危机
    D. 通货紧缩可能制约货币政策的实施
23. 治理通货紧缩，可采取下列哪一种手段？（　　）
    A. 提高再贴现率　　　　　　B. 通过公开市场出售政府债券

C. 通过公开市场购买政府债券 　　　　D. 提高法定准备金率
24. 通货紧缩时期一般物价水平的下降是由于生产能力过剩和（　　）所致。
　　A. 供给　　　　B. 需求　　　　C. 投入　　　　D. 产出

二、多选选择题
1. 凯恩斯阐述的货币需求动机有（　　）。
　　A. 盈利动机　　B. 交易动机　　C. 预防动机　　D. 投机动机
2. 凯恩斯认为，主要影响货币需求的有（　　）。
　　A. 商品的价格　　B. 货币流通速度　　C. 收入　　D. 利率
3. 弗里德曼认为，货币需求取决于（　　）。
　　A. 总财富　　　　　　　　　　B. 持有货币的机会成本
　　C. 非人力财富的来源　　　　　D. 利率
4. 在决定货币供应量及其增减变化的因素中，可由中央银行操纵的因素有（　　）。
　　A. 公众持有现金对活期存款的比例　　B. 基础货币发行
　　C. 法定存款准备率　　　　　　　　　D. 再贴现率
5. 度量通货膨胀程度的指标主要有（　　）。
　　A. 消费者物价指数　　　　　　B. 批发物价指数
　　C. 国内生产总值平减指数　　　D. 批发有形商品物价指数
　　E. 国民生产总值指数
6. 按通货膨胀的形成原因不同可以分为（　　）。
　　A. 需求拉上型通货膨胀　　　　B. 成本推进型通货膨胀
　　C. 供求混合型通货膨胀　　　　D. 结构型通货膨胀
　　E. 以上均不是
7. 治理通货膨胀可以采取的货币政策是（　　）。
　　A. 减少基础货币的投放　　　　B. 提高法定存款准备金率
　　C. 降低再贴现率　　　　　　　D. 提高基准利率
　　E. 增加税赋
8. 通货紧缩按产生影响划分可以划分为（　　）。
　　A. 温和型通货紧缩　　　　　　B. 相对通货紧缩
　　C. 危害型通货紧缩　　　　　　D. 绝对通货紧缩
9. 通货紧缩按形成原因划分可以划分为（　　）。
　　A. 温和型通货紧缩　　　　　　B. 相对通货紧缩
　　C. 需求不足型通货紧缩　　　　D. 供给过剩型通货紧缩
10. 以下属于通货紧缩可能带来的影响的是（　　）。
　　A. 加速经济衰退　　　　　　　B. 加重债务人负担
　　C. 引发银行危机　　　　　　　D. 总产出水平增加
11. 以下属于通货紧缩产生的原因的是（　　）。
　　A. 总需求不足　　　　　　　　B. 总供给过剩
　　C. 科学技术进步　　　　　　　D. 经济周期变化
12. 通货紧缩可能伴随着以下哪些现象？（　　）
　　A. 物价上涨　　　　　　　　　B. 资产贬值
　　C. 需求降低　　　　　　　　　D. 失业增加
13. 通货紧缩治理可以采取以下哪些措施？（　　）
　　A. 增加政府支出　　　　　　　B. 增加转移支付

C. 降低存款准备金率　　　　　　D. 降低法定存款准备金率

三、判断题

1. 根据我国货币划分层次，M_3 是现金、单位活期存款和单位定期存款之和。（　　）
2. 货币供给量一定时，基础货币越大，货币乘数越大。（　　）
3. 中央银行在外汇市场上购买外汇时，便向流通中投放了等额本币，扩大了基础货币的供应量。（　　）
4. 商业银行创造派生存款，是在一家银行内完成的。（　　）
5. 通货膨胀按是否可以预期可以分为公开型通货膨胀、抑制型通货膨胀。（　　）
6. 目前绝大多数的经济学家对通货膨胀产生的效应都是持的积极态度，认为通货膨胀能促进经济增长。（　　）
7. 通货膨胀使债权人受益，使债务人遭受损失。（　　）
8. 通货紧缩是一种货币失衡现象。（　　）
9. 通货紧缩给经济造成的都是不利的影响。（　　）
10. 通货紧缩实质上是社会总需求大于社会总供给。（　　）
11. 通货紧缩有利于债务人而不利于债权人。（　　）

四、思考题

1. 费雪方程式和剑桥方程有什么区别？
2. 影响我国货币需求的相关因素有哪些？
3. 什么是基础货币？基础货币的功能有什么？
4. 请简述通货膨胀的效应。
5. 通货膨胀的治理措施有哪些？
6. 请简述通货紧缩的类型。
7. 请简述通货紧缩产生的原因。
8. 请简述通货紧缩的危害。
9. 请简述通货紧缩如何治理。

五、案例分析题

1. 金融创新与货币乘数。

自 20 世纪 70 年代开始至今仍方兴未艾的全球大规模全方位的金融创新，使世界金融业发生了深刻而全面的变化。

广义的金融创新，是指发生在金融领域的一切创新活动，包括技术创新、产品创新、体制创新、机构创新、管理创新等。狭义的金融创新，主要指金融产品的创新。创新业务的概念也是相对的。我们当前所谓的一些创新业务，比如说电子银行、银行卡等，在发达国家已经比较成熟，是银行的常规业务，但对于我们来讲还是创新业务。金融创新不仅革新了传统的金融业务活动和经营管理方式，模糊了各类金融机构的界限，加剧了金融业的竞争，而且改变了金融总量和结构，对宏观调控和货币政策提出了严峻的挑战。

案例思考：金融创新对货币乘数有什么影响？

2. 关于任务三日本 20 世纪 90 年代的通货紧缩案例，请结合所学知识，分析以下问题：
(1) 日本通货紧缩的直接表现是什么？
(2) 日本通货紧缩对经济产生了哪些影响？
(3) 从材料中可获得哪些启示？

打好货币政策"组合拳"

从宏观角度看,金融运行的结果必然表现为货币供给与货币需求的平衡问题。金融运行的常态,要么是通货膨胀,要么是通货紧缩。货币供给和货币需求的均衡是人们追求的理想目标。在实现这一理想目标的过程中,货币政策是人们常常采用的一种工具。货币政策作为政府宏观调控的主要政策之一,其目标是有效地调控现实货币供求矛盾,实现经济的总体均衡、持续发展。

知识目标

- 理解货币政策最终目标的内容及其相互关系
- 理解货币政策中介指标的内涵
- 掌握各类货币政策工具的作用机理

技能目标

- 能够解读我国中央银行的货币政策目标
- 能够结合实践理解各类货币政策工具实施对经济生活产生的影响
- 能够基于现阶段和未来货币政策实施的影响,做好自己和家庭的财富规划

思政目标

- 认识到我们有足够的能力保障现代经济和金融的正常运行
- 感受到社会主义制度的优越性,能够公平公正地分配社会资源和调节社会生产

任务一 你知道货币政策的目标吗?

任务引例

中国人民银行近日发布《2019年第三季度中国货币政策执行报告》

中国人民银行近日发布的《2019年第三季度中国货币政策执行报告》强调,实施稳健的货币政策,加强逆周期调节。

对下一阶段的货币政策,报告强调,实施好稳健的货币政策。继续保持定力,把握好政策力度和节奏,加强逆周期调节,加强结构调整,妥善应对经济短期下行压力,坚决不搞"大水漫灌",保持广义货币 M_2 和社会融资规模增速与名义GDP增速相匹配。

对于近期备受关注的 CPI、PPI 数据，报告强调，要警惕通货膨胀预期发散。下一阶段，稳健的货币政策保持松紧适度，根据经济增长和价格形势变化及时预调微调，稳定经济主体的通胀预期，促进总体物价水平保持在合理区间运行。

（资料来源：中国人民银行官网，www.pbc.gov.cn）

思考：

从上述引例我们可以看出，下一阶段我国货币政策实施的主要目标是应对经济短期下行压力，预防通货膨胀与其发散。一国货币当局实施货币政策希望达到哪些目标？这些目标相互之间是否统一？货币政策目标可以直接达成吗？

一、货币政策的含义

从广义上讲，货币政策包括政府、中央银行和其他有关部门所有有关货币方面的规定和所采取的影响货币供给数量的一切措施。按照这个含义来理解，货币政策包括有关建立货币制度的种种规定；包括所有旨在影响金融系统的发展、利用和效率的措施；甚至可进一步包括政府借款、国债管理乃至政府税收和开支等可能影响货币支出的行为。

当代通常说的货币政策较之上述口径要窄得多。在西方国家有比较概括的提法，如货币政策是中央银行在追求可维持的实际产出增长、高就业和物价稳定所采取的用以影响货币和其他金融环境的措施。通俗一些，也可以说，货币政策指的是货币当局或中央银行为实现给定的经济目标，利用各种工具调控货币供给量和利率等中介指标，进而影响宏观经济的诸多方针和措施的总和。

二、货币政策的构成要素

完整的货币政策架构，应包括货币政策工具、货币政策中介目标、货币政策最终目标和货币政策传导机制四个构成要素。

货币政策有四大构成要素：①货币政策工具；②货币政策中介目标；③货币政策最终目标；④货币政策传导机制。货币政策工具作用于货币政策中介目标，通过货币政策传导机制影响中介目标去实现货币政策最终目标，如图 8-1 所示。

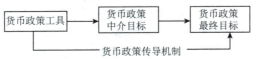

图 8-1 货币政策的四大构成要素

由于货币政策中介目标的确定很大程度上取决于货币政策最终目标，货币政策工具的选择在很大程度上依赖于货币政策中介目标，因此货币政策的三要素之间存在一种逆向制约关系。

课堂实践

你知道如何查找我国及世界主要国家的货币政策执行情况吗？

请登录中国人民银行（http：//www.pbc.gov.cn）"货币政策专栏"，查阅我国历年宏观经济金融形势分析、货币政策操作阐释，以及世界主要经济体经济和金融指标。

三、货币政策最终目标

（一）货币政策最终目标的含义和内容

货币政策最终目标亦称为货币政策目标，是指中央银行制定和实施货币政策所期望达到的最终目的。货币政策作为国家管理宏观经济的重要政策之一，其最终目标的制定是与一定时期的社会经济发展状况相联系、相适应的。一般而言，中央银行货币政策的最终目标包括物价稳定、充分就业、经济增长和国际收支平衡四项。

1. 物价稳定

物价稳定是指中央银行通过货币政策的实施，使物价保持基本稳定，在短期内不发生明显的或急剧的波动。物价稳定目标是中央银行货币政策的首要目标，其实质是币值的稳定。衡量物价稳定与否，世界各国通常使用的指标有三个：一是国民生产总值平减指数（GNP Deflator），它以构成国民生产总值的最终产品和劳务为对象，反映最终产品和劳务的价格变化情况；二是消费物价指数 CPI，它以消费者日常生活支出为对象，能较准确地反映消费物价水平的变化情况；三是批发物价指数 PPI，它以批发交易为对象，能较准确地反映大宗批发交易的物价变动情况。

需要注意的是：①物价稳定并不意味着冻结物价，而是把物价水平控制在一定的范围内，这个变动范围的上下限究竟是多少，则要根据一国经济增长和社会大众的心理承受范围而定；②物价稳定，不是人们习惯理解的抑制通货膨胀。物价稳定既要抑制通货膨胀，也要避免通货紧缩。通货膨胀和通货紧缩都会给社会带来一定程度的危害。

2. 充分就业

充分就业通常是指有能力并且愿意工作的人都可以找到一个有报酬的工作。失业率是衡量就业是否充分的指标。所谓失业率，是指社会的失业人数与愿意就业的劳动力之比。失业率的高低表示与充分就业的差距。失业率越高，距离充分就业就越远；反之，距离充分就业就越近。失业率过高，一方面造成社会资源的大量闲置和浪费，使经济产出降低；另一方面导致众多失业者的生活难以维持，社会不安定因素增多。

对于充分就业而言，似乎最理想的情况是失业率为零。但这在现实中是不可能达到的，因为季节性的、技术性的、经济结构等原因造成摩擦性失业的存在；由劳动者不愿意接受现行工资和工作条件而引起的自愿性失业的存在。至于这个失业率究竟多低才合适，一般认为充分就业就是把失业率降到自然失业水平。根据西方发达国家的经验，失业率控制在 4% 左右，即可视为充分就业。

3. 经济增长

经济增长是指一国在一定时期内国民生产总值的增长必须保持合理的、较高的速度。经济增长的速度通常用国民生产总值（GNP）或国内生产总值（GDP）表示。经济增长是提高社会生活水平的物质保障，也是国家生产能力和经济实力的综合反映，保持经济的增长是各国政府追求的最终目标。

经济的合理增长需要多种生产要素的配合，最重要的是增加各种经济资源，并且提高各种经济资源的生产效率，实现最佳配置。一般情况下，货币政策是通过保持物价和通货的稳定，为经济运行创造良好的金融环境来达到促进经济增长的目的。由于各国经济发展程度不同，各国所要达到的增长目标也不相同，即便同一个国家在不同历史时期或同一历史时期的不同发展阶段，其目标也有差异。另外，货币政策作为国家干预经济的主要工具不能过度追求短期的高速度，应在保证提高社会福利水平、保护生态环境的前提下，促进社会资源的合理配置，实现经济长期稳定增长。

4. 国际收支平衡

国际收支平衡是指一国对其他国家的全部货币收入和货币支出大体平衡，略有顺差或逆差。保持国际收支平衡是保证国民经济持续稳定增长和国家安全稳定的重要条件。国际收支长期出现过大逆差或过大顺差，都不利于经济的正常发展。长期巨额的国际收支顺差，往往使大量外汇储备闲置和浪费，同时中央银行因收购外汇投放过多基础货币，可能引起或加剧国内通货膨胀；长期巨额的国际收支逆差会使本国外汇储备急剧下降，资本大量外流，本币大幅贬值，严重的甚至会导致金融危机。一般来说，逆差危害比顺差大，因此各国调节国际收支失衡一般着力于减少以至消除逆差。

（二）货币政策目标相互之间的关系

1. 物价稳定与充分就业

物价稳定与充分就业之间很难做到兼得，这是因为失业率和物价变动率之间通常存在着一种此消彼长的替代关系。如果失业增加，物价上涨率就低；相反，失业减少，物价上涨率就高。可见，在失业率和物价上涨率之间可能面临这样的选择：①失业率较高的物价稳定。②通货膨胀率较高的就业充分；③在物价上涨率和失业率之间进行权衡。中央银行要根据具体的社会经济条件，寻求物价上涨率和失业率之间某一适当的组合点。

知识拓展

菲利普斯曲线

物价稳定与充分就业之间的矛盾关系可以用菲利普斯曲线来说明。1958年，菲利普斯根据英国1867—1957年失业率和货币工资变动率的经验统计资料，提出了一条用以表示失业率和货币工资变动率之间交替关系的曲线。这条曲线表明：当失业率较低时，货币工资增长率较高；反之，当失业率较高时，货币工资增长率较低，甚至是负数。根据成本推动的通货膨胀理论，货币工资可以表示通货膨胀率。因此，这条曲线就可以表示失业率与通货膨胀率之间的交替关系，如图8-2所示。

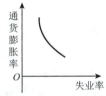

图8-2 菲利普斯曲线

2. 物价稳定与经济增长

一般而言，物价稳定与经济增长是相辅相成的，物价稳定，可以为经济增长提供一个良好的金融环境；经济增长了，物价稳定也就有了雄厚的物质基础。我们可以通过稳定物价来发展经济，也可以通过发展经济来稳定物价。但是，世界各国的经济发展史表明，在经济增长较快时，总是伴随着物价较大幅度的上涨，为了防止通货膨胀，政府往往采取收缩信用的措施，这又会使经济发展和增长受阻。因此，在多数情况下，国家政策和货币当局只能在可接受的物价上涨率内发展经济，在不妨碍经济最低增长需要的前提下稳定币值。

3. 稳定物价与国际收支平衡

物价稳定主要是指货币的对内价值稳定，国际收支平衡则主要是为了稳定货币的对外价值。在经济全球化的背景下，一国的物价、外汇收支都要受到其他国家经济状况的影响。如果国内物价不稳，国际收支很难平衡。当其他国家发生通货膨胀，本国物价稳定时，就会使得他国商品价格相对于本国商品价格升高，从而本国出口增加，进口减少，国际收支顺差；当本国发生了通货膨胀，在一定时期内购买外国商品就相对便宜，同时央行为了遏制通货膨胀采取紧缩货币政策，这会引起外汇市场上本币升值，于是本国出口减少，进口增加，国际收支逆差。

4. 经济增长与国际收支平衡

经济增长与国际收支平衡之间也存在一定的冲突。当经济增长较快时，国家经济实力也相应增长，就业人数增加和收入水平提高，对进口商品的需求也会相应增加，从而进口比出口增长更快，导致贸易逆差，国际收支恶化。当逆差很大时，国家就得限制进口，压缩国内货币供给，导致国内投资和生产规模相应缩减，国内经济增长速度放慢，甚至引起经济衰退。可以看出，经济增长与国际收支平衡存在着一定程度的替代性，难以兼得。

四、货币政策中介目标

（一）货币政策中介目标的含义和标准

货币政策中介目标又称中间目标，是指中央银行为实现其货币政策的最终目标而设置的可供观察和调整的操作对象。货币政策中介目标是短期的、数量化的、能用于日常操纵的指标，是作为实现货币政策最终目标的中介或桥梁。

货币政策中介目标有以下四个标准。

1. 可测性

可测性是指中央银行能迅速获得该指标准确的数据资料，并进行相应的分析判断。作为中介指标的经济变量必须有时刻计量的量化标准，便于中央进行准确的测量、分析和预测。

2. 可控性

可控性是指中央银行通过各种货币政策工具的运用，能对该金融变量进行有效的控制和调节，能准确控制金融变量的变动情况及变动趋势。

3. 相关性

相关性是指中央银行所选择的中介目标，必须与货币政策最终目标密切相关，中央银行运用货币政策工具对中介目标进行调控，能够促使货币政策最终目标的实现。

4. 抗干扰性

抗干扰性是指作为货币政策中介目标的金融指标应能较正确地反映政策效果，并且较少受外来因素的干扰。

(二) 货币政策中介目标的内容

目前，中央银行实际操作的货币政策中介目标主要有利率、货币供给量、银行信用规模、基础货币、超额存款准备金、股票价值等。但由于中央银行本身不能左右股票价值，超额存款准备金和基础货币又都属于货币供给量的范畴，而控制货币供给量，也就基本上控制了银行信用规模，加之利率市场化的进展，利率也是可供使用的货币政策中介目标。由此，货币政策中介目标实质上只有两个候选对象，即利率和货币供应量。

1. 利率

利率是影响货币供需与银行信贷总量的一个重要指标，也是中央银行用以控制货币供应量、调节市场货币需求、实现货币政策目标的一个重要的政策性指标。但由于金融市场上的利率多种多样，还经常变化，所以，对于中央银行而言，利率的可测性不如货币供应量。同时，对于再贷款利率，中央银行只能施加某种影响，商业银行作为再贷款的借款人不被中央强行干预。

2. 货币供应量

货币供应量是指一定时点上全社会存在的流通手段和支付手段总和。一般表现为银行存款、流通中的现金等金融机构的负债。货币供应量作为中介指标，就是通过政策工具来调节、控制货币供给量增长水平，以使货币供给增长与经济增长的需求相适应。中央银行选择货币供应量作为传导变量，一方面是因为货币供应量可以通过对中央银行、商业银行和其他金融机构的资产负债表的统计得到；另一方面，中央银行掌握基础货币的投放，在货币乘数稳定可测的情况下，货币供应量在理论上是可控的。但是，中央银行对货币供应量的控制能力也不是绝对的，还要受公众、商业银行和经济金融环境的影响。

3. 其他中介目标

有一些国家和地区由于特定经济金融条件，将汇率作为货币政策中介目标，比如新加坡、中国的香港地区，它们具有高度外向型经济特征，对外依存度很高，国际经济的发展程度对其经济稳定十分重要，才会选择汇率作为中介目标。还有一些发生恶性通货膨胀的国家，它们也利用将本国货币与硬通货强行挂钩的方式克服通胀，增强对本国货币的信心，也就是采取汇率作为中介目标。除了汇率之外，贷款量也可以充当货币政策中介目标，它适用于金融市场发育水平较低的国家和地区，控制了贷款量，也就控制了货币供应总量。但是，它也存在一些缺点，在金融发达的国家和地区，贷款量与最终目标的相关性较弱，而控制贷款量的主要是行政手段，而非经济手段，不利于市场机制发挥作用。

案例解析

我国货币政策的中介目标的选择

20世纪80年代，我国货币政策在中介目标的选择上，继承了改革开放前的做法，即以贷款规模与现金发行作为货币政策的中介指标。把贷款规模作为中介指标的理论依据是：货币都是贷款供应的，"贷款＝存款+现金"，只要控制住贷款，就能控制住货币供应。随着市场化金融体制运行机制的确定，货币政策实施的基础和环境都在发生根本性变化，贷款规模作为货币政策中间目标逐渐失去了两个赖以存在的条件：一是资金配置由计划转向市场；二是国家银行的存贷款在全社会融资总量中的比重趋于下降，而其他银行和金融机构特别是进入市场的直接融资比重迅速提高。

《国务院关于金融体制改革的决定》明确提出，我国今后货币政策中介指标共有四个：货币供应量、信用总量、同业拆借利率和存款准备金率。

从上述可以看出，我国货币政策中介目标的选择经历了从贷款规模与现金发行到货币供应量、信用总量、同业拆借利率和存款准备金率的转变，请查找背景资料分析我国货币政策中介目标选择转变的现实基础。可扫描二维码，查看案例解析。

（资料来源：中国人民银行官网，http://tianjin.pbc.gov.cn/fzhtianjin/2927296/113906/2680845/index.html）

任务二 用好货币政策工具

任务引例

格林斯潘和他的利率政策工具

1987年的美国股市"黑色星期一"因为时任美联储主席格林斯潘制定的抢救计划，以现金供应银行界，从而度过股灾。继1987年股灾之后，格林斯潘又有两次大运作。一次是在20世纪90年代初期，美国经济萎靡不振，金融机构处于破产边缘，格林斯潘决定大幅度削减利率，并允许银行以3%的利率从联邦储备借入资金购买利率为5%的政府债券，以此来支撑银行的资产负债表，从而成功地走出经济持续低迷的阴影，从此步入经济增长的"黄金岁月"。正当人们沾沾自喜时，格林斯潘的目光已经投向了更远处，经济增长由于潜在的通货膨胀正处在危险之中。1994年美联储一连7次提高利率。与此同时，经济继续保持增长。先发制人的打击的确保证了经济的最大可持续增长，格林斯潘的理论得到了验证。另一次是1997年亚洲金融危机席卷全球，世界通货紧缩，美国股市也受其影响一路下挫，华尔街上人心惶惶。格林斯潘斟酌再三，于1998年下半年果断出手，连续3次下调利率，给愁云惨雾的股市注射了一针兴奋剂。由于世界经济"领头羊"始终保持着强劲的增长势头，其他国家很快就缓过劲来，纷纷踏上复苏之路。

格林斯潘的利率招数牵动美国经济数十载，使其度过了险象环生的20世纪80年代，迎来了20世纪90年代前所未有的经济繁荣，经济连续9年持续增长，而且失业率和通胀率实现了双低，美国人正享受着"二战"以来"最灿烂的阳光"。

（资料来源：[美] 塞巴斯蒂安·马拉比，《格林斯潘传》。）

思考：

从上述引例我们发现，美国运用利率实现了经济"软着陆"，利率作为货币政策手段的其中一项调节宏观经济的作用显著。有哪些货币政策工具？它们各自的特点是怎样的？它们是怎样作用于宏观经济表现的呢？

一、货币政策工具

货币政策工具是中央银行为实现货币政策最终目标而使用的各种策略手段。货币政策工具可分为一般性货币政策工具、选择性货币政策工具和其他货币政策工具。

（一）一般性货币政策工具

一般性货币政策工具是指中央银行经常使用的、对整个金融系统的货币信用扩张与紧缩产生全面性或一般性影响的手段。一般性货币政策工具包括法定存款准备金政策、再贴现政策和公开市场业务，俗称货币政策的"三大法宝"。

1．法定存款准备金政策

（1）法定存款准备金政策的含义。

存款准备金是银行及某些金融机构为应付客户提取存款和资金清算而准备的货币资金，准备金占存款或负债总额的比例就是存款准备金率。存款准备金分为法定存款准备金和超额存款准备金两部分。法定存款准备金是金融机构按中央银行规定的比例上交的部分；超额存款准备金是准备金总额减去法定存款准备金的剩余部分。法定存款准备金政策是指中央银行强制要求商业银行等存款货币机构按规定的比率上缴存款准备金，中央银行通过提高或降低法定存款准备金率达到收缩或扩张信用的目标。

（2）法定存款准备金政策的作用。

法定存款准备金政策的主要作用是改变货币乘数，控制商业银行等存款货币机构的信用创造能力，从而调节货币供给总量。当经济扩张、发生通货膨胀时，中央银行采取紧缩政策，提高法定存款准备金率，限制存款货币银行的信用扩张能力，降低货币乘数，最终起到收缩货币供应量和信贷量的作用；当经济处于衰退或者市场货币量不足时，中央银行采取扩张政策，降低法定存款准备金率，扩大货币乘数，促使商业银行扩大信贷规模，增加市场货币供应量。法定存款准备金政策强制商业银行将准备金存入中央银行，在制度上避免了过度信贷而影响其流动性和清偿能力，以保证商业银行资金的流动性。同时，增强了中央银行对信贷资金的宏观调控能力。

（3）法定存款准备金的优缺点。

法定存款准备金政策的最大优点是对货币供给的影响强而有力，并且效果明显、收效迅速，因此存款准备金政策被认为是货币政策最猛烈的工具之一。正因为它力度大、反应快，所以也存在明显的局限性：①对经济震荡大，对整个经济和社会心理预期都会产生显著的影响，不宜轻易采用作为中央银行日常调控的工具；②存款准备金对各类银行和不同种类存款的影响不一致，因而货币政策实施的效果不易控制。因此，法定存款准备金政策不宜经常使用和大幅度调整。

延伸阅读

央行降准释放 8 000 亿资金有何利好？

2020 年 1 月 6 日央行下调金融机构存款准备金率 0.5 个百分点，释放长期资金 8 000 亿元，以降低社会融资实际成本，支持实体经济发展。此次降准有何利好？扫描二维码了解一下。

2．再贴现政策

（1）再贴现政策的含义。

再贴现政策是中央银行通过制定或调整再贴现率来影响市场利率和投资成本，从而调节货币供给量的一种政策工具。再贴现政策作为中央银行的货币政策工具之一，不仅影响商业银行筹资成本，限制商业银行的信用扩张，控制货币供应总量，而且可以按国家产业政策的要求，有选择地对不同种类的票据进行融资，促进结构调整。

（2）再贴现政策的作用。

再贴现政策在一些国家被广泛运用，主要是因为其作用比较明显，主要表现在三个方面：①融资。商业银行或其他金融机构将贴现所获得的未到期票据向中央银行进行票据转让，通过再贴现的方式获得资金。②货币政策告示。再贴现政策的核心是调整再贴现率，中央银行调节再贴现率，实际上是向商业银行和社会公众公布其货币政策的取向，从而改变货币供给量，进而影响市场利率。③宏观间接调控。一方面，中央银行适时调节再贴现率，产生控制货币供给总量和调节利率水平的双重效应；另一方面，中央银行区别对待的再贴现政策，影响商业银行的资金投向和社会资金运动方向，从而调节商业银行信贷结构，贯彻国家的产业政策。

（3）再贴现政策的优缺点。

再贴现政策的最大优点是中央银行可利用它来履行最后贷款人的职责，通过再贴现率的变动影响货币供给量、短期利率以及商业银行的资金成本和超额存款准备金，达到中央银行既调节货币总量又调节信贷结构的政策目的。同时，再贴现政策对比存款准备金政策，其作用力度相对缓和，操作弹性相对要大一些。

再贴现政策的缺点：①中央银行缺乏足够的主动权，虽然中央银行能够调整再贴现利率，但借款与否和借款多少的决定权在商业银行；②再贴现利率的调整至特定水平时，再贴现率会影响市场利率水平，使市场利率的变动产生较大的波动，从而导致货币供给量和信贷规模不能朝着政策意向发展；③再贴现率政策缺乏弹性，因为再贴现率的调整会引起市场利率的变动，频繁地调整再贴现率会引起市场利率波动，从而影响商业银行的经营预期，并且不利于中央银行的宏观调控。

3．公开市场操作

（1）公开市场操作的含义。

公开市场操作是指中央银行通过买进或卖出有价证券，向市场投放或撤走基础货币，调节货币供应量和利率以实现其金融控制和调节的活动。与一般金融机构所从事的证券买卖不同，中央银行在公开市场上买卖有价证券不是为了营利，而是为了调节货币供应量。中央银行通过出售有价证券来回笼基础货币，减少金融机构的可贷资金规模；反之，通过买进有价证券，来扩大基础货币供应量，增加金融机构的可贷资金规模。中央银行在公开市场上买卖的有价证券主要是政府债券，有的中央银行也买卖地方政府债券、政府担保证券、金融债券、银行承兑汇票等。

（2）公开市场操作的作用。

公开市场操作的作用是：①调节商业银行的存款准备金，影响其信用扩张的能力和信用紧缩的规模，从而调控货币供给量。②影响利率水平和利率结构。通过在公开市场买卖有价证券，一方面调控货币供给量来影响利率水平，另一方面引起证券市场供求和价格的变化来影响利率。③通过影响利率来调控汇率和国际黄金流动。当黄金、外汇储备大量流入和流出对金融市场产生影响时，中央银行可卖出和买入证券来调控市场货币供应量，从而抵消对汇率波动的影响。④为政府票据发行提供一个有组织的便利场所，协助证券发行。

（3）公开市场操作的优缺点。

同前面两种货币政策工具相比，公开市场操作具有明显的优越性：①主动性强。中央银行可以经常性、连续性地操作，并具有较强的弹性。②灵活性高。公开市场业务的操作可灵活安排，可以用较小规模进行微调，不至于对经济产生过于猛烈的冲击。③操作迅速，见效快。当中央银行决定要改变银行准备金和基础货币时，只要向公开市场交易商发出买卖指令，交易可以很快执行。

当然，公开市场操作也有其局限性：①公开市场操作要发挥作用，必须有发达的金融市场作背景，可供交易的有价证券的数量和种类齐备。如果市场发育程度不够，交易工具太少，则会制约公开市场操作的效果。②中央银行须有足够强大的、足以敢于和调控整个金融市场的资金实力。③必须有其他政策工具的配合，假设如果没有存款准备金制度，这一工具是无法发挥作用的。

知识拓展

MLF 中期借贷便利

MLF 指中期借贷便利，于 2014 年 9 月由中国人民银行创设。中期借贷便利是中央银行提供中期基础货币的货币政策工具，对象为符合宏观审慎管理要求的商业银行、政策性银行，可通过招标方式开展。发放方式为质押方式，并需提供国债、央行票据、政策性金融债、高等级信用债等优质债券作为合格质押品。

（二）选择性货币政策工具

选择性货币政策工具是指中央银行针对某些特殊的经济领域或特殊用途的信贷而采用的信用调节工具。与一般性货币政策工具不同，选择性货币政策工具对货币政策与宏观经济调控的影响不是全局性的而是局部性的，偏重于调整资金结构和经济结构。选择性货币政策工具是一般性货币政策工具的必要补充，可以选择使用，主要有以下几种。

1. 消费者信用控制

消费者信用控制是指中央银行对不动产以外的各种耐用消费品的销售融资予以控制，如规定分期购买耐用消费品首付款的最低限额、规定分期付款等消费信贷的最长期限、规定可用消费信贷购买耐用消费品的种类等。随着消费信贷的发展，这一选择性货币政策工具通过广泛的消费信贷参与者，扩大了中央银行货币政策的调控效果。例如，通过消费信用控制，中央银行可以影响消费者对耐用消费品的购买能力，起到抑制消费需求、抑制国民经济总需求的作用。

2. 证券市场信用控制

证券市场信用控制是指中央银行对于凭信用购进有价证券的交易，规定应支付的保证金，目的在于限制用借款购买证券的比重。中央银行根据经济形势和金融市场的变化，随时调整保证金比率，这样中央银行就间接地控制了流入证券市场的资金数量。例如，中央银行规定投资者融资买入证券时的保证金最低比例为 50%，则买方要交纳购进证券价格 50% 的现款，只能向银行或证券公司借款 50%。

3. 不动产信用控制

不动产信用控制是指中央银行对商业银行办理不动产抵押贷款的限制性措施，如规定不动产贷款的最高额度、分期贷款的期限、首付款金额及还款条件等。其主要目的是抑制房地产及其他不动产交易。例如，为加快商品房去库存，中国人民银行联合银监会发布房贷新政，在不实施限购的城市，居民家庭首次购买普通住房，商业贷款最低首付款比例可降至 20%（原来为 25%）；对拥有 1 套住房且相应购房贷款未结清的居民家庭，最低首付款比例调整为不低于 30%（原来为 40%）。

4. 优惠利率

优惠利率是指中央银行对按国家产业政策要求重点发展的经济部门或产业，规定较低贴现利率或贷款利率的一种管理措施，目的在于实现产业结构和产品结构的协调发展。优惠利率有两种形式：一是中央银行对重点发展的部门、行业和产品制定较低的贷款利率，由商业银行执行；二是对需要重点发展的部门、行业和产品的票据制定较低的再贴现率。例如，对一般贷款，银行采取每月结转一次的计息方法，而对技术改造贷款，则采取"利随本清"的计息方法。

（三）其他货币政策工具

1. 直接信用工具

直接信用控制是指中央银行以行政命令或其他方式，直接对金融机构尤其是商业银行的信用活动进行控制，其手段包括利率最高限额、信用配额、流动性比率和直接干预等。

(1) 利率最高限额。

利率最高限额是中央银行规定商业银行存贷款的利率上限和利率下限，是最常见的手段之一。其目的是防止商业银行用提高利率的办法在吸收存款方面进行过度竞争和为谋取高额利润进行高风险贷款。

(2) 信用配额。

信用配额是中央银行根据金融市场资金供求状况和客观经济需求，对各个商业银行的信用规模或贷款规模加以合理分配和限制。这种办法在资金供给不足的发展中国家被广泛采用。

(3) 流动性比率。

流动性比率是中央银行为了限制商业银行的信用能力，规定商业银行的流动性资产占总资产的比重。商业银行要保持中央银行规定的流动性比率，必须缩减长期贷款，扩大短期贷款和增加易变现的资产，从而限制信用扩张。

(4) 直接干预。

直接干预是中央银行依据有关法令的授权，直接对商业银行的授信业务进行合理干预。如直接规定商业银行贷款范围和额度；直接干预商业银行对存款的吸收；对业务不当的商业银行可拒绝再贴现或采取惩罚利率等。

2. 间接信用工具

间接信用控制是指中央银行通过道义劝告、窗口指导等办法间接影响商业银行和其他金融机构的信用创造。间接信用工具较为灵活方便，但要求中央银行必须在金融体系中有较高的威望和地位，拥有控制信用的足够法律权力和手段。

(1) 道义劝告。

道义劝告是中央银行利用其声望和地位，对商业银行和其他金融机构发出通告、知识或由金融机构的负责人进行面谈，交流信息，解释政策意图，使商业银行和其他金融机构自动采取相应措施来贯彻中央银行的政策。

(2) 窗口指导。

窗口指导是中央银行根据市场情况、物价趋势和金融市场动向，规定商业银行的贷款重点投向和贷款变动数量，以保证经济优先发展部门的资金需要。如商业银行不执行，中央银行可削减对该银行的贷款额度甚至采取停止提供信用等制裁措施。窗口指导虽然不具备法律效力，但其作用有时也很大。

延伸阅读

央行"窗口指导"叫停智能存款

"智能存款"是民营银行及地方中小商业银行借助互联网技术平台推出的一项新的金融存款产品，它具有一定的金融创新性。"智能存款"具有三大特征：一是随存随取，存款时间越长，收益越高；二是产品收益率比活期存款收益高出10倍且能享受活期存款随借随还的便利；三是它实质是定期存款而非理财产品，只是产品结构上做了"收益权转让"。自"智能存款"面世以来，市场上对于这类产品质疑颇多，比如定期存款的收益权转让是否合规，是否存在高吸揽储等问题。针对民营网络银行、中小地方商业银行"智能存款"如火如荼、飞速发展并导致银行存款业务爆发式增长的局面，央行约见了相关银行、第三方互联网销售平台等机构并进行沟通，实施了窗口指导。很明显，央行对"智能存款"进行窗口指导并非心血来潮，也并非杞人忧天，更不是央行为了显示自身的监管权威，而是为了维护稳定的银行经营秩序和防范金融风险的出现。

(资料来源：新浪财经，http://finance.sina.com.cn)

二、一般的货币政策传导机制

（一）货币政策传导机制的含义

货币政策传导机制是指货币管理当局确定货币政策最终目标后，通过选用一定的货币政策工具进行操作，引发金融领域和实体经济领域中某些中介指标变量的一系列变化，并最终对宏观经济活动发挥作用，以实现货币政策最终目标的途径和过程。

货币政策传导机制是分属金融领域和实体经济领域两个不同领域的。当中央银行运用货币政策工具调整中间目标——货币供应量和利率时，会对商业银行的放款行为或金融市场的融资条件产生影响，并通过它们的变动，影响到实体经济领域，即企业和居民需求的变动及投资、消费和进出口的变动，从而影响宏观经济状况。

（二）货币政策传导机制的一般模式

尽管不同学者分析的传导机制不完全相同，但有些基本的观点可以视为公认的：①货币数量增加后，对金融市场上的利率会产生影响，同时对股票价格或债券价格会产生影响；②利率或股票价格、债券价格的变化会使企业家的投资热情和个人的消费需求及实际支出产生改变；③投资和消费的变化最终会引起国民生产总值发生相应变化。

由此，我们可以得到货币政策传导机制的一般模式（图8-3）：

图8-3 货币政策传导机制的一般模式

三、货币政策效应

货币政策效应是指中央银行实施一定的货币政策之后，最终实际取得的效果。由于货币政策的传导过程复杂，需经过若干个中间变量的连锁反应才能发生作用，因此，货币政策的实施有时不能达到政策制定者的预期效果，从而对经济发展造成不利影响。衡量货币政策效应，一是看发挥效力的大小，即货币政策数量效应；二是看发挥效力的时间，即货币政策时滞效应。

（一）货币政策数量效应

货币政策数量效应是指货币政策发挥效力的大小。对货币政策数量效应的判断，一般着眼于实施的货币政策所取得的效果与预期所要到的目标之间的差距。同时，由于货币政策目标之间存在矛盾，在考察货币政策的数量效应时就不应仅观察某一个政策目标的实现情况，而应综合考虑各主要货币政策目标的实现情况。以紧缩货币政策的实施效果判断为例：①如果货币政策的实施，紧缩了货币供给，并且抑制了价格水平的上涨，同时又不影响社会总产出，那么货币紧缩政策的有效性最大。②如果货币供应量紧缩，在平抑价格水平上涨的同时，也抑制了社会总产出的增长，那么货币紧缩政策的有效性要视社会总产出的减少量而定。若总产出减少非常明显且价格目标的实现不理想，货币紧缩的有效性就较小；若总产出虽有减少但减少规模并不算大，而抑制价格水平的目标接近实现，则可认为货币紧缩政策的有效性较大。③如果价格水平上涨不仅没有得到抑制，反而抑制了产出增长甚至出现产出负增长，则货币紧缩政策无效。

（二）货币政策时滞效应

货币政策时滞效应是指货币政策从制定到最终影响各经济变量，实现政策目标所必须经历的时间。货币政策时滞分为内部时滞和外部时滞两大类。

1. 内部时滞

内部时滞是中央银行从制定政策到采取行动所需要的时间。内部时滞又可细分为认识时滞和行动时滞两个阶段。认识时滞是从客观金融形势需要中央银行采取行动，到中央银行认识到这种必要性所经过的时间。在这个时滞阶段，中央银行收集各种信息资料需要耗费一定的时间，对各种复杂的经济现象进行综合分析，做出客观的符合实际的判断也需要耗费一定的时间。行动时滞是中央银行认识到需要改变政策，到实际采用一种新政策所需耗费的时间。这部分时滞的长短取决于中央银行获取各种信息资料和对经济形势的预见能力。

2. 外部时滞

外部时滞是中央银行采取行动到这一政策对经济过程发生作用所需要的时间。外部时滞可细分为操作时滞和市场时滞两个阶段。操作时滞是从调整货币政策工具到其对货币政策中介目标发生作用所需要的时间。这段时滞的存在，是因为在实施后，商业银行及其他金融机构要对货币政策做出反应，相应改变其准备金水平、利率或其他信用状况。操作时滞的长短取决于商业银行及其他金融机构对中央银行政策的态度、对政策工具的反应能力和金融市场对央行政策的敏感程度。市场时滞是从中介目标发生反应，到其对最终目标产生作用所需要的时间。这是因为企业部门对货币政策中介目标变动的反应有一个滞后过程，而且投资和消费的实现有一个滞后过程。这一时滞的长短取决于调控对象货币政策中介目标变动的反应程度。

可见，内部时滞与外部时滞不同。内部时滞可以通过中央银行效率的提高而缩短，可由中央银行掌握。而外部时滞的长短主要由客观的经济和金融条件所决定，它不像内部时滞那样可以由中央银行掌握。所以，研究货币政策的外部时滞更加重要。

延伸阅读

美国量化宽松货币政策及其实施效果

2008年起，美国开始实施量化宽松的货币政策。2008年11月25日，第一轮量化宽松政策（QE1）推出，美联储宣布将购买5 000亿美元的抵押贷款支持证券和1 000亿美元的债券；2009年3月18日，美联储宣布将增加购买3 000亿美元的美国国债、7 500亿美元的抵押贷款支持证券和1 000亿美元的债券。第一轮量化宽松政策结束后，美联储共向经济体提供了1.75万亿美元的流动性，使得国债利率与隔夜拆借的期限利差缩窄70个基点。

2010年11月3日，第二轮量化宽松政策（QE2）启动，美联储宣布将购买6 000亿美元的美国国债。2011年9月21日，美联储宣布进行反转操作，将出售4 000亿美元的短期国债，同时，买入4 000亿美元的长期国债。反转操作与前两轮宽松政策的不同之处在于，其并未向经济体注入新的流动性，但因长期国债需求增加，同样起到了压低长端利率的作用，令利率曲线更加平坦；2012年7月20日，美联储宣布继续进行反转操作，将出售2 670亿美元的短期国债，同时，购入相同金额的长期国债。

2012年9月13日，第三轮量化宽松政策（QE3）开始实施，美联储宣布将至少按照每月400亿美元的频率购买抵押贷款支持证券，直至劳动力市场有明显的改善。

量化宽松政策的最终目的是刺激经济增长。从美国公布的各项经济数据来看，量化宽松的效果确实有所显现。危机爆发后，两个非常重要的经济指标——制造业采购经理人指数（PMI）和国内生产总值增速——持续回落，2008年10月至2009年4月间，PMI一度跌入40以下的区间，2008年9月至2009年12月间的GDP增速持续为负值，经济前景堪忧。为了迅速"狙击"经济下滑、提振投资者信心，美联储使用了量化宽松政策。自第一轮量化宽松货币政策实施后，美国经济出现了回暖的迹象，PMI较快地回升至50以上，GDP增速也恢复至2%的水平。虽然经济在企稳回升的过程中出现过数次反复，但从最新公布的数据来看，2012年9月PMI重新站上51.5，GDP增速连续两个季度维持在2%以上，经济企稳迹象明显。

（资料来源：央视网，http：//tv.cntv.cn/video/C16611/dccb9db5d3a04a218503104f9d98f9df）

延伸阅读

2019年中国货币政策大事记（摘选）

1月4日，中国人民银行宣布下调金融机构存款准备金率1个百分点，其中，1月15日和1月25日分别下调0.5个百分点。同时，第一季度到期的中期借贷便利（MLF）不再续做。

1月23日，中国人民银行开展了2019年第一季度定向中期借贷便利（TMLF）操作，操作金额为2 575亿元，以优惠利率为金融机构支持民营企业、小微企业提供长期稳定资金来源。

2月13日，中国人民银行在香港成功发行200亿元人民币央行票据，其中3个月期和1年期央行票据各100亿元，中标利率分别为2.45%和2.80%。

4月24日，中国人民银行开展了定向中期借贷便利（TMLF）操作，操作金额为2 674亿元。

5月6日，中国人民银行宣布下调服务县域的农村商业银行存款准备金率至农村信用社档次，于5月15日、6月17日、7月15日分三次实施，我国存款准备金"三档两优"的新框架基本形成。

6月14日，下发《中国人民银行关于向中小银行提供流动性支持的通知》（银发〔2019〕159号），增加再贴现额度2 000亿元、常备借贷便利额度1 000亿元，加强对中小银行流动性支持，构建防范化解中小银行流动性风险的"四道防线"，保持中小银行流动性充足。

7月15日，中国人民银行开展了中期借贷便利（MLF）操作，操作金额为2 000亿元，期限为1年，利率为3.3%。

7月24日，中国人民银行全面实施优化运用扶贫再贷款发放贷款定价机制工作，引导金融机构合理确定运用扶贫再贷款资金发放贷款的利率，切实降低贫困地区融资成本。

8月9日，中国人民银行面向公开市场业务一级交易商开展了2019年第三期央行票据互换（CBS）操作，费率为0.10%，操作量为50亿元，期限3个月。这是中国人民银行首次开展3个月期央行票据互换（CBS）操作。

8月15日，中国人民银行开展了中期借贷便利（MLF）操作，操作金额为4 000亿元，期限为1年，利率为3.3%。

8月17日，印发中国人民银行公告〔2019〕第15号，改革完善贷款市场报价利率（LPR）形成机制，促进贷款利率进一步市场化，提高利率传导效率，推动降低贷款实际利率水平。

8月25日，为推动贷款市场报价利率（LPR）改革，中国人民银行发布公告〔2019〕第16号，要求自2019年10月8日起，新发放商业性个人住房贷款利率以最近一个月相应期限的贷款市场报价利率为定价基准加点形成。

8月27日，中国人民银行设立专项扶贫再贷款，支持扩大"三区三州"信贷投放，降低"三区三州"融资成本，促进实现精准扶贫、精准脱贫目标。

9月6日，中国人民银行宣布于9月16日全面下调金融机构存款准备金率0.5个百分点（不含财务公司、金融租赁公司和汽车金融公司）；同时，再额外对仅在省级行政区域内经营的城市商业银行定向下调存款准备金率1个百分点，于10月15日和11月15日分两次实施到位，每次下调0.5个百分点。

10月21日，中国人民银行授权全国银行间同业拆借中心公布贷款市场报价利率（LPR），1年期LPR为4.2%，5年期以上LPR为4.85%。

12月6日,中国人民银行开展了中期借贷便利(MLF)操作,操作金额为3 000亿元,利率为3.25%。

12月24日,中国人民银行面向公开市场业务一级交易商开展了2019年第七期央行票据互换(CBS)操作,费率为0.10%,操作量为60亿元,期限3个月。

12月28日,为深化利率市场化改革,进一步推动贷款市场报价利率(LPR)运用,中国人民银行发布《关于存量浮动利率贷款定价基准转换的公告》(中国人民银行公告〔2019〕30号),要求金融机构遵循市场化、法治化原则,推动存量浮动利率贷款定价基准转换为LPR或固定利率。

12月30日,中国人民银行下调常备借贷便利(SLF)各期限利率5BP。下调后,常备借贷便利隔夜、7天、1个月利率分别为3.35%、3.50%、3.85%。

(资料来源:中国人民银行官网,http://www.pbc.gov.cn/zhengcehuobisi/125207/125227/125963/3974311/index.html)

证书衔接

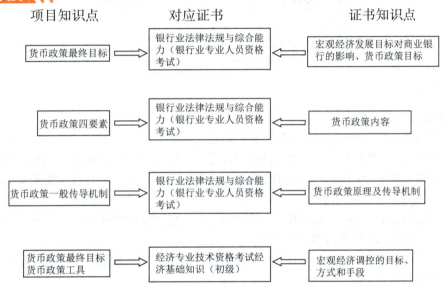

知识树

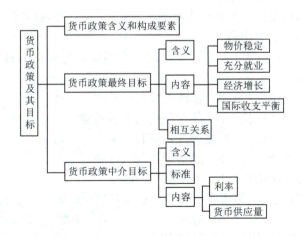

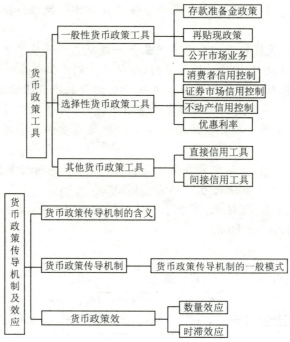

思考与练习

一、单项选择题

1. 对货币供应量影响剧烈的货币政策工具是（ ）。
   A. 法定存款准备金率 B. 再贴现政策 C. 公开市场业务 D. 超额准备金
2. 从需要采取行动的经济形式的出现到中央银行认识到必须采取行动所需要的时间被称为（ ）。
   A. 内部时滞 B. 认识时滞 C. 行动时滞 D. 外部时滞
3. （ ）是主要货币政策中介目标。
   A. 信贷规模 B. 同业拆借利率 C. 货币供应量 D. 现金发行量
4. 关于物价稳定说法正确的是（ ）。
   A. 物价稳定就是通货膨胀率越低越好
   B. 物价稳定就是通货膨胀率为零
   C. 物价稳定是指保持一般物价水平的绝对稳定，以控制通货膨胀和通货紧缩
   D. 物价稳定就是稳定币值
5. 货币政策四大目标之间存在矛盾，任何一个国家要想同时实现是很困难的，但其中（ ）经常是一致的。
   A. 充分就业与经济增长 B. 经济增长与国际收支平衡
   C. 物价稳定与经济增长 D. 物价稳定与充分就业
6. 菲利普斯曲线反映（ ）之间此消彼长的关系。
   A. 通货膨胀与失业率 B. 经济增长与失业率
   C. 通货紧缩与经济增长 D. 通货膨胀与经济增长
7. 中央银行在市场上大量抛售有价证券，意味着货币政策（ ）。
   A. 放松 B. 收紧 C. 不变 D. 不一定
8. 一般来说，中央银行提高再贴现利率时，会使商业银行（ ）。
   A. 提高贷款利率 B. 降低贷款利率

C. 贷款利率升降不确定　　D. 贷款利率不受影响

二、多项选择题

1. 一个完整的货币政策系统包括（　　）。
   A. 货币政策最终目标　　B. 货币政策工具
   C. 货币政策传导机制　　D. 货币政策中介指标
2. 货币政策的最终目标包括（　　）。
   A. 稳定物价　　　　　　B. 经济增长
   C. 充分就业　　　　　　D. 国际收支平衡
3. 属于选择性货币政策工具的有（　　）。
   A. 消费信用控制　　　　B. 证券市场信用控制
   C. 不动产信用控制　　　D. 再贴现利率
4. 公开市场业务的优点主要有（　　）。
   A. 中央银行掌握主动性　B. 可以进行微调
   C. 影响全面　　　　　　D. 操作迅速，见效快
5. 为了刺激经济复苏，加快经济增长，正确的货币政策工具组合应当是（　　）。
   A. 降低中央银行再贴现率，买入有价证券
   B. 降低存款准备金率，降低中央银行再贴现率
   C. 放松不动产信用控制，提高中央银行再贴现率
   D. 提高存款准备金率，卖出有价证券
6. 我国货币政策的最终目标是（　　）。
   A. 稳定物价　　　　B. 经济增长　　　　C. 国际收支平衡
   D. 保持货币币值稳定　E. 以币值的稳定促进经济增长

三、判断题

1. 充分就业就是劳动力100%就业。（　　）
2. 因法定存款准备金率的影响效果明显，其可以作为中央银行的日常操作工具。（　　）
3. 货币政策的实施一般都能达到政策制定者的预期效果。（　　）
4. 国际收支平衡是指国际收支大体平衡，略有顺差或略有逆差。（　　）

四、简单题

1. 简述什么是货币政策。它有哪些构成要素？
2. 简述什么是公开市场业务。它有哪些优缺点？

五、案例分析题

2015年，中国宏观经济下行压力较大，各项经济指标都不算太好，宏观调控面临严峻复杂的形式。从2014年11月降息开始至2015年8月，央行降息4次共1个百分点；在2015年，央行还进行了2次全面降准和3次定向降准，释放流动性超过2万亿元。

2020年3月，全球新冠疫情持续扩散，全球金融市场动荡不安，为维护银行体系流动性合理充裕，中国人民银行以利率招标方式开展500亿元7天期逆回购操作，中标利率较此前下调20个基点至2.2%。

上述两个例子说的是央行利用存款准备金率及公开市场操作来控制流动性，请分析央行的操作会带来怎样的政策效果。

项目九

金融风险与金融监管

随着金融全球化，国际资本流动不断扩张，金融业务之间的界限不断被打破，金融机构业务综合化趋势日益明显，与此同时，金融行业的风险也不断扩大。金融是现代化经济的核心，金融业对社会经济生活的影响巨大，关系国计民生。金融业的健康发展能促进经济的稳健发展和社会安定，因此加强对金融行业的监管是关键。

知识目标

- 理解金融风险的概念、特点，了解金融风险的类型
- 理解金融危机的概念，了解金融危机的类型
- 理解金融监管的含义、金融监管的必要性
- 了解金融监管的目标和金融监管原则
- 掌握金融监管方法和手段，掌握银行业监管、证券业监管和保险业监管的内容

技能目标

- 能分析现实经济中的金融风险类型
- 培养运用金融原理和方法规避金融风险的能力
- 能分析现实经济中的金融风险、金融危机的危害
- 能根据经济现象解释金融监管的必要性
- 能解释现实经济中银行业监管、证券业监管和保险业监管的内容

思政目标

- 树立正确的金融风险意识，培养规避风险的意识
- 强化从事金融职业岗位应有的诚信意识
- 建立对市场和职业规则的敬畏之心
- 强化对我国金融行业健全发展的信心

任务一 危机的源头——金融风险

任务引例

法国兴业银行巨亏

2008年1月18日，法国兴业银行收到了一封来自另一家大银行的电子邮件，要求确认

此前约定的一笔交易,但法国兴业银行和这家银行根本没有交易往来。因此,兴业银行进行了一次内部查清,结果发现,这是一笔虚假交易。伪造邮件的是兴业银行交易员凯维埃尔。更深入的调查显示,法国兴业银行因凯维埃尔的行为损失了49亿欧元,约合71亿美元。

凯维埃尔从事的是什么业务,导致如此巨额损失?——欧洲股指期货交易,一种衍生金融工具产品。早在2005年6月,他利用自己高超的计算机技术,绕过兴业银行的五道安全限制,开始了违规的欧洲股指期货交易,"我在安联保险上建仓,赌股市会下跌。不久伦敦地铁发生爆炸,股市真的大跌。我就像中了头彩……营利50万欧元。"2007年,凯维埃尔再赌市场下跌,因此大量做空,他又赌赢了,到2007年12月31日,他的账面盈余达到了14亿欧元,而当年兴业银行的总盈利不过是55亿欧元。从2008年开始,凯维埃尔认为欧洲股指上涨,于是开始买涨。然后,欧洲乃至全球股市都在暴跌,凯维埃尔的巨额盈利转眼变成了巨大损失。

(资料来源:百度文库, https://wenku.baidu.com/view/5f284750c9d376eeaeaad1f34693daef5ef7139b.html)

思考:

什么是金融风险?金融风险具有什么特点?案例中兴业银行面临的是哪一种类型的金融风险?

一、金融风险的含义

(一)风险的含义

目前,国内外学术界对风险定义主要包括以下三类观点。

(1)风险是结果的不确定性,是一种变化。这种定义中,风险被定义为不确定性,比较抽象,强调风险世界的变化特性。这种定义在微观经济学和宏观经济学的教材中使用较为广泛。

(2)风险是损失发生的可能性,或可能发生的损失。这种定义最传统,在保险、审计、内控等学科领域中被广泛使用。

(3)风险是结果对期望的偏离,是(收益的)波动性。这种定义是投资学、金融学以及金融工程学的主流定义,其重要特性体现了风险不仅包括损失的可能性,也包括对营利可能性的覆盖,这种定义是现代风险计量和管理的基础。

本书对风险的定义沿用了第二类观点。风险是指在一定条件下和一定时期内,由于各种结果发生的不确定性而导致行为主体遭受损失的大小及其可能性的大小。

风险包括两层含义:一是风险是一种不确定的状态。风险是否发生、何时发生、何地发生、发生的概率大小、损失的大小等是不确定的。二是风险是与损失相关的。风险有可能会造成一定的损失。

课堂实践

区别风险与相关概念

上述对风险的三类不同观点从不同角度揭示了风险的某些内在特性。这些定义主要涉及不确定性、损失、波动性(即对期望的偏高)和危险四个概念。而这些概念体现了风险的本质和内在特性。

请思考讨论以下四组概念的联系与区别。

(1)风险与损失

(2)风险与不确定性

(3)风险与波动性

(4)风险与危险

(二) 金融风险的含义

金融风险是指,在一定条件和一定时期内,金融市场中各种经济变量的不确定性造成结果发生变动,从而导致行为主体遭受损失及该损失发生的可能性。金融风险有诸多不确定性,可能会造成极大的经济损失。不确定的经济活动是产生金融风险的必要条件,预期行为目标的偏离是金融风险产生的充分条件。

二、金融风险的特点

金融风险不等同于经济损失,它不同于普遍意义的风险。具体来说,金融风险主要有以下特点。

1. 客观性

金融风险的客观存在性是指金融风险的产生是不以人的主观意志为转移而存在的。金融风险伴随着金融活动的全过程,金融机构的倒闭或破产、股市和期货市场行情的涨跌、外汇汇率的变动等都是不以人的意志为转移的客观存在。具体而言,在国际金融的实践活动中,国际金融所持有的价格汇率与国际利率发生变动是客观的、绝对的、无条件的,其变动方向不以国际金融主体任何一方的主观意志为转移。这就决定了国际金融风险亦是必然存在的。

2. 普遍性

资金融通具有偿还性:资金供给者要在将来的某一时间收回资金,并获得报酬;资金需求者要偿还本金,并支付利息。但是,由于在整个资金融通期间以内存在诸多不确定性因素,因而资金的供给者可能无法按时、按预期的报酬收回本金和利息,而资金的需求者也可能无法按时、按预期的成本偿付资金,这种可能性在资金融通过程中是普遍存在的。

3. 扩散性

金融是以信用为基础的。金融机构作为融资中介,实质上是由一个多边信用共同建立的信用网络,任何一个环节的风险损失都可能会通过信用工具、信用网络从一家金融机构传导到其他金融机构和金融市场,甚至会传导到其他非金融机构以及社会经济活动的方方面面,并辐射扩散到其他国家和地区的金融市场。

4. 隐蔽性和突发性

金融机构具有一定的创造信用的能力,因此可以在较长的时间内,通过信用循环和不断创造新的信用,来弥补和掩盖旧的金融风险已经形成的货币资金损失,并得以把旧的风险加以推迟、累积和转化;当自身信用循环和信用创造能力不足以弥补风险损失的时候,或者金融风险因素不断累积,并受到某些外部因素的强烈作用和刺激的时候,金融风险最终就会以突发的形式表现出来。金融风险的隐蔽性和突发性会对社会经济造成很大的破坏作用,金融机构在日常运营中要采用科学的指标和方法,加强对金融风险的预测、判断、分析和预测,及时发现问题并加以解决。

5. 可控性和可转化性

尽管金融风险客观存在,也存在扩散性、隐蔽性和突发性等特征,但它又不同于自然灾害和其他风险,人们是可以依照一定方法、制度和规律去识别预测,并采用积极有效的措施去防范、控制、规避和转化金融风险。

三、金融风险的类型

金融风险的种类很多,从不同的角度出发,会有不同的认识或不同的关注点。按照不同的标准,金融风险可以划分为以下几类。

(一) 按金融机构经营活动的风险不同划分

按金融机构经营活动的风险不同划分,可以分为信用风险、市场风险、操作风险、流动性风险、声誉风险、结算风险、政治风险等。

1. 信用风险

信用风险是金融活动中最普遍，也是最重要的一种风险。信用风险是由于借款人或市场交易对手的违约（无法偿付或者无法按期偿付）而导致损失的可能性。长期以来，信用风险是银行从业者重点关注的风险之一，但随着债券业务和融资融券业务以及交易对手风险的日渐突出，信用风险也逐渐引起了证券行业的高度关注，成为证券经营机构和投资者所面临的重要风险。

2. 市场风险

市场风险是证券投资类机构面临的最基本的风险之一。市场风险，是指因市场价格变量波动而给经济主体带来损益的风险。市场风险有狭义和广义之分，狭义的市场风险专指股票市场价格波动的风险，即股价风险。广义的市场风险不仅包括由于股价波动引起的风险，还包括利率、商品价格和汇率等波动引起的风险。市场风险包括利率风险和汇率风险。

3. 操作风险

操作风险，是指由不完善或有问题的人员、信息科技系统、内部流程以及外部事件造成损失的风险，包括法律风险，但不包括战略风险和声誉风险。因此，操作风险可以分为由人员、系统、流程和外部事件所引起的四类风险。巴塞尔银行监管委员会进一步明确了这四类风险的七种类型。

（1）内部欺诈。
（2）外部欺诈。
（3）雇员活动和工作场所安全性风险。
（4）客户、产品及业务活动中的操作性风险。
（5）实物资产损坏。
（6）营业中断或信息技术系统瘫痪。
（7）执行、交割和流程管理中的操作性风险。

4. 流动性风险

流动性风险是金融机构面临的基本风险之一。流动性风险，是指金融市场参与者无法以合理成本及时获得充足资金，以偿付到期债务、履行其他支付义务和满足正常业务开展的资金需求的风险。

5. 声誉风险

声誉风险，是指由经营、管理以及其他行为或外部事件导致利益相关方对金融机构产生负面评价的风险。声誉是金融机构经营的重要资产。

6. 结算风险

结算风险是指金融机构在办理结算中因工作失误或违反结算规定和纪律，造成损失需要承担责任的一种风险。结算风险主要发生在支付结算、凭证处理、票据承兑、资金划拨等方面，表现在因结算延误、截留、挪用等所发生的赔偿的可能性。

7. 政治风险

政治风险是指政局变化、政权更替、战争、种族突变、恐怖活动给金融业造成的风险损失。对境外投资者而言，政治风险包括政局的变化、投资环境恶化使投资者收益受损的可能性，还包括外国政府因其政策变化而引起拖欠债权国贷款或无力履行其承诺的，这实质上是一种主权风险。

（二）按性质的不同划分

按性质的不同，金融风险可分为系统性风险和非系统性风险。

1. 系统性风险

系统性风险是指金融机构从事金融活动或其交易所在的整个系统（机构系统或市场系统）因外部因素的冲击或内部因素的牵连而发生剧烈波动、危机或瘫痪，使单个金融机构不能幸免，从而遭受损失的可能性。系统性风险的特点是影响面大、时间长。在系统性风险中，受损的既可以是企业、政府，也可以是金融机构、个人。系统性风险靠单个或少数企业、金融机构或个人的努力是难以抵御和控制的，也不能通过分散投资加以消除，因此也被称为"不可分散风险"。

2．非系统性风险

非系统性风险是指发生于个别公司（机构）的特有事件造成的风险。非系统性风险是由企业经营管理能力、竞争能力、生产规模、信用品质、人事任命、行业生命周期、景气状况等因素的变化而产生的风险。由于非系统性风险是个别公司（机构）或个别资产所特有的，所以也称"特有风险"，由于非系统性风险可以通过投资多样化分散风险，因此也被称为"可分散风险"。

从地域的划分来看，金融风险还可以分为全球性风险、国际地区性风险、全国风险、省市风险等。按金融风险所涉及的范围划分，有微观金融风险、中观金融风险和宏观金融风险。

四、金融危机概述

较小的金融风险不会构成金融危机，但如果金融风险累积到一定程度时就可能爆发金融危机。

（一）金融危机的概念

金融危机又称金融风暴，是指一个国家或几个国家与地区的全部或大部分金融指标［如短期利率、货币资产、证券、房地产、土地（价格）、商业破产数和金融机构倒闭数等］的急剧、短暂和超周期的恶化，即金融制度和货币体系的极度混乱和剧烈动荡，表现为股市狂泻、货币贬值、利率极高、工厂倒闭、银行破产、工人失业、市场一片混乱，是诱发经济危机、政治危机的根源。

（二）金融危机的类型

根据 IMF 的分类，金融危机大致可以分为银行危机、货币危机和债务危机。

1．银行危机

银行危机是指商业银行因流动性不足发生挤兑，或者因资产债务严重失衡造成资不抵债，而导致银行倒闭、破产，或者被其他银行合并、接管。银行危机是较早出现的一种金融危机，是在金融业的发展历史上反复出现的现象。银行是负债经营的典型机构，吸收存款是银行负债的主要资金来源。随时可兑现性和非流动性资产组合，决定着银行系统永远存在着内在的不稳定性，它是银行发生挤兑或倒闭的内在原因。

2．货币危机

货币危机是指因物价上涨、通货膨胀加剧、企业经营成本上升等原因造成货币的大幅贬值。若货币大幅贬值造成的汇率波动超出政府所能控制的范围，就会促使政府提高利率，动用外汇储备，这将使汇率处于不稳定的状态。

3．债务危机

据《新帕尔格雷夫货币金融大辞典》解释：债务危机是一个普遍的用语，用于任何不能按计划还本利息并由此损害其他债权人财务健康的情况，通常债权人会接着切断进一步的贷款，从而使最初的情况加剧。如果无力偿还是一个长期状况，它通常被归结为"无力偿付"的问题；另外，如果它是由暂时现金短缺造成的，那么可以将它看成是流动性不足的问题。在高利率的条件下，流动性不足的问题可以迅速变为无力偿付的问题。

金融危机的发生既可以是以上三种危机交织在一起爆发，也可以单独发展为某一形式的危机。不过在经济发达的今天，由于金融部门之间以及与经济各部门之间有着密切的债权债务联系，现代金融危机很难做到只表现为货币、银行、债务等部门危机，通常会表现为系统性的金融危机。通常一国的金融危机还会通过国际贸易、国际资本流动、人们的心理效应等渠道传染给其他国家和地区。

金融危机是虚拟经济危机，金融危机如果继续发展蔓延下去可能就会造成实体经济的危机。如因企业筹集不到资金，企业流动资金不足，其在银行的存款因银行的倒闭而遭受损失等因素，大量企业的生产经营受到影响，甚至倒闭。从覆盖范围来说，经济危机大于金融危机，经济危机包括了金融危机和实体经济危机，经济危机的危害也要大于金融危机。

延伸阅读

金融危机"秘史"

2008 年爆发了 21 世纪以来的第一次金融危机，这次金融危机对美国乃至全世界的金融业、实体经济均造成了巨大影响，让我们一起探秘这次金融危机。

任务二　金融监管可以防范金融风险吗？

监管产生的根本原因在于市场的不完全性，因此需要政府监管机构或是其他相关部门对市场的参与者进行指引、管理或监督，金融行业亦是如此。

任务引例

光大证券乌龙指事件

2013 年 8 月 16 日 11 点 05 分上证指数出现大幅拉升，大盘一分钟内涨超 5%，最高涨幅 5.62%，指数最高报 2 198.85 点，盘中逼近 2 200 点。11 点 44 分上交所称系统运行正常。下午 2 点，光大证券（601788）公告称策略投资部门在使用其独立的套利系统时出现问题。有媒体将此次事件称为"光大证券乌龙指事件"。

一、事件经过

2013 年 8 月 15 日，上证指数收于 2 081 点。

2013 年 8 月 16 日，上证指数以 2 075 点低开，到上午 11 点为止，上证指数一直在低位徘徊。

2013 年 8 月 16 日 11 点 05 分，多只权重股瞬间出现巨额买单。大批权重股瞬间被一两个大单拉升之后，又跟着涌出大批巨额买单，带动了整个股指和其他股票的上涨，以至于多达 59 只权重股瞬间封涨停。指数的第一波拉升主要发生在 11 点 05 分到 11 点 08 分之间，然后出现阶段性的回落。

2013 年 8 月 16 日 11 点 15 分起，上证指数开始第二波拉升，这一次最高摸到 2 198 点，在 11 点 30 分收盘时收于 2 149 点。

2013 年 8 月 16 日 11 点 29 分，上午的 A 股暴涨，源于光大证券自营盘 70 亿的乌龙指。

2013 年 8 月 16 日 13 点，光大证券公告称因重要事项未公告，临时停牌。

2013 年 8 月 16 日 13 点 16 分，光大证券董秘梅键表示，自营盘 70 亿元乌龙纯属子虚乌有。

2013 年 8 月 16 日 13 点 22 分左右，有媒体连续拨打光大证券多名高管电话，均显示关机或未接通。

2013 年 8 月 16 日 14 点 23 分左右，光大证券发布公告，承认套利系统出现问题，公司正在进行相关核查和处置工作。有传闻称光大证券方面，下单 230 亿元，成交 72 亿元，涉及 150 多只股票。就此，市场一度怀疑乌龙事件操作者为光大证券葛新元的量化投资团队。事发时葛新元在外，不久即辟谣称事件和光大富尊葛新元团队没有任何关系。

2013年8月16日14点55分，光大证券官网一度不能登录，或因短时间内浏览量过大以致崩溃。

2013年8月16日15点整，上交所官方微博称，今日交易系统运行正常，已达成交易将进入正常清算交收环节。

2013年8月16日16点27分左右，中国证监会通气会上表示："上证综指瞬间上涨5.96%，主要原因是光大证券自营账户大额买入。""目前上交所和上海证监局正抓紧对光大证券异常交易的原因展开调查。"

二、原因分析

1. 触发原因

触发原因是系统缺陷。策略投资部使用的套利策略系统出现了问题，该系统包含订单生成系统和订单执行系统两个部分。核查中发现，订单执行系统针对高频交易在市价委托时，对可用资金额度未能进行有效校验控制，而订单生成系统存在的缺陷，会导致特定情况下生成预期外的订单。

订单生成系统存在的缺陷导致在11时05分08秒之后的2秒内，瞬间重复生成26 082笔预期外的市价委托订单；由于订单执行系统存在的缺陷，上述预期外的巨量市价委托订单被直接发送至交易所。

问题出自系统的订单重下功能，具体错误是：11点2分时，第三次180ETF套利下单，交易员发现有24个个股申报不成功，就想使用"重下"的新功能，于是程序员在旁边指导着操作了一番，没想到这个功能没实盘验证过，程序把买入24个成分股，写成了买入24组180ETF成分股，结果生成巨量订单。

2. 深层次原因

该策略投资部门系统完全独立于公司其他系统，甚至未置于公司风控系统监控下，因此深层次原因是多级风控体系都未发生作用。

交易员级：对于交易品种、开盘限额、止损限额三种风控，后两种都没发挥作用。

部门级：部门实盘限额2亿元，当日操作限额8 000万元，都没发挥作用。

公司级：公司监控系统没有发现234亿元巨额订单，同时，或者动用了公司其他部门的资金来补充所需头寸来完成订单生成和执行，或者根本没有头寸控制机制。

交易所：上交所对股市异常波动没有自动反应机制，对券商资金越过权限的使用没有风控，对个股的瞬间波动没有熔断机制（上交所声称只能对卖出证券进行前端控制）。

传统证券交易中的风控系统交易响应最快以秒计，但也远远不能适应高频套利交易的要求，例如本事件中每个下单指令生成为4.6毫秒，传统IT技术开发的风控系统将带来巨大延迟，严重影响下单速度，这可能也是各环节风控全部"被失效"的真实原因。

3. 证监会的处罚

8月30日，证监会通报了对光大乌龙指事件的处罚决定：此事件被定性为内幕交易，四位相关决策责任人被处以终身证券市场禁入，并没收光大证券非法所得8 721万元，并处以5倍罚款，共计超过5亿元。

法律界普遍认为，证监会对光大证券的严厉处罚，正是证监会从严治市的开始，也体现了监管部门保护中小投资者利益的极大诚意。

（资料来源：同花顺财经，http：//stock.10jqka.com.cn/zhishi/20150814/c580712262.shtml；证券时报，https://hn.ifeng.com/jingji/jrzq/detail_ 2013_ 12/23/1629382_ 1.shtml）

思考：

光大证券乌龙指事件暴露了什么风险？证监会起着什么作用？什么又是金融监管？金融

监管的必要性和目的又是什么呢？

一、金融监管的含义

金融监管是金融监督和金融管理的总称，金融监督是指金融监管当局对金融机构实施全面的、经常性的检查和督促，并以此促使金融机构依法稳健地经营、安全可靠和健康地发展。金融管理是指金融监管当局依法对金融机构及其经营活动实行的领导、组织、协调和控制等一系列的活动。

金融监管有狭义和广义之分。狭义的金融监管是指金融监管当局为保障金融机构的稳健经营和金融市场的健康发展，保护公众利益并促进社会经济发展，对金融机构及其金融业务实施的外部监管。广义的金融监管不仅包括狭义的金融监管即金融监管当局对金融业的监管，还包括金融机构的自我监管和内部控制、金融行业同业自律及社会中介组织的监管等。

金融监管的含义需从以下三方面理解。

（1）法制性。金融监管属于国家的法定制度，市场经济国家的金融监管制度都是通过立法程序确定的，依法监管。

（2）系统性。金融监管是一个庞大的系统工程，它由监管的依据——金融法律法规体系、监管体制——监管主体及基本运作机制、监管客体——银行和各类金融机构、监管的目标以及为实现目标而确定的监管内容和采取的手段方法等几部分组成，各部分之间存在有机联系，缺一不可，共同形成一个完整的系统。

（3）社会性。金融监管的有效实施，需要社会各界的协调配合，不仅有监管者与被监管者的纵向监管和被监管者的自律性监管，而且包括行业协会等组织的同业横向监管、社会各部门及公众舆论的社会性监管，从而形成一个相互联系、相互补充、相互制约的大监管体系及其良好的社会监管环境。

延伸阅读

为什么小偷和银行都要监管？

让我们一起走进经济大讲堂，听听专家说说什么是金融，为什么要监管。

二、金融监管的必要性

1. 金融外部性

外部性又称为溢出效应、外部影响或外差效应，指一个人或一群人的行动和决策使另一个人或一群人受损或受益的情况。经济外部性是经济主体（包括厂商或个人）的经济活动对他人和社会造成的非市场化的影响，其私人利益（或成本）不等于社会利益（或成本）。外部性包括正的外部性和负的外部性。正的外部性是指个人或企业的行动和决策使其他人或群体受益；负的外部性是使其他人或群体受损。金融具有外部性，金融风险具有很强的传染性，一家金融机构存在的问题或风险可能会殃及整个金融体系甚至经济体系。按照福利经济学的观点，外部性可以通过征收庇古税来进行补偿，但是金融活动巨大的杠杆效应——个别金融机构的利益与整个社会的利益之间严重的不对称性使这种办法丧失效果。科斯定理从交易成本的角度说明，外部性也无法通过市场机制的自由交换得以消除。因此，需要一种市场以外的力量介入来限制金融体系的负外部性影响。金融监管可以将风险控制在一定范围之内，并将金融的负外部性减小到最低限度，维护金融体系的稳健运行。

2. 金融市场的信息不对称

金融机构与服务对象的交易中存在明显的信息不对称现象。金融机构以信息为基础，在获得和加工信息的过程中作出决策，然而这种信息是不完全的。这种信息不对称可能产生逆向选择和道德风险问题，从而影响金融体系的稳定。

①逆向选择。逆向选择是指由于交易双方信息不对称和市场价格下降产生的劣质品驱逐优质品，进而出现市场交易产品平均质量下降的现象。如在健康保险市场，投保人比保险人拥有更多的有关自己身体状况的信息，投保人尤其是风险较高的群体有可能会不如实告知与自己的身体状况有关的信息，甚至制造虚假信息。那么在订立保险合同时，保险公司则无法鉴别隐瞒信息的高风险投保人而采取将保险费率设定为一较高费率以避免高风险人群带来的损失，这就会导致那些身体状况较好的人放弃投保，保险人就会面临着较高风险的投保群体，存在较大的赔付概率，甚至可能亏损。逆向选择，是一种典型的事前机会主义行为，它是对于（事前的）状态（产品质量和投保人体质）的信息不对称。

②道德风险。道德风险，亦称道德危机，来源于保险行业，是20世纪80年代西方经济学家提出的一个经济哲学范畴的概念，是指从事经济活动的人在最大限度地增进自身效用的同时做出不利于他人的行动，或者说是当签约一方不完全承担风险后果时所采取的自身效用最大化的自私行为。道德风险最典型的例子就是投保后（签订保险合同）的人会改变自己的行为，做出有利于自身效用而有损保险人利益的事情。如投保人给自己的车买了车险，投保后他会在驾驶或者是停车时比没有保险的人更加大意。投保人在投保后的行为改变会给保险人带来损失，但是因为事后的信息不一致的存在，保险公司无法实时对投保人进行全面彻底的监控，所以要保证行为在投保前后的一致性只有靠投保人的道德自律。道德风险则是对于（事后的）行为或状态（冒险行为、实际运营成本、财务状况和管理方法）的信息不对称。

不论是保险机构还是商业银行或其他金融机构都存在逆向选择或者道德风险的情况，这种信息不对称会造成金融机构的亏损甚至陷入困境。然而，收集和处理信息的高额成本又会使金融机构不堪重负，因此需要政府及金融监管当局采取必要的措施减少金融体系中的信息不对称，以维护金融体系的稳定。

3. 金融机构面临巨大的金融风险

随着金融行业的发展，金融体制和金融产品不断创新，一方面，可以节省货币，降低机会成本，但另一方面也可能会加大金融机构的风险。金融风险加大，金融形势恶化，导致金融危机、经济下滑、社会动荡不安。近年来，金融危机层出不穷，1994年的墨西哥金融危机、1997年的亚洲金融风暴、2000年的拉美金融危机以及2008年的全球金融危机，这几次金融危机对经济体系的巨大不利影响也越来越引起更多国家的重视。金融的全球化发展将使一国国内金融危机对整个世界金融市场的作用表现得更为直接、迅速。因此，加强对金融业的监管，可以降低社会成本，从而防范金融风险、减少金融危机对实体经济的冲击。

三、金融监管的目标

金融监管能保证金融交易的公平、公正、公开开展，对金融业的稳健发展具有一定的促进作用。金融监管的目标主要包括以下几个方面。

（1）确保金融体系安全经营。金融业是一个充满风险的行业，尤其是在当前国际金融局势风波迭起、互联网金融发展迅猛的情况下，各种金融风险更是接踵而至。通过金融监管当局的合理监管，能尽量减少金融风险和金融危机的发生，确保金融机构的稳定安全经营，确保公众的利益和金融机构的合法权益，维护金融体系的安全。

（2）确保金融同业良性竞争。市场不是一双万能的手，金融市场势必会出现市场失灵的情况，为促进金融行业之间公平竞争，就应该实行行业自律，政府监管，创造公平竞争的环境，以保证金融行业依法经营，保证各项金融业务和活动的正常有序开展。

（3）实现金融业经营活动与国家货币政策的一致。通过监管货币政策的传导机制，使其准确、及时地传递信息；监管调控手段操作运行的全过程，保证货币政策畅通；监管规范金融机构追逐利润的行为，使金融机构的经营活动与国家的货币政策一致。

(4) 促进金融业健康发展。金融监管为金融业的发展创造了一个良好、公平的竞争环境，以促进金融业健康发展，为经济增长和社会进步提供保障。

四、金融监管原则

金融监管原则即在政府金融监管机构以及金融机构内部监管机构的金融监管活动中，始终应当遵循的价值追求和最低行为准则。各国金融监管当局不同程度地遵守巴塞尔银行监管委员会1997年9月颁布的《有效银行监管的核心原则》确定的若干基本原则，并将其使用于全部金融监管工作之中。金融监管应坚持的基本原则包括以下几个。

1. 监管主体的独立性原则

银行业监督管理机构及其从事管理监督管理工作的人员有明确的责任和目标，享有操作上的自主权和充分的资源，依法履行监督管理职责，受法律保护，地方政府、各级政府部门、社会团体和个人不得干涉。

2. 依法监管原则与严格执法原则

依法监管原则（又称合法性原则）与严格执法原则是各国金融监管当局共同遵守的一项原则。金融监管的主体、监管的职责权限、监管措施等均由金融监管法规和相关行政法律、法规规定，监管活动均应依法进行，保持监管的严肃性、权威性、强制性和一贯性。

3. 公平、公开、公正原则

无论何种金融机构都必须在统一的标准下开展公平竞争，金融监管当局必须公正执法，提高监管透明度，平等对待所有金融市场参与者。只有监管当局公平、公正、公开地实施监管，才能有效地规范金融机构的市场行为，保证金融市场的良好有序运行。

4. 有机统一原则

金融监管的有机统一原则需从以下几个方面统一：第一，各级金融监管主体及不同监管主体之间必须统一监管标准和口径，职责分明、分工合理、相互配合；微观金融政策、措施、监管方法等应与宏观政策制度一致；第二，内部自我约束和外部强制管理相配合及统一原则。金融机构需要外部的强制管理，同时也需要内部的自我约束与其配合相互统一才能达到预期效果，降低金融风险。第三，国际与国内金融监管要统一。在金融全球化的大背景下，资源在全球范围内优化配置，效率提高的同时国际金融体系系统性风险也不断加大，这就需要加强各国之间金融监管的国际合作，国内金融监管政策、法规、措施需要与国际接轨，减小金融风险和防止金融危机的发生。

5. 监管适度与适度竞争原则

金融监管的根本宗旨就是通过适度的金融监管实现适度的金融竞争，形成和保持金融业适度竞争的环境和格局。检验监管效果的标准是：能够促进金融业和社会经济的顺利发展。金融监管的重心是监管适度、创造适度竞争，一方面要避免金融监管过度而排斥竞争和创新，丧失效率和活力；另一方面又要避免金融监管不到位，以免监管真空、恶性竞争从而波及金融业的安全稳定。监管适度与适度竞争一方面能促使金融业安全稳健发展，防范风险，另一方面也能满足社会经济的需要，讲求效益。

任务三　我国的金融监管体系

任务引例

我国综合金融监管体系的形成与发展

为切实强化金融监管，提高防范化解金融风险能力，2017年第五次全国金融工作会议提出设立金融稳定和发展委员会，同年11月党中央、国务院同意批准金稳委成立。作为国务院统筹协调金融稳定和改革发展重大问题的议事协调机构，金稳委的成立可以说是拉开了新时代金融体系改革的大幕。

2018年3月，为深化金融体制改革、顺应综合经营趋势、落实功能监管和加强综合监管，《深化党和国家机构改革方案》将保监会和银监会合并，组建中国银行保险监督管理委员会。值得注意的是，这是继金稳委之后，我国金融监管体系的又一重大变革。

银保监会的正式成立，进一步健全了我国金融监管体系，意味着我国金融监管体系进入了金稳委、人民银行、银保监会和证监会"一委一行两会"为主导的新时代，综合监管步伐已正式迈开。（资料来源：搜狐网，https：//www.sohu.com/a/244414277_692693）

思考：

我国当前的金融监管体系的构成是怎样的？2017年之前的监管体系又是怎样的？

2003年银监会成立，传统金融市场"一行三会"的分业监管模式已不能适应当前金融行业的现状，需要针对当前的金融局势进行监管方式的调整和监管重点的转移。2018年国务院发布金融监管改革方案，合并银行业监督管理委员会和中国银行保险监督管理委员会为中国银行保险监督管理委员会（以下简称"银保监会"），从此"一行三会"成为历史，"一委一行两会"的新格局形成，当前金融监管框架包括国务院金融稳定发展委员会（以下简称"金稳委"）、中国人民银行（央行）、中国银保监会、中国证监会。

一、我国各金融监管机构及其职责

1. 国务院金融稳定发展委员会及其职责

2017年7月14日至15日，在北京召开的全国金融工作会议宣布设立国务院金融稳定发展委员会，金稳委负责统筹协调金融稳定和改革发展等重大问题，负责宏观经济与微观经济之间，以及"一行两会"与其他有关部门间的协调。金稳委的具体职能包括以下几个。

（1）落实党中央、国务院关于金融工作的决策部署；

（2）审议金融业改革发展重大规划；

（3）统筹金融改革发展与监管，协调货币政策与金融监管相关事项，统筹协调金融监管重大事项，协调金融政策与相关财政政策、产业政策等；

（4）分析研判国际国内金融形势，做好国际金融风险应对，研究系统性金融风险防范处置和维护金融稳定重大政策；

（5）指导地方金融改革发展与监管，对金融管理部门和地方政府进行业务监督和履职问责等。

2. 中国人民银行及其职责

中国人民银行是我国的中央银行，是中华人民共和国国务院组成部门。1948年12月1日，在华北银行、北海银行、西北农民银行的基础上，在河北省石家庄市合并组成了中国人民银行。

中国人民银行的主要职责包括：

（1）拟订金融业改革和发展战略规划，承担综合研究并协调解决金融运行中的重大问题、促进金融业协调健康发展的责任，参与评估重大金融并购活动对国家金融安全的影响并提出政策建议，促进金融业有序开放。

（2）起草有关法律和行政法规草案，完善有关金融机构运行规则，发布与履行职责有关的命令和规章。

（3）依法制定和执行货币政策；制定和实施宏观信贷指导政策。

（4）完善金融宏观调控体系，负责防范、化解系统性金融风险，维护国家金融稳定与安全。

（5）负责制定和实施人民币汇率政策，不断完善汇率形成机制，维护国际收支平衡，实施外汇管理，负责对国际金融市场的跟踪监测和风险预警，监测和管理跨境资本流动，持有、管理和经营国家外汇储备和黄金储备。

（6）监督管理银行间同业拆借市场、银行间债券市场、银行间票据市场、银行间外汇市场和黄金市场及上述市场的有关衍生产品交易。

（7）负责会同金融监管部门制定金融控股公司的监管规则和交叉性金融业务的标准、规范，负责金融控股公司和交叉性金融工具的监测。

（8）承担最后贷款人的责任，负责对因化解金融风险而使用中央银行资金机构的行为进行检查监督。

（9）制定和组织实施金融业综合统计制度，负责数据汇总和宏观经济分析与预测，统一编制全国金融统计数据、报表，并按国家有关规定予以公布。

（10）组织制定金融业信息化发展规划，负责金融标准化的组织管理协调工作，指导金融业信息安全工作。

（11）发行人民币，管理人民币流通。

（12）制定全国支付体系发展规划，统筹协调全国支付体系建设，会同有关部门制定支付结算规则，负责全国支付、清算系统的正常运行。

（13）经理国库。

（14）承担全国反洗钱工作的组织协调和监督管理的责任，负责涉嫌洗钱及恐怖活动的资金监测。

（15）管理征信业，推动建立社会信用体系。

（16）从事与中国人民银行业务有关的国际金融活动。

（17）按照有关规定从事金融业务活动。

（18）承办国务院交办的其他事项。

3．中国银行保险监督管理委员会及其职责

中国银行保险监督管理委员会贯彻落实党中央关于银行业和保险业监管工作的方针政策和决策部署，在履行职责过程中坚持和加强党对银行业和保险业监管工作的集中统一领导。主要职责是：

（1）依法依规对全国银行业和保险业实行统一监督管理，维护银行业和保险业合法、稳健运行，对派出机构实行垂直领导。

（2）对银行业和保险业改革开放和监管有效性开展系统性研究。参与拟订金融业改革发展战略规划，参与起草银行业和保险业重要法律法规草案以及审慎监管和金融消费者保护基本制度。起草银行业和保险业其他法律法规草案，提出制定和修改建议。

（3）依据审慎监管和金融消费者保护基本制度，制定银行业和保险业审慎监管与行为监管规则。制定小额贷款公司、融资性担保公司、典当行、融资租赁公司、商业保理公司、地方资产管理公司等其他类型机构的经营规则和监管规则。制定网络借贷信息中介机构业务活动的监管制度。

（4）依法依规对银行业和保险业机构及其业务范围实行准入管理，审查高级管理人员任职资格。制定银行业和保险业从业人员行为管理规范。

（5）对银行业和保险业机构的公司治理、风险管理、内部控制、资本充足状况、偿付能力、经营行为和信息披露等实施监管。

（6）对银行业和保险业机构实行现场检查与非现场监管，开展风险与合规评估，保护金融消费者合法权益，依法查处违法违规行为。

（7）负责统一编制全国银行业和保险业监管数据报表，按照国家有关规定予以发布，履行金融业综合统计相关工作职责。

（8）建立银行业和保险业风险监控、评价和预警体系，跟踪分析、监测、预测银行业和保险业运行状况。

（9）会同有关部门提出存款类金融机构和保险业机构紧急风险处置的意见和建议并组织实施。

（10）依法依规打击非法金融活动，负责非法集资的认定、查处和取缔以及相关组织协调工作。

（11）根据职责分工，负责指导和监督地方金融监管部门相关业务工作。

（12）参加银行业和保险业国际组织与国际监管规则制定，开展银行业和保险业的对外交流与国际合作事务。

（13）负责国有重点银行业金融机构监事会的日常管理工作。

（14）完成党中央、国务院交办的其他任务。

（15）职能转变。围绕国家金融工作的指导方针和任务，进一步明确职能定位，强化监管职责，加强微观审慎监管、行为监管与金融消费者保护，守住不发生系统性金融风险的底线。按照简政放权要求，逐步减少并依法规范事前审批，加强事中事后监管，优化金融服务，向派出机构适当转移监管和服务职能，推动银行业和保险业机构业务和服务下沉，更好地发挥金融服务实体经济功能。

4．中国证券监督管理委员会的职责

中国证监会是国务院直属正部级事业单位，其依照法律、法规和国务院授权，统一监督管理全国证券期货市场，维护证券期货市场秩序，保障其合法运行。

（1）研究和拟订证券期货市场的方针政策、发展规划；起草证券期货市场的有关法律、法规，提出制定和修改的建议；制定有关证券期货市场监管的规章、规则和办法。

（2）垂直领导全国证券期货监管机构，对证券期货市场实行集中统一监管；管理有关证券公司的领导班子和领导成员。

（3）监管股票、可转换债券、证券公司债券和国务院确定由证监会负责的债券及其他证券的发行、上市、交易、托管和结算；监管证券投资基金活动；批准企业债券的上市；监管上市国债和企业债券的交易活动。

（4）监管上市公司及其按法律法规必须履行有关义务的股东的证券市场行为。

（5）监管境内期货合约的上市、交易和结算；按规定监管境内机构从事境外期货业务。

（6）管理证券期货交易所；按规定管理证券期货交易所的高级管理人员；归口管理证券业、期货业协会。

（7）监管证券期货经营机构、证券投资基金管理公司、证券登记结算公司、期货结算机构、证券期货投资咨询机构、证券资信评级机构；审批基金托管机构的资格并监管其基金托管业务；制定有关机构高级管理人员任职资格的管理办法并组织实施；指导中国证券业、期货业协会开展证券期货从业人员资格管理工作。

（8）监管境内企业直接或间接到境外发行股票、上市以及在境外上市的公司到境外发行可转换债券；监管境内证券、期货经营机构到境外设立证券、期货机构；监管境外机构到境内设立证券、期货机构，从事证券、期货业务。

（9）监管证券期货信息传播活动，负责证券期货市场的统计与信息资源管理。

（10）会同有关部门审批会计师事务所、资产评估机构及其成员从事证券期货中介业务的资格，并监管律师事务所、律师及有资格的会计师事务所、资产评估机构及其成员从事证券期货相关业务的活动。

（11）依法对证券期货违法违规行为进行调查、处罚。

（12）归口管理证券期货行业的对外交往和国际合作事务。

（13）承办国务院交办的其他事项。

课堂实践

了解我国改革开放以来金融监管体系建设历程

请同学们查查相关资料，了解一下改革开放以来我国金融监管体系建设历程。

提示:
(1) 统一监管体系的形成与发展时期(1978—1992年)。
(2) 分业监管体系的形成与发展时期(1993—2016年)。
(3) 综合监管体系的形成与发展时期(2017年至今)。

二、金融监管的内容

金融监管主要包括以下内容:对金融机构设立的监管;对金融机构资产负债业务的监管;对金融市场的监管,如市场准入、市场融资、市场规则等;对外汇外债的监管;对黄金生产、进口、加工、销售活动的监管;对证券业的监管;对保险业的监管;对信托业的监管;对投资黄金、典当、融资租赁等活动的监管。其中,对商业银行的监管是监管的重点。

中国的金融监管当局为国务院金融稳定发展委员会、中国证券监督管理委员会、中国银行保险监督管理委员会。以下主要介绍对银行业、证券业和保险业的监管内容。

(一) 银行业监管

银行业监管有狭义和广义之分。狭义的银行业监管,是指国家金融监管机构对银行业金融机构的组织及其业务活动进行监督和管理的总称。我国的银行业监管机构是中国银行保险监督管理委员会,通常所提的银行业监管主要指狭义的银行业监管。广义的银行业监管则不仅包括狭义的银行业监管,还包括银行业金融机构的内部监管或自律监管。我国的银行业自律组织是中国银行业协会,其主管单位为银保监会。

监管目标是监管者追求的最终效果或最终状态,银行业监管管理的目标是促进银行业的合法、稳健运行,维护公众对银行业的信心。银行业是整个金融行业中业务内容最为广泛,与社会经济各部门保持最密切的联系,对国家各项经济金融政策的实施具有十分重要的影响作用的行业。因此,银行业监管的监管内容、监管手段等最多。

银行业监管主要包括市场准入、市场运营和市场退出的全过程监管。

1. 市场准入监管

市场准入就是银行监管当局根据银行业法律、法规的要求,对拟设立的金融机构或金融机构的合并进行的限制性管理,包括批准金融机构、金融业务、高级管理人员进入市场的标准。

(1) 审批注册机构。

银行业金融机构需按照银行业法律、法规的要求,在具备相应条件的情况下,向银行业监管当局提出申请,经监管当局许可后,才能领取营业执照进行经营。新设立的银行业机构必须有合适的名称,营业地点必须在数量、结构、规模等方面符合国家经济、金融发展的需要,并与金融监管当局的监管能力相适应;要有符合要求的营业场所,其组织机构和管理制度健全,安全防范措施和与业务有关的其他设施齐备。

(2) 资本金监管。

资本金监管包括注册资本管理和营运资本管理。监管注册资本是银行监管当局必须对进入金融市场的银行业金融机构进行最低资本限制,并对资本金是否及时入账、股东资格、股东条件和股本构成进行监督审核。金融机构下设的分支机构应具有规定的营运资本,由总行从资本金或公积金中拨付。

(3) 审批业务范围。

世界上除少数国家外,其他各国对银行业金融机构的经营的业务范围都有一定程度的限制,只是限制的范围、程度和方式有所不同。对银行业业务范围的限制主要包括以下几方面:长期融资与短期融资的限制;直接融资与间接融资的限制;银行业务与非银行业务的限制;商业性业务与政策性业务的限制;本币业务与外币业务的限制等。审批业务范围是保证银行业务金融机构合法经营的需要。

(4) 审批高级管理人员的任职资格。

银行监管当局在审核银行业金融机构市场准入的过程中，应当对银行业金融机构的法定代表人及其他高级管理人员的任职资格进行审查。审查确定任职资格的标准主要包括：一是必须具备必要的学识水平，如必须具备一定的专业基础知识和法律知识；二是对金融业务熟悉，如熟悉银行业务运作，有较强的经营管理能力等。银行业金融机构的法定代表人及其他高级管理人员的任职资格由金融监管当局或中央银行审查和核准，未经审核同意的人员，董事会不得聘任。

2. 市场运营监管

银行业金融机构经批准开业后，金融监管部门还要对其进行有效监管。市场运营监管是指对银行业金融机构的日常经营进行监督管理的活动。它能更好地实现监控目标的要求，主要包括5个方面：资本充足性、资产安全性、流动适度性、收益合理性和内控有效性。

(1) 资本充足性。

资本充足性是指资本对风险资产的比例，是衡量银行机构资本安全的尺度，一般具有行业的最低规范标准。具有充足的资本是银行抵御风险、稳健经营的根本保证。银行监管当局对银行的资本水平、资本构成与各种风险资产的比例关系会有明确的规定，以限制银行资产总量的扩张，减少风险。

《巴塞尔协议Ⅲ》是全球银行业监管的标杆，其中对核心一级资本充足率的规定从2%提升至4.5%，一级资本充足率下限从4%上调到6%，资本充足率维持8%不变。银保监会通过的《商业银行资本管理办法（试行）》中要求我国商业银行核心一级资本充足率不得低于5%，一级资本充足率不得低于6%，资本充足率不得低于8%。

(2) 资产安全性。

资产质量的优劣直接影响商业银行的经营利润和声誉。通常而言，银行业出现的首要问题就是资产质量下滑，进而引起利润减少和资本充足率下降，因此，对于银行业而言，重要的监管内容之一就是检查和评价资产的安全性。国际通行做法是将银行贷款按风险程度和资产质量分为五类：正常贷款、关注贷款、次级贷款、可疑贷款和损失贷款，后三类归为不良贷款。

我国在1996年施行的《资产负债比例管理监控、监测指标和考核办法》包括了若干指标，对加强银行监管、促进银行资产负债协调发展曾经发挥了积极作用。随着近年来银行监管理论和实践的不断发展，特别是银保监会成立后提出了新的管理理念和良好监管标准，出台了一系列部门规章和监管指引，原有办法已不能适应银行监管要求，为更好地依法履行监管职责，提高审慎和风险监管水平，适应当前监管发展并逐步与国际惯例接轨，银保监会制定了《商业银行风险监管核心指标》。

《商业银行风险监管核心指标》（以下简称"《核心指标》"）共四章二十三条，包括了风险水平、风险迁徙和风险抵御的三大类指标及指标值，其中一级指标15个、二级指标8个。《核心指标》覆盖了我国银行业最为重要的信用、市场、操作和流动性四种风险，还规定了相应的检查监督措施，明确了对商业银行的具体要求。资产安全性监管的重点是银行业金融机构风险的分布、资产集中程度和关系人贷款。根据《核心指标》，对资产安全性监管的主要内容包括：①不良资产率。不良资产率为不良资产与资产总额之比，不应高于4%。②单一客户授信集中度。单一集团客户授信集中度为最大一家集团客户授信总额与资本净额之比，不应高于15%。③全部关联度。全部关联度为全部关联授信与资本净额之比，不应高于50%。

(3) 流动适度性。

流动性是指在一定时间内，以合理的成本获取资金用于偿还债务或增加资产的能力。流动性不足是导致银行发生债务危机的原因之一，因此各个国家金融监管当局对银行的流动性监管相当重视，监管指标主要有：流动性比例、存贷款比例、中长期贷款、备付金比例和拆入资金比例。根据《核心指标》，我国对商业银行流动性监管的核心指标包括：流动性比例、核心负债比例和流动性缺口率。

对流动性的监控必须与银行总体经营状况结合起来进行评估，流动性必须适度，流动性比例过高，说明银行持有的资产收益能力低，影响未来的长远发展能力；而流动性比例过低，则银行的债务偿还能力差，容易引起银行支付危机。

（4）收益合理性。

银行作为理性的经济人，其经营的最终目的是以最小的资金成本获得最大的收益，其盈利能力取决于收入和支出两大因素。对银行类金融机构收益合理性监管主要是对银行业机构收益合理性指标的监管。

（5）内控有效性。

内部控制是指银行为保证各项业务的正常开展，规避和化解金融风险所采取的一系列内部的管理制度和措施。有效的内部控制制是银行管理的重要组成部分，它有利于商业银行实现短期目标和长期战略目标，确保财务、管理报告的可靠性，帮助商业银行遵守相关法规和内部管理规定，从而降低商业银行的风险和损失。

3. 市场退出监管

为了实现金融市场在有序竞争的基础上，达到资源配置效率最大化，建立健全退出机制是非常必要的。银行类金融机构的市场退出监管，是指对有问题的银行类金融机构的风险化解和处置的过程进行监管。虽然监管主管机关对银行类金融机构的市场准入、市场运营等进行了监管，促进了银行业的稳健经营，维护了整个金融体系的安全运行，但是监管并不能解决所有的问题和杜绝所有的风险。因此，需要对有问题的金融机构的风险进行积极化解和妥善处置，防止个别的、局部的金融风险演变成为系统的、区域性的金融危机，这是市场退出监管的一项重大而艰巨的任务。对有问题金融机构的监管，主要是对其进行救助或处置过程的监管。银行类金融机构退出市场要坚持依法退出原则、金融稳定原则、及时处置原则、成本最低原则、风险最小原则以及协调配合原则。

（二）证券业监管

对证券业的监管主要包括两个方面：对上市公司和证券公司的监管。对证券业的监管主要是由监管机构即监管主体实施。证券业的监管与银行业监管相似，也包括政府监管、自律和证券公司自身的内部控制。本教材主要介绍政府监管。政府监管机构多为政府专门成立的独立的监管职能部门，依照法律、法规和授权，统一监管证券市场。以我国为例，中国证券监督管理委员会就是由国务院专门成立，按照《中华人民共和国证券法》（以下简称"《证券法》"）等相关法律法规，对我国的证券市场实施监管管理职责。

1. 上市公司监管

对上市公司监管的内容主要包括证券发行、信息披露、内幕交易等。

（1）证券发行。

我国证券发行始于1984年11月的上海飞乐音响。20世纪90年代初，我国证券的发行开始实行审批制；2000年，中国证监会规定，证券发行制度由审批制改为核准制，核准制经历了两个阶段——"通道制"和"保荐制"；2014年8月第三次修正的《证券法》中规定"公开发行证券，必须符合法律、行政法规规定的条件，并依法报经国务院证券监督管理机构或者国务院授权的部门核准；未经依法核准，任何单位和个人不得公开发行证券"。2015年关于股票发行制度的改革经过国务院表决通过了股票发行注册制改革的有关决定，决定自2016年3月1日起施行。决定指出"调整使用《证券法》关于股票公开发行核准制度的有关规定，实行注册制度"。

（2）信息披露。

信息披露是指证券市场上的有关当事人在证券发行、上市和交易等一系列环节中依照法律法规、证券主管机关的管理规则及证券交易场所的有关规定，以一定的方式向社会公众公布，或向证券主管部门或自律机构提交申报与证券有关的信息。

国外对于上市公司监管主要是对上市公司的信息披露进行监管，各国对上市公司的信息披露或公开都有严格的标准，对信息披露的管理机构及其职责以及信息披露的制度规范体系做出法律规定。信息披露的管理机构主要有证券监管部门和证券交易所，我国负责上市公司信息披露监管的部门主要有证监会、上海证券交易所、深圳证券交易所和中国注册会计师协会。信息披露的原则包括真实性、完整性、准确性、及时性和公平性，信息披露要做到公开、全面、真实、持续，易被投资者获得。

对上市公司的信息披露监管包括首次发行的信息披露（证券发行的注册制的本质和核心就是信息的充分披露）和发行后的持续信息披露。但从20世纪70年代以来，证券监管部门和证交所发现仅仅通过信息披露无法有效地保护投资者尤其是中小投资者的利益，完善上市公司的法人治理结构是保护投资者的一个重要途径，因此监管部门对上市公司的法人治理结构也做出了一些特别规定。

延伸阅读

瑞幸咖啡财务造假事件

2020年4月2日，瑞幸咖啡自曝22亿元业绩造假，开盘后熔断8次，股价暴跌75%。瑞幸的咖啡神话还能继续吗？我们以后还能再喝到1.8折的咖啡吗？

（3）内幕交易。

内幕交易是指内幕人员和以不正当手段获取内幕信息的其他人员违反法律、法规的规定，泄露内幕信息，根据内幕信息买卖证券或者向他人提出买卖证券建议从而获取超额利润的交易行为。内幕人员是指由于持有发行人的证券，或者在发行人、与发行人有密切联系的公司中担任董事、监事、高级管理人员，或者由于其会员地位、管理地位、监管地位和职业地位，或者作为发行人雇员、专业顾问履行职务，能够接触或者获得内幕信息的人员。内幕信息是指尚未公开的可能对股票债券、基金和期货等金融产品的价格产生重大影响的信息，如上市公司的资产重组、股利分配政策、证券发行人订立重要合同、证券发行的经营政策或者经营范围发生重大变化、证券发行人发生重大债务等。

内幕交易行为人为达到获利或避损的目的，利用其特殊地位或机会获取内幕信息进行证券交易，违反了证券市场"公开、公平、公正"的原则，侵犯了投资公众的平等知情权和财产权益；打击了公众对证券市场的信心，证券市场功能的发挥受到严重影响。禁止内幕交易是为了保证所有的投资者都能公平地参与金融市场活动，防止利用内幕信息获得不正当的利益。自从1934年美国首先立法禁止内幕交易以来，目前世界上绝大多数国家都已经制定了禁止内幕交易的法律。在西方发达国家，利用内幕信息进行内幕交易属于严重的违法行为。《中华人民共和国刑法》《证券法》和《公司法》中有关内幕交易的条款分别于1999年、2005年、2009年进行了适当修订，对诸多违法行为设定了追究民事、行政法律责任的条款。2009年2月28日通过的《中华人民共和国刑法修正案（七）》标志着国家出重拳打击证券内幕交易。在行政法规、规章以及行业自律性规定方面，2007年中国证监会相继颁布了《上市公司董事、监事和高级管理人员所持本公司股份及其变动管理规则》及《限制证券买卖实施办法》。同时，《证券市场内幕交易行为认定指引》与《证券市场操纵行为认定指引》也开始在证监会内部试行,并报最高人民法院和最高人民检察院研究,以便于出台具体的司法解释。证监会也于2011年4月29日公布了《信息披露违法行为行政责任认定规则》,其中对信息披露违法行为、责任人员及其责任进行了认定。

对上市公司的监管还包括上市公司收购监管。在我国,上市公司收购涉及国家产业结构的调整甚至国家经济安全,因此加强监管非常重要。按照规定,监管机构要对收购人的申请进行审核。

2. 证券公司监管

我国对证券公司的监管主要依据《证券公司监督管理条例》,它是根据《公司法》《证券法》制定的。由国务院于2008年6月1日颁布施行,根据2014年7月9日国务院第54次常务会议《国务院关于修改部分行政法规的决定》修订。对证券公司的监管主要包括证券公司市场准入、业务规则、经营风险防范、退出、从业人员监管等机制。

①对证券公司市场准入的监管。根据《证券公司监督管理条例》,证券公司设立必须符合规定条件,并经国务院证券监督管理机构批准。证券公司变更业务范围或者公司章程中的重要条款,合并、分立,设立、收购或者撤销境内分支机构,在境外设立、收购、参股证券经营机构,均应当经国务院证券监督管理机构批准。

②对证券公司业务规则的监管。证券公司及其境内外分支机构从事证券业务,应当遵守《证券法》和《证券公司监督管理条例》中的规定,其经营的业务应当经国务院证券监督管理机构批准,不得经营未经批准的业务;在《证券公司监督管理条例》中对于证券公司所从事的业务(包括证券经纪业务、证券自营业务、证券资产管理业务、融资融券业务)应具备的条件也进行了详细规定。

③对证券公司风险控制的监管。证券公司的风险控制管理指在其对经营风险进行识别、评估的基础上,优化组合各种风险管理技术,对风险实施有效的控制,妥善处理风险导致的结果。监管的主要措施:按照规定提取一般风险准备金;对证券公司提出净资本和风险控制指标标准;对证券公司建立证券投资者保护基金制度和客户资产保护制度进行监管;对问题严重的证券公司,责令其限期改正并依法采取相应的监管措施。

④对证券公司市场退出的监管。证券公司市场退出是指证券公司退出市场,即终止其证券业务的经营。可进一步解释为"停止经营、清理(或转让)债务、关闭机构(其分支机构可以转让或关闭)、丧失独立法人资格"。当证券经营机构因故自愿解散或因法定事由出现而被主管机关取消资格、经营中出现严重违法违规行为和重大风险等情况下,证券监管当局会按照规定取消其经营许可。《证券法》第六章第153条明确规定:"证券公司违法经营或者出现重大风险,严重危害证券市场秩序、损害投资者利益的国务院证券监督管理机构可以对该证券公司采取责令停业整顿、指定其他机构托管、接管或者撤销等监管措施。"《金融机构撤销条例》第5条规定:"金融机构有违法违规经营、经营管理不善等情形,不予撤销将严重危害金融秩序、损害社会公众利益的,应当依法撤销。"对证券公司的市场退出监管,有利于保护证券投资者的合法利益和维护证券市场的安全。

⑤对证券从业人员的监管。证券主管机构对证券从业人员进行资格管理,尤其是对其品行、职业道德以及从业资格、培训等做出监管规定。

对证券业的监管除了包括对上市公司、证券公司的监管之外,还包括以下内容:对证券服务机构,包括对从事证券业务的律师事务所、会计师事务所、资产评估机构、证券投资咨询机构、证券市场信息传播机构的资格管理和日常业务管理;对证券交易所的监管——在我国,中国证监会对证券交易所进行直接管理。

(三)保险业监管

保险业在我国属于朝阳产业,但同时也是高风险行业。为了防范保险行业风险,促进保险业健康、安全、有序地发展，必须对保险业加强监管。保险业监管指保险监管机构依法对保险机构、保险市场实施规则和约束，以确保保险市场规范运作和保险人的稳健运营，保护被保险人利益，促进保险业健康有序发展的整个过程。

中国银行保险监督管理委员会（以下简称"银保监会"）根据《中华人民共和国保险法》对我国保险业进行监管。

1. 市场准入监管

我国保险法规定，要设立保险机构必须符合规定的条件并且经银保监会批准，保险公司分支机构设立也必须满足一定的条件和审批程序。设立保险机构、从事保险业务必须有符合法律规定的公司章程，达到规定的最低注册资本。未经国家保险监管机关批准擅自设立保险公司或非法从事商业保险业务活动的，依法追究刑事责任并由保险监管机关予以取缔。保险法中对保险公司的业务范围和高级管理人员的资格也做出了规定，明确了应具备的条件和必须符合的审批程序。对于超出核定的业务范围从事保险业务活动的由保险监管机关责令改正，责令退还收取的保险费并给予相应的经济处罚。

2. 市场运营监管

对保险市场运营的监管各国的具体内容并不完全相同，但一般都将监督检查的重点放在偿付能力和市场行为两个方面。

其中，保险偿付能力监管是保险监管的核心。保险公司的偿付能力指保险公司对被保险人、受益人履行合同约定的赔偿或给付保险金责任的能力。只有保险公司具有良好的偿付能力才能保障被保险人的利益，增强投保人的信心。偿付能力监管的主要内容包括：资本金充足性，保险公司的资本金能充分体现其偿付能力；准备金的充足性；合理运用保险资金，保值增值；合理安排再保险和规定偿付能力监管标准等。

市场行为监管的核心是要求严格依法合规经营，共同遵守法定的竞争法则，维护良好的市场秩序，维护被保险人的利益。市场行为监管的主要内容包括：保险业务种类和范围的监管，以及对兼业和兼营的监管；保险条款和保险费率的监管，保险费率的拟定和保险条款的审定，是保险专业技术的重要环节；对保险中介的监管，包括对保险代理人市场行为的监管，对保险经纪机构、保险公估机构的监管。

3. 对有问题保险机构的处理

保险机构在运营过程中可能会出现程度不同的各种问题，各国对保险机构问题的处理有所不同，但对保险机构的一般性问题，通常是要求其按照监管当局的要求采取适当的措施进行整改。当问题较大时，保险监管当局有权采取纠正措施或给予紧急救助。如通过整顿仍无法恢复保险机构的生存能力，则监管当局应尽力促成有实力的保险机构对其进行兼并。当采用所有措施之后都无作用时，监管当局必须采取关闭保险机构的决策，以维护保险体系的安全、完整与稳定。由于保险公司经营涉及面广、影响很大，因此各国对保险公司的市场退出都相当谨慎，制定了严格的退出程序并尽力避免市场退出发生。

案例解析

安邦被接管　保险保障基金注资

2018年2月，原中国保监会披露，安邦保险集团股份有限公司原董事长、总经理吴小晖因涉嫌经济犯罪，被依法提起公诉。鉴于安邦保险集团存在违反法律法规的经营行为，可能严重危及公司偿付能力，为保持安邦保险集团照常经营，保护保险消费者合法权益，依照《中华人民共和国保险法》有关规定，原中国保监会决定对安邦集团实施接管，接管期限一年。原中国保监会组织人员成立接管工作组，接管工作组组长和成员由原保监会决定和更换。接管过程中，接管工作组将积极引入优质社会资本，完成股权重整，保持安邦保险集团民营性质不变。为确保安邦保险集团偿付能力充足，维护公司稳定经营，切实保护投保人利益，在中国银保监会撤销安邦保险集团相关股权许可的同时，安邦保险集团同步引入保险保障基金注资。注资后，安邦保险集团注册资本维持619亿元不变。2018年6月，安邦保险集团风险处置工作再进一步，此次为股权结构调整，持有安邦保险集团合计98.23%股权的民营资本股东全部退出，中国保险保障基金有限责任公司接手上述全部股权，成为安邦保险集团新股东。

思考：案例中原保监会做了哪些处理？属于保监会监管中的哪一部分监管？

解析：参考保险业监管内容分析。

证书衔接

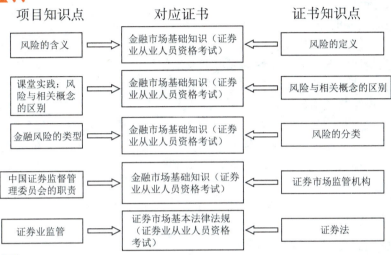

知识树

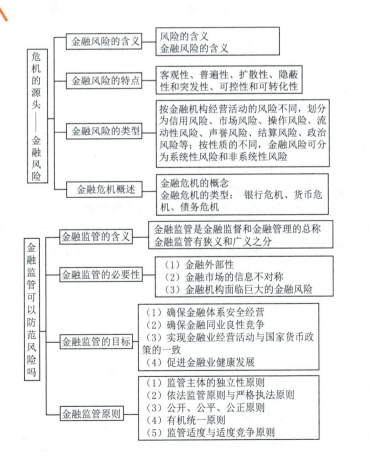

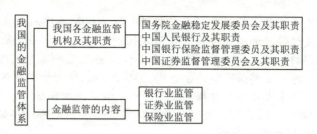

思考与练习

一、单项选择题

1. 以下说法错误的是（　　）。
   A. 风险是结果的不确定性
   B. 风险是损失发生的可能性，或可能发生的损失
   C. 风险是结果对期望的偏离，是（收益的）波动性
   D. 以上说法均是错误的

2. 金融风险是指，在一定条件和一定时期内，由于金融市场中各种经济变量的不确定性造成结果发生变动，从而导致行为主体遭受（　　）及该（　　）发生的可能性。
   A. 损失　损失　　B. 不确定性　不确定性
   C. 不确定性　损失　D. 损失　不确定性

3. 在我国，设立商业银行必须经（　　）审核批准。
   A. 中国人民银行　　B. 中国银保监会
   C. 中国证监会　　　D. 金稳委

4. 巴塞尔委员会提出的国际监管标准对（　　）作了详细的规定。
   A. 资本充足率　　B. 流动性比率
   C. 业务经营范围　D. 对单一贷款人贷款的比率

5. 我国的银行业自律组织是（　　）。
   A. 中国保险业协会　B. 银保监会
   C. 中国证券业协会　D. 中国银行业协会

6. （　　）是指资本对风险资产的比例，是衡量银行机构资本安全的尺度，一般具有行业的最低规范标准。
   A. 资产安全性　　B. 收益合理性
   C. 资本充足性　　D. 流动适应性

7. （　　）是指对有问题的银行类金融机构的风险化解和处置的过程进行监管。
   A. 银行类金融机构的市场准入监管　B. 银行类金融机构的市场退出监管
   C. 银行类金融机构的市场运营监管　D. 保险类金融机构的市场退出监管

8. 当前金融监管新格局是（　　）。
   A. 一行两会　　　B. 一委一行三会
   C. 一委一行两会　D. 一行三会

二、多项选择题

1. 银行业监管主要包括（　　）。
   A. 市场准入监管　B. 市场退出监管　C. 市场运营监管
   D. 商品监管　　　E. 工商企业监管

2. 证券公司的监管主要包括（　　）。
   A. 证券公司市场准入监管　　B. 业务规则监管

C. 经营风险防范监管　　　　　D. 市场退出监管
   E. 从业人员监管
3. 以下哪些属于金融监管的目标？（　　）
   A. 确保金融体系安全经营
   B. 确保金融同业良性竞争
   C. 实现金融业经营活动与国家货币政策的一致
   D. 促进金融业健康发展
   E. 利润最大化
4. 以下哪些属于金融监管原则？（　　）
   A. 监管主体的独立性原则　　　B. 依法监管原则与严格执法原则
   C. 公平、公开、公正原则　　　D. 有机统一原则
   E. 监管适度与适度竞争原则
5. 资产安全性监管的重点是（　　）。
   A. 资本充足　　　　　　　　　B. 关系人贷款
   C. 银行业金融机构风险的分布　D. 资产集中程度
   E. 流动性
6. 金融风险的特点有（　　）。
   A. 客观性　　　　B. 普遍性
   C. 扩散性　　　　D. 隐蔽性和突发性
   E. 可控性和可转化性
7. 当前我国金融监管框架包括（　　）。
   A. 国务院金融稳定发展委员会　B. 中国人民银行
   C. 中国银保监会　　　　　　　D. 中国证监会
   E. 储户

三、判断题
1. 有了市场失灵，就应该进行金融监管。（　　）
2. 设立保险机构、从事保险业务必须有符合法律规定的公司章程，达到规定的最高注册资本。（　　）
3. 《巴塞尔协议Ⅲ》是全球银行业监管的标杆，其中对核心一级资本充足率的规定从2%提升至4.5%。（　　）
4. 从2018年以后中国银监会对我国银行业和保险业进行监管。（　　）

四、简答题
1. 简述金融监管的目标。
2. 金融监管原则包括哪些方面？
3. 简述对商业银行市场准入监管的主要内容。
4. 什么是金融监管，其必要性何在？

五、案例分析题
任务一中的延伸阅读《金融危机"秘史"》视频对我国金融监管有何启示？

学习情境四
开放的金融运行

国际经济从最初的偶尔的国际贸易和国际交往，到大航海时代以后的迅速发展，直至"二战"结束后的大繁荣，世界经济一体化越来越成为各国的共识，金融领域的跨国活动也在以波涛澎湃之势迅猛发展。国际金融活动和市场既是经济全球化的重要组成部分，又反过来对世界经济的发展起着极其重要的作用。从这里开始，拓宽我们的眼界，把金融的运行放置在世界这个更大的版图上，看看金融的机制是如何在国与国之间运转的。

项目十　你了解什么是开放经济吗？
项目十一　国外的商品多少钱？

你了解什么是开放经济吗?

国际经济从最初的偶尔的国际贸易和国际交往,到大航海时代以后的迅速发展,直至"二战"结束后的大繁荣,世界经济一体化越来越成为各国的共识,因此在开放经济条件下细致研究国际收支与国际金融市场尤为必要。

知识目标

- 掌握国际收支和国际收支平衡表的概念和结构,理解国际收支平衡的经济意义
- 了解国际金融市场的概念、类型和特点
- 理解欧洲货币市场的形成和特点

技能目标

- 能透过国际收支平衡表简单分析国际收支失衡的原因
- 能分析和理解国际金融市场领域的热点时事,基本判断国际金融市场领域变化对国内市场产生的影响

思政目标

- 认识到我国国际地位和竞争力日益增强,体会到国家自豪感
- 清晰地意识到中国的发展与世界紧密相连。坚持对外开放基本国策,大规模"请进来"、大踏步"走出去",发展自己、造福世界

任务一 了解国际收支

任务引例

外汇局:2020 年我国国际收支将延续基本平衡的总体格局

2020 年 3 月 27 日,国家外汇管理局国际收支分析小组发布《2019 年中国国际收支报告》(以下简称《报告》)。

《报告》指出,2019 年,全球经济增长明显放缓,国际贸易投资活动低迷,不稳定不确定因素较多;我国经济运行总体平稳、稳中有进,发展质量稳步提升,人民币汇率弹性增强并保持基本稳定,汇率预期总体平稳。

2019 年,我国国际收支延续基本平衡。经常账户顺差 1 413 亿美元,依然处于相对均衡的

发展阶段，体现了近年来国内经济发展和经济结构优化调整的结果。其中，货物贸易顺差增加，服务贸易逆差收窄，投资收益状况改善。跨境资本流动总体稳定，非储备性质的金融账户顺差378亿美元。其中，直接投资保持一定规模顺差，我国仍是长期资本投资的主要目的地；证券投资继续呈现净流入；其他投资延续小幅逆差态势，市场主体跨境融资更趋理性有序。

2019年，我国国际收支总体平衡，表现出较强的稳健性和适应性。在此情况下，我国储备资产保持基本稳定，年末外汇储备余额31 079亿美元。2019年年末，我国对外金融资产和负债存量较2018年年末分别增长4.2%和6.3%，对外净资产2.1万亿美元。

展望国际收支形势，《报告》表示，2020年，预计我国国际收支将延续基本平衡的总体格局。虽然国际收支运行环境中的不稳定、不确定因素依然较多，包括新冠肺炎疫情影响全球经济和国际贸易发展、国际金融市场波动加大、地缘政治冲突风险持续较高等，但我国经济基本面、对外开放政策、市场调节机制等根本性因素仍会发挥主导作用，推动经常账户继续处于合理区间，有利于跨境资本流动总体平稳。

下一步，外汇管理部门将扎实做好外汇领域改革发展稳定工作，继续提高贸易投资便利化水平，不断完善与国家治理体系和治理能力现代化要求相适应的外汇管理体制机制，服务实体经济发展和改革开放新格局，防范跨境资本流动风险，维护国家经济金融安全。

（资料来源：证券日报网，http://www.zqrb.cn/finance/hongguanjingji/2020-03-27/A1585314651528.html）

思考：

《2019年中国国际收支报告》预计2020年我国国际收支将延续基本平衡的总体格局，但仍存在新冠疫情、国际金融市场动荡等潜在风险。国际收支是什么，包含哪些内容？国际收支对一国经济发展和对外关系有什么影响？国际金融市场是怎样的？为什么国际金融市场动荡会对国际收支产生影响？

国际收支是由一个国家对外经济、政治、文化等各方面往来活动而引起的。生产社会化与国际分工的发展，使得各国之间的贸易日益增多，国际交往日益密切，从而在国际上产生了货币债权债务关系，这种关系必须在一定日期内进行清算与结算，从而产生了国际上的货币收支。

一、国际收支的概念

国际收支是指一国居民与非居民在一定时期内所发生的全部经济交易货币价值的系统记录。国际收支的内涵包括四个方面。

第一，国际收支的内容是以货币记录的经济交易。包括金融资产与金融资产、商品劳务间的交换，商品劳务相互间的物物交换，也包括单方面的商品劳务转移和金融资产转移。

第二，国际收支是一定时期的货币流量，是一个流量概念。所谓一定时期，指的是各类交易发生的时间段，这个时间段可以是一年，也可以是一个月或一个季度。各国通常以一年作为一个统计时间段。

第三，国际收支记录的经济交易必须发生在居民与非居民间。居民与非居民是以居住地为标准划分的。凡是在一国居住满一年及一年以上的自然人和法人，无论什么国籍，均属该国居民。单居住在一国领土内的外国使馆和联合国机构、驻外军事人员、出国留学和出国就医者，即使在一国居住超过一年以上，也被当作该国的非居民。国际货币基金组织、世界银行等国际机构是任何国家的非居民。

第四，国际收支是一个事后概念。国际收支定义中明确指出，"国际收支是一国（或地区）居民与非居民在一定时期内所发生的全部经济交易货币价值的系统记录"，这一定义中的"一定时期"一般是指过去的一个会计年度，因此，国际收支是对已经发生的事实进行记录，是一个事后概念。

知识拓展

居民和公民的不同

居民和公民并不是同一个概念，居民和非居民的划分并不以国际为标准，而是以交易主体经济利益中心所在地为标准。一个自然人，不论国籍，只要其在所在国从事1年（含1年）以上的经济活动，即为所在国居民；对于企业，注重的是在该国注册并长期生产。但也有例外，如一国政府驻外机构，不论驻外多少年限，均属于本国居民，国际机构不属于任何国家的居民。

二、国际收支平衡表

（一）国际收支平衡表的概念

国际收支平衡表（Balance of Payment Statement）是指按照一定的编制原则和格式，对一个国家一定时期内的国际经济交易进行分类、汇总，以反映和说明该国国际收支状况的统计报表。

国际收支平衡表按照复式记账原则编制，把全部对外经济交易划分为项目、借方和贷方三栏，分别反映一定时期内各项对外经济活动的发生额。一切收入项目，财务、服务和资产的减少，负债的增加，计入平衡表的贷方；一切支出的项目，财务、服务和资产的增加，负债的减少，计入平衡表的借方。每笔经济交易同时计入有关项目的借方和贷方，数额相等，因此，国际收支平衡表的借方总额与贷方总额是相等的。

（二）国际收支平衡表的内容

国际货币基金组织（IMF）2008年编制的第六版《国际收支手册》列出，国际收支平衡表的标准组成部分包括三大项目，即经常账户、资本和金融账户及错误和遗漏账户。各国的国际收支平衡表的详尽程度和格式略有不同，但都包括这三个账户。

1. 经常账户

经常账户又称经常项目，是本国在国际交往中经常发生的经济交易，反映一国与国际实际资源的转移情况，是国际收支平衡表中最基本、最重要的项目。经常项目又包括三个子账户。

（1）货物和服务。货物记录一国商品的进口和出口，包括一般商品、用于加工的货物、货物修理、各种运输工具的港口购买的货物和非货币黄金。其中借方记录进口总额，贷方记录出口总额。服务主要记录劳务的输出和输入，包括运输、旅游、通信服务、建筑服务、保险服务、金融服务、计算机和信息服务、专利使用费和特许费、其他商业服务、个人文化和娱乐服务、政府服务等。其中，借方记录劳务的输入，贷方记录劳务的输出。

（2）收入。收入反映生产要素（劳动和资本）在国际流动引起的要素报酬收支。收入包括职工报酬和投资收入两项内容。职工报酬是指一国居民在另一国（或地区）工作而得到的现金或实物形式的工资、薪水和福利。投资收入是指一国资本在另一国投资而获得的利润、股息、利息等，主要包括直接投资收益、证券投资收益和其他投资收益（如借贷产生的利息）。

（3）经常转移。经常转移记录居民与非居民之间的不涉及经济回报的实际资源和金融资产的转移，又称无偿转移、单方面转移。经常转移包括各级政府转移和其他转移两项内容。各级政府转移主要包括政府间经济援助、军事援助、战争赔款、捐款等；其他转移包括侨民汇款、年金、赠与等。

2. 资本和金融账户

资本与金融账户是对资产所有权在国际流动进行记录的账户，反映国际资本流动，包括资本和金融两个子账户。

（1）资本。资本账户记录资产在居民和非居民之间的转移，包括资本转移和非生产、非金融资产的收买和放弃。资本转移包括三项所有权转移：固定资产所有权的转移；同固定资产收买或放弃相联系或以其为条件的资产转移；债权人不索取任何回报而取消的债务。非生产、非金融资产的收买或放弃是指各种无形资产如专利、版权、商标、经销权以及租赁和其他可转让合同的交易。

(2) 金融。金融记录居民与非居民之间投资与借贷的增减变化,包括直接投资、证券投资、储备资产和其他投资。①直接投资是投资者对另一经济体的企业同有永久利益,这意味着投资者和企业之间存在着长期关系。②证券投资主要是股本证券和债务证券投资,后者通常为期限在一年以上的中长期债券、货币市场工具和其他派生金融工具。③储备资产是一国货币当局为弥补国际收支赤字和维持汇率稳定而持有的在国际可以被普遍接受的流动资产,包括货币性黄金、特别提款权 SDR、在基金组织的储备头寸、外汇资产和其他债权。④其他投资是所有直接投资、证券投资或储备资产未包括的金融交易,包括长期和短期贸易信贷、贷款、货币和存款以及其他可收支项目。

3. 错误和遗漏账户

按照复式记账原则,国际收支账户的借方总额和贷方总额应该相等,借贷双方的净差额应该为零,但实际中并非如此,因此认为设立净差错与遗漏项目,用于抵消国际收支平衡表中借贷双方因不可避免的统计误差、错漏而出现的差额,使平衡表在形式上平衡。例如,表内个账户中的统计数据来源不同;个部门统计口径的差异;当事人故意瞒报或虚报统计数据等。该项目的设置可以使国际收支平衡表的借贷总额保持平衡。

在实际中,国际收支平衡表的每一项具体项目的借方和贷方经常出现不平衡,收支相抵后总会有差额,如果收入大于支出,出现盈余,称为顺差;支出大于收入,出现亏损,称为逆差。分析国际收支平衡表主要是对国际收支中的各种差额进行分析。

课堂实践

表 10-1 所示为 2019 年一季度中国国际收支平衡表(概览表)。

表 10-1 2019 年一季度中国国际收支平衡表(概览表)

项 目	行次	亿元	亿美元	亿 SDR
1. 经常账户	1	3 307	490	352
贷方	2	45 405	6 730	4 833
借方	3	-42 098	-6 240	-4 481
1.1 货物和服务	4	2 107	312	224
贷方	5	40 471	5 999	4 308
借方	6	-38 364	-5 686	-4 084
1.1.1 货物	7	6 388	947	680
贷方	8	36 462	5 404	3 881
借方	9	-30 074	-4 458	-3 201
1.1.2 服务	10	-4 281	-634	-456
贷方	11	4 009	594	427
借方	12	-8 290	-1 229	-882
1.2 初次收入	13	1 054	156	112
贷方	14	4 524	671	482
借方	15	-3 470	-514	-369
1.3 二次收入	16	146	22	16
贷方	17	409	61	44
借方	18	-263	-39	-28

续表

项 目	行次	亿元	亿美元	亿 SDR
2. 资本和金融账户	19	2 615	388	278
2.1 资本账户	20	-2	0	0
贷方	21	6	1	1
借方	22	-8	-1	-1
2.2 金融账户	23	2 616	388	278
资产	24	-1 080	-160	-115
负债	25	3 696	548	393
2.2.1 非储备性质的金融账户	26	3 292	488	350
2.2.1.1 直接投资	27	1 791	265	191
资产	28	-1 420	-210	-151
负债	29	3 211	476	342
2.2.1.2 证券投资	30	1 314	195	140
资产	31	-1 092	-162	-116
负债	32	2 405	357	256
2.2.1.3 金融衍生工具	33	-62	-9	-7
资产	34	-53	-8	-6
负债	35	-9	-1	-1
2.2.1.4 其他投资	36	249	37	27
资产	37	2 160	320	230
负债	38	-1 911	-283	-203
2.2.2 储备资产	39	-676	-100	-72
3. 净误差与遗漏	40	-5 921	-878	-630

（资料来源：中国国家外汇管理局，http://www.safe.gov.cn/safe/2019/0627/13516.html）

根据表 10-1，尝试：

(1) 计算经常项目差额、资本与金融账户差额和总差额。

(2) 解释各项差额的意义。

三、国际收支失衡的原因

造成国际收支失衡的原因是多种多样的，因具体国家和具体时期而异。一国国际收支不平衡的原因概括起来有以下几个方面。

（一）经济周期变化对国际收支的影响

西方国家经济受再生产周期规律的制约。在再生产周期的各个阶段，由于人均收入与社会需求的消长，一国的国际收支会产生不平衡。由于生产与资本国际化的发展，主要西方国家经济周期阶段的更替会影响其他国家经济，致使各国发生国际收支不平衡。

（二）经济结构对国际收支的影响

各国由于地理环境、资源分布、技术水平和劳动生产率等经济条件的不同，形成了各自的经济布局和产业结构，从而形成各自的进出口商品结构。当国际上对某国某种商品的生产和需求发生变化时,如果该国不能相应地调整其产业结构和出口商品结构,就会引起该国贸易和国际收支的失衡。此种原因引发的国际收支失衡往往是长期的,并且很难进行调节。

(三) 货币流通状况对国际收支的影响

如果一国发生通货膨胀,国内物价上涨,其出口商品的成本随之提高,就削弱了该国商品在国际市场上的竞争力,使该国的商品出口减少而商品进口增加,可能造成该国的国际收支逆差;反之,如果该国出现通货紧缩,物价下降,可能导致该国的商品出口上升而商品进口下降,造成该国的国际收支顺差。

(四) 汇率变动对国际收支的影响

在浮动汇率条件下,汇率随外汇市场供求关系变化的涨跌对一国的国际收支影响较大。当该国的本币汇率上升时,会打击出口,刺激进口。在其他条件不变的情况下,这会使该国的国际收支出现逆差。反之,如果该国的本币汇率下跌,将可能使该国的国际收支出现顺差。

除上述因素外,一国政局的动荡、宏观经济政策的变化、严重的自然灾害和战争等因素,也会作用于贸易和资金流动,从而引起该国的国际收支变化。

影响一国国际收支变化的各种因素往往互相作用,引起连锁反应。国际收支失衡可能是不同因素所发生效应的叠加,也可能是不同因素所发生效应的相互抵消。当正反两方面因素的作用结果不平衡时,该国国际收支的失衡就不可避免了。

案例解析

国际收支失衡的几个典型案例

(1) 经济周期导致的国际收支失衡。如日本在1974年,国民生产总值增长了19.4%,国际收支却出现了46.9亿美元的逆差;1976年日本经济萧条,但国际收支却出现了36.8亿美元的顺差。

(2) 经济结构导致的国际收支失衡。美国从20世纪70年代以来发生了持续性国际收支逆差。其原因是多方面的,但引起逆差最重要的因素之一,莫过于贸易出现大额逆差,商品输入超过输出,以及传统出口商品在国际市场上竞争力减弱。众所周知,美国传统出口产品以机械制造产品占主导地位,其中出口比重较大的是汽车,美国汽车油耗量较日本、意大利等其他国家的汽车耗油量要更大,由于20世纪70年代石油价格猛涨,各国的消费者当然不愿意购买耗油量大的汽车,因此,美国的汽车就无法与日本、意大利等国的汽车竞争,从而贸易赤字越来越大,该国国际收支出现持续性逆差。

(3) 其他因素导致的国际收支失衡。1990年伊拉克入侵科威特,国际社会对伊拉克实施全面经济制裁,世界各国一度中止与伊拉克的一切经济往来,伊拉克的石油不能输出,引起出口收入巨减,贸易收入恶化;相反,由于国际市场石油短缺,石油输出国扩大了石油输出,这些国家的国际收支得到了改善。

四、国际收支失衡的影响和调节

(一) 国际收支失衡的影响

一国国际收支失衡可以由多种因素引起,有经济因素,也有非经济因素;有内部因素,也有外部因素;有实际经济因素,也有货币因素,但不论有何种因素引起的国际收支失衡,也不论是顺差还是逆差,经过一段时间的累积后,都会破坏外部均衡,并会逐渐影响国内经济的发展和增长,进一步破坏内部均衡。

1. 国际收支逆差的影响

如果一国长期存在国际收支逆差,会对国内经济发展产生很大的影响。

(1) 会引起本币贬值,如逆差严重,会使本币汇率急剧下跌。

(2) 该国货币当局如不愿接受这样的后果,就要对外汇市场进行干预,即抛售外汇和买进本国货币。这样会消耗外汇储备,甚至会造成外汇储备的枯竭,从而严重削弱其对外支付能力和国家信用。

（3）会形成国内货币紧缩形式，促使利率水平上升，影响本国经济的增长，从而导致失业的增加和国民收入增长的下降。

（4）如果采用借入资金弥补逆差，很容易不断积累债务，引发债务危机。

2. 国际收支顺差的影响

一国长期巨额的国际收支顺差，一方面可以增加一国的外汇储备，增强其对外支付能力；另一方面，长期积累下来的巨额顺差也会给一国经济带来不良影响。

（1）顺差增加一国储备的同时，也会因储备的增加被动地向流动中投入过多的本币，形成外汇占款，流动性增加，容易加重通货膨胀。

（2）一国顺差意味着对应贸易国的逆差，长期如此，往往会加剧贸易摩擦。

（3）一国国际收支顺差会带给本币升值压力，如果本币升值，本国出口商品的外币价格会相应上涨，影响其国际竞争力，从而抑制本国出口，长此以往，会影响本国出口企业的经营和利润，进而影响就业。

（4）本国贸易顺差增长意味着国内可供使用的资源减少，影响本国潜在的经济增长能力。

（二）国际收支失衡的调节

一国出现国际收支顺差的消极影响往往不如国际收支逆差那样明显，很多国家甚至将其作为经济目标之一，但是通过上述分析，已经明确一国的国际收支无论是持续顺差还是逆差，都会对该国经济产生负面影响，因此，必须适时对国际收支差额进行调节，使其维持在一个合理的水平。

在纯粹的自由经济中，国际收支具有自动调节机制，但通常情况下，当市场机制无法满足自动调节的前提时，政府就必须干预。一国政府调节国际收支的手段很多，具体有货币政策、财政政策、外汇缓冲政策、汇率政策和直接管制等。

1. 货币政策

货币政策可以通过调节社会货币总量来调节社会总需求，进而通过对价格和利率产生影响，调节国际收支。对于逆差，可运用紧缩性货币政策，一方面使国内出口商品的价格降低，扩大出口，减少进口；另一方面，可以通过提高利率，吸引资本流入，通过资本与金融账户的差额改善国际收支总差额。

2. 财政政策

财政政策是指一国的财政部门用扩大或缩小财政开支和提高或降低税率的办法来平衡该国的国际收支的政策措施。当一个国家的国际收支发生逆差时，该国往往实行紧缩性的财政政策。这样一方面可以削减财政支出，另一方面还可以提高税率，以增加财政收入，减少投资和消费，降低对商品的需求，使物价下跌，从而达到扩大出口，减少进口，改善国际收支的目的。若一国的国际收支发生顺差，则该国应实行扩张性的财政政策，抑制出口，增加进口，以减少国际收支顺差。

3. 外汇缓冲政策

外汇缓冲政策是指一国政府为对付国际收支不平衡，把黄金和外汇储备作为缓冲体，通过中央银行在外汇市场上买卖外汇，来消除国际收支不平衡所形成的外汇供求缺口，从而使国际收支不平衡所产生的影响仅限于外汇储备的增减，而不致使汇率急剧变化和进一步影响本国的经济。外汇缓冲政策的优点是简便易行，但有局限性，因为一国的外汇储备的数量总是有限的，所以它不适于对付长期、巨额的国际收支逆差。如果完全依靠外汇缓冲政策，将可能导致该国外汇储备的枯竭。

4. 汇率政策

汇率政策是指一国通过汇率的调整来实现国际收支平衡的政策措施。当一国国际收支发生逆差时，采取降低本国货币汇率，提高外汇汇率的办法，使本国商品在国外市场上以外币计算的价格下跌，以达到扩大出口、抑制进口的目的。要实现这一点必须具备：自由贸易、国内外物价稳定及进出口商品需求的价格弹性之和大于1，从而可以使国际收支得到改善。反之，如果一国发生国际收支顺差，则可采取本国货币升值、外汇汇率下降的办法，扩大进口、抑制出口，以减少顺差。

5. 直接管制

直接管制政策是指逆差国直接对本国的国际经济交易采取行政干预，这种政策调节主要针对的是一国出现的结构性逆差，其中外汇管制和贸易管制是经常采用的两种形式。外汇管制内容相对广泛，有对汇价和外汇交易量的两种管制。

贸易管制典型的做法是采用关税和非关税壁垒来实施。关税政策主要是通过提高外国进进口品的关税来抑制进口，属于单向调节政策，非关税壁垒可以一方面运用配额、进口许可证等措施限制进口，另一方面通过出口补贴，鼓励出口，实现双向调节。此类管制政策虽然针对性很强，见效比较快，但是人为地扭曲了价格机制，容易滋生腐败、使黑市猖獗、加剧贸易摩擦，要慎用，以防陷入报复与反报复的恶性循环之中。

任务二 认识国际金融市场

任务引例

2015年国际金融市场飞出第一只"黑天鹅"

2015年1月15日下午五点半左右，瑞士央行突然发表声明，宣布取消已实施了3年半的1欧元兑换1.2瑞士法郎下限。同时，瑞士央行（SNB）还宣布降息至-0.75%，并将3个月期LIBOR目标区间下调到-1.25%至-0.25%。此消息一出，瑞士法郎一路狂升，一度创下了41%的历史最大涨幅。这直接导致电子外汇交易系统暂停交易，一时间场面变得非常疯狂。

就在一个月之前瑞士央行主席还在信誓旦旦表示要捍卫欧元兑瑞郎汇率下限。瑞士法郎的大涨，殃及了欧元，欧元兑美元跌1.8%，最低触及1.1573，创2003年11月以来最低。美元指数则受益于欧元大跌，汇价快速飙升，一举突破93整数关口，最高触及93.07，刷近12年来的新高。

此外，全球资本市场也受到了牵连，瑞士股市指标股指随后扩大跌幅至5.2%，创12月中旬以来最低位。欧洲其他主要股指则全线下挫，泛欧绩优300指数迅速扩大跌幅至2.1%。欧洲债市也是风起云涌，德国10年期公债收益率加速下挫，触及纪录低点0.405%。

业内专家表示，瑞士央行突然宣布取消实施了3年半的瑞士法郎兑换欧元汇率上限，其对国际金融市场的影响，还需要进一步评估，但这种影响的重大与深远已无可置疑。

（资料来源：证券日报网，www.bwchinese.com/aticle/1066760.html）

思考：

什么是国际金融市场，它和国内金融市场有什么不同？国际金融市场的组成包括哪些？国际金融市场的波动会对全球经济产生怎样的影响？

国际金融市场是开展国际金融业务的场所，随着国际分工、国际贸易和国际其他经济交往的不断发展，国际金融市场的广度与深度也在不断延伸。

一、国际金融市场的概念和分类

（一）国际金融市场的概念

国际金融市场（International Financial Market）的概念有广义与狭义之分。广义的国际金融市场是指进行各种国际金融业务活动的场所，这些业务活动包括长短期资金借贷以及外汇与黄金的买卖。这些业务活动分别形成了货币市场（Money Market）、资本市场（Capital Market）、外汇市场（Foreign Exchange Market）和黄金市场（Gold Market）。狭义的国际金融市场是指在国际上经营借贷资本，即进行国际借贷活动的市场，又称国际资金市场（International Capital Market）。

(二) 国际金融市场的分类

国际金融市场可以按照不同的分类方法来进行划分。

1. 按照功能划分

(1) 国际货币市场。

国际货币市场是指居民与非居民之间或非居民与非居民之间，进行期限为一年或一年以下的短期资金融通与借贷的场所或网络。国际货币市场主体主要包括各国商业银行投资银行、证券公司、票据承兑和贴现公司、中央银行等。国际货币市场呈现出借款期短、金额大、成本低、风险小、资金周转量大、纯信用拆放等特点。根据不同的借贷方式，国际货币市场分为银行短期信贷市场、短期证券市场和票据贴现市场。

(2) 国际资本市场。

国际资本市场是指在国际范围内进行各种期限在一年以上的长期资金交易活动的场所和网络。国际资本市场的主要参与者有国际金融组织、国际银行、国际证券机构、跨国公司及各国政府等。国际资本市场主要由以下三部分组成：国际银行中长期信贷市场，是指由一国的一家商业银行或者一国（多国）的多家商业银行组成的贷款银团，向另一国银行政府或企业等借款人提供的期限在一年以上的贷款，是国际资本市场的重要组成部分；国际债券市场，是指一国政府、企业、金融机构等为筹措外币资金在国外发行的以外币计值的债券；国际股票市场，是指在国际范围内发行并交易股票的场所或网络。

(3) 国际外汇市场。

外汇市场是指经营外币和以外币计价的票据等有价证券买卖的市场，是金融市场的主要组成部分。国际外汇市场是由各国金融中心的外汇市场构成。这是一个庞大的体系，目前国际上有外汇市场30多个，其中重要的有伦敦、纽约、巴黎、法兰克福、苏黎世、东京、新加坡等。它们各具特色，分别位于不同的国家和地区，并相互联系，形成全球的统一外汇市场。

(4) 国际黄金市场。

黄金市场是集中进行黄金买卖和金币兑换的市场。有的国家的黄金市场对黄金输出输入加以限制，有的则不加限制。黄金市场的运作与其他投资市场以及股票市场类似。买卖每天都在进行，价格受市场和经济条件影响。目前，世界上最主要的黄金市场在伦敦、苏黎世、纽约、香港等地。伦敦黄金市场的价格对世界黄金行市较有影响。进行黄金交易的有世界各国的公司、银行和私人以及各国官方机构。黄金交易的去向主要是工业用金、私人贮藏、官方储备、投机商牟利等。

(5) 金融衍生工具市场。

金融衍生工具市场是相对货币市场资本市场等基础市场而言的，该市场的交易工具是金融衍生工具，是当代金融创新的重要成果。金融衍生工具市场有四大类参与者：保值者、投机者、套利者和经纪人。保值者参与衍生工具市场的目的是降低甚至消除他们已经面临的风险。与保值者相反，投机者希望增加未来的不确定性，他们在基础市场上并没有进出头寸或需要保值的资产，他们参与金融衍生工具市场的目的在于赚取远期价格与未来实际价格之间的差额。套利者通过同时在两个或者两个以上的市场进行交易获利。经纪人作为交易者和客户的中间商人出现。金融衍生工具市场主要有金融远期合约市场、期货市场、期权市场、互换市场等。

2. 按照交易对象所在区域和交易币种划分

国际金融市场又分为传统国际金融市场（在岸市场）和新型国际金融市场（离岸市场）。

(1) 传统国际金融市场（在岸市场）是第二次世界大战以前，主要资本主义国家借助其长期积累的巨额资金和源源不断的海外利润提供的资本，根据其经济、政治和对外经济扩张的政策目标需要而建立和发展起来的，其发展主要依靠市场所在国强大的实力，其目的主要是为市场所在国的政治与经济服务，提供的是市场所在国货币的资金融通。

(2) 新型国际金融市场（离岸市场）即欧洲货币市场，是专门为非居民提供投融资便利的市场，其形成并不完全依赖于市场所在国的经济实力。

二、国际金融市场的作用

国际金融市场对世界经济的发展，既有积极的一面，也有消极的一面。国际金融市场对世界经济发展的积极作用主要体现在以下几个方面。

（一）调节国际收支

国际收支顺差国可将其外汇资金投放于国际金融市场，而有国际收支逆差的国家则通过国际金融市场融通资金弥补逆差。比如，国际金融市场在沟通石油美元的再循环从而缓解各国国际收支的严重失衡上就起到了决定性作用。自1973年起，由于原油价格上涨和世界能源危机，一方面，石油输出累积了大量的"石油美元"盈余；另一方面，许多国家的石油进出口都出现了大量的国际收支逆差。通过跨国银行的国际贷款，使石油美元返回石油输入国，缓解其国际收支逆差。

（二）促进国际金融贸易和投资

通过国际金融市场的融资、结算和资金调拨等方式，便利了国际贸易与投资，在世界范围内调拨资金调剂余缺，使闲置资金转化为投资资本，把储备有余的国家的资金融通到资金不足的国家，从而促进了生产和资本的国际化。第二次世界大战后，西欧的复兴、日本和德国经济的发展、发展中国家的经济建设，都利用了大量的国际金融资金。

（三）促进了世界经济经济一体化的发展

国际金融市场的发展，为跨国公司的生产和经营创造了极为有利的条件，密切了各国之间的经济联系，有助于世界经济一体化。受市场规律的作用，资金会流向经济效益最好、资金利润率最高的国家和地区，从而国际金融市场在加速生产和资本国际化的同时，对优化世界资源配置、建立合理的国际分工体系也起到了一定的积极作用。

与此同时，国际金融市场对世界经济的发展也有一定的负面效应。

（1）国际金融市场为投机活动创造了条件，为金融危机国际传递创造了便利，使得金融危机与金融风险防范成为各国经济工作的一个重要内容。

（2）国际金融市场的存在，影响了各国货币政策的效力，削弱了各国货币政策的独立性，从而使得开放条件下的经济政策和宏观调控变得更加复杂。

三、欧洲货币市场

第二次世界大战后，科学技术的迅猛发展推动了生产与资本的国际化步伐，传统的国际金融市场已经不能适应这种发展趋势，在20世纪50年代末60年代初出现了一个规模巨大、不受各国金融法令管制的新型国际金融市场，这就是欧洲货币市场。

（一）欧洲货币市场的含义和特点

欧洲货币是在货币发行国境外被储蓄和借贷的各种货币的总称，一般可以理解为境外货币。欧洲货币市场是经营欧洲货币业务的市场，是在一国境外从事该国货币存款、放款、投资、债券发行和买卖业务的市场。应当注意的是，欧洲货币并不是指某个欧洲国家的货币，欧洲货币市场也不仅局限于欧洲境内的金融中心，之所以称其为欧洲货币市场，是因为它起源于欧洲。

欧洲货币市场是完全国际化的市场，是国际金融市场的主体和核心。由于它经营的是境外货币，因此具有许多独特的特点。

1. 欧洲货币市场是高度自由的超国家资金市场

欧洲货币市场既不受市场所在国金融法规的管制，也不受交易货币发行国金融法规的管制，因此是一个超国家的资金市场。由于欧洲货币市场几乎不受任何国家的管制，所以经营非常自由，投资者和筹资者可以自由进出，而且贷款条件灵活、贷款期限多样、贷款用途不限，这是欧洲货币市场能够吸引大量资金的重要原因。

2. 欧洲货币市场是一个批发市场

进入欧洲货币市场进行融资的基本都是一些大客户，主要有跨国公司、各国商业银行和中央银行、官方机构以及一些国际性组织。这些客户的每笔交易额一般都很大，少则几十万美元，多则数亿甚至数十亿美元，所以称其为资金批发市场。

3. 欧洲货币市场主要是一个银行同业市场

在欧洲货币市场上，银行同业间的交易占整个市场交易量的 2/3 以上，这使得欧洲货币市场成了一个以银行同业拆放业务为主的市场。欧洲货币市场上的银行同业拆放期限有长有短，最短为隔夜，最长不超过一年，拆放主要凭信用，一般不需要签订合同；利率基本上是以 LIBOR 为基础，拆借金额一般都在 100 万美元以上。

4. 欧洲货币市场的存贷利差小

由于欧洲货币市场是一个高度自由的超国家资金市场，因此在该市场上经营业务的银行可以免交存款准备金，享受低税率乃至免税，从而降低了经营成本；由于欧洲货币市场是一个以银行同业为主的批发市场，每笔交易金额巨大，贷款客户信誉度高，手续简单，风险较小，因此进一步降低了经营成本。基于以上原因，欧洲货币市场具有独特的利率结构，即存款利率高于货币发行国国内的存款利率，而贷款利率低于货币发行国国内的贷款利率，存贷利差小。欧洲货币市场能够发展壮大，受到投资者和筹资者的青睐，根本原因即在于此。

（二）欧洲货币市场业务种类

1. 存款

欧洲货币市场的存款主要分为两种：一种是定期存款，分 7 天、1 个月、2 个月、3 个月，最长可达 5 年。通常以 1 个月和 3 个月的短期存款为最多。另一种是通知存款，即隔日至 7 天期存款，可随时发出通知提取。欧洲货币市场存款还可以采用可转让定期存单的形式，这种存单 1996 年 5 月首先在伦敦出现，它是银行发行的，证明一定金额的资金已存入银行的可转让的凭证。它以 1 个月、3 个月或 6 个月为期，也有 5 年期。银行通过这种存单增加存款，并用于中长期放款，而持有人在需要存款时即可以在市场上出售转让。可以在市场上出售转让，由于这种可转让存款办理手续简便快捷，又可以转让或出售，因此流行很广。

2. 贷款

（1）银行间同业短期拆放。

这种短期拆放的期限最短为隔夜，最多是 3 个月，最长不超过 1 年。拆放利率会在伦敦行业同业拆放利率的基础上酌情加上一定的加息率。加息率的大小，由借贷双方根据情况自行预定，一般在 0.25%～1.25%。

（2）中长期贷款。

欧洲中长期贷款是指经营 1 年以上期限的欧洲货币借贷业务。这个市场上从事贷款的主要是国际银团，借款人主要是大跨国公司、国际组织和各国政府。

（3）发行欧洲债券。

欧洲债券是指欧洲债券市场上发行的以市场所在国以外的货币作为面额货币的债券。它是一种境外债券，不在面值货币国家的债券市场上发行；其利息收入不纳税，发行不受约束，可自由转让。近年来在欧洲货币市场上出现了"票据发行单"的新业务，它是通过出售短期债券提供资金的中期贷款，由一批同意担保的银行组成一个受托银团，向市场发行短期债券通常以 3 个月或 6 个月为期，为借款者筹措中期资金。

延伸阅读

欧洲货币市场的诞生

第二次世界大战以后，由于美国对西欧各国的援助和投资，大量美元流入西欧各国。英国政府为了刺激战后经济，恢复英镑的地位，英格兰银行加强外汇管制，禁止商业银行把英镑借给其他国家；同时，允许本国商业银行接受美元存款以及办理美元贷款。因此，一个在美国境外大规模经营美元借贷业务的资金市场在伦敦活跃了起来。

1958年以后，美国的国际收支开始出现赤字，并且规模越来越大，美元资金大量流出国外，为欧洲美元市场提供了大量的资金。为了防止国际收支进一步恶化，美国采取了限制资本流出的措施，迫使美国境外居民的美元借贷业务转移到欧洲美元市场上来，美国银行也在欧洲开设了许多分支机构，这些都刺激了欧洲美元市场的发展。

从20世纪60年代开始，在欧洲美元市场上交易的货币不再局限于美元，而是扩大到马克、瑞士法郎等币种。同时，这一市场的地理位置也扩大了，亚洲的新加坡、中国香港等地纷纷出现了对美元、马克等货币进行借贷的市场。这样，原有的"欧洲美元市场"演变为"欧洲货币市场"。所谓"欧洲货币"，是指在货币发行国境外流通的货币，如欧洲美元、欧洲马克等。而经营欧洲货币业务的银行以及市场，就可称为"欧洲银行"及"欧洲货币市场"。

20世纪70年代后，石油输出国组织成立，世界石油两次大幅提价。一方面，促使石油输出国手中积累了大量的美元。这些美元大多投入欧洲货币市场，使得该市场的资金供给非常充裕。另一方面，许多非产油国的发展中国家的国际收支纷纷出现赤字，它们都转向欧洲货币市场，借入资金以弥补赤字，使市场上的资金需求也增加了。

欧洲货币市场的发展与这一市场自身的优势是分不开的。欧洲货币市场发展的优势主要体现为存款利率与贷款利率之间的利差比美国市场的小。

证书衔接

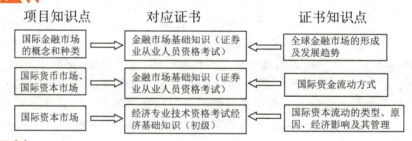

知识树

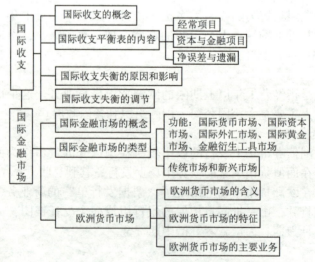

思考与练习

一、单项选择题

1. （　　）是国际收支平衡表中最基本和最重要的项目。

A. 经常项目　　　B. 资本项目　　　C. 贸易收支　　　D. 平衡项目
2. 下列（　　）不可以划为本国的居民。
   A. 刚刚注册的企业
   B. 在该国居住了两年的自然人
   C. 国际货币基金组织驻该国代表地
   D. 住在本国的外国领事馆雇用的当地员工
3. 若在国际收支平衡表中储备资产项目为 $-2\,000$ 亿美元，则表示（　　）。
   A. 该国增加了两千亿美元的储备
   B. 减少了两千亿美元的储备
   C. 非人为的账面平衡不说明问题
   D. 无法判断
4. 下列（　　）能够较好地衡量国际收支对国际储备造成的压力。
   A. 贸易收支差额
   B. 经常项目收支差额
   C. 资本和金融账户差额
   D. 综合账户差额
5. 一国出现持续性的顺差可能会（　　）。
   A. 导致或加剧通货膨胀
   B. 国内资金紧张
   C. 经济危机
   D. 货币对外贬值
6. 国际收支平衡表按照（　　）原理进行统计记录。
   A. 单式记账　　　B. 复式记账　　　C. 增减记账　　　D. 收付记账
7. 借款人在本国以外的某个国家发行、以发行地所在国的货币为面值的债券叫作（　　）。
   A. 外国债券　　　B. 欧洲债券　　　C. 全球债券　　　D. 零息债券
8. 下列属于新型国际金融市场的是（　　）。
   A. 伦敦　　　B. 苏黎世　　　C. 纽约　　　D. 巴哈马
9. 属于资本市场业务的是（　　）。
   A. 贴现市场　　　B. 短期票据市场　　　C. 中长期信贷市场　　　D. 短期信贷市场

二、多项选择题
1. 一国出现通货膨胀，可能会使该国出现以下情况。（　　）
   A. 国际收支顺差　　　B. 国际收支逆差
   C. 外汇汇率上升　　　D. 外汇汇率下降
2. 经常项目主要包括（　　）明细项目。
   A. 货物和服务　　　B. 收入　　　C. 支出　　　D. 经常转移
3. 资本和金融项目包括（　　）。
   A. 直接投资　　　B. 证券投资　　　C. 储备资产　　　D. 误差和遗漏项目
4. 国际收支平衡表的差额主要包括（　　）。
   A. 贸易收支差额　　　B. 经常项目差额
   C. 总差额　　　D. 商品、服务和收益差额
5. 一国国际收支失衡的原因可能多种多样，应根据具体国家和具体时期而定，但是从宏观经济角度来看，大体上可以概括为（　　）。
   A. 经济周期变化的影响　　　　　　B. 经济结构的制约

C. 国民收入变化的影响　　　　　　D. 货币币值波动的影响
6. 以下属于国际货币市场的有（　　）。
   A. 回购协议市场　　　　　B. CDs 市场
   C. 银行承兑票据市场　　　D. 国库券市场
7. 形成国际金融市场的主要条件有（　　）。
   A. 政治稳定　　　　　　　　　　B. 地理位置方便
   C. 金融市场的基础设施完善　　　D. 政府的金融管制少
8. 世界上最大的三个国际金融中心是（　　）。
   A. 伦敦　　　B. 多伦多　　　C. 纽约　　　D. 东京

三、判断题

1. 一国的对外支出就是其他相关国家对该国的收入，反之亦然，因此以整个世界而言，所有国家的国际收支总和应该是平衡的。（　　）
2. 衡量一国的国际收支平衡与否的标准就是要看其调节性交易是否达到平衡。（　　）
3. 国民收入对国际收支的影响可以分为从贸易支出和非贸易支出两个角度进行分析：一方面，收入决定储蓄和消费，自然也就影响进口需求，国民收入提高使进口支出随之增加，容易出现经常账户逆差；另一方面，收入影响投资，从而引起国际资本流动，因为在国民收入提高的同时，对外投资相应增加，结果资本流出很可能致使国际收支出现逆差，这种由国民收入变化而引起的国际收支不平衡，称为收入性不平衡。（　　）
4. 国际金融市场的核心部分是从事境外金融业务的在岸市场。（　　）
5. 欧洲货币存贷业务即游离于货币发行机构的管辖权限之外，又丝毫不受经营机构所在国金融市场的规则约束，带有极强烈的自由主义倾向。（　　）

四、简答题

1. 简述国际收支平衡表的组成内容。
2. 简述国际金融市场的构成及作用。

五、案例分析题

结合"2019 年一季度中国国际收支平衡表"，查询 2019 年第一季度我国经济运行概况，分析造成国际收支不平衡的原因。

项目十一

国外的商品多少钱?

知识目标

- 了解外汇、汇率的基本概念及种类
- 理解汇率的标价方法、掌握影响汇率波动的主要因素
- 了解国际货币制度的内容和演变

技能目标

- 能正确计算可兑换外币金额,处理个人外汇业务
- 能分析和判断汇率基本走势
- 能探索和分析人民币在国际货币体系改革中扮演的角色和发挥的作用

思政目标

- 树立正确的外汇投资理念,学会关注其影响因素和国际时事
- 正确认识中国特色,并和国际比较,全面客观地看待外部世界,意识到经济全球化进程中我们的优势和劣势

任务一 认识外汇与汇率

任务引例

人民币汇率 11 年来首次破 "7" !

2019 年 8 月 5 日,人民币对美元汇率跌破 7.0 大关,这是 11 年来人民币首次破 7。人民币汇率破 "7" 意味着什么?

首先,人民币汇率适度贬值能够提高中国商品的出口竞争力,外贸企业能从银行换回更多的人民币,利润会增加,可以有更大的降价空间,扩充市场占有率。

其次,人民币汇率持续贬值,会导致投资者抛售人民币资产,资本流出引起国内资产价格下跌。在国民生活方面,意味着留学生的生活费、学杂费付出的成本会相应的增加;"海淘" 一族在购买外国商品时,折合成人民币会比以前贵;出国旅游的人到了国外,交通、酒店住宿等花销会变多,旅行社也可能提高境外游的报价。

最后，此次人民币汇率破"7"，主要有三大原因：一是中美贸易争端导致投资者担忧中国的贸易顺差规模下降，外汇市场供求状况恶化；二是美联储尽管在此前的议息会议上宣布降息，但降息的幅度和鲍威尔的表述均低于市场的预期，带动美元指数转强，对人民币产生贬值压力；三是近期央行的信息沟通中希望更充分发挥人民币汇率"自动稳定器"的作用，这在一定程度上会影响到中间价的报价，提升了人民币汇率的波动性。

思考：

上述案例让我们认识到人民币汇率波动不仅会对企业进出口贸易产生影响，也会对普通百姓的生活产生影响。那么，什么是外汇？什么是汇率？影响汇率波动的因素有哪些？

货币不只在国内发生收支，在国家之间，在经济、政治、文化等诸多领域中发生的个人、企业和国家等多方面的交往，也常伴随着各式各样的货币收支。外汇的使用和汇率额波动是进行国际收支时要考虑的重要问题。

一、外汇的概念与特征

（一）外汇的概念

可以从动态和静态两方面来理解外汇的概念。动态的外汇是指把一国的货币兑换成另一国货币，用以清偿国际债务债权关系的行为和过程。静态的外汇是指以外币以及外币表示的可用于国际支付的手段和资产。

《中华人民共和国外汇管理条例》第三条规定，外汇的具体形式包括：①外币现钞，包括纸币、铸币；②外币支付凭证，包括票据、银行存款凭证、银行卡等；③外币有价证券，包括股票、债券等；④特别提款权；⑤其他外汇资产。

（二）外汇的特征

外汇具备以下三个特征：①非本币，外汇必须是以外币表示的资产，例如，中国用美元向美国出口商购买商品，这种支付手段对美国出口商来说不是外汇，而是本币。但对于中国进口商来说，则是外汇。②可偿性，指任何情况下外汇都能够在国外得到偿付，空头支票、拒付的汇票等就不是外汇。③可自由兑换，指外汇在国际市场上具有普遍接受性，可以被兑换成任何国家的货币或其他形式的资产。

二、汇率的概念与种类

（一）汇率的概念

汇率又称汇价，即不同货币间的兑换比率，用一种货币表示另一种货币的价格。以美元兑人民币汇率为例，有以下三种表示方式：USD100 = CNY647.26；USD100 = CNY647.26；USD/CNY = 647.26。其中，写在前面的货币 USD 是基准货币或单位货币，写在后面的 CNY 是报价货币，表示 100 美元可以兑换 647.26 元人民币。

延伸阅读

橘子和香蕉的故事

橘子岛盛产橘子，香蕉岛盛产香蕉，橘子岛的居民只能使用橘子币，而香蕉岛的居民只能使用香蕉币。那么，橘子岛的居民要想吃到香蕉，香蕉岛的居民要想吃到橘子，他们可以怎么做呢？

（二）汇率的种类

（1）按银行买卖外汇的角度不同，分为买入汇率、卖出汇率和中间汇率。

在实际的外汇买卖业务中，经营外汇业务的银行标出两个汇率价格，一个为买入汇率，另一个为卖出汇率。

买入汇率又称买入价，是银行从同业或者客户买进外汇时使用的汇率。卖出汇率又称卖出价,是银行向同业或者客户卖出外汇时使用的汇率。卖出汇率往往高出买入汇率,这是因为银行从事外汇交易的目的是营利,卖出汇率和买入汇率的差额即是银行的收益。买卖差价一般控制在1‰~5‰。

尽管外汇买入价和卖出价都是从银行的角度,但标价方法不同,买入价和卖出价的位置也不同。在直接标价法下,买入价在前,卖出价在后。例如,中国银行的外汇牌价中:USD1 = CNY6.472 6 ~ 6.483 5。其中,"6.472 6"代表中国银行从客户处买入美元时采用的价格,"6.483 5"代表中国银行向客户卖出美元时采用的价格。相反,在间接标价法下,前面的数字表示卖出价,后面的数字表示买入价。例如,USD1 = JPY126.22 ~ 126.48。其中,"126.22"为银行向客户卖出美元的价格,"126.48"为银行从客户买进美元的价格。

中间汇率又称为中间价,是为了便于分析外汇市场的汇率变化,用算术平均数计算方法折算出来的汇率,即:

$$\frac{买入汇率 + 卖出汇率}{2} = 中间汇率$$

(2) 按制定汇率的方法不同,分为基础汇率和套算汇率。

由于外国货币很多,一国难以报出本国货币与每一种外币之间的汇率,因此需要选择一种关键货币,关键货币与本币之间的汇率即为基础汇率。由于美元在国际货币体系中的特殊地位,各国通常以美元为关键货币来套算本币与其他货币之间的比价。通过美元汇率套算出来的外汇汇率即为套算汇率,又称交叉汇率。例如,某一时刻我国人民币对美元的汇率为 USD1 = CNY6.472 6,新加坡外汇市场上 USD1 = SGD1.4,则人民币对新加坡元的汇率可以通过美元套算得出,SGD1 = 0.216 3CNY。

$$SGD/CNY = (USD/CNY) \div (USD/SGD)$$
$$= 140 \div 647.46 = 0.216\ 3$$

(3) 按外汇买卖的交割时间不同,分为即期汇率和远期汇率。

即期汇率(Spot Rate)是指外汇买卖成交后,买卖双方在两个营业日内进行交割所使用的汇率,即期汇率就是现汇汇率,一般在外汇市场上挂牌的汇率,除特别标明远期汇率以外,一般指即期汇率。

远期汇率(Forward Rate)是指外汇买卖成交后,买卖双方约定在未来某一时间(或成交后的两个营业日后)进行交割所使用的汇率。远期汇率以即期汇率为基础,在即期汇率的基础上用"升水"和"贴水"来表示远期汇率。当远期汇率高于即期汇率时,高出的差额称为升水(Premium);当远期汇率低于即期汇率时,低出的差额称为贴水(Discount);当远期汇率与即期汇率相等,则称为平价(Par)。要注意的是,远期汇率并非是未来的即期汇率。

(4) 按汇率制度的不同,分为固定汇率和浮动汇率。

固定汇率(Fixed Exchange Rate)是指汇率保持基本固定,仅在限定的较小范围内波动。

浮动汇率(Floating Exchange Rate)是指一国或地区的货币当局既不规定本币对外币的固定比价,也不设置汇率波动的上下限,而是由外汇市场的供给关系来决定汇率的变化。本国货币当局通过在外汇市场上进行适当干预来调节本币对外币的汇率波动,以维护本国经济的稳定和发展。

(5) 按国际结算业务中的汇款方式不同,分为电汇汇率、信汇汇率和票汇汇率。

电汇汇率是指银行以电信方式买卖外汇时所采用的汇率。电汇收付迅速安全,因此交易费用相对较高。当前,国际业务基本上都用电汇方式进行支付结算,因此电汇汇率是基础汇率,其他汇率都以电汇汇率为基础来计算。

信汇汇率是指以信函方式通知收付款时采用的汇率。信汇收付时间长、安全性低,因此交易费用也较低。一般来说,信汇汇率比电汇汇率要低一些。

票汇汇率是指兑换各种外汇汇票、支票和其他各种票据时所采用的汇率,根据汇票支付的期限不同,票汇汇率有即期汇率和远期汇率之分。

三、汇率标价法

汇率反映的是两种货币的相对价值,当基准货币发生变化时,汇率标价也会发生变化,由此产生了直接标价法和间接标价法两种表示汇率的方法,在此基础上又产生了美元标价法。

1. 直接标价法(Direct Quotation)

直接标价法又称应付标价法,以一定单位外币(1、100 或 1 000 等)为基准货币来计算应付多少本国货币。目前世界上绝大多数国家采用直接标价法。

在直接标价法下,若一定单位外币可兑换的本币数额增加,即为外汇汇率上升,说明外币币值上升而本币币值下降;反之,若一定单位外币可兑换的本币数额减少,即为外汇汇率下降,说明外币比值下降而本币币值上升。

2. 间接标价法(Indirect Quotation)

间接标价法又称应收标价法,以一定单位外币本币(1、100 或 1 000 等)为基准货币来计算应收多少外国货币。目前只有英国和美国等少数国家采用间接标价法。

在间接标价法下,若本币数额不变而外币数额增加,即为外汇汇率下降,说明本币币值上升,外币币值下降;反之,若本币数额不变而外币数额减少,即为外汇汇率上升,说明本币币值下降,本币币值上升。

3. 美元标价法(U. S. Dollar Quotation)

美元标价法是指以一定单位的美元为标准来衡量各国货币的表示方法,用于非美元外汇买卖时,各国计算应该兑换多少他国货币。在美元标价法下,美元是基准货币或单位货币,其他货币是报价货币。例如,香港汇丰银行报价 USD100 = EUR89.85,USD100 = JPY11 820。

课堂实践

某日一日本银行的外汇标价 USD/JPY 为 115.06/115.16,你能判断出该银行对美元的买入价是多少,卖出价又是多少呢?如果有一笔 100 万美元的买卖,银行能赚取多少差价呢?

四、影响汇率波动的因素

汇率是国际经济和金融领域的矛盾焦点,汇率的波动必然受到国内外经济中各种因素的影响。具体来说,影响汇率变动的因素有以下几个方面。

1. 国际收支状况

国际收支状况是影响汇率最直接的因素。如果出口大于进口,资金流入国内,便会出现国际收支顺差。此时,国际市场对该国货币的需求增加,从而使该国货币对外币汇率上升,即本币汇率上升。反之,如果出口小于进口,资金流出国内,便会出现国际收支逆差。此时,国际市场对该国货币的需求减小,从而使外币汇率上升,本币汇率下跌。

2. 经济增长速度

经济增长速度是影响汇率最基础的因素。一国国民生产总值的增加会引起国民收入和支出的增加。国民收入增加会使国内对进口产品的需求扩大,继而扩大对外汇的需求,推动本币贬值,外币升值。国民支出增加意味着社会投资和消费的增加,有利于促进生产,提高产品竞争力,刺激出口,增加外汇收入。长远来看,经济增长会刺激本币升值。由此看来,经济增长对外汇汇率的影响是复杂的。

3. 利率的变化

利率反映一国的资金借贷情况,对汇率起决定性的作用。汇率的变化会影响国内外资本的流动,高利率的国家发生资本流入,低利率的国家则发生资本流出。资本的流动导致外汇市场供求关系的变化,从而对外汇汇率的波动产生影响。一般而言,一国利率上升,将导致本币升值；反之，该国利率下降，将导致本币贬值。

4. 通货膨胀的差异

通货膨胀对汇率的影响是长期的，一般通过三个方面来影响汇率的变动。

商品和劳务方面：当一国或地区的通货膨胀率高于其他国家和地区时，意味着该国或地区货币对内的实际购买力下降，货币对内贬值。商品和劳务的国内生产成本会提高，进而影响其在国际市场上的价格，该国或地区商品和劳务的国际市场竞争力削弱，外汇收入减少。同时，在其他条件不变的情况下（包括汇率），商品和劳务进口的成本会相对下降，且能够按已上涨的国内物价销售，进口利润增加，从而刺激进口，外汇支出增加。商品和劳务收支的恶化，扩大了本国对外汇的需求，推动外汇汇率上升和本币汇率下降。

国际资本流动方面：当一国或地区的通货膨胀率高于其他国家和地区时，在名义利率不变的情况下，该国或地区的实际利率降低。投资者为追求更高的利率，会将资本移出该国，资本过多的外流，导致外汇市场上外汇供不应求，推动外汇汇率上升和本币汇率下降。

人们心理预期方面：如果一国或地区的通货膨胀不断加重，人们会对该国或地区货币汇率产生贬值预期，继而惜售外汇、抢购外汇，其结果是导致外汇汇率上升和本币汇率下降。

5. 政府的干预

政府干预汇率的直接形式就是通过中央银行在外汇市场上买卖外汇，影响外汇供求关系，从而影响本币汇率。政府干预汇率是为了稳定本币汇率，避免本币汇率波动对国际贸易和国际金融活动带来风险，也可以是为了有利于本国经济发展或实现某种战略目标。另外，政府还可以通过调整国内货币政策和财政政策来影响汇率走势，通过政府官员发表言论来影响外汇交易者的心理，从而影响汇率走势。

6. 心理预期

心理预期是指人们对某种货币升值贬值的预期。这一因素在国际外汇市场上表现得尤为突出。如果人们预期某种货币不久将会贬值，就会大量地抛售该种货币，从而使其汇率下跌；反之，如果预期某种货币不久要升值，就会大量地抢购这种货币，从而导致其汇率上扬。

除以上因素外，影响汇率波动的因素还包括国际投机行为、突发事件等。

五、汇率变动对经济的影响

（一）汇率变动对进出口贸易的影响

汇率变化一个最为直接也最为重要的影响，就是对贸易收支的影响。这种影响体现在宏观和微观两个方面。从微观上讲，汇率变化会改变进出口企业成本、利润的核算。从宏观上讲，汇率变化因对商品进出口产生影响而使贸易收支差额以至国际收支差额发生变化。

汇率变化对贸易产生的影响一般表现为：一国货币对外贬值，有利于本国商品出口。而一国货币对外升值，则有利于外国商品的进口，不利于本国商品的出口，从而会减少该国贸易顺差或扩大贸易逆差，这是因为一国货币的汇率发生变化后，该国商品与其他国家商品的比价也就发生了变化。如果一国货币升值或汇率上升，该国商品在国外以外国货币表示的价格就会更高，这将抑制外国居民对该国商品的需求，减少对该国商品的购买。这样，该国从商品出口中所获得的外汇收入就会减少，而同时，外国商品在该国以该国货币表示的价格就会下降，就会刺激该国居民对外国廉价商品的需求增加，增加对外国产品的购买，该国用于进口外国商品的外汇支出将会增加；相反，如果一国货币贬值或汇率下降，对该国国际收支的影响正好相反。

（二）汇率变动对资本流动的影响

一方面，以本币币值的长期下降为例，本国资本所有者将产生资本长期贬值的预期，为避免进一步的损失，会选择将资本迅速转移。同时，短期内的货币急剧贬值，也会引起国际短期资本迅速调转投向，撤出本国市场，带来动荡，1997年亚洲金融危机的泰国就是一个很好的例子。另一方面，从国际直接投资项目来看，一国货币贬值，新引入的外币投资会折算成更多的本币，劳务和生产资料的价格也会大幅度下调，投资人会认为该项投资更加划算，将追加投资或新投入资金，带来实物投资的流入。

汇率的变动还会影响外在的成本。本币贬值将加重债务还本付息负担，处理不善甚至会引发债务危机，恶化投资环境，打击投资人的信心。

（三）汇率变动对国际储备的影响

在以美元为主要储备货币的时期，外汇储备的稳定性和价格高低，完全在于美元汇率的变化。美元升值，一国外汇储备相应升值，美元贬值，一国外汇储备也相应贬值。20世纪70年代初期，美元在国际市场的一再贬值，曾给许多国家尤其是发展中国家的外汇储备造成了不同程度的损失。在多元化外汇储备时期，由于储备货币的多元化，汇率变化对外汇储备的影响也多元化了。有时外汇市场汇率波动较大，但因储备货币中升值货币的力量均等，外汇储备就不会受到影响，有时虽然多种货币汇率下跌，但占比重较大的储备货币汇率上升，外汇储备总价值也能保持稳定或略有上升。

外汇储备多元化加之汇率变化的复杂化，使外汇储备管理的难度加大。各国货币当局因而随时注意外汇市场行情的变化，相应进行储备货币的调整，以避免汇率波动给外汇储备造成损失。

（四）汇率变动对物价水平的影响

本币贬值可通过多种机制导致国内物价水平的上升。首先，如果进口商品是必需品，本币贬值导致其价格上涨，从而抬升生活费用，名义工资相应提高。工资水平上升会直接导致产品生产成本上升，促使进一步追加名义工资，最终使整个市场价格水平上涨。其次，如果进口品是主要生产原料，则会通过成本机制导致物价水平上升。再次，通过上述工资及成本机制，本币贬值将导致货币供给增加，政府在外汇市场上购入外汇，将支付更多本币，从而进一步扩大市场上的货币供给量，使物价水平的攀升。最后，如果进出口商品的需求弹性均很低，本币贬值可能进一步恶化国际收支，使本币的对外价值继续降低，其直接表现就是物价水平上升。

延伸阅读

汇率变动对物价的影响的典型案例

汇率是本国货币与外国货币交换的比率。汇率变动时，两国货币之间原本的比率被打破，意味着商品的进出口价格也发生了变化。

例如，全球天然橡胶主产国集中在东南亚地区，在国际贸易中，以美元计价已经成为惯例。1997年东南亚金融危机，东南亚各国货币纷纷贬值，导致国际市场上天然橡胶价格暴跌。又如，日本的天然橡胶全部依赖进口，即使国际市场上天然橡胶美元价格相当稳定，但在日本国内，由于日元与美元的汇率经常在变化，所以以日元报价的天然橡胶价格也不时地波动。另一个例子是巴西，1998年其货币雷亚尔大幅贬值，使巴西大豆的出口竞争力大幅提高，挤占了美国大豆的出口份额，使芝加哥大豆期价产生了一波下跌行情。

1994年，我国人民币对美元的汇率大幅贬值，上海金属交易所的铜期货大幅上涨，也是一个典型的案例。

一般而言，一国的某种商品，其国内供需平衡对进出口的依赖程度越大，对汇率变动的敏感度也就越大。

（资料来源：中国期货业协会官网，http://www.cfachina.org/tjyd/qhxy/QHABC/jbmfx/201510/t20151023_1878303.html）

(五) 汇率变动对国际经济关系的影响

浮动汇率产生后，外汇市场上各国货币频繁的、不规则的波动不仅给各国对外贸易、国内经济造成了深刻影响，而且影响着各国之间的经济关系。如果一国实行以促进出口改善贸易逆差为主要目的的本币贬值，尤其是以外汇倾销为目的的本币贬值，往往会引起对方国家和其他利益相关国家的反抗甚至报复。这些国家会采取针锋相对的措施直接地或隐蔽地抵制贬值国商品的侵入，"汇率战"由此而生。货币竞相贬值，促进各自国家的商品出口，是国际上很普遍的现象。由此造成的不同利益国家之间的分歧和矛盾也层出不穷，这加深了国际经济关系的复杂化。

案例解析

如何锁定汇率风险

某企业从 a 银行贷款 2 000 万元人民币，期限五年，利率为固定利率 6.25%，付息日为每年 6 月 30 日和 12 月 31 日。2014 年 12 月 20 日提款，2019 年 12 月 20 日到期一次性归还本金，企业提款后将人民币换成美元，用于采购生产设备，产品出口后获得美元收入。

从以上情况看，企业贷款存在汇率风险，企业借的是人民币，用的是美元，收到的也是美元。而在偿付利息和到期一次性归还本金时，企业都需要将美元换成人民币。如果人民币升值，美元贬值，那么企业需要用更多的美元换成人民币还款，直接增加了企业的成本。

该企业可以采取什么办法从而规避汇率风险呢？

企业可以采用以下货币互换的方式有效锁定汇率风险。

1. 提款日（2015 年 12 月 20 日）企业与 b 银行互换本金。企业从 a 银行提取贷款本金，同时支付给 b 银行，b 银行按约定的汇率支付相应的美元。

2. 付息日（每年 6 月 30 日和 12 月 31 日）企业与 b 银行互换利息。b 银行按人民币利率水平向企业支付人民币利息，企业将人民币利息支付给 a 银行，同时，按约定的美元利率水平向 b 银行支付美元利息。

3. 到期日（2019 年 12 月 20 日）企业与 b 银行再次互换本金。b 银行向企业支付人民币本金，企业将人民币本金归还给 a 银行，同时按约定的汇率水平向 b 银行支付相应的美元。

从以上可以看出，由于在期初与期末，企业与 b 银行均按约定的统一汇率互换本金，且在贷款期内，企业只支付美元利息，而收入的人民币利息正好用于归还人民币贷款利息，于是企业避免了汇率波动的风险。

任务二　了解国际货币体系

任务引例

国际货币体系改革新起点

2015 年 10 月 1 日，人民币正式加入国际货币基金组织的特别提款权（SDR）货币篮子。人民币的"入篮"使得 SDR 篮子里首次出现了来自发展中国家的货币，而且还占据了 10.92% 的权重，仅次于美元的 41.73% 和欧元的 30.93%，超越了日元的 8.33% 和英镑的 8.09%。这显然是一个划时代的事件，也是中国融入国际金融体系的重要里程碑。

经过改革开放以来多年的高速发展，中国已经成为世界第二大经济体和最大的货物贸易国。如今，人民币已是全球贸易使用的第五大货币。人民币"入篮"正代表了国际社会对中国在全球经济发展中的引领作用的认可，也说明了世界经济格局中中国崛起的现实变化。"入篮"意味着人民币正式成为国际官方储备货币之一，人民币国际化将具备更多有利条件。人民币"入篮"之后，如何在国际货币体系中扩大 SDR 的使用范围，使 SDR 更多地应用到国际贸易往来和金融交易中，令其具备更多的类货币职能，从而加强人民币在国际货币体系中的作用，是我们在人民币"入篮"之后更应关注的问题。

思考：

什么是国际货币体系？国际货币体系有哪些内容？人民币在国际货币体系中充当着怎样的角色？SDR 又是什么？

一个理想的国际货币体系可以促成世界各国劳动力的有效分工和社会资源的充分利用。

一、国际货币体系的含义

国际货币体系，又称国际货币制度，是指各国政府为适应国际贸易与国际支付的需要，对货币在国际范围内发挥世界货币职能以及有关国际货币金融问题所确定的原则、采取的措施、建立的组织形式等方面所做的制度性安排。它产生的主要原因是，为了保证国际贸易的有序发展，各国政府为适应国际贸易与国际结算的需要，需要建立汇率机制，防止货币的恶性贬值，为国际收支不平衡调节提供有力手段和解决途径，促进各国的经济和政策协调。

二、国际货币体系的内容

1. 国际货币或国际储备资产的确定

确定国际本位货币即确定何种货币作为国际支付货币和储备资产，如黄金、纸币、一国货币、几国货币、各国共同创设的合成货币等。一般来说，各国必须保存一定量的能为世界各国普遍接受的国际本位货币，及保存为各国普遍接受的国际储备资产，用以应付国际支付的需要。国际储备的供应和管理是国际支付需要解决的重要问题。

2. 国际支付原则和汇率制度的确定

要使货币满足国际交往与国际支付的需要，就要规定各国货币之间的支付原则及汇率制度。包括如何决定和维持一国货币与其他货币之间的汇率；货币在国际流通是否受到限制；一国货币是否可以自由兑换成支付货币等。

3. 国际收支的调节机制

保持各国国际收支的基本平衡是国际货币体系建立的目的，是国际货币体系稳定的必要条件。当一国国际收支失衡时，各国政府应该采取什么方法弥补缺口？各国之间的政策措施又应该如何相互协调以及如何使各国在国际范围内公平地承担国际收支调节的责任，促进国际贸易和世界经济的发展？因此，国际收支的调节方式也是国际货币制度的基本内容。

三、国际货币体系的作用

国际货币体系的存在与发展，对国际贸易和国际金融活动有着广泛的影响，对国际世界经济的稳定与发展有着重要的作用。首先是为世界贸易支付清算和国际金融活动提供了统一和规范的运行规则，为世界各国的经济交往提供了较为规范的标准，促进了世界经济的健康发展。其次是稳定汇率，国际货币体系为各国汇率的稳定提供了统一的计价标准，为各国汇率制度安排提供了意见与管理措施，维持了世界汇率的稳定。再次是确定了国际收支调节机制，保证了世界经济稳定健康发展。最后是确立了有关国际货币金融事务的协商机制或建立了有关的协调和监督机构，确保稳定汇率和调节国际收支作用的实现。在当代各国之间经济联系日益增强，国际金融市场不断迅猛发展的情况下，国际货币体系的有效运作对世界经济的发展有着越来越重要的作用。

四、国际货币体系的演变

国际货币体系是随着历史的发展不断演变的，从时间先后看，国际货币体系大致可分为三个阶段，即国际金本位货币体系、布雷顿森林货币体系、牙买加货币体系三个时期。

（一）国际金本位货币体系

国际金本位货币体系是以黄金作为本位货币的一种制度，主要存在于19世纪下半叶到第一次世界大战前，是国际上第一个最为统一的国际货币体系。其特点如下：①黄金充当国际货币，是主要的国际储备资产。金币可以自由铸造、自由兑换、自由输出入。②各国货币之间的汇率由它们各自的含金量比例决定，各国法定货币含金量之比称为铸币平价。③由于黄金可以自由输出入，国际金本位制具有自动调节国际收支的能力。

（二）布雷顿森林货币体系

第二次世界大战结束，需构建新的国际货币体系，以保证战后国际经济的政策运转。1944年7月在美国新罕布什尔州的布雷顿森林召开了44国参加的"联合与联盟国家国际货币金融会议"，确立了战后国际货币体系的框架，建立了以美元为中心的固定汇率制度——布雷顿森林体系。布雷顿森林体系实质上是美元的金块本位制和其他国家货币的金汇兑本位制相结合的国际货币体系，即美元与黄金挂钩、各国货币与美元挂钩。其特点如下：①确立黄金和美元并重的国际储备体系，美元直接与黄金挂钩，各国央行可用美元向美国中央银行按35美元=1盎司的固定价格兑换黄金。②实行可调整的固定汇率制。各国政府规定各自货币的含金量，以此确定同美元的汇率。各国实行固定汇率制，成员国有义务对外汇市场进行干预以维持汇率的稳定，汇率可以在平价的±1%幅度内波动。③建立国际收支调节机制。布雷顿森林体系建立了国际货币基金组织（IMF）。IMF会员国份额的25%以黄金或可兑换成黄金的货币缴纳，75%以本国货币缴纳。会员国发生国际收支逆差时，可用本国货币向IMF购买一定数额的外汇，并在规定时间内以购买本国货币的方式偿还借款。借款额取决于会员在基金组织的份额多少，贷款只限于会员国用于弥补国际收支赤字。

知识拓展

美元作为世界货币的难解谜题——特里芬难题

20世纪50年代，国际市场上几度出现国际清偿力不足的"美元荒"现象，直到1958年以后暂时缓解。耶鲁大学政治学教授特里芬敏锐地观察到，为应对国际清偿危机，美国付出了对西欧国家的经常账户恶化和黄金储备大量减少的代价。他进一步指出，在布雷顿森林体系下，作为国际储备货币发行国的美国在政策选择上不可避免地要面对经常账户差额问题上进退维谷和国内货币政策取向上左右为难的"双重困境"的挑战。而美元作为国际储备货币必须实现向非居民的流出机制，形式上就会呈现美国经常账户恶化（或短期资本流出）与保持美元价值稳定之间的矛盾，也就是通常人们所理解的"特里芬难题"。

保证清偿力 → 持续逆差 → 美元贬值 ⎫
　　　　　　　　　　　　　　　　　⎬ 失衡
保持信心 → 顺差 → 美元升值 ⎭

（资料来源：人大新闻网，http://news.ruc.edu.cn/archives/85695）

（三）牙买加货币体系

布雷顿森林体系崩溃后，国际货币金融关系一直处于动荡之中，世界各国都希望建立一种新的国际货币制度。1979年IMF在牙买加首都进斯敦达成"牙买加协议"，从而形成了新的国际货币体系——牙买加货币体系。牙买加体系是以美元为主导的多元化国际储备体系和浮动汇率体系。其特点是：①浮动汇率合法化。各会员国可自由选择汇率制度，单会员国应与IMF合作，并接受IMF监督。②黄金非货币化。黄金与货币脱离联系，不再作为各国货币定值的基础。③提高特别提款权（SDR）的国际储备地位，扩大会员国的份额，逐步以SDR作为最主要的储备资产。④增加向发展中国家的资金融通。IMF以出售黄金的所得收入成立"信托基金"，以优惠条件向贫穷的发展中国家提供援助，以解决它们的国际收支困难。

延伸阅读

SDR——特别提款权

特别提款权是国际货币基金组织于 1969 年创设的一种用于补充成员国官方储备的国际储备资产。迄今为止，基金组织向成员国分配了 2 042 亿特别提款权（相当于大约 2 910 亿美元）。

证书衔接

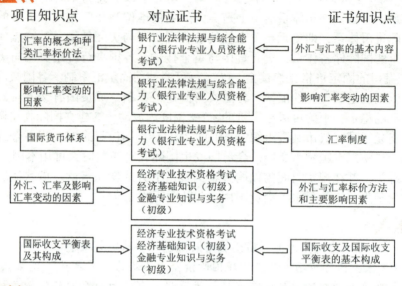

知识树

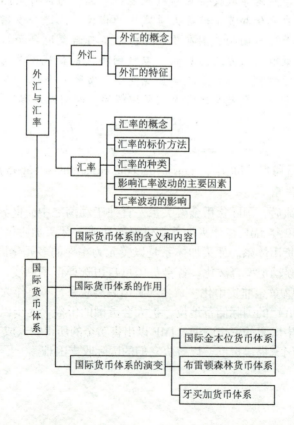

思考与练习

一、单项选择题

1. 新闻报道和经济分析常使用的汇率是（   ）。
   A. 买入汇率　　　B. 卖出汇率　　　C. 中间汇率　　　D. 固定汇率
2. 我国和世界上绝大多数国家和地区采用的汇价标价方法是（   ）。
   A. 间接标价法　　　B. 直接标价法
   C. 以间接标价法为主，直接标价法为辅
   D. 以直接标价法为主，间接标价法为辅
3. 卖出汇率，又称汇率卖出价，是指（   ）。
   A. 银行卖出外汇的价格
   B. 客户卖出外汇的价格
   C. 政府卖出外汇的价格
   D. A、B 和 C
4. 影响汇率变化的最为直接的经济因素是（   ）。
   A. 利率　　　B. 政治　　　C. 国际收支　　　D. 经济增长
5. 间接标价法下，本币兑换外币的数额比原来多，说明外汇汇率（   ）。
   A. 下跌　　　B. 上升　　　C. 升水　　　D. 贴水
6. 一国货币当局对外汇市场不进行干预，听任汇率随外汇市场的供求变化而自由升降的汇率制度属于（   ）
   A. 单独浮动　　　B. 清洁浮动　　　C. 联合浮动　　　D. 肮脏浮动
7. 在金本位制度下，两种货币汇率决定的基础是（   ）。
   A. 铸币平价　　　B. 购买力平价　　　C. 黄金输出点　　　D. 黄金输入点
8. 对布雷顿森林体系内在矛盾的理论总结称为（   ）。
   A. 特里芬难题　　　B. 米德冲突　　　C. 马歇尔－勒纳条件　　　D. 一体化三难
9. 标志着布雷顿森林体系崩溃开始的事件是（   ）。
   A. 互惠信贷协议　　　B. 黄金双价值
   C. 尼克松政府的新经济政策　　　D. 史密森学会协议

二、多项选择题

1. 我国外汇的具体内容包括（   ）。
   A. 外国货币　　　B. 外国有价证券　　　C. 本国货币　　　D. 外国支付凭证
2. 根据外汇交易交割的期限不同，外汇汇率可以分为（   ）。
   A. 官方汇率　　　B. 即期汇率　　　C. 市场汇率　　　D. 远期汇率
3. 按照汇率的制定方法，可将汇率划分为（   ）。
   A. 基本汇率　　　B. 即期汇率　　　C. 套算汇率　　　D. 远期汇率
4. 布雷顿森林货币体系下，固定汇率的特征表现为（   ）。
   A. 人为规定金平价　　　B. 可以调整金平价
   C. 人为固定汇率的波动幅度
   D. 美元与黄金挂钩，其他国家货币与美元挂钩
5. 下列国家中实行间接标价法的国家是（   ）。
   A. 德国　　　B. 美国　　　C. 英国　　　D. 法国
6. 某一主权货币充当国际货币容易出现不稳定的原因是（   ）。
   A. 各国经济发展不平衡

B. 主权货币的对外价值受国内经济和政策的影响
C. 主权货币不能自动调节国际收支
D. 主权国家政治不稳定

7. 牙买加体系与布雷顿森林体系相比主要区别在于（　　）。
   A. 黄金非货币化 B. 储备货币多样化
   C. 汇率制度多样化 D. IMF的作用增大

三、判断题

1. 票汇汇率比电汇汇率高。（　　）
2. 一国的通货膨胀高于他国，本币将贬值。（　　）
3. 若本币缺乏可兑换性，汇率变动对该国经济的影响就小。（　　）
4. 一般情况下，如果一国提高利率水平，本币会趋于升值。（　　）
5. 若其他条件不变，国际收支持续逆差的国家的货币汇率可能上升。（　　）
6. 我国某驻美机构所购买的美国政府发行的美元国库券是外汇。（　　）

四、思考题

1. 简述牙买加货币体系的内容、运行特征及优缺点。
2. 简述汇率的两种主要标价法。

五、案例分析题

2018年和2019年，关税加收后人民币快速贬值。主要受出口总值和进口总值的差额（以下简称"贸易差额"）的变化以及资本外流的影响，也受到国内经济增长等因素对人民币汇率作用的影响。请查找资料，结合2018年和2019年国际国内经济背景，分析人民币贬值对我国进出口贸易的影响。

参考文献

[1] 解运亮,付万丛. 全球通缩:起源、演变及影响——疫情观察系列[EB/OL].[2020-03-20].http://data.eastmoney.com/report/macresearch.

[2] 袁野. 俄罗斯与沙特开打石油价格战[EB/OL].[2020-03-11].http://d.youth.cn/elitereference/202003/t20200311_12234761.htm.

[3] 韩宗英. 金融基础知识[M]. 3版. 北京:人民邮电大学出版社,2020.

[4] 张伟芹. 金融基础[M]. 3版. 北京:中国人民大学出版社,2019.

[5] 中国证券业协会. 金融市场基础知识[M]. 北京:中国财政经济出版社,2019.

[6] 曹龙骐. 金融学[M]. 6版. 北京:高等教育出版社,2019.

[7] 庄毓敏. 商业银行业务与经营[M]. 5版. 北京:中国人民大学出版社,2019.

[8] 中国证券业协会. 证券市场基本法律法规[M]. 北京:中国财政经济出版社,2019.

[9] 张贵乐. 金融基础[M]. 4版. 大连:大连出版社,2019.

[10] [美]塞巴斯蒂安·马拉比. 格林斯潘传[M]. 巴曙松,陈剑,张悦,译. 杭州:浙江人民出版社,2019.

[11] 中国银行保险监督管理委员会. 主要职责[DB/OL].[2018-12-12].http://www.cbirc.gov.cn/cn/view/pages/ItemList.html?itemPId=900&itemId=901&itemUrl=ItemListRightArticle.html&itemName=%E4%B8%BB%E8%A6%81%E8%81%8C%E8%B4%A3.

[12] 卜小玲,朱静,张淑谦,等. 金融基础[M]. 2版. 北京:清华大学出版社,2018.

[13] 李军,杜继勇,冯韶华. 金融基础[M]. 2版. 北京:清华大学出版社,2018.

[14] [美]兹维·博迪. 金融学[M]. 2版. 曹辉,译. 北京:中国人民大学出版社,2018.

[15] 张友麒,杜俊娟. 金融学概论[M]. 2版. 上海:上海财经大学出版社,2018.

[16] 卜小玲,朱静. 金融基础[M]. 2版. 北京:清华大学出版社,2018.

[17] 佚名. 通货紧缩和通货膨胀及案例分析[EB/OL].[2017-11-23].https://www.mianfeiwendang.com/doc/a00271ff84277d7846e4ed40/2.

[18] 唐友清. 金融学基础[M]. 北京:中国人民大学出版社,2017.

[19] 张启迪. 良性通货紧缩还是恶性通货紧缩——基于2011年以来通货膨胀水平下行的原因分析[J]. 财经理论与实践,2017,38(207):2-8.

[20] 李春,曾冬白. 金融学基础[M]. 4版. 大连:大连出版社,2017.

[21] 黄达,金融学[M]. 4版. 北京:中国人民大学出版社,2017.

[22] 刘淑娥,赵秀艳. 国际金融[M]. 北京:中国人民大学出版社,2017.

[23] 魏加宁,杨坤. 日本的泡沫经济与通货紧缩[J]. 开放导报,2016,187(4):24-28.

[24] 戴国强. 商业银行经营学[M]. 5版. 北京:高等教育出版社,2016.

[25] 王惠凌, 唐东升. 财政与金融 [M]. 北京：中国人民大学出版社, 2015.
[26] 蔡则祥, 李春. 货币银行学 [M]. 3版. 北京：高等教育出版社. 2015.
[27] 蒋远胜. 金融学 [M]. 2版. 成都：西南财经大学出版社, 2015.
[28] 翟建华, 李军燕. 金融学概论 [M]. 4版. 大连：东北财经出版社, 2015.
[29] 王恒, 郑晓燕, 曾凡诠. 金融学 [M]. 成都：西南财经大学出版社, 2015.
[30] 张芳. 货币银行学 [M]. 北京：对外经济贸易大学出版社, 2015.
[31] 海威, 沈承红. 金融学 [M]. 2版. 北京：中央广播电视大学出版社, 2014.
[32] 熊阳春, 江卫华. 金融概论 [M]. 长春：东北师范大学出版社, 2014.
[33] 郭福春, 吴金旺. 金融基础 [M]. 北京：高等教育出版社, 2014.
[34] 黄达. 金融学 [M]. 3版. 北京：中国人民大学出版社, 2014.
[35] 于冰, 朱洪强. 金融学基础 [M]. 长春：东北师范大学出版社, 2014.
[36] 王丽, 常媛媛. 金融概论 [M]. 镇江：江苏大学出版社, 2014.
[37] 梁锐, 陆洪涛. 金融理论与实务 [M]. 镇江：江苏大学出版社, 2014.
[38] 盖锐. 倪翔南 [M]. 2版. 北京：高等教育出版社, 2013.
[39] 沈爱华, 袁春晖. 政治经济学原理与实务 [M]. 2版. 北京：北京大学出版社. 2013.
[40] 翟会颖, 甄东兴. 财政与金融 [M]. 北京：清华大学出版社, 2013.
[41] 包屹红. 货币银行学 [M]. 武汉：华中科技大学出版社, 2013.
[42] 曹龙骐. 金融学 [M]. 4版. 北京：高等教育出版社, 2013.
[43] [美] 兹维·博迪, 等. 金融学 [M]. 3版. 曹辉, 译. 北京：中国人民大学出版社, 2013.
[44] 罗焰. 金融学基础 [M]. 北京：北京邮电大学出版社, 2012.
[45] 陈伟鸿, 黄光华, 李玲. 金融学 [M]. 北京：机械工业出版社, 2012.
[46] 张红. 货币银行学 [M]. 北京：北京邮电大学出版社, 2012.
[47] 郭晖. 金融学概论 [M]. 北京：人民邮电出版社, 2012.
[48] 王东坡. 财政与金融 [M]. 北京：北京邮电大学出版社, 2012.
[49] 姜波克. 国际金融新编 [M]. 5版. 上海：复旦大学出版社, 2012.
[50] 刘舒年. 国际金融 [M]. 3版. 北京：中国人民大学出版社, 2011.
[51] 中国人民银行. 中国人民银行职能 [DB/OL]. [2013-01-02]. http://www.pbc.gov.cn/rmyh/105226/105436/index.html.
[52] 中国银行保险监督管理委员会. 银行业金融机构法人名单 [DB/OL]. [2020-08-24]. http://www.cbirc.gov.cn/cn/view/pages/ItemDetail.html?docId=924532&itemId=863&generaltype=1.
[53] [美] 亚当·拉伯. 巴塞尔之塔 [M]. 萦相, 刘丽娜, 译. 北京：机械工业出版社, 2014.